国家哲学社会科学成果文库

NATIONAL ACHIEVEMENTS LIBRARY
OF PHILOSOPHY AND SOCIAL SCIENCES

中国双边投资条约研究

梁开银 著

梁开银 1966年12月生人,湖北仙桃人,浙江师范大学教授,温州大学兼职教授,国际法学博士。曾任乡村人民教师和基层人民检察官。兼任中国法学教育研究会、中国国际经济法研究会理事及浙江省法学教育研究会、国际法学研究会、国际经济法研究会副会长等职。近年来,从事国际投资法学和公司法学的教学科研工作,主持国家社科基金重点项目1项,教育部人文社科规划项目3项等;出版《中国海外投资立法论纲》等学术著作2部,主编《公司法学》省级重点教材1部。在《中国法学》等学术期刊上发表论文40余篇,其中多项成果获省市政府优秀成果一等奖、二等奖。

《国家哲学社会科学成果文库》
出版说明

为充分发挥哲学社会科学研究优秀成果和优秀人才的示范带动作用,促进我国哲学社会科学繁荣发展,全国哲学社会科学规划领导小组决定自2010年始,设立《国家哲学社会科学成果文库》,每年评审一次。入选成果经过了同行专家严格评审,代表当前相关领域学术研究的前沿水平,体现我国哲学社会科学界的学术创造力,按照"统一标识、统一封面、统一版式、统一标准"的总体要求组织出版。

全国哲学社会科学规划办公室
2011年3月

内 容 摘 要

　　国际经济秩序法治化水平的提升与中国国际经济合作发展模式的变化，客观上要求中国双边投资条约必须完成法律化的转型或发展。本书综合运用法理学、国际法学以及民法学的知识，以法方法论为工具，通过法实证分析、比较法分析以及历史与逻辑相结合等研究方法，从考察中国双边投资条约法方法的现状和沿革入手，在对多边条约与双边条约本质分类研究的基础上，阐释中国双边投资条约的契约本质、特点及其对中国缔约实践的影响；通过分析公平互利的国际经济法原则作为中国双边投资条约指导原则的重要意义，论证确立平等互利原则与公平公正待遇与之配套的法理价值；以双边投资条约本质和原则的论述为背景，研究中国双边投资条约"原则+规则"的规范类型构建以及最惠国待遇条款的法方法优化；结合国际投资条约的发展趋势，探讨双边投资条约知识产权规则转型和冲突条款的模式转换；以美国2012年BIT（双边投资条约）修订和中美BIT新一轮谈判为例，解释或说明中国BIT缔约的策略等，最终阐释中国双边投资条约发展原理、方法和实践问题，为实现其法律化转型或发展提供理论借鉴或指导。本书集中阐述了以下基本观点：

　　不同经济发展水平和国际经济合作实践特点，决定了一个国家双边投资条约的类型及其发展变化。美国从20世纪70年代末期开始，改变了依靠FCN（友好通商航海条约）和程序性的投资保证协定相互配合来实现海外投资保护的做法，开始考虑借鉴德国式BIT的成功经验，对外缔结专门化的融实体性规则与程序性规则于一体的双边投资条约（一种更高标准的投资自由化条约）的缔约实践就是最好例证。中国经济的发展已经跨入了积极推进本国海外投资的发展阶段，从单纯资本输入国向资本输入与资本输出国家的

"双重身份"转变已成不可逆转之势。这一国际经济发展水平和国际投资结构的变化要求中国双边投资条约实现宗旨、模式和内容的演变或转型。目前，中国双边投资条约存在着"条文数量偏少，用语简单抽象；内容大同小异、个性诉求模糊；形式结构单一，法律方法缺失；引进外资的政策或政治色彩浓厚"等诸多问题，应当借条约修订或新订之机，渗透或促进条约理念、宗旨和相关内容的变化或转换。

"双边条约契约说"不同于"多边条约决议说"，但二者又统一于"国家意思互动说"，这种区分较好地解释了不同类型条约的本质。"双边投资条约契约说"，解释了双边条约的缔结过程和效力来源，适应了条约实践对理论的需要。中国双边投资条约是中国与另一缔约国就海外投资或外国投资保护所达成的"国家意思表示一致"，产生两个方面的效果：一方面，作为契约，它赋予了缔约方根据自身国际投资实际、经济发展目标以及法治建设水平等多种要素确定条约谈判重点和要点，予以讨价还价的权利。中国海外投资和引进外资发展的规模和水平，为中国双边投资条约平等谈判提供了优越的条件和环境，我们完全有能力从国家整体发展的战略高度把握谈判的重难点，提出或接受双边投资条约文本的具体内容，实现条约文本的个性化和条约规则的具体化。另一方面，双边投资条约是具有"涉他性"与特殊的"三方"结构的契约，这种特殊性赋予了私人投资者在国际投资法律关系中的主体性身份，享有依据双边投资条约，向国际仲裁机构的起诉权，同时，也为双边投资条约的法律化提供了现实的需求和动力。"条约决议说"，揭示了多边条约的特殊性，化解了现代国际社会多边化和组织化背景下"条约契约说"的理论难题，为法律行为理论适用于国际法提供了依据。同时，它不同于国家契约，与之既有联系，又有严格区别。

国际经济法的基本原则——公平互利，既是中国双边投资条约缔结的逻辑起点，也是中国双边投资条约适用的逻辑终点。在双边投资条约订立和适用中，公平互利原则具体表现为主权国家之间的平等互利原则与外国投资者待遇的公平公正原则的结合。公平互利、平等互利与公平公正原则的确立不仅是中国双边投资条约规范结构完善的需要，也是条约法方法论的要求。公平公正待遇条款地位和性质向原则的回归不仅可以化解公平公正待遇条款在投资仲裁适用中"语义抽象和裁决矛盾"的困境，而且有利于构建中国双边投资"原则+规则"的法理结构，促进双边投资条约的法律化转型，提高中国双边投资适用的准确性和灵活度。中国国际经济合作发展正处于一个从单纯引进外资到海外投资与引进外资并重发展的历史时期，这样一个发展阶段为中国构造一个以公平互利原则为统领，以平等互利和公平公正待遇原则为支撑的原则体系提供了良好平台。公平互利，既是条约的缔约原则，也是条约的法律原则（执法和司法原则），既要注意形式平等，也要追求实质的公平，真正实现缔约双方的互利共赢。

任何法律文件，从构成要件而言，都是一个"原则+规则"的构造；而从法律适用来看，则离不开"原则（规则）+例外"的法方法运用。前者满足了法律要素的标准；后者适应了法律适用技术的要求。中国双边投资条约不仅作为缔约国之间的法律，而且也是私人投资者（包括本国海外投资者和外国私人投资者）的权利证书，成为国际投资争议仲裁的直接依据或准据法，应当在条约规范的构造上满足法律要素和法律适用技术的要求，不断完善条约的法律概念、法律规范和法律结构，努力优化条约的外部与内部体系，提高条约的法律化水平。最惠国条款作为双边投资条约核心条款之一，从法方法意义上而言，具有双边投资条约之间潜在的"链接"功能以及将最惠国待遇"扯平"的作用。所以，中国双边投资条约应当充分研究最惠国待遇条款，在积极推进最惠国待遇的普及化的同时，主动利用最惠国条款的例外条款或构成要素具体化的法方法，保证双边投资条约待遇的统一性与个性化的协调。

不仅如此，中国双边投资条约冲突条款和知识产权条款等新兴条款的创新和模式转换也是当务之急。由于国际法的不成体系，双边投资条约与多边条约、国家契约以及国内法之间的关系十分复杂，条约法律冲突不可避免。传统上双边投资条约所采用的"更优待遇条款"已经不能完全满足日益凸显的因投资条约调整领域或调整对象重叠或交叉所造成的条约法律冲突，应当借鉴美国2012年BIT示范文本（包括2004年BIT示范文本）所采用的条约冲突解决方法，超越一般意义上的冲突条款内涵，转换传统的更优待遇条款模式，实现条约冲突条款创新。并且，随着知识经济时代的到来，知识产权投资成为常态，如何保护知识产权以及在何等水平、程度或范围上保护知识产权，这些问题不仅涉及最惠国待遇条款、条约冲突条款的设计，更重要的是需要知识产权条款自身的创新以及与其他条款的协调，诸如知识产权条款的履行要求、例外条款以及与其他多边知识产权条约的挂钩问题等等，都应当成为中国双边投资条约缔约或修订所关注的重点。

美国在 2012 年 BIT 修订范本的基础上，重启双边投资条约谈判，这一事实或行为给我们很多启示：如何进一步提高中国双边投资条约范本或谈判底本的针对性，实现共性与个性的统一？它不仅仅是一个应对中美双边投资条约谈判的问题，更有意义的是要求我们实现 BIT 示范文本的个性化和本土化。为此，我们应当完成两大任务：一是类型化的中国 BIT 示范文本研究。中国已与 130 多个国家签署了双边投资条约，今后新订或修订双边投资条约必然涉及不同类型或区域的国家，从整体上划分一定类别，结合具体化双边经济合作实践，制定出不同的示范文本或文本要点，供缔约部门提出谈判文本时参考。二是国别化的中国 BIT 谈判文本研究，即配合国家缔约部门的条约修订或新订工作，具体研究中国与某一国家的条约谈判文本或焦点问题的研究。比如，中国与美国、加拿大等国家正处于双边投资条约谈判阶段，应当成为学术界和实务界通力合作研究的热点问题。

总之，随着国际经济秩序法治化水平的不断提高，国际经济领域正经历着由权力导向向规则导向的渐进变革。国际投资争议解决逐步被纳入国际法治轨道，通过外交手段政治化解决投资争议的案例明显减少，投资争议仲裁案件不断增多。双边投资条约，作为国际投资法的主要载体和投资仲裁的重要依据，总体上表现出投资条约的规范化与法典化、投资规则的复杂化与细致化以及缔约方法的法律化或去政治化。因此，中国双边投资条约的法律化转型或发展已势在必行。与多边条约不同，中国双边投资条约本质是中国与另一缔约国就海外投资与外国投资保护所达成的国家意思表示一致。这一契约本质，赋予了缔约方根据自身国际投资实际、经济发展目标以及法治建设水平等多种要素确定条约谈判重点和难点，予以讨价还价的法律权利。中国应当从国家整体发展的战略高度把握谈判的重难点，提出或接受双边投资条约文本的具体内容，实现条约文本的个性化和条约规则的具体化。在双边投资条约订立和适用中，坚持主权国家之间的平等互利与外国投资者待遇的公平公正，即确立双边投资条约的公平互利原则。它既是中国双边投资条约"原则 + 规则"之规范结构完善的需要，也是条约法方法论的要求。中国双边投资条约应当在满足法律要素和方法的基础上，促进诸如投资定义条款、知识产权保护条款等转型，订入条约冲突条款，优化最惠国条款以及例外条款，真正实现双边投资条约由国家外资政策向国际法律规则的转型，使之能够成为满足法律规则构成要件和特征的直接保护中国国际投资和投资者的法律文件。

关键词：双边投资条约发展；法律性质；法律原则；法律方法

缩略语表

（按首字母顺序排列）

APEC：Asia-Pacific Economic Cooperation（亚太经济合作组织）

ASEAN：Association of Southeast Asian Nations（东南亚国家联盟）

BIT：Bilateral Investment Treaty（双边投资协定）

DSU：Understanding on Rules and Procedures Governing the Settlement of Disputes(《关于争端解决规则与程序的谅解》)

DTT：Double Taxation Treaty（避免双重征税协定）

ECT：Energy Charter Treaty(《能源宪章条约》)

FCN：Friendship Commerce Navigation Treaty（友好通商航海条约）

FDI：Foreign Direct Investment（外国直接投资）

FTA：Free Trade Agreement（自由贸易协定）

GATs：the General Agreement on Trade in Services（《服务贸易总协定》）

ICSID：International Centre for Settlement of Investment Disputes（国际投资争端解决中心）

MAI：Multilateral Agreement on Investment(多边投资协定)

MFN：Most Favored Nation（最惠国）

MIGA：Multilateral Investment Guarantee Agency（多边投资担保机构）

NAFTA：North American Free Trade Agreement(《北美自由贸易协定》)

NT：National Treatment（国民待遇）

OECD：Organization for Economic Co-operation and Development（经济合作发展组织，简称为经合组织）

RTA：Regional Trade Agreement（区域贸易协定）

TRIMs：Agreement on Trade-Related Investment Measures(《与贸易有关的投资措施协定》)

TRIPs：Agreement on Trade-Related Aspects of Intellectual Property Rights(《与贸易有关的知识产权协定》)

UNCITRAL：United Nations Commission on International Trade Law（联合国国际贸易法委员会）

UNCTAD：United Nations Conference on Trade and Development（联合国贸易和发展会议）

UNILC：United Nation International Law Commission（联合国国际法委员会）

WTO Agreement：（WTO 协定）

目　录

第一章　研究背景 ……………………………………………………（1）
　　第一节　研究缘起 ……………………………………………………（2）
　　第二节　国内外研究的述评 …………………………………………（5）
　　第三节　观点与创新 …………………………………………………（26）
　　第四节　研究方法与思路 ……………………………………………（34）

第二章　中国双边投资条约文本演变的考察
　　　　　——以法方法为视角 ………………………………………（37）
　　第一节　中国双边投资条约文本的沿革 ……………………………（38）
　　第二节　中国双边投资条约文本要素的变化——兼评国际投资
　　　　　　习惯法的形成 ………………………………………………（50）
　　第三节　中国双边投资条约文本法方法的革新 ……………………（68）

第三章　中国双边投资条约本质的分析
　　　　　——以法律行为理论为工具 ………………………………（78）
　　第一节　条约本质类型化研究的价值 ………………………………（80）
　　第二节　条约本质认识的一般原理——基于法律行为理论的
　　　　　　分析 …………………………………………………………（86）
　　第三节　中国双边投资条约本质认识与国家契约 …………………（105）
　　第四节　双边投资条约本质之于中国实践的要求 …………………（117）

**第四章　中国双边投资条约公平互利原则及公平公正待遇条款的
　　　　　定位** ………………………………………………………（125）
　　第一节　公平互利：中国双边投资条约的价值取向 ………………（126）

第二节 公平互利：中国双边投资条约发展的逻辑起点 ……………(139)
第三节 公平互利之于"待遇标准"的要求：公平公正待遇
　　　条款的原则化 ………………………………………………(147)

第五章 中国双边投资条约法方法的优化
　　　——"原则+规则"的改良 ………………………………(174)
第一节 中国双边投资条约的法方法论分析 …………………………(175)
第二节 中国双边投资条约规范的改良：原则+规则 ……………(182)
第三节 中国双边投资条约最惠国待遇条款的法方法优化 ………(196)

第六章 中国双边投资条约冲突条款模式和知识产权保护规则的
　　　转型 ………………………………………………………(209)
第一节 中国双边投资条约冲突条款模式的转换 …………………(210)
第二节 中国双边投资条约知识产权保护规则的转型 ……………(228)

第七章 中国双边投资条约缔约实践的策略
　　　——以中美BIT谈判为例 …………………………………(247)
第一节 中国BIT模式和范本的具体选择 …………………………(247)
第二节 美国BIT示范文本2012年之修订 ………………………(252)
第三节 中国应对美国BIT示范文本2012年修订的策略 ………(261)

第八章 结语 ……………………………………………………………(269)

参考文献 …………………………………………………………………(273)

索引 ………………………………………………………………………(290)

附录 2012年美国BIT示范文本 ……………………………………(294)

后记 ………………………………………………………………………(329)

Contents

Chapter 1　Research Background ·· (1)
　1.1　Research Origin ··· (2)
　1.2　Comment on Domestic and Foreign Research ···················· (5)
　1.3　Viewpoints and Innovations ······································ (26)
　1.4　Research Methods and Ideas ···································· (34)

Chapter 2　Investigation into the Evolution of the Text of China's BIT
　　　　　—From the Perspective of the Methodology of
　　　　　Jurisprudence ··· (37)
　2.1　The Development of the Text of China's BIT ···················· (38)
　2.2　The Changes of the Text Elements of BIT in China and Comments on
　　　　the Formation of International Investment Customary Law ·········· (50)
　2.3　Reformation of the Textual Method of China's BIT ················ (68)

Chapter 3　The Analysis of the Essence of China's BIT—Taking the
　　　　　Theory of Juristic Act as the Tool ···························· (78)
　3.1　The Value on Genre Analysis of the Essence of the Treaties ········· (80)
　3.2　General Principles to Take Cognizance of the Nature of the Treaty
　　　　—Based on the Analysis of Juristic Act ························· (86)
　3.3　The Nature of China's BIT and State Contract ···················· (105)
　3.4　The Essence of the Bilateral Investment Treaty for the Requirements of
　　　　Chinese Practice ·· (117)

Chapter 4 The Position of the Principle of Equity and Mutual Benefit and the Clause of fair and Just Treatment in China's BIT ············ (125)
4.1 The Principle of Equity and Mutual Benefit: the Value Orientation of China's BIT ············ (126)
4.2 Equity and Mutual Benefit: the Logic Starting Point of the Development of China's BIT ············ (139)
4.3 The Requirement of "Standard in Treatment": the Principle in the Clause of Fair and Just Treatment ············ (147)

Chapter 5 Optimization of the Method of China's BIT—The Improvement of "Principle + Rule" ············ (174)
5.1 Analysis of Legal Methodology of China's BIT ············ (175)
5.2 Optimization of China's BIT: Principle + Rule ············ (182)
5.3 Optimization of Legal Methodology of Most-favored-nation-treatment ············ (196)

Chapter 6 The Transformation of Conflict Rules in China's BIT And Intellectual Property Protecting Rules ············ (209)
6.1 The Pattern Transformation of the Conflict Rules in China's BIT ············ (210)
6.2 The Transformation of Intellectual Property Protecting Rules in China's BIT ············ (228)

Chapter 7 The Strategy of Concluding BITs—Taking Negotiation of BIT Between China and America as an Example ············ (247)
7.1 Specific Choice to Pattern and Model of Chinese BIT ············ (247)
7.2 Revision of 2012 U.S. Model Bilateral Investment Treaty ············ (252)
7.3 Strategy for China to Respond to the Revision of 2012 U.S. Model Bilateral Investment Treaty ············ (261)

Chapter 8 Concluding Remarks ············ (269)

Bibliography ············ (273)

Index ············ (290)

Appendix 2012 U.S. Model Bilateral Investment Treaty ············ (294)

Postscript ············ (329)

第一章

研究背景

马克斯·韦伯说，当事人在订立合同时，就已经为自己制定了新的法律，因为新的权利义务关系已然修改了其间现存的法律关系，因而合同也被比作分担立法权的工具。① 这段关于合同性质和效力的论述同样适用于国际双边投资条约。但是，早期双边投资条约的法律属性并没有引起国际社会足够的重视。与其说双边投资条约是法律，更不如说是国家之间具有政治意义的外交文件。南北国家关于征收条款、卡尔沃条款等关键内容产生分歧，并展开论战，具有浓郁的政治色彩。② "国际投资争端解决中心"（ICSID）受理案件少，投资裁决作用的发挥相当有限。双边投资条约作为法律文件只具有一定的象征意义，特别是广大发展中国家，更没有清醒地意识到其作为国际投资法律的地位和属性，以及可能产生的相关国家义务。③ 但是，随着世界经济日益国际化，国际投资争端解决常态化，双边投资条约事实上不仅作为国际仲裁机构的裁决依据，而且演化为内国行政法律渊源约束东道国政府行为，双边投资条约的法律属性终究从政治属性的蜕变中凸显出来。④ 更有甚者，双边

---

① See Marx Weber, *On Law in Economy and Society*, M. Rheinstein & E. Shils trans., Harvard University Press, 1954 (89).
② See Andrew T. Guzman, "Why LDCs Sign Treaties That Hurt Them: Explaining the Popularity of Bilateral Investment Treaties", *Virginia Journal of International Law*, 1998, (38). 文章作者采访发展中国家缔约代表的相关内容，可以证实笔者的判断。
③ 同上。
④ 当然，双边投资条约作为主权国家之间博弈的结果，其政治属性的成份将永远作为底色存在于双边投资条约的法律色彩之中。法律属性和政治属性的分辨，只不过是主次之别罢了。

投资条约借助于最惠国待遇条款、"保护伞"条款以及争端解决机制等法律技术设计，已将条约的运行同现存的多种法律机制关联起来，使其从双边条约实际演变为一个独具特色的全球投资多边保护机制，弥补了多边投资条约付之阙如的不足。① 中国作为资本输入和输出的大国，为了满足中国海外投资和引进外资双向发展的要求，加强双边投资条约原理和方法的研究，推进中国双边投资条约法律化的转型和发展②，向世界输出或传播双边投资条约原理及方法的中国观念、经验和法方法，是时代赋予我们的历史使命。

第一节 研究缘起

一、问题提出

进入21世纪以后，随着中国海外投资战略的实施，中国逐步开始由引进外资"单一角色"向引进外资和海外投资并重的"双重角色"转变。③ 中国国际投资结构的深刻变化必然对双边投资条约法制产生直接要求和影响：条约宗旨、原则、具体条文设计及其与其他国际投资条约的关系必将发生或明或暗的变化，这是不以人们意志为转移的客观事实，也为双边投资条约研究带来了新的领域和课题：如何反映综合国力提升所带来的条约理念和诉求的变化？如何改变由"引进外资"单一角色或目标所决定的双边投资条约宗旨、思路和法方法？这些都是全新的课题。

同时，随着国际经济秩序法治化水平的不断提高，国际经济领域经历着

---

① See Efraim Chalamish, "The Future of Bilateral Investment Treaties: A De Facto Multilateral Agreement", *Brooklyn Journal of International Law*, 2009, (34).; Stephan W. Schill, "Multilateralizing Investment Treaties Through Most-Favored-Nation Clauses", *Berkeley Journal of International Law*, 2009, (27).

② 所谓双边投资条约法律化的转型或发展，是指双边投资条约逐步由早期政治色彩浓厚的外交文件向法律文件或规则发展的过程，具体表现为：双边投资条约的强制力、确定性以及授权第三方解决投资争议的方式不断发展。德国学者阿克塞尔·伯杰首先借用了西方学者阿伯特（Abott）所提出的"法律化"的概念，描述了全球BIT体系发展的特征。（"法律化"概念的论述可参见 Abott, K. O. W. et al, "The Concept of Legalization", *International Organization*, 54 (3), 2000, pp.401-409.）

③ http://www.sme.gov.cn/web/assembly/action/browsePage.do?channelID = 1195111685376& contentID = 1282285656278, 2012/6/15访问。据2014年国家商务部数据，2013年对外非金融类投资达901.7亿美元，存量超过5000亿。2015年前三季度，中国非金融类境外投资达873亿美元，同比增长16.5%。到2014年底，中国企业境外投资累计已经达到8826亿美元。从每年引进外资和海外投资额来看，已基本持平。

由权力导向向规则导向的渐进变革。① 国际投资争议解决逐步被纳入国际法治轨道，通过外交手段政治化解决投资争议的案例明显减少，投资争议仲裁案件不断增多。双边投资条约，作为国际投资法的主要载体，总体上表现出投资条约的自由化与法典化、投资规则的复杂化与细致化以及缔约方法的法律化或去政治化。已经得到证明或可以预见的是："投资和投资者"条款，适用范围不断扩大；投资或投资者的待遇条款，不同国家之间的主张将逐步趋于妥协，达成一致；最惠国待遇和国民待遇的实现领域和条件更加宽松；政治风险的国家保证及代位权条款运作方式，随着承保范围的扩大将更加有效和方便，并最终实现国家保险与国际保险自由选择和协调；投资争议解决路径（投资者和东道国以及缔约国之间争议解决）不断多元化，国际仲裁方式将更多地被适用；东道国的社会公共利益与外国投资者个人的财产利益平衡也被提上议事日程。一言以蔽之，双边投资条约的法律化转型和契约的本质特征更加集中或突出地表现在双边投资条约的缔约过程和条约文本内容的考量之中，双边投资条约的法律化转型已成为不可阻挡的趋势。

所以，中国双边投资条约的法律化转型应当提到议事日程。一方面，中国国家综合实力提升与国际投资内在结构变化为中国双边投资条约法律化转型提供了坚实的经济后盾和强烈的法律转型的动力；另一方面，国际法治水平提高和经济秩序法治化发展也为中国双边投资条约法律化转型提供了更多的法理依据和良好的法律环境。结合中国国际投资实践，表达中国国际投资发展的法律诉求，运用法律理论和法律方法研究中国双边投资条约法律化转型的原理，提升中国双边投资条约缔约部门的理论自觉，为中国双边投资条约由外资政策向国际投资法律规则转型提供合理的理论解释和方法借鉴，成为了本书选题并进行相关研究的内在动力和追求目标。

二、研究意义

随着中国经济对外开放进程的不断深入，中国已经由"吸引外资为主"发展成为"吸引外资与对外投资并重"的重要国际经济体。同时，外国投资

---

① 参见何志鹏：《国际法治：一个概念的界定》，载《政法论坛》2009年第4期。

者依据双边投资条约向国际仲裁庭或内国法院起诉，已被大多数国家接受为常态。双边投资条约日益成为国际投资领域调整国家之间以及国家与私人投资者之间关系的重要法律文件。这些事实或变化必然要求中国双边投资条约进一步实现从抽象外资政策向具体法律规则的发展或转型，从而推动中国双边投资条约迈入精细化和法典化的阶段。所以，研究中国双边投资条约的理念转换、法方法进步与立法技术的提高具有重要意义：

1. 为中国双边投资条约的续签或改签提供学术支持。中国一部分双边投资条约签订于20世纪80—90年代，根据条约规定的10年有效期，这些条约陆续到了改签或续签的时候。如何根据21世纪中国国际经济合作的实践情况改签或续签双边投资条约，在理论和实践上都是一个不容忽视的问题。开展该选题的研究能够为国家续签或改签投资条约提供理论支撑或思路指导，使条约的签订更具预见性和科学性，最大程度地促进中国国际经济合作的发展。

2. 为中国双边投资条约的转型和发展提供理论解释。随着中国海外投资发展，中国正由单纯的资本输入国逐步演变为资本输入和资本输出"双重身份国家"。这一转变直接带来双边投资条约从条约宗旨、条约原则、条约结构到条约约文的深刻变化。结合国际经济秩序法治化进程，阐述中国双边投资条约发展的理论基础，有利于提高中国立法或条约缔约部门在适应这一转变方面的预见性、主动性和自觉性，推动中国双边投资条约的法律化转型。

3. 为中国双边投资条约的法方法论运用或改良提供指导。双边投资条约，作为国际投资法的主要渊源，它不仅规定了国家之间保护外资的义务，也会直接影响外国投资或投资者的权利和义务；不仅规定了国家或投资者的实体权利义务，也包含了解决投资争议的程序性规范。双边投资条约事实上正在实现由政治意义的国家外资政策向国际投资法律规则的转型。运用法律方法及其理论指导中国双边投资条约的订立和条约适用，是发挥中国双边投资条约功能，实现条约宗旨的必然要求。

第二节 国内外研究的述评

一、国外研究概览

双边投资条约是国际投资法的重要渊源，也是一国保护和促进本国海外投资的可以运用的主要法律手段。联合国系统内世界银行和联合国跨国公司中心最早关注此类条约，对双边投资条约结构和重要条款进行了探索和研究，为20世纪90年代以前各国双边投资条约约的签订提供了理论借鉴。进入21世纪以后，世界经济一体化和区域经济集团化趋势加强，投资自由化的呼声不断高涨。WTO协议也将投资问题纳入其调整范围，投资与环境的关系、投资与劳工保护、投资法规的透明度及正当程序、知识产权投资以及投资争端解决体制等有关问题已成为双边投资条约研究的热点。美国、加拿大分别在2012年和2004年修订或制定了双边投资条约的示范文本，对世界各国双边投资条约或明或暗地产生了影响。部分经济学和法学学者对双边投资条约的地位、作用及其对国际投资与国际投资法习惯形成的影响也展开了实证研究。

纵观国外学术研究成果，具有代表性的著作，早期有：德国学者 Rudolf Dolzer 和 Margrete Stevens 合作的专以 OECD 成员国为研究对象的《双边投资条约》；联合国跨国公司中心的同名专题研究报告以及新加坡学者 M. Sornarajah 的《投资国际法》。[①] 近期有：Rudolf Dolzer 和 Christoph Schreuer 合著的《国际投资法原理》；Jeswald W. Salacuse 的《投资条约法》；Karl P. Sauvant 和 Lisa E. Sachs 合著的《条约对于外国直接投资的效果》；Peter Muchlincki、Federico Ortino 和 Christoph Schreuer 主编的论文集《国际投资法》；Federico Ortino、Audley Sheppard 和 Hugo Warner 主编的论文集《投资条约法》以及专门以中国双边投资条约为研究对象的，由 Norah Gallagher 和

---

① See Rudolf Dolzer and Margrete Stevens, *Bilateral Investment Treaties*, The Hague, Boston, London Martinus Nijhoff Publishers, 1995; See M. Sornarajah, *The International Law on Foreign Investment*, Cambridge University Press, 1994.

Wenhua Shan 合著的《中国投资条约：政策与实践》。[1]

以双边投资条约为研究对象的代表性学术论文有：Jeswald W. Salacuse 和 Nicholas P. Sullivan 的《双边投资条约的作用：一个关于双边投资条约及其国家间交易的评价》；Jeswald W. Salacuse 的《双边投资条约的不断增长及其对发展中国家外国投资的影响》；Kenneth J. Vandevelde 的《投资自由化促进与经济发展：双边投资条约的角色》《双边投资条约的政治经济学》以及《美国双边投资条约：第二次浪潮》；Stephan W. Schill 的《"防御机制"的卸除：中国新一代的投资条约》以及《最惠国待遇与双边投资条约的多边化》；Norah Gallagher 和 Laurence Shore 的《双边投资条约的选择及其弊端》；Scott Vesel 的《双边投资条约中最惠国待遇条款与争端解决条款的法理梳理》；Amnon Lehavi 和 Amir N. Licht 的《双边投资条约及其对财产的多方面保护》；Andrew T. Guzman 的《为什么最不发达国家愿意签署伤害自己的条约：对双边投资条约普遍化的解释》；Efraim Chalamish 的《双边投资条约的未来：一个事实上的多边条约》；Jason Webb Yackee 的《双边投资条约是否促进了外国直接投资？以条约、承诺以及国际法为视角的研究》；Chandler, Aaron M. 的《双边投资条约、最惠国待遇与中国：演进中的双边投资条约实践的影响》。[2]

---

[1] See Rudolf Dolzer, Christoph Schreuer, *Principles of International Investment Law*, Oxford University Press, 2008; Jeswald W. Salacuse, *The Law of Investment Treaties*, the Oxford International Law Library, 2009; Karl P. Sauvant, Lisa E. Sachs, *The Effect of Treaties on Foreign Direct Investment: Bilateral Investment Treaties, Double, Taxation Treaties, and Investment Flows*, Oxford University Press, 2009; Peter Muchlincki, Federico Ortino, Christoph Schreuer ed., *International Investment Law*, Oxford University Press, 2008; Federico Ortino, Audley Sheppard, Hugo Warner ed., *Investment Treaty Law*, the British institute of International and Comparative Law, 2006; Norah Gallagher, Wenhua Shan, *Chinese Investment Treaties: Policies and Practice*, Oxford University Press, 2009.

[2] 以上介绍的文献的英文原名及出处分别是：Jeswald W. Salacuse、Nicholas P. Sullivan, "Do BITs Really Work: an Evaluation of Bilateral Investment Treaties and Their Grand Bargain", *Harvard International Law Journal*, Vol. 46, 2005; Jeswald W. Salacuse, "BIT by BIT: The Growth of Bilateral Investment Treaties and Their Impact on Foreign Investment in Developing Countries", 24 *International Lawyer* 655, 1990; Kenneth J. Vandevelde, "Investment Liberalization And Economic Development: The Role of Bilateral Investment Treaties", *Columbia Journal of Transnational Law*, Vol. 36, 1998; Kenneth J. Vandevelde, "The Political Economy of a Bilateral Investment Treaty", *American Journal of International Law*, Vol. 92, 1998; Kenneth J. Vandevelde, "U. S. Bilateral Investment Treaties: The Second Wave", *Michigan Journal of International Law*, Vol. 14, 1993; Stephan W. Schill, "Tearing Down The Great Wall: The New Generation Investment Treaties Of The People's Republic Of China", 15 *Cardozo J. Int'l & Comp. L.* 73, 2007; Stephan W. Schill, "Multilateralizing Investment Treaties Through Most-Favored-Nation Clauses", *Berkeley Journal of International Law*, Vol. 27, 2009; Norah Gallagherm, Laurence Shore, "Bilateral investment treaties options and drawbacks", *Int. A. L. R.* 2004, 7 (2),

上述关于双边投资条约的研究成果，主要集中于双边投资条约发展及其意义、主要条款与国外对中国双边投资条约发展评价等三个方面的内容，现概述如下：

（一）双边投资条约历史发展与作用的研究

（1）双边投资条约历史发展研究

学界普遍认为，双边投资条约的出现，标志着外国直接投资（FDI）的保护方式已从过去单纯依靠国际习惯法的方式向运用国际条约的方式过渡。[①] 为了保护 FDI，早期发达国家的作法通常是依靠友好通商航海条约（FCN）和外交途径加以保护。[②] 其后通过一些国际组织的努力，特别是经合组织（OECD）的尝试，投资最惠国待遇、公平公正待遇等理念开始扩散，并逐渐

49-53; Scott Vesel, "Clearing A Path Through A Tangled Jurisprudence Most-Favored-Nation Clauses And Dispute Settlement Provisions In Bilateral Investment Treaties", *Yale Journal of International Law*, Vol. 32, 2007; Amnon Lehavi, Amir N. Licht, "BITs and Pieces of Property", *The Yale Journal of International Law*, Vol. 36, 2011; Andrew T. Guzman, "Why LDCs Sign Treaties That Hurt Them: Explaining the Popularity of Bilateral Investment Treaties", *Virginia Journal of International Law*, Vol. 38, 1998; Bergman Mark S., "Bilateral Investment Protection Treaties: An Examination of the Evolution and Significance of the U. S. Prototype Treaty", *New York University Journal of International Law and Politics*, Vol. 16, Issue 1, 1983; Efraim Chalamish, "The Future of Bilateral Investment Treaties: A De Facto Multilateral Agreement", *Brooklyn Journal of International Law*, Vol. 34, 2009; Jason Webb Yackee, "Bilateral Investment Treaties, Credible Commitment, and the Rule of (International) Law: Do BITs Promote Foreign Direct Investment?", *Law and Society Review*, Vol. 42, 2008; Chandler, Aaron M., "BITs, MFN Treatment and the PRC: The Impact of China's Ever-Evolving Bilateral Investment Treaty Practice", *International Lawyer*, Vol. 43, Issue 3, 2009.

① See Kenneth J. Vandevelde, "A Brief History of International Investment Agreements [J]", *U. C. Davis Journal of International Law and Policy*, 2005, (12) .: 157; I. Brownlie, *Principles of Public International Law* [M], Oxford University Press, 2003: 509; Campbell MeLachlan& Laurance Shore & Mathew Weiniger. *International Investment Arbitration-Substantive Principles*, Oxford University Press, 2008: 265- 266; Kathigamar V. S. K. Nathan, "The role of ICSID in development of rules of international economic law", *International Arbitration Law Review* 1999 (2); OECD Report of the Drafting Group on Selected Topics Concerning Investment Protection, DAFFE/MAI/DG1 (95) 3, available at: http: //www. oecd. org/daf/mai/htm/1-3b. htm.

② See Andrew Newcombe & Lluís Paradell, *Law and Practice of Investment Treaties: Standards of treatment* [M], Kluwer Law International, 2009: 3-12; International Law Commission. First Report on Diplomatic Protection [R] .15, UN Doc, A/CN. 4/506, 2000; J. B. Moore, *International Law Digest* [M], Government Printing Office, 1906 (5): 103-135; D. R. Shea, The Calvo Clause, *A Problem of Inter-American and International Law and Diplomacy* [M], University of Minnesota Press, 1955: 18.

为国际社会接受。① 自德国与巴基斯坦签订第一个双边投资条约以后，BIT 开始扩散。20 世纪 80 年代末 90 年代初为 BIT 发展的一个分水岭。在此之前，BIT 的签订一般是在发达国家和发展中国家进行，BIT 的整体数量也不多；但在进入 90 年代后，BIT 的数量激增，BIT 的签订也不只局限于发达国家与发展中国家之间，发展中国家之间也开始签订 BIT。② 通说认为，形成这样局面的原因是 90 年代之前发展中国家对于发达国家高标准的 BIT 普遍持谨慎的态度，并且这些国家几乎全是外资的输入国，不具备向外投资的能力，因此签订的 BIT 的数量较少，发展中国家之间也没有签订 BIT 的必要；进入 90 年代以后，发展中国家开始重视与发达国家缔结 BIT，希望通过强化对外资的保护以吸引更多的发达国家的资本，并且一些发展中国家开始成为新的资本输出国，这些原因促进了发展中国家与发达国家、发展中国家之间的 BIT 的发展。③ 但是发展中国家希冀通过增加 BITs 来强化外资保护以吸引更多资本的做法也受到了一些学者的反对，Vandevelde 一针见血地指出：为缔结双边投

---

① See Kenneth J. Vandevelde, "A Brief History of International Investment Agreements [J]", *U. C. Davis Journal of International Law and Policy*, 2005, (12) . : 157; Andrew Newcombe & Lluís Paradell, *Law and Practice of Investment Treaties: Standards of Treatment*, Wolters Kluwer 2009, p. 20, 33-34; Arthur S. Miller, "Protection of Private Foreign Investment by Multilateral Convention", 53 (2) *The American Journal of International Law*, 1959, pp. 371-372; Judge Stephen M. Schwebel, "The Overwhelming Merits of Bilateral Investment Treaties", remarks at Suffolk University Law School, *Suffolk Transnat'l L. Rev.* 264, 2008.

② See Deborah L. Swenson, "Why Do Developing Countries Sign BITs?", 12 (1) *Journal of International Law and Policy* 131, 2005; Andrew Newcombe & Lluís Paradell, *Law and Practice of Investment Treaties: Standards of Treatment*, Wolters Kluwer 2009, p. 43; South-South Investment Agreements Proliferating, IIA Monitor No. 1, 2005, UNCTAD/WEB/ITE/IIT/2006/1, available at: http://www.unctad.org/en/docs/webiteiit20061_en.pdf; Ahmad Ali Ghouri, "Investment treaty arbitration and the development of International Investment Law as a 'Collective Value System': A synopsis of a new synthesis", 10 (6) *Journal of World Investment and Trade* 921, 2009; George Kahale III, "The New Dutch Sandwich: The Issue of Treaty Abuse", 48 *Columbia FDI Perspectives*, 2011; Ahmad Ali Ghouri, "The Evolution of Bilateral Investment Treaties, Investment Treaty Arbitration And International Investment Law", *Int. A. L. R.* 2011, 14 (6), 189-204.

③ See Andrew T. Guzman, "Why LDCs Sign Treaties That Hurt Them Explaining the Popularity of Bilateral Investment Treaties", *Virginia Journal of International Law*, Vol. 38, 1998; Kenneth J. Vandevelde, "The Political Economy of a Bilateral Investment Treaty", *American Journal of International Law*, Vol. 92, 1998; Rudolf Dolzer and Margrete Stevens, *Bilateral Investment Treaties*, The Hague, Boston, London Martinus Nijhoff Publishers, 1995; Paul Peters, "Recent Developments in Expropriation Clauses of Asian Investment Treaties", *Asian Yearbook of International Law*, Vol. 5, 1995, p. 46; Antonio R. Parra, "ICSID and Bilateral Investment Treaties", *ICSID News*, Vol. 17, No. 1, 2000; W. Miehael Reisman & Robert D. Sloane, "Indirect Expropriation and Its Valuation in the BIT Generation", *The British Yearbook of International Law*, 2003, Oxford, 2004, p. 115. 也有观点认为外国投资者和东道国的投资争端增加也是引起 BIT 数量的增加原因之一，see UNCTAD, *Bilateral Investment Treaties 1995—2006: Trends in Investment Rulemaking*, Unite Nations, 2007, pp. 1-2.

资条约，付出了以保护外资为"主要代价"的发展中国家，他们在缔结双边投资条约中的"主要收获"只是强化了投资保护而已。①

关于双边投资条约的发展，学界主要有两个方面的认识值得关注：一是认为未来的双边投资条约将发展成为一个事实上的多边条约。因为双边投资条约几乎都包含有最惠国待遇条款，这一条款使得数量众多的双边投资条约形成一个相互联系的网络。而网络化了的双边投资条约可以发挥类似于多边投资条约的功能和作用，并最终会演化为实质性的多边投资条约。② 二是认为双边投资条约将逐渐上升为国际投资习惯法。他们认为，近年来各国外资法的改革与广泛的双边投资条约实践，内容趋于一致，意味着西方倡导的高标准投资自由化的一系列规则已经获得广泛接受，并最终会上升到习惯国际法的高度，也有不少学者已然将 BIT 视为确立国际投资领域习惯国际法的工具。③

（2）双边投资条约作用的研究

关于双边投资条约的意义和功能，学界比较一致的看法是，由于发达国家长期以来扮演资本输出者的角色，双边投资条约对它们来说，无疑起到了保护投资的作用。④ 而对于发展中国家来说，他们早期签订双边投资条约的主

---

① See Kenneth J. Vandevelde, "Investment Liberalization And Economic Development: The Role of Bilateral Investment Treaties", *Columbia Journal of Transnational Law*, 1998, (36): 523-525.

② See Efraim Chalamish, "The Future of Bilateral Investment Treaties A De Facto Multilateral Agreement", *Brooklyn Journal of International Law*, Vol. 34, 2009; Stephan W. Schill, "Multilateralizing Investment Treaties Through Most-Favored-Nation Clauses", *Berkeley Journal of International Law*, Vol. 27, 2009; Calvin A. Hamilton, Paula I. Rochwerger, "Trade And Investment: Foreign Direct Investment Through Bilateral and Multilateral Treaties", 18 *N. Y. Int'l L. Rev.* 1, 2005.

③ See F. A. Mann, "British Treaties for the Promotion and Protection of Investment", *British Year Book of International Law*, Vol. 52, p. 241; Kenneth J. Vandevelde, "U. S. Bilateral Investment Treaties: The Second Wave", 14 *MICH. J. INT'L L.* 621, 625, 1993; Bernard Kishoiyian, "The Utility of Bilateral Investment Treaties in the Formulation of Customary International Law", 14 *NW. J. INT'L L. & BUS.* 327, 1994. 当然也有部分学者反对这个观点，认为双边投资条约尚不足以构成国际经济习惯法，see Patrick Dumberry, "Are BITs Representing the 'New' Customary International Law in International Investment Law?", 28 *Penn St. Int'l L. Rev.* 675, 2010。

④ See Amnon Lehavi, Amir N. Licht, "BITs and Pieces of Property", *The Yale Journal of International Law*, Vol. 36, 2011; A. E. M. Maniruzzaman, "Expropriation of Alien Property and the Principle of Non-Discrimination in International Law of Foreign Investment: An Overview", 8 *J. TRANSNAT'L L. & POL'Y* 57, 71, 1998; Jeffrey Lang, Symposium, "The International Regulation of Foreign Direct Investment: Obstacles & Evolution", 31 *CORNELL INT'L L. J.* 713, 717, 1998; Nitya Nanda, "Opinion: Push Hard for Quality FDI", *THE HINDU BUS. LINE*, June 7, 2004.

要目的在于吸引外资。但经过最近几十年来的发展，发展中国家对外投资发开始起步，双边投资条约对发展中国家而言，保护本国海外投资和吸引外资的双重作用开始显现。① 然而，学术界对于双边投资条约是否起到了吸引外资和促进经济发展的作用产生认识上的分歧。主要观点可以分为肯定说、否定说和折中说三种。

否定说认为，BITs 对吸引外国投资并不存在什么影响，即使有，这种影响也很微弱。最早开始研究 BITs 和引资效果之间定量关系的组织是 OECD 和联合国贸易和发展会议（UNCTAD）。20 世纪 80 年代，上述两个组织研究了 FDI 和 BITs 数量的之间的关系，发现二者并无直接作用关系，但由于当时所采用的研究方法并不完善，也不能完全排除 BITs 对引资的重要性。进入 90 年代以后，UNCTAD 采用一种新的研究方法，正式测量了 BITs 的引资效果，得出的结果是，BITs 对 FDI 流动影响甚为轻微。② 学者 C. Raghavan 也得出了与 UNCTAD 相同的结论③，并得到了 M. Hallward Driemei④、J. Tobin 和 S. Rose Aekerman⑤ 等人的支持。

肯定说认为，签订 BITs 确有促进 FDI 流入缔约国的积极作用，但这种作用却随缔约者和 FDI 来源地的不同而异，它更多地体现在发展中国家与发达国家签订的 BITs 上，而且对来自发达国家的 FDI 具有显著性。代表的学者有，R. Banga、N. P. Sullivan、J. W. Salaeuse & N. P. Sullivan、E. Neumayer

---

① See Jorge F. Perez-Lopez & Matias F. Travieso-Diaz, "The Contribution of BITs to Cuba's Foreign Investment Program", 32 LAW & POL'Y INT'L BUS. 529, 530, 2001; Amnon Lehavi, Amir N. Licht, "BITs and Pieces of Property", The Yale Journal of International Law, Vol. 36, 2011; Ahmad Ali Ghouri, "The Evolution of Bilateral Investment Treaties, Investment Treaty Arbitration and International Investment Law", Int. A. L. R. 2011, 14 (6); Livanos Cattaui, "Multilateral Investment Pacts Should Be on Cancun Agenda", FIN. TIMES, Jul. 9, 2003.

② UNCTAD 给出的解释是：三分之二的 BITs 签订于 20 世纪 90 年代，而此时各国/地区在投资自由化的浪潮之下为吸引外资所展开的政策竞争导致了政策趋同，从而弱化了各种外资政策工具的引资效果，使得 BITs 可能已经丧失其独特的标签作用，日益沦为投资者眼中的例行规则景观。See UNCTAD, "Bilateral Investment Treaties in the mid-1990s", Untied Nations, 1998, pp. 109-122.

③ See C. Raghavan, "Bilateral Investment Treaties Play Only a Minor Role in Attracting FDI", Third World Economics, 162 (June), 1997, pp. 1-15.

④ See M. Hallward Driemei, "Do Bilateral Investment Treaties Attract FDI", Policy Research Paper 3121, World Bank, 2003, pp. 21-23.

⑤ See J. Tobin, S. Rose Aekerman, "Foreign Direct Investment and the Business Environment in Developing Countries: The Impact of Bilateral Investment Treaties", William Davidson Institute Working Paper 587, William Davidson Institute at the University of Michigan Business School, 200, p. 19.

& L. Spess，以及 P. Egger & M. Pfaffermayr。①

折中说认为，BITs 对 FDI 的流动是存在影响的，但是这种影响并不大，吸引外资最重要的还是靠国家内部的规则和环境。②

一部分美国及其他发达国家学者还认为，BIT 可以作为瓦解发展中国家希望建立国际经济新秩序目标的策略或手段，可以保证发达国家资本输出的稳定和安全，有利于保障在发展中国家中的资本优势。③

(二) 双边投资条约主要条款的研究

(1) 定义条款

双边投资条约无一例外地都规定有定义条款，该条款一般定义以下几个重要概念：投资者、国民、企业、投资、收益和领土。④ 一般认为，定义条款主要是对投资者与投资范围的确定，并且以此为依据可以确定国际仲裁庭的管辖权。⑤

关于"投资"的定义方式，有基于资产定义的、有基于企业定义的以及

---

① See R. Banga, "Impact of Government Policies and Investment Agreements on FDI Inflows", *Working Paper* No. 116, Indian Council for Research on International Economic Relations, 2003; N. P. Sullivan, "Bilateral Investment Treaties as a Determinant of U. S. Foreign Direct Investment in Developing Countries", *White Paper*, Money Matters Institute, 2003, pp. 35-36; Jeswald W. Salacuse, Nicholas P. Sullivan, "Do BITs Really Work An Evaluation of Bilateral Investment Treaties and Their Grand Bargain", *Harvard International Law Journal*, 2005, 46; P. Egger, M. Pfaffermayr, "The Impact of Bilateral Investment Treaties on Foreign, Direct Investment", *Journal of Comparative Economics*, Vol. 32, No. 4, 2004, p. 797.

② See Amnon Lehavi& Amir N. Licht, "BITs and Pieces of Property", *The Yale Journal of International Law*, 2011, (36).

③ 在这方面，不少美国的学者都论述了签订大量的 BITs 有利于进一步提高美国在资本输出上的优势，see Jeffrey Lang, "Symposium, The International Regulation of Foreign Direct Investment: Obstacles & Evolution", 31 *CORNELL INT'L L. J.* 713, 717, 1998; Catherine Sune, "Note, The E-2 Treaty Investor Visa: The Current Law and The Proposed Regulations", 11 *AM. U. J. INT'L L. & POL'Y* 511, 517 n. 28, 1996; Kenneth J. Vandevelde, "The Political Economy of a Bilateral Investment Treaty", 92 *AM. J. INT'L L.* 621, 634, 1998; Calvin A. Hamilton, Paula I. Rochwerger, "Trade and Investment: Foreign Direct Investment Through Bilateral and Multilateral Treaties", 18 *N. Y. Int'l L. Rev.* 1.

④ See Jose Luis Siqueiros, "Bilateral Treaties on the Reciprocal Protection of Foreign Investment", 24 *Cal. W. Int'l L. J.* 255, 1994.

⑤ See Calvin A. Hamilton, Paula I. Rochwerger, "Trade And Investment: Foreign Direct Investment Through Bilateral and Multilateral Treaties", 18 *N. Y. Int'l L. Rev.* 1; Dana H. Freyer et al., "Bilateral Investment Treaties and Arbitration", 53 *DISP. RESOL. J.* 74, 75, 1998 (主要论述了在 BIT 下投资者定义必须作为一个条款); Saunders, Matthew Saunders, "Bilateral Investment Treaties Oil the Wheels of Commerce", *LLOYD'S LIST INTERNATIONAL*, June 23, 2004, at 6 (论述了争端解决中必须依据 BIT 中投资定义条款); Societe Generale de Surveillance v. Pak. (decision on jurisdiction) 42 I. L. M. 1290, 1312.

循环定义等，或通过投资范围列举①，或通过投资的开放式定义予以表述。②学者们认为，这种开放式的投资定义方式有利于最大程度的保护每一种投资形式，提高 BIT 运用的灵活性，为国际仲裁法庭管辖权提供了依据。③ 早期的 BIT 缔约国认为，无形资产不应在投资定义范围之内，但是经过以 M. Sornarajah 为代表的学者长期呼吁④，以及 BIT 实践的发展，无形财产逐渐成为资产保护的中心。此外，BIT 中关于投资定义虽有几种定义方式（如美国 BIT 示范文本的循环定义等⑤），但从总体趋势来看，投资的定义更加趋于详细与具体。⑥

关于"投资者"，被定义为缔约国的自然人和法人。BIT 中的自然人一般认为是具有缔约国国籍的公民或国民，学界对此也没有太大争议。⑦ 理论上更

---

① See David P. "Fidler, Foreign Private Investment in Palestine Revisited: An Analysis of the Revised Palestinian Investment Law", 31 *CASE W. RES. J. INT'L L.* 293, 312, 1999（论述了在 BIT 中对投资的定义范围的非全面性）; Wena Hotels Ltd. v. Egypt（proceeding on the jurisdiction）, 41 I. L. M. 881, 890（引用 BIT 定义中非排他性的资产范围）.

② See Jeswald W. Salacuse, "BIT by BIT: The Growth of Bilateral Investment Treaties and Their Impact on Foreign Investment in Developing Countries", 24 *INT'L LAW.* 655, 655, 1990; M. Sornarajah, *The International Law on Foreign Investment* 240, Cambridge University Press 1994; C. M. S. Gas Transmission Co. , 42 I. L. M. at 244; Shane Spelliscy, "Note, Burning the Idols of Non-Arbitrability: Arbitrating Administrative Law Disputes With Foreign Investors", 12 *AM. REV. INT'L ARB.* 95, 108, 2001.

③ See Andreas F. Lowenfeld, *International Economic Law* 474, Oxford University Press, 2002; George M. von Mehren, "Navigating Through Investor-State Arbitrations—An Overview of Bilateral Investment Treaty Claims", 59 *DISP. RESOL. J.* 69, 70, 2004, at 71; U. N. CONF. On Trade and Development, Flexibility for Development, at 70, 2000, available at http://www.unctad.org/en/does//psiteiitd18.en.pdf; K. Scott Gudgeon, "United States Bilateral Investment Treaties: Comments on Their Origin, Purposes, and General Treatment Standards", 4 *INT'L TAX & BUS. LAW.* 105, 111-28, 1986, at 113-114; Kenneth J. Vandevelde, *United States Investment Treaties Policy and Practice* 21, Kluwer Law and Taxation Publishers, 1992, at 45; Robert A. Schmoll, "Note, NAFTA Chapter 11 and Professional Sports in Canada", 35 *U. MIAMI INTER-AM. L. REV.* 429, 1053, 2003; Rudolf Dolzer and Margrete Stevens, *Bilateral Investment Treaties*, The Hague, Boston, London Martinus Nijhoff Publishers, 1995.

④ See M. Sornarajah, *The International Law On Foreign Investment* 240, Cambridge University Press, 1994; C. M. S. Gas Transmission Co. , 42 I. L. M. at 244; Shane Spelliscy, Note, "Burning the Idols of Non-Arbitrability: Arbitrating Administrative Law Disputes With Foreign Investors", 12 *AM. REV. INT'L ARB.* 95, 108, 2001.

⑤ See Paul E. Comeaux, N. Stephan Kinsella, *Protecting Foreign Investment under International Law, Legal Aspects Of Political Risk*, Oceana Publication, 1997, p. 105.

⑥ See Jose Luis Siqueiros, "Bilateral Treaties on the Reciprocal Protection of Foreign Investment", 24 *Cal. W. Int'l L. J.* 255, 1994.

⑦ UNCTAD, *Bilateral Investment Treaties 1995—2006: Trends in Investment Rulemaking*, Unite Nations, 2007, p. 13.

多关注 BIT 中法人的定义。① 在 BIT 实践中，法人的国籍依据法人注册地和主要机关所在地来确定。例如国际法院在"巴塞罗那机车案"中，表明了对在海外投资的公司的国籍认定采用法人设立地原则。在一些 BITs 中也试图确立其他有利于外资公司保护的国籍认定方式。例如在一些 BITs 中，公司实际控制者被认为是"投资者"，或者实际机关所在地位于缔约国一方的公司也被纳入到 BIT 中进行保护。② 学者们还有对定义条款中的投资利益③以及适用期间④等问题进行了研究。

（2）待遇条款

待遇条款一般分为两类：一是相对待遇标准，包括国民待遇和最惠国待遇；二是绝对待遇标准，即公平公正待遇。学者们对待遇标准分类逐渐细化。有将待遇标准分为四类的，即国民待遇，最惠国待遇，无差别待遇以及公平公正待遇。⑤ 著名学者 Salacuse 等人则作了进一步的细化，将待遇条款分为六类。⑥

① 国民待遇条款 一般认为，国民待遇是指东道国对外来投资者给予不低于本国投资者的待遇。考虑到国外投资者在东道国投资时与本地投资者相

---

① See Paul E. Comeaux, N. Stephan Kinsella, *Protecting Foreign Investment under International Law*, *Legal Aspects of Political Risk*, Oceana Publication, 1997, p. 105; M. Sornarajah, *The International Law on Foreign Investment* 240, Cambridge University Press, 1994, pp. 245-249; Jose Luis Siqueiros, "Bilateral Treaties on the Reciprocal Protection of Foreign Investment", 24 *Cal. W. Int'l L. J.* 255, 1994.

② UNCTAD, *Bilateral Investment Treaties 1995—2006: Trends in Investment Rulemaking*, Unite Nations, 2007, p. 29.

③ See Jose Luis Siqueiros, "Bilateral Treaties on the Reciprocal Protection of Foreign Investment", 24 *Cal. W. Int'l L. J.* 255, 1994; M. Sornarajah, The International Law On Foreign Investment 240, Cambridge University Press, 1994, pp. 245-249.

④ See Jeswald W. Salacuse, "BIT by BIT: The Growth of Bilateral Investment Treaties and Their Impact on Foreign Investment in Developing Countries", 24 *INT'L LAW.* 655, 655, 1990; Calvin A. Hamilton, Paula I. Rochwerger, "Trade And Investment: Foreign Direct Investment Through Bilateral and Multilateral Treaties", 18 *N. Y. Int'l L. Rev.* 1; Kenneth J. Vandevelde, *United States Investment Treaties Policy and Practice*, 21 Kluwer Law and Taxation Publishers, 1992.

⑤ See Calvin A. Hamilton, Paula I. Rochwerger, "Trade And Investment: Foreign Direct Investment Through Bilateral and Multilateral Treaties", 18 *N. Y. Int'l L. Rev.* 1.

⑥ See Jeswald W. Salacuse, Nicholas P. Sullivan, "Do BITs Really Work an Evaluation of Bilateral Investment Treaties and Their Grand Bargain", *Harvard International Law Journal*, Vol. 46, 2005.

比有竞争的弱势,因而设立特殊保护,制定国民待遇条款就十分有必要。① 有学者指出了不管投资者和东道国之间是否存在一个合同关系,典型性的国际投资就应当包含外国投资者享有国民待遇的权利。② 也有学者进一步认为,给予外国投资者国民待遇,可以不限制投资者本身的任何的商业活动,以此能吸引更多的外国投资。③ 还有学者认为 BITs 的缔约国往往在一些投资领域中确定了对国民待遇的排除性条款,而且可能就是这些排除条款使得外国投资者处在了不利的地位。④ 从整体上看,学者们较为一致的观点是,一个确切的国民待遇条款能起到保护外资、吸引外资的作用。在国民待遇条款的适用上,如果投资者以违反国民待遇为诉因,将争端提交到国际仲裁时,仲裁庭在判断特定措施是否违反国民待遇标准时,一般首先查证在本国投资或投资者与外国投资或投资者之间的待遇是否事实上存在不同;如果发现不同的待遇,仲裁庭需要处理两者是否是属于同类情况,这种裁断需要采取个案基础上的事实分析。⑤

② 最惠国待遇条款 被定义为,东道国确保给予 BIT 另一缔约方的投资或投资者待遇不低于其给予其他任何第三国投资或投资者的待遇⑥,有学者将其与国民待遇并称为国际投资中的核心理念。⑦ 也有学者将最惠国待遇的意义表述为外国投资者享有东道国所缔结的 BITs 中的最高待遇标准。⑧ 北美自由

---

① See Calvin A. Hamilton, Paula I. Rochwerger, "Trade And Investment: Foreign Direct Investment Through Bilateral and Multilateral Treaties", 18 *N. Y. Int'l L. Rev.* 1; North American Free Trade Agreement, Dec. 17, 1992, art. 1139; Susan A. Aaronson, "International Investment Carousel: When it Comes to Rules for International Investment, It's Time to Stop Riding the WTO", *The International Economy*, Jan. 1, 2004.

② See Tony Marshall, "Projects: Risky Business", *LEGAL WEEK*, Aug. 5, 2004.

③ See Matias F. Travieso-Diaz & Charles P. Trumbull IV, "Foreign Investment in Cuba: Prospects and Perils", 35 *GEO. WASH. INT'L L. REV.* 903, 940, 2003.

④ See Saamir Elshihabi, "The Difficulty Behind Securing Sector-Specific Investment Establishment Rights: The Case of the Energy Charter Treaty", 35 *INT'L LAW.* 137, 141, 2001; J. Steven Jarreau, "Anatomy of a BIT: The United State-Honduras Bilateral Investment Treaty", 35 *U. MIAMI INTER-AM. L. REV.* 429, 430, 2004.

⑤ See Jian Zhou, "National Treatment In Foreign Investment Law: A Compartive Study From A Chinese Perspective", 10 *Touro Int'l L. Rev.* 39, 2000.

⑥ See Calvin A. Hamilton, Paula I. Rochwerger, "Trade And Investment: Foreign Direct Investment Through Bilateral and Multilateral Treaties", 18 *N. Y. Int'l L. Rev.* 1, 2005.

⑦ See C. O'Neal Taylor, "The Mexican Trucking Case and Nafta: Introduction, Commentary, and Afterword", 42 *S. Tex. L. Rev.* 1239, 2001.

⑧ See Jeswald W. Salacuse, Nicholas P. Sullivan, "Do BITs Really Work An Evaluation of Bilateral Investment Treaties and Their Grand Bargain", *Harvard International Law Journal*, 2005, 46.

贸易协定支持了最惠国待遇标准的规定，而多数 BITs 也同时规定了国民待遇和最惠国待遇。据学者的相关统计，在绝大多数的 BITs 中，东道国给予外国投资的待遇应不低于给予本国投资者或给予任何第三国投资者的待遇，以两者较优者为准。许多协定同时规定上述两种或两种以上的待遇标准。[1] 学者们比较国民待遇和最惠国待遇，认为前者对外国投资者更加有利，国民待遇能保证外来投资者不会仅仅因为是外国人而受到歧视，但是最惠国待遇与之相比只能给予一个不低于其他国的待遇，显然在保护力度上显得不力一些。[2] 但是面对双边投资条约广泛规定最惠国待遇条款的情况，学者们将讨论的焦点转向了最惠国待遇的适用范围上，特别是针对最惠国待遇是仅适合于实体性义务还是也适用于争端解决程序中这一问题。[3] 同时也引发了对最惠国条款中的例外情形的讨论。[4]

③ 公平公正待遇条款　目前对于公平公正待遇的定义和内容无论是在 BIT 实践中还是在理论上都还存在争议。[5] 观点之一认为，公平公正待遇应该相当于国际习惯法中的最低待遇标准。这个观点也被《北美自由贸易协定》（NAFTA）自由贸易委员会所支持，美国、加拿大和墨西哥在解释公平公正

---

[1] See Mohamed I. Khalil, "Treatment of Foreign Investment in Bilateral Investment Treaties", *ICSID Review-Foreign Investment Law Journal*, Vol. 7, 1992.

[2] See Mark S. Bergman, "Bilateral Investment Protection Treaties: An Examination Of The EVolution And Significance Of The U. S. Prototype Treaty", 16 *N. Y. U. J. Int'l L. & Pol.* 1, 1983.

[3] See George M. von Mehren et al., "Navigating Through Investor-State Arbitrations—An Overview of Bilateral Investment Treaty Claims", 59 *DISP. RESOL. J.* 69, 70, 2004.

[4] See Charles H. Brower II, "NAFTA's Investment Chapter: Initial Thoughts About Second-Generation Rights", 36 *VAND. J. TRANSNAT'L L.* 1533, 1546, 2003; Michael Moset, "Treaties Give New Protection: State Consents To Arbitration By International Body In Disputes With Foreign Investors", *FIN. TIMES*, Feb. 25, 2004.

[5] 例如，有学者公平公正待遇的司法注意事项所涉及的范围, See Carlos G. Garcia, "All the Other Dirty Little Secrets: Investment Treaties, Latin America, and the Necessary Evil of Investor-State Arbitration", 16 *FLA. J. INT'L L.* 301, 305-06, 2004, at 348; 有学者讨论公平公正待遇定义的模糊性，并给出解决模糊性的方法, see David MacArthur, "Note, NAFTA Chapter 11: On An Environmental Collision Course With The World Bank?", 2003 *UTAH L. REV.* 913, 924-25, 2003; 有学者则认为公平公正待遇反而给东道国政府设置了比较低的待遇承诺, see Daniel M. Price, "Some Observations on Chapter Eleven of NAFTA", 23 *HASTINGS INT'L & COMP. L. REV.* 421, 424, 2000。

待遇时都不要求该待遇条款超越国际习惯法中的最低待遇标准。[①] 而另一种观点认为，公平公正待遇与国际习惯法中的最低待遇标准还是有所区别，它是一个独立的条款，需要清楚界定该条款的含义。[②] 从目前该条款在实践中的适用上看，由于公平公正待遇的内容抽象，导致了该条款泛化适用，部分投资者直接依据该条款起诉东道国，引发了大量以公平公正待遇为诉由的国际仲裁案件，甚至已有滥诉的风险存在。[③] 针对这种情况，学界存在两种不同观点：一是将公平公正待遇作为独立条款，主张赋予仲裁庭自由裁量权，秉承公平公正原则结合具体投资争端解释公平公正待遇条款。[④] 二是将其附属于国际习惯法，严格限制仲裁庭的自由裁量和任意解释风险，甚至将公平公正待遇仅局限于东道国不违反正当程序，不采取歧视性行为和不实行专断措施等

[①] See Patrick Del Duca, "The Rule of Law: Mexico's Approach to Expropriation Disputes in the Face of Investment Globalization", 51 *UCLA L. REV.* 35, 93 n. 321, 2003; Dana Krueger, "The Combat Zone: Mondev International, Ltd. v. United States and the Backlash Against NAFTA Chapter 11", 21 *B. U. INT'L L. J.* 399, 411, 2003.

[②] 例如，有学者认为公平公正待遇标准概念已经从传统国际法中分离出来了，See Charles H. Brower, "Investor-State Disputes Under NAFTA: The Empire Strikes Back", 40 *COLUM. J. TRANSNAT'L L.* 43, 54-55 (2001); 有学者讨论了能否运用国际法的原则在双边投资条约中将公平公正待遇标准等同于最低待遇标准，see William S. Dodge, "International Decision: Metalclad Corporation v. Mexico", 95 *AM. J. INT'L L.* 910, 919 n. 54 (2001)。

[③] 近年来，涉及公平公正待遇条款适用的案例，包括公平与公正待遇诉求得到国际仲裁庭支持的案例和诉求未获支持的案例。(1) 诉求得到国际仲裁庭支持的案例：2000 年裁决的 *Metalclad v. Mexican* 案、2002 年裁决的 *Myers v. Canada* 案、2000 年裁决的 *Maffezini v. Spain* 案、2001 年裁决的 *Pope & Talbot v. Canada* 案、2001 年部分裁决的 *CME v. Czech* 案、2003 年裁决的 *Tecmed v. Mexico* 案、2004 年裁决的 *MTD v. Chile* 案、2004 年裁决的 *Occidental v. Ecuador* 案、2005 年裁决的 *CMS v. Argentina* 案、2006 年部分裁决的 *Saluka v. Czech* 案、2006 年裁决的 *Azurix v. Argentina* 案、2006 年裁决的 *LG&E v. Argentina* 案、2007 年裁决的 *PSEG v. Turkey* 案、2007 年裁决 *Siemens v. Argentina* 案和 2007 年裁决的 *Enron v. Argentina* 案等；(2) 诉求未获支持的案例：2001 年裁决的 *Genin v. Estonia* 案、2001 年裁决的 *Lauder v. Czech* 案、2002 年裁决的 *Mondev v. USA* 案、2003 年裁决的 *ADF v. USA* 案、2004 年裁决的 *Waste Management v. Mexico* 案、2004 年裁决的 *GAMI v. Mexico* 案、2005 年裁决的 *Methanex v. USA* 案和 2006 年裁决的 *Thunderbird v. Mexico* 案等。（统计资料来源于 J. Kalicki & S. Medeiros, "Fair, Equitable and Ambiguous: What Is Fair and Equitable Treatment in International Investment Law?", *ICSID Review—Foreign Investment Law Journal*, Vol. 22, 2007)。

[④] 例如，美国学者 H. Brower II 毫不掩饰地声言："似乎明显的是，'公平与公正待遇'一词是有意模糊，意在授权裁判者一种准立法权，在特定的案件中为实现条约的目的而明晰一套规则。将对'公平与公正待遇'界定为只是禁止最为罕见的政府不当作为之方式，乃是对仲裁庭进行抢掠，即仲裁庭被抢掠了发展法律的创造性职责。" See H. Brower II, "Investor-State Disputes under NAFTA: The Empire Strikes Back", *Columbia Journal of Transnational Law*, 2003, (40)。

方面，反对运用公平公正待遇条款影响东道国的经济管理主权。① 这两类观点都表达了学者们对公平公正待遇及其解释予以严格限制的愿望，而对公平公正待遇条款语义的解释和内容的具体化，也仍是理论研究的重心之一。

(3) 争端解决条款

近年来，投资者与东道国之间的投资争端逐渐增多，投资者向仲裁机构起诉的数目也呈快速增长之势。② 多数 BITs 都规定了投资争议解决可以选择国际仲裁机构仲裁的方式。有学者认为，这种争端解决方式，避免了将投资者与东道国之间的投资争端发展为投资者母国与东道国之间的争端，有助于投资争端非政治化解决。③ 此外，众多的学者，特别是美国的部分学者，对争端解决机制的发展，以及 BITs 通过允许外国投资者单方面诉诸国际仲裁机制给予外国投资较高保护的标准进行极力的鼓吹。他们认为 BITs 中这一条款的出现，对约束东道国政府行为，保护外国投资者具有非常重要的意义。④ 但是，也有部分学者试图通过厘清最惠国待遇的含义及其与争端解决条款内在的法律联系，明确国际仲裁机构的管辖权范围，借以保护东道国政府的经济

---

① 例如，OECD 国家明确反对将公平公正待遇标准混同于"公平善意"原则 (*Ex Aequo et Bono*)，See OECD, *International Investment Law: A Changing Landscape*, Chapter 3—Fair and Equitable Treatment Standard in International Investment Law, 2005, p106; 学者也认为，"公平与公正待遇条款的运用不能用来保护投资者免遭在新兴的或发展中的经济体投资时碰到的固有的困难和风险。产生于与有限的或尚处于发展之中的政府管理和程序运作能力有关的风险之损失，不应通过公平与公正待遇标准的运用转嫁给东道国。" See J. R. Picherack, "The Expanding Scope of the Fair and Equitable Treatment Standard: Have Recent Tribunal Gone Too Far", *The Journal of World Investment & Trade*, 2008, (19).

② See Ginger Lew & Jean Heilman Grier, "A Role for Governments in the Resolution of International Private Commercial Disputes", 18 *FORDHAM INT'L L. J.* 1720, 1720 (1995); Daniel Price, "NAFTA Chapter II—Investor-State Dispute Settlement: Frankenstein or Safety?", 26 *CAN. -U. S. L. J.* 107, 107 (2001); Margrete Stevens, Arbitration and Investment Disputes—Are We Heading in the Right Direction? *ICSID NEWS*, Spring 2002, at 4.

③ See M. Sornarajah, *The International Law On Foreign Investment* 240, Cambridge University Press, 1994, pp. 265-266.

④ See Mark Friedman & Gaetan Verhoosel, "Under Bilateral Investment Treaties, More Investors are Taking Direct Action Against Foreign States", 26 *Nat'l L. J.*, Espt. 15, 2003. at 15. J. Steven Jarreau, "Anatomy of A Bit The United States—Honduras Bilateral Investment Treaty", *University of Miami Inter-American Law Review*, 2004, 35. Margrete Stevens, "Arbitration and Investment Disputes—Are We Heading in the Right Direction?" *ICSID NEWS*, Spring 2002; Lawrence W. Newman & David Zaslowsky, "Dispute Resolution Opportunities for Foreign Investors", *N. Y. L. J.*, *Jan.* 30, 2004, at col. 1; Michael Moset, "Treaties Give New Protection: State Consents To Arbitration By International Body In Disputes With Foreign Investors", *FIN. TIMES*, Feb. 25, 2004.

主权和利益。① 事实上，在 BIT 实践中的确存在这样一种现象：一些国家逐渐放弃了长期坚持的卡尔沃主义或东道国外资管辖权，无条件或限制地接受了国际投资仲裁。M. Sornarajah 对此种做法进行了批判，认为长此以往发展中国家所追求的国际经济新秩序的希望必然落空。② "这些 BITs 的订立，实际上是邀请了一群狭隘的外国投资者，他们往往将生意上的失败归结为东道国政府的干涉、歧视待遇以及不公正的政策，然后兴高采烈地通过一次冗长、昂贵的仲裁来恐吓东道国政府以弥补自己的损失"③，这样的评价或许直中要害。近年来已有学者对运用国际仲裁方式解决投资争议的合法性、公正性提出质疑④，提出需要建立一个仲裁的上诉机制来代替现有的一裁终局规则的设想。虽然仍有学者认为不设立上诉机制显得更有效率⑤，但是绝大数学者认为设立上诉机制能确保裁决的一致性和可预见性，防止仲裁机构对相同条款作出矛盾的解释或作出相互矛盾的裁决。⑥

（4）征收条款和其他新型条款

学界对于征收条款的讨论一般集中在征收的定义、征收的条件以及征收的补偿标准三个方面，争论的焦点主要围绕间接征收的定义以及征收补偿标

---

① Stephen Fietta, "Most Favoured Nation Treatment and Dispute Resolution under Bilateral Investment Treaties A Turning Point", *International Arbitration Law Review*, Vol. 8, 2005; StephanW. Schill, "Multilateralizing Investment Treaties Through Most-Favored-Nation Clauses", *Berkeley Journal of International Law*, Vol. 27, 2009; Scott Vesel, "Clearing A Path Through A Tangled Jurisprudence Most-Favored-Nation Clauses And Dispute Settlement Provisions In Bilateral Investment Treaties", *Yale Journal of International Law*, Vol. 32, 2007.

② See M. Sornarajah, *The International Law On Foreign Investment* 240, Cambridge University Press, 1994, pp. 90-91.

③ See Luke Eric Peterson, "Challenges Under Bilateral Investment Treaties Give Weight to Calls for Multilateral Rules", *World Trade Agenda*.

④ See Susan D. Franck, "The Legitimacy Crisis in Investment Arbitration: privatizing public International Law through Inconsistent Decisions", 73 *Fordham L. Rev.* 1560-1568 (2005).

⑤ See Jessica S. Wiltse, "An Investor-state Mechanism in the Free Trade Area of The Americans: Lessons from NAFTA Chapter Eleven", 51 *Buffalo L. Rev.* 1145, 1170 (2003).

⑥ See David A. Gantz, "The EVolution of FTA Investment Provisions: From NAFTA to the United States-Chile Free Trade Agreement", *Am. U. Int'l L. Rev*, Vo.l 19, 2004, pp. 708-740; Doak Bishop, "The Case for an Appellate Panel and its Scope of Review", *Transnat'l Disp Mgmt*, Vo.l 2, 2005, p. 10; Susan Frank, "The Legitimacy Crisis in International Treaty Arbitration: Privatizing Public International Law through Inconsistent Decisions", *Fordham L. Rev*, Vo.l 73, 2005, p. 1607.

准，比如"赫尔原则"的适用等问题展开。① 此外，近来学术界也开始讨论双边投资条约中出现的一些新型条款，例如人权保护条款、劳工条款②、环境条款③以及知识产权条款等。④

（三）中国双边投资条约状况及发展研究

西方早期关于中国双边投资条约的研究，特别是美国的学者，将研究的重点放在美国与中国进行双边投资条约谈判所需注意的问题，诸如最惠国待遇条款、争端解决机制条款等几个具体条款展开讨论，对中国双边投资条约其他问题的研究甚是寥寥。⑤ 但是，近二十多年来，随着中国 BITs 实践以及中国海外投资的迅猛发展，国外学者对中国的双边投资条约问题也逐渐重视起来。比较典型的有，德国学者提尔曼·鲁道夫·布朗以及帕斯卡尔·松纳德撰写的《德国与中国的新双边投资条约——以国际公法中投资保护规则的发展为背景的述评》一文，该篇论文讨论了德国与中国新签订的双边投资条

---

① 这方面的讨论例如，Mohamed I. Khalil, "Treatment of Foreign Investment in Bilateral Investment Treaties", in 1 *Legal Framework for the Treatment of Foreign Investment* (1992); See Jose Luis Siqueiros, "Bilateral Treaties on the Reciprocal Protection of Foreign Investment", 24 *Cal. W. Int'l L. J.* 255, 1994; M. Sornarajah, *The International Law on Foreign Investment 240*, Cambridge University Press, 1994; Paul Peters, "Recent Developments in Expropriation Clauses of Asian Investment Treaties", *Asian Yearbook of International Law*, Vol. 5, 1995; Rudolf Dolzer, Christoph Schreuer, *Principles of International Investment Law*, New York: Oxford University Press, 2008.

② See QingJiang Kong, "U. S. -China Bilateral Investment Treaty Negotiations: Context, Focus, and Implications", *Asian Journal of WTO & International Health Law & Policy*, Vol. 7, 2012; Sean D. Murphy ed., "Contemporary Practice of the United States Relating to International Law", *American Journal of International Law*, Vol. 98, 2004; Megan Wells Sheffer, "Bilateral Investment Treaties: a Friend or Foe to Human Rights?", *Denver Journal of International Law and Policy*, Vol. 39, 2011; UNCTAD, "Analysis of Bilateral Investment Treaties Finds Growth in Agreements", *New Areas of Focus*, UNCTAD/PRESS/IN/2007/014 (Dec. 4, 2007), available at http://www. unctad. org/templates/Webflyer. asp? docID = 8270&intItemID = 1528&lang = 1.

③ See Bernasconi-Osterwalder N, Johnson L, "Belgium's Model Bilateral Investment Treaty: A Review", http://www. iisd. org/pdf/2011/belgiums_ model_ bit. pdf; Gantz D A, "Potential Conflicts between Investors Rights and Environmental Regulation under NAFTA Chapter 11", *George Washington International Law Review*, Vol. 33, 2001; Waelde T W, "Sustainable Development and the 1994 Energy Charter Treaty: between Pretend-Action and the Management of Environmental Investment Risk", Weiss F, Denters E, de Waart P, *International Economic Law with a Human Face*, Martinus Nijhoff, 1998, p. 240.

④ See Ahmad Ali Ghouri, "The Evolution of Bilateral Investment Treaties, Investment treaty Arbitration and International Investment Law", *Int. A. L. R.* 2011, 14 (6); Amnon Lehavi, Amir N. Licht, "BITs and Pieces of Property", *The Yale Journal of International Law*, Vol. 36, 2011.

⑤ 早期这方面研究例如，Timothy A. Steinert, "Note, If the BIT Fits: The Proposed Bilateral Investment Treaty Between the United States and the People's Republic of China", 2 *J. CHINESE L.* 405, 415 (1988); Pat K. Chew, "Political Risk and U. S. Investments in China: Chimera of Protection and Predictability?", 34 *VA. J. INT'L L.* 615, 670-71 (1994); Michael Moset, "Treaties Give New Protection: State Consents To Arbitration By International Body In Disputes With Foreign Investors", *FIN. TIMES*, Feb. 25, 2004。

约的特点，与旧条约相比的进步，以及 BITs 对于中德两国未来经济交流的重要性。① 另一德国学者阿克塞尔·伯杰则对中国近二十年来签订的 BITs 进行了实证性研究，他指出中国双边投资条约实现了大变革，正朝着自由化的方向发展。② 但是从整体上看，西方学术界讨论的焦点主要集中于中国作为发展中国家的大国，海外投资快速增长，正逐步向资本输出国转变，此种转变所带来的双边投资条约的变化。③ 而对于中国双边投资条约的特征和相关理论的讨论则相对较少④，更多的是中国学者在外文期刊上发表的介绍中国双边投资条约新发展和新特征的研究文章。⑤ 可以说，在中国双边投资条约的研究上，介绍性和评论性的文章多于条约的理论研究成果。特别值得一提的是，由 Norah Gallagher 和 Wenhua Shan 合著的 *Chinese Investment Treaties：Policies and Practice*(《中国投资条约：政策和实践》) 一书是截至 2013 年唯一一本专门研

---

① 〔德〕提尔曼·鲁道夫·布朗、帕斯卡尔·松纳德：《德国与中国的新双边投资条约——以国际公法中投资保护规则的发展为背景的述评》，纪燚译，载《国际经济法学刊》2009 年第 4 期。

② 〔德〕阿克塞尔·伯杰：《中国双边投资协定新纲领：实体内容、合理性及其对国际投资法创制的影响》，杨小强译，载《国际经济法学刊》2009 年第 4 期。

③ See Sauvant, K. P., "New Sources of FDI：The BRICs", *The Journal of World Investment and Trade*, 6 (5), 2005, pp. 639-711; UNCTAD, *World Investment Report 2006*, New York, Geneva：United Nations; Aykut. D, A. Goldstein, "Developing Country multinationals：South-South Investment comes of Age, Paris：OECDD development Centre"（Working Paper No. 257），2006; Broadman. H. G., *Africa' Silk Road*, Washington D. C.：The World Bank, 2007; Pamlin. D and L. Baijin, *Rethink China's Outward Investment Flows*, World Wide Fund for Nature, 2007; UNCTAD, World Investment Report 2007, New York, Geneva：United Nations; UNDP, *Asian Foreign Direct investment in Africa*, New York and Geneva：United Nations, 2007.

④ See Rooney, K. M., "ICSID and BIT Arbitration and China", *Journal of International Arbitration*, 24 (6), 2007, pp. 689-712; Beger. A., "China and The Global Governance of Foreign Direct Investment：The Emerging Liberal Bilateral Investment Treaty Approach", Bonn: *Deutsches Institut for Entwicklungspolitik*（Discussion paper 10 / 2008）; Heymann, M. C. E., "International Law and the Settlement of Investment Disputes Relating to China", *Journal of International Economic Law*, 11 (3), 2008, pp. 507-526; Stephan W. Schill, "Tearing Down The Great Wall The New Generation Investment Treaties Of The People's Republic of China", 15 *Cardozo J. Int'l & Comp. L.* 73, 2007.

⑤ See Kong, Q, "Bilateral Investment Treaties：The Chinese Approach and Practice", *Asian Yearbook of International Law*, Vol. 8, 2003, pp. 105-136; Cai, C, "Outward Foreign Direct Investment Protection and the Effectiveness of Chinese BIT Practice", *Journal of World Investment and Trade*, 7 (5), 2006, pp. 621-652; Cai, C., "Change of the Structure of International Investment and the Development of Developing Countries, BIT Practice", *Journal of World Investment and Trade*, 8 (6), 2007, pp. 829-847; Chen, A., "Should the Four Great Safeguards in Sino-Foreign BITs be Hastily Dismantled? Comments on Provisions concerning Dispute Settlement in Model U. S. and Canadian BITs", *The Journal of World Investment and Trade*, 7 (6), 2006, pp. 899-933; Chen, A., "Distinguishing Two Types of Countries and Properly Granting Differential Reciprocity Treatment and Re-comments on the Four Saleguards in Sin-Foreign BITs Not to be Hastily and Completely Dismantled", *Journal of World Investment and Trade*, 8 (6), 2007, pp. 771-795.

究中国双边投资条约的外文著作。该书分为九个部分，分别为：中国的双边投资条约与国际投资的发展、定义条款、公平公正待遇、无差别待遇、资金转移、安全伞条款与投资合同、征收和补偿、争端解决机制以及结论。该书系统介绍了中国双边投资条约的条款内容，并与其他国家的示范文本进行了详细比较，指出了中国 BITs 现存的优缺点，同时，在此基础上草拟了中国双边投资条约新范本。① 应该说，该书内容翔实，体系庞大，涉及了中国双边投资条约现存问题的方方面面。但是从总体上看，该书更多地集中于中国 BITs 条款的介绍、阐释或与他国 BITs 的比较分析，缺少对中国双边投资条约法理以及法方法论的相关研究。

二、国内研究举要

国际上这些学术动态引发了中国国际投资法学者的关注与研究兴趣，产生了一系列研究成果。从总体上看，中国国内的研究与国外相关研究主题趋于一致，关于双边投资条约发展和意义、主要条款以及中国双边投资条约发展的研究都取得了丰富的研究成果。在双边投资条约发展和意义的研究方面，具有代表性的学术论文有：韩亮的《20 世纪九十年代双边投资保护协定的发展及评价》(载《法学评论》2001 年第 2 期)；曾华群的《变革期双边投资条约实践述评》(载《国际经济法学刊》2007 年第 3 期) 以及《BIT 示范文本：缘起、发展与中国的创新》(载中国国际经济法学会、厦门大学法学院主编：《2011 年中国国际经济法学会年会暨学术研讨会论文集》第 1 卷)；蔡从燕的《国际投资结构变迁与发展中国家双边投资条约实践的发展——双边投资条约实践的新思维》(载《国际经济法学刊》2007 年第 3 期)；余劲松、詹晓宁的《国际投资协定的近期发展及对中国的影响》(载《法学家》2006 年第 3 期)；张晓斌的《双边投资条约引资效果的经验分析》(载《国际经济法学刊》2006 年第 1 期)；刘笋的《国际法的人本化趋势与国际投资法的革新》(载《法学研究》2011 年第 4 期)、《浅析 BIT 作用的有限性及对 BIT 促成习惯国际法规则论的反对论》(载《法制与社会发展》2001 年第 5 期)、《国际投资仲裁引

---

① See Norah Gallagher, Wenhua Shan, *Chinese Investment Treaties: Policies and Practice*, Oxford University Press, 2009.

发的若干危机及应对之策述评》(载《法学研究》2008年第6期),《国际投资仲裁裁决的不一致性问题及其解决》(载《法商研究》2009年第6期)以及《投资自由化规则在晚近投资条约中的反映及其地位评析》(载《华东政法学院学报》2002年第2期);都毫的《双边投资条约发展的一个新动向》(载《法制与社会发展》2002年第2期)。在双边投资条约主要条款的研究方面具有代表性的学术论文有:徐崇利的《公平与公正待遇标准:国际投资法中的"帝王条款"?》(载《现代法学》2008年第5期)和《公平与公正待遇:真义之解读》(载《法商研究》2010年第3期);余劲松的《国际投资条约仲裁中投资者与东道国权益保护平衡问题研究》(载《中国法学》2011年第2期);余劲松、梁丹妮的《公平、公正待遇的最新发展动向及中国的对策》(载《法学家》2007年第6期);王淑敏的《地缘政治视阈下的中国海外投资准入国民待遇保护——基于"冰岛拒绝中坤集团投资案"的法律思考》(载《法商研究》2012年第2期);陈安的《中外双边投资协定中的四大"安全阀"不宜贸然拆除——美、加型BITs谈判范本关键性"争端解决"条款剖析》(载《国际经济法学刊》2006年第1期)。在中国双边投资条约发展研究方面具有代表性的学术研究论文有:季烨的《中国双边投资条约政策与定位的实证分析》(载《国际经济法学刊》2009年第3期);李玲的《中国双边投资保护协定缔约实践和面临的挑战》(载《国际经济法学刊》2010年第4期)。在著作方面,最具有代表性的综合性研究成果有:陈安教授的《国际投资法的新发展与中国双边投资条约的新实践》(复旦大学出版社2007年版),该书指出:世纪之交,国际投资法正在发生重大的结构性变革,国际投资条约(含双边投资条约)、发达国家、发展中国家以及国际仲裁庭都面临着何去何从的重大抉择;余劲松教授等合著的《国际投资条约与协定新论》对国际投资条约(双边条约、区域条约和WTO条约)的晚近发展做了全面的论述,并辟专章对中国近年来双边投资保护协定的修订做了专门评述。

尽管中国国内关于双边投资条约的研究取得了一定的成绩,但是从整体上看,有关双边投资条约特别是对中国双边投资条约的系统性研究还是远远不够的。现以中国知网中文全文数据库上的搜索数据为例加以说明:

在中国知网中文期刊数据库中以"双边投资条约"或"双边投资协定"

或"BIT"为关键词搜索,共能检索到法学类期刊论文 29 篇。① 其中以中国双边投资条约为主要研究对象的论文只有 7 篇,且这些论文中大多是对中国双边投资条约中的某几个具体条款为对象而进行研究,进行系统性的研究甚是寥寥。②

在中国优秀硕士学位论文数据库中,以"双边投资条约"或"双边投资

---

① 具体为:袁钰菲:《论 BIT"公平与公正待遇"条款保护投资者合理期待的正当性》,载《国际经济法学刊》2011 年第 1 期;陈安:《对香港居民谢业深诉秘鲁政府案 ICSID 管辖权裁定的四项质疑——〈中国—秘鲁 BIT〉适用于"一国两制"下的中国香港特别行政区吗》,载《国际经济法学刊》2010 年第 1 期;王海浪:《谢业深诉秘鲁政府案管辖权决定书简评——香港居民直接援引〈中国—秘鲁 BIT〉的法律依据》,载《国际经济法学刊》2010 年第 1 期;单文华、〔英〕诺拉·伽拉赫:《和谐世界理念和中国 BIT 范本建设——一个"和谐 BIT 范本"建议案》,陈虹睿、王朝恩译,载《国际经济法学刊》2010 年第 1 期;陈虹睿:《论东道国法律在国际投资仲裁中的适用——兼评 2004 年美国 BIT 范本第 30 条的可接受性》,载《国际经济法学刊》2010 年第 4 期;季烨:《双边投资条约对发展权的负面影响及对策》,载《武大国际法评论》2009 年第 1 期;季烨:《中国双边投资条约政策与定位的实证分析》,载《国际经济法学刊》2009 年第 3 期;刘彬:《从中巴 FTA 看中国 BIT 在区域一体化实践中的发展》,载《武大国际法评论》2008 年第 2 期;王海浪:《最惠国条款在 BIT 争端解决中的适用问题》,载《国际经济法学刊》2007 年第 2 期;向玉兰:《"BIT 条款"和"协议条款"对 ICSID 管辖权的影响》,载《法学杂志》2006 年第 1 期;刘笋:《浅析 BIT 作用的有限性及对 BIT 促成习惯国际法规则论的反对论》,载《法制与社会发展》2001 年第 5 期;韩秀丽:《双边投资协定中的自裁决条款研究——由"森普拉能源公司撤销案"引发的思考》,载《法商研究》2011 年第 2 期;彭岳:《双边投资保护协定中"非排除措施"条款研究》,载《河北法学》2011 年第 11 期;朱炎生:《双边投资条约对 ICSID 管辖权"同意"的认定——兼评"谢业深案"仲裁庭对"同意"认定的谬误》,载《国际经济法学刊》2010 年第 3 期;李玲:《中国双边投资保护协定缔约实践和面临的挑战》,载《国际经济法学刊》2010 年第 4 期;张辉:《美国国际投资法理论和实践的晚近发展——浅析美国双边投资条约 2004 年范本》,载《法学评论》2009 年第 2 期;胡晓红:《中外双边投资协定争端解决机制模式选择——以中国与上合组织成员国间 BITs 为视角》,载《甘肃政法学院学报》2009 年第 3 期;张庆麟、张晓静:《国际投资习惯规则发展状况分析——以双边投资条约为考察对象》,载《法学评论》2009 年第 5 期;于文婕:《双边投资条约投资定义条款中"符合东道国法律"要求对 ICSID 仲裁管辖的影响及其启示》,载《国际经济法学刊》2009 年第 4 期;王楠:《双边投资协定中的伞形条款解释——兼论 ICSID 近期相关案例》,载《法学家》2008 年第 6 期;魏艳茹:《双边投资协定中的知识产权条款研究》,载《国际经济法学刊》2007 年第 2 期;曾华群:《变革期双边投资条约实践述评》,载《国际经济法学刊》2007 年第 3 期;蔡从燕:《国际投资结构变迁与发展中国家双边投资条约实践的发展——双边投资条约实践的新思维》,载《国际经济法学刊》2007 年第 3 期;林一飞:《双边投资协定的仲裁管辖权——最惠国待遇及保护伞条款问题》,载《国际经济法学刊》2006 年第 1 期;张晓斌:《双边投资条约引资效果的经验分析》,载《国际经济法学刊》2006 年第 1 期;杨卫东、郭堃:《双边投资保护协定中国际仲裁庭管辖权条款初步研究》,载《环球法律评论》2004 年第 4 期;都毫、刘笋:《双边投资条约发展的一个新动向》,载《法制与社会发展》2002 年第 2 期;韩亮:《20 世纪九十年代双边投资保护协定的发展及评价》,载《法学评论》2001 年第 2 期;杜新丽:《中外双边投资保护协定法律问题研究》,载《政法论坛》1998 年第 3 期;刘志云:《中外双边投资条约中经济主权问题研究》,载《现代法学》2000 年第 5 期。

② 具体为:季烨:《中国双边投资条约政策与定位的实证分析》,载《国际经济法学刊》2009 年第 3 期;刘彬:《从中巴 FTA 看中国 BIT 在区域一体化实践中的发展》,载《武大国际法评论》2008 年第 2 期;李玲:《中国双边投资保护协定缔约实践和面临的挑战》,载《国际经济法学刊》2010 年第 4 期;胡晓红:《中外双边投资协定争端解决机制模式选择——以中国与上合组织成员国间 BITs 为视角》,载《甘肃政法学院学报》2009 年第 3 期;蔡从燕:《国际投资结构变迁与发展中国家双边投资条约实践的发展——双边投资条约实践的新思维》,载《国际经济法学刊》2007 年第 3 期;杜新丽:《中外双边投资保护协定法律问题研究》,载《政法论坛》1998 年第 3 期;刘志云:《中外双边投资条约中经济主权问题研究》,载《现代法学》2000 年第 5 期。

协定"为关键字检索,共查阅到 18 篇硕士论文。① 其中对于中国双边投资条约为主要研究对象的有 8 篇。② 但是,这些论文只是对中国双边投资条约有关问题进行了初步地探索,更多的是对中国 BIT 的历史发展和条款的介绍和评述,缺乏系统性和理论的深度。

在中国博士学位论文数据库中共能检索到 1 篇以"双边投资条约"为题的论文,即杨卫东的《双边投资条约:中国的视角》(2002 年中国社会科学院博士学位论文)。即便关于双边投资条约单个研究主题的博士学位论文也相当有限。③ 杨卫东博士的论文一共分为六章,分别为双边投资条约的概念、地位和作用;中外双边投资条约的概况及适用范围;中外双边投资条约中的投资待遇条款(一):一般待遇条款;中外双边投资条约中的投资待遇条款(二):投资准入、投资和收益的转移与履行要求条款;中外双边投资条约中的征收及其补偿条;中外双边投资条约中的争议解决条款。可见,这篇论文

---

① 具体为:尼维佳:《蒙中之间双边投资协定的法律问题研究》,北京交通大学,2011;王倩:《双边投资争端解决中的最惠国条款适用研究》,西南政法大学,2011;王芳宜:《中外双边投资条约中投资待遇问题研究》,外交学院,2011;汪垚:《20 世纪 90 年代以来双边投资协定评介及发展趋势研究》,对外经济贸易大学,2005 年;高玉芳:《双边投资协定的发展及中国的对策研究》,对外经济贸易大学,2005 年;刘亘:《中非双边投资条约(BIT)研究》,湘潭大学,2010 年;张美均:《中国双边投资条约研究》,西南政法大学,2004 年;高美隆:《中美加双边投资协定法律问题研究》,中国政法大学,2009 年;范文浩:《中外双边投资条约的新发展》,吉林大学,2010 年;王熙君:《双边投资协定之保护伞条款研究》,苏州大学,2011;葛向艳:《双边投资条约中的重大安全例外条款研究》,西南政法大学,2010;王参:《双边投资条约中的"保护伞条款"研究》,西南政法大学,2010;马军:《双边投资条约投资者与东道国争议解决条款研究》,中国政法大学,2011;杨馨淼:《论双边投资条约保护伞条款的适用范围》,吉林大学,2011;张钊:《双边投资条约中保护伞条款解释方法研究》,大连海事大学,2011;程璐:《双边投资保护协定中的资本转移自由规则研究》,西南政法大学,2008;刘巍:《双边投资协定中的保护伞条款研究》,厦门大学,2008;刘婷:《双边投资条约中投资争端解决问题和待遇标准问题的新发展》,吉林大学,2008;姚超:《双边投资条约中投资待遇规则研究》,湖南师范大学,2006;蔺志军:《双边投资保护协定中最惠国待遇研究》,中国政法大学,2006。

② 具体为:尼维佳:《蒙中之间双边投资协定的法律问题研究》,北京交通大学,2011;王倩:《双边投资争端解决中的最惠国条款适用研究》,西南政法大学,2011;王芳宜:《中外双边投资条约中投资待遇问题研究》,外交学院,2011;高玉芳:《双边投资协定的发展及中国的对策研究》,对外经济贸易大学,2005 年;刘亘:《中非双边投资条约(BIT)研究》,湘潭大学,2010 年;张美均:《中国双边投资条约研究》,西南政法大学,2004 年;高美隆:《中美加双边投资协定法律问题研究》,中国政法大学,2009 年;范文浩:《中外双边投资条约的新发展》,吉林大学,2010 年。

③ 以"条约"为主题在博士学位论文库中进行搜索,可以得到 10 余篇包含国际政治学、历史学、国际法学等学科在内的与条约有关的论文,直接与投资条约有关的只有 2 篇(除杨卫东博士论文以外),即石俭平博士的《国际条约中征收条款研究》,石慧博士的《以条约为基础的投资者与国家间仲裁机制的评判》,皆为华东政法大学的博士学位论文。当然不排除有部分研究投资条约单个主题的博士论文没有以"条约"冠名的情况,没有包括统计在数据内。

侧重于中外双边投资条约具体条款的比较研究和评价，却很少探讨中国双边投资条约的基本法理。

三、相关研究评析

国际、国内相关学术著作和论文对双边投资条约的发展或变化给予了一定程度的关注，且从不同角度对双边投资条约内容的演变及其影响进行了深入研究，为双边投资条约的研究提供了广阔的视野和有力的理论支撑。但是，这些学术研究成果始终存在两个方面的问题或不足：

一是忽略双边投资条约的基本法理和法方法论研究　现有研究成果主要集中于双边投资条约重点条款和新兴条款的研究，以及对国际投资争议裁决案件的总结和分析，将双边投资条约法律化转型或发展纳入国际法治视野，探讨双边投资条约基本法理，包括条约理念、条约法方法、条约适用与冲突等方面的成果尚不多见。法律实用主义倾向在双边投资条约研究过程中表现明显，缺少对双边投资条约本质、原则和方法的反思和探讨。在缔约实践研究方面，复制或粘贴他国 BIT 示范文本的情形比较普遍。

二是缺少中国双边投资条约的个性化或本土化研究　具有中国特色的政治、经济和文化发展模式，以及中国国际投资实践在区位结构、产业结构、发展阶段和规模等方面表现出的鲜明特点，必然决定中国双边投资条约在条约形式、结构、理念以及法方法方面具有自己的特色和个性。现有研究成果不乏具体问题的对策建议和国际投资条约及投资争议仲裁研究成果的引荐，但是，缺少反映中国国际投资与缔约实践之具体诉求的中国双边投资条约理论和实践的本土性研究。越是民族的，越是世界的。中国双边投资条约研究的本土化不足，不仅影响了中国双边投资条约的缔结或适用水平，而且也影响了中国双边投资条约"法律产品"向世界的输出，一定意义上降低了中国法律文本和文化的影响力。

第三节 观点与创新

一、主要观点

不同经济发展水平和国际经济合作实践特点，决定了一个国家双边投资条约的类型及其发展变化。历史上，曾出现的三种不同类型的双边投资条约分别适应了发达资本主义国家19、20世纪资本输出的不同水平，满足了不同国家、不同历史条件和阶段下保护本国海外投资的要求。诞生于18世纪末的友好通商航海条约，从一般意义上的商务条约演变成具有投资条约性质的双边条约经历了一个相对漫长的过程，反映了海外投资初级阶段的要求；美国首创的程序性的投资保证协定（Investment Guarantee Agreement），反映了海外投资迅速发展阶段美国企图通过与本国海外投资保险规则配合保护海外投资的愿望；德国式的综合性双边投资保护条约，反映了国际投资发展成熟阶段全面促进和保护本国海外投资发展的需要。中国经济的发展已经跨入了积极推进本国海外投资的发展阶段，从单纯资本输入国向资本输入与输出国家的"双重身份"转变已成为不可逆转之势。这一国际经济发展水平和国际投资结构的变化要求中国双边投资条约实现条约的宗旨、模式和内容的演变或转型。美国从20世纪70年代末期开始，改变了依靠FCN条约和程序性的投资保证协定相互配合来实现海外投资保护的做法，开始考虑借鉴德国式BIT的成功经验，对外缔结专门化的融实体性规则与程序性规则于一体的双边投资条约（一种更高标准的投资自由化条约）的缔约实践就是最好例证。[①] 中国双边投资条约应当借条约修订或新订之机，渗透或促进条约理念、宗旨和相关内容的变化或转换。

人类进入21世纪，国际经济全球化和区域经济一体化趋势，推动了国际政治多极化（G8或G20）和国际社会法治化的格局或观念的形成。国际社会治理模式开始由权力控制型向规则治理型转化。国际法治理念，即"以法律规范为基础构建国际秩序、以法律规范为依据调整国际秩序、以法律规范为

---

① 梁开银：《中国海外投资立法论纲》，法律出版社2009年版，第92—95页。

指针恢复国际秩序"的观念和思想①，在国际政治、经济和文化诸领域影响深远。尤其国际投资领域，它浓缩了国际政治、经济、外交，乃至文化各种要素的角逐，交织着国际环境、知识产权、劳工保护和基本人权等新兴权利的诉求，关涉人类活动的陆地（极地）、海洋、外空等所有空间的利益博弈或安排，是许多国家最早、最迫切要求相关纠纷或争端去政治化解决的领域。可以说，在一定意义上，正是投资争议解决的去政治化努力，催生了双边投资条约的产生和发展，并进一步推动双边投资条约由各国外资政策向国际投资法律规则的转型。双边投资条约，作为主权国家之间关于投资领域事项的约定，成为缔约国之间的法律，不仅赋予国家保护投资或投资者的权利与义务，而且直接关涉或影响私人投资者的利益。依据双边投资条约向国际仲裁庭或内国法院提起保护投资利益之诉，已成为被大多数国家所接受的常态。不仅如此，双边投资条约凭借"最惠国待遇条款"已演变为事实上的具有多边意义的投资保护机制。② 中国双边投资条约，作为中国与他国政府之间的投资保护承诺，不仅规定了中国及缔约另一方关于管理外资的权利义务，而且赋予了缔约方私人投资者的权利义务；不仅是国际法渊源，而且也成为国内行政法的重要渊源，其作用和意义在国际和区域多边投资协议或框架阙如的背景下显得更加突出和重要。所以，实现中国双边投资条约法律化的转型应当成为国家缔约理论和实践的行为自觉。

1982年中国最早与瑞典签订第一个双边投资条约，截至2015年年底，中国已与130多个国家缔结了双边投资条约（据商务部公布数据，104个中外双

---

① Sir Arthur Watts, "The International Rule of Law", *German Yearbook of International Law* 1993, (36): 15-45; Rene Foque, "Global Governance and the Rule of Law", Karel Wellens, *International Law Theory and Practice, Essays in Honour of Eric Suy*, Martinus Ni-jhoff Publishers, 1998: 25-44.

② 有学者认为他们认为，双边投资条约在未来仍然会继续快速增长，而这些数量庞大的双边投资条约中几乎都包含了最惠国待遇条款，即要求是给予缔约国的投资方不低于任何其他国家的投资者和投资所享有的待遇，实际上这一规定就使得数量庞大的双边投资条约形成了一个复杂的关系网，使得各个国家之间因为各自的双边投资条约中的最惠国待遇条款而取得了联系，众多的双边投资条约已经逐渐发挥了多边投资条约的功能和作用，并最终会成为实质性的多边投资条约，see Efraim Chalamish, "The Future of Bilateral Investment Treaties: A De Facto Multilateral Agreement", *Brooklyn Journal of International Law*, 2009, (34).; Stephan W. Schill, "Multilateralizing Investment Treaties Through Most-Favored-Nation Clauses", *Berkeley Journal of International Law*, 2009, (27); Calvin A. Hamilton & Paula I. Rochwerger, "Trade and Investment: Foreign Direct Investment Through Bilateral and Multilateral Treaties", *New York International Law Review*, 2005, (18).

边投资条约已生效）。总体而言，中国主要借鉴了德国早期 BIT 示范文本。"条文数量偏少，用语简单抽象；内容大同小异、个性诉求模糊；形式结构单一，法律方法缺失，政治色彩浓厚"，成为中国双边投资条约法理论和法方法上存在的主要问题。究其实质，乃是双边投资条约的契约本质和法律属性尚没有得到充分的认识和彰显。中国双边投资条约是中国与另一缔约国就海外投资或外国投资保护所达成的"国家意思表示一致"，产生两个方面的效果：一方面，作为契约，它赋予了缔约方根据自身国际投资实际、经济发展目标以及法治建设水平等多种要素确定条约谈判重点和要点，予以讨价还价的法律权利。中国海外投资和引进外资发展的规模和水平，为中国双边投资条约平等谈判提供了优越的条件和环境，我们完全有能力从国家整体发展的战略高度把握谈判的重难点，提出或接受双边投资条约文本的具体内容，实现条约文本的个性化和条约规则的具体化。比如，完善投资待遇条款，区分待遇原则和规则，具体化最惠国待遇条款，个案化考虑从实体权利向程序性权利的渗透；重新修订投资争议解决条款，有针对性地拓展投资者与东道国投资争议国际仲裁途径，扩充仲裁范围；细化投资条约本身的解释规则等等。另一方面，双边投资条约的"涉他性"与特殊的"三方"结构，赋予了私人投资者在国际投资法律关系中的主体身份，享有国际仲裁的起诉权，为双边投资条约的法律化提供了坚实的支撑和动力。

国家主权平等与契约自由（意思表示一致）并不能必然实现国际投资主体之间的权利义务公平。双边投资条约保护和促进投资自由化目标的实现程度，表现为东道国维护经济主权与资本输出母国要求投资自由化之间的博弈水平和结果。各国综合国力和经济发展规模不同，各国以及同一国家的不同发展阶段的战略目标和诉求不同，双边投资条约的谈判能力和谈判内容也不完全相同。只有在主权平等的前提下，承认或主张条约双方的互利和共赢，才能最终形成缔约双方的共同意思，实现法律的公平价值，促进缔约双方以及国际社会福利的共同增长。所以，公平互利要求应当成为中国双边投资条约的基本原则。它既是中国双边投资条约缔结的逻辑起点，也是中国双边投资条约适用的逻辑终点。在双边投资条约订立和适用中，公平互利原则具体表现为主权国家之间的平等互利原则与外国投资者待遇的公平公正原则的结合。公平互利、平等互利与公平公正原则的确立不仅是中国双边投资条约规范结构完善的需要，也是条约法方法论的要求。公平公正待遇条款地位和性质的原则回归不仅可以化解公平公正待遇条款在投资仲裁适用中"语义抽象和裁决矛盾"的困境，而且有利于构建中国双边投资"原则+规则"的法理结构，促进双边投资条约的法律化转型，提高中国双边投资适用的准确性和灵活度。中国国际经济合作发展正处于一个从单纯引进外资到海外投资与引进外资并重发展的历史时期，这样一个发展阶段为中国构造一个以公平互利原则为统领，以平等互利和公平公正待遇原则为支撑的原则体系提供了良好平台。公平互利，既是条约的缔约原则，也是条约的法律原则（执法和司法原则），既要注意形式平等，也要追求实质的公平，真正实现缔约双方的互利共赢。

任何法律文件，从构成要件而言，都是一个"原则+规则"的构造；而从法律适用来看，则离不开"原则（规则）+例外"的法方法运用。前者满足了法律要素的标准；后者适应了法律适用技术的要求。中国双边投资条约不仅作为缔约国之间的法律，而且也是私人投资者（包括本国海外投资者和外国私人投资者）的权利证书，成为国际投资争议仲裁的直接依据或准据法，应当在条约规范的构造上满足法律要素和法律适用技术的要求，不断完善条约的法律概念、法律规范和法律结构，努力优化条约的外部与内部法律体系，提高条约的法律化水平。最惠国条款作为双边投资条约核心条款之一，从法方法意义上而言，具有双边投资条约之间潜在的"链接"功能以及将最惠国待遇"扯平"的作用。正如西方学者所认识到的，双边投资条约形成了一个多边化的条约机制，这个机制的中枢就是最惠国待遇条款的存在及其作用的发挥。[①] 事实上，双边投资条约的最惠国待遇条款，使得双边投资条约突破了"约束缔约国"的契约相对性原理，一定程度上获得了影响或约束第三国的效力，同时，也促进了双边投资条约的网络化或多边化。如何在双边投资网络化条件下实现最惠国待遇统一化与差异化或特殊性与普遍性的结合，则是一个运用法律方法或技术将最惠国待遇的条件予以一般化和个性化的过程。一定程度上差异化的最惠国待遇条款，保证了双边投资条约契约本质所要求的

[①] Stephan W. Schill, "Multilateralizing Investment Treaties Through Most-Favored-Nation Clauses", *Berkeley Journal of International Law*, 2009, (27).

条约"个性化"与最惠国条款功能所实现的条约"统一化"之间的合理平衡。中国双边投资条约应当充分认识最惠国条款的方法论意义，在积极推进最惠国待遇的普及化的同时，主动利用最惠国条款的例外条款或构成要素具体化的法方法，保证双边投资条约待遇的统一性与个性化的协调。只有如此，才能最大限度地实现中国双边投资条约的法律化转型，为中国对外投资或投资者以及外国投资或投资者提供合理的保护。

不仅如此，中国双边投资条约冲突条款和知识产权条款等新兴条款的创新和模式转换也是当务之急。由于国际法的不成体系，双边投资条约与多边条约、国家契约以及国内法之间的关系十分复杂，条约法律冲突不可避免。传统上双边投资条约所采用的"更优待遇条款"已经不能完全满足日益凸显的因投资条约调整领域或调整对象重叠或交叉所造成的条约法律冲突，应当借鉴美国 2012 年 BIT 示范文本所采用的条约冲突解决方法，超越一般意义上的冲突条款内涵，转换传统的更优待遇条款模式，实现条约冲突条款创新。具体而言，双边投资条约不完全同于一般的贸易契约，特殊的"国家—投资者—国家"的主体关系和结构，决定了双边投资条约冲突不同于多边国际条约和其他双边国际条约冲突的特点，冲突类型与解决方法具有特殊性。《维也纳条约法公约》第 30 条及其相关习惯法并不能解决双边投资条约冲突。运用冲突条款方法解决双边投资条约冲突成为必然选择。美国 2012 年双边投资条约（BIT）最新示范文本保留了大量冲突条款，反映了双边投资条约冲突的复杂性和依靠冲突条款解决条约冲突的发展趋势。但是，现代条约法理论更多地关注多边条约及其冲突解决，并没有为双边条约，特别是双边投资条约冲突解决提供多少理论和方法。[1] 中国双边投资条约应当借鉴美国等国家的先进做法，扩大理解或界定条约冲突的内涵和外延，以适应国际法律体系碎片化和中国涉外法律规则精细化的要求。从一定意义上讲，正因为双边投资条约具有"涉他性"特征，投资者在条约机制中享有一定权利，使得缔约国与私人投资者之间形成特殊的三者利益相互交织的关系。这种交错的利益关系表现为条约之间、条约与国内法之间以及条约与国家特许协议之间或重叠或交

---

[1] 国际法委员会《国际法不成体系报告》明确指出，《维也纳条约法公约》采用同样规则来处理双边和多边条约是不恰当的，并且承认《维也纳条约法公约》对于特殊类型条约和特别规则解释没用给予足够关注。可参见《国际法不成体系问题报告》第 493 段内容。

叉或冲突的复杂法律关系。这些因素和特点拓展了条约冲突条款的调整范围，提出了转换现有冲突条款的模式新要求，赋予了条约冲突条款的新内涵，提升了条约冲突条款的地位和作用。后法和特别法等习惯法原则在双边投资条约中的适用遇到更多的困难，适用几率大为降低。一个成熟和发达的双边投资条约必然包含更加详细的冲突条款。条约冲突条款的订立水平反映了一个国家协调或处理国际法律秩序的能力。随着中国综合国力和国际影响力不断增强，中国必然缔结或主导缔结更多的双边或多边条约，条约冲突协调的理念和技术是必须弥补的功课之一。

并且，随着知识经济时代的到来，知识产权投资成为常态，如何保护知识产权以及在何等水平、程度或范围上保护知识产权，这些问题不仅涉及最惠国待遇条款、条约冲突条款的设计，更重要的是需要知识产权条款自身的创新以及与其他条款的协调，诸如知识产权条款的履行要求、例外条款以及与其他多边知识产权条约的挂钩问题等等，都应当成为中国双边投资条约缔约或修订所关注的重点。特别是，20世纪中期以来，知识产权保护规则表现出转型发展的明显趋势。知识产权规则依循从财产保护到投资保护的转变、特殊保护规则对一般保护规则的递补和投资保护规范与知识产权保护规范的挂钩之理论进路，成功实现了三次转型。从根本上说，这三次转型的深层原因主要是知识经济的内在要求、经济一体化和国际经济立法整合的影响以及发达国家的利益驱动与战略推动综合作用所造成的。伴随着第二次和第三次转型，知识产权保护规则呈现出一体化取向、市场化导向、相符性例外和一致性解释、TRIPs-plus性质和例外条款的复生等显著趋势。中国双边投资条约在国际投资条约转型发展的整体格局变动中演变，但是并没有完全复制这一转型发展的全部内容。中国应当跟踪研究这一转型过程中发展出的新规则，并借鉴其能够为我所用的积极方面，在具体构建双边投资条约的知识产权保护条款过程中注意三个方面的问题：一是合理设置知识产权特殊保护规则；二是合理运用条约挂钩规则；三是知识产权保护规则应与中国投资政策转变相称。

美国2012年在修订2004年BIT示范文本的基础上，重启双边投资条约谈判，这一事实或行为给我们很多启示：如何进一步提高中国双边投资条约范本或谈判底本的针对性，实现共性与个性的统一？它不仅仅是一个应对中美双边投资条约谈判的问题，更有意义的是要求我们实现 BIT 示范文本的个性化和本土化。为此，我们应当完成两大任务：一是类型化的中国 BIT 示范文本研究。中国已与 130 多个国家签署了双边投资条约，今后新订或修订双边投资条约必然涉及不同类型或区域的国家，从整体上划分一定类别，结合具体化双边经济合作状实践，制定出不同的示范文本或文本要点，供缔约部门提出谈判文本时参考；二是国别化的中国 BIT 谈判文本研究，即配合国家缔约部门的条约修订或新订工作，具体研究中国与某一国家的条约谈判文本或焦点问题的研究。具体从中美 BIT 谈判的进程来看，在第五轮战略与经济对话中，双方同意以"准入前国民待遇加负面清单"为基础开展双边投资协定实质性谈判，这一成果充分反映了中美双方在投资领域更加开放、务实与合作的态度。但是，双方围绕焦点问题展开博弈的激烈程度并不会因此而降低。反而，针对"负面清单"的谈判会更加具体而激烈。[①] 美国 2012 年 BIT 范本的修订始终坚持或贯彻了三个方面的原则或理念：一是投资自由化，包括投资准入前国民待遇、争端解决机制选择以及资本转移等方面的自由化；二是投资者私人利益与东道国公共利益平衡，设置了一般例外、重大安全与公共利益例外、不得减损以及利益否定等多个条款；三是双边投资条约的法典化和条款的精细化，表现在条文结构的系统化和相关注释与附件的具体化等法律技术方面。从具体制度而言，它进一步强调政策透明度和投资政策相关方参与，强化了关于劳工与环境的保护，并更加严格规范国家授权与国有企业的权利等。但是，这些修订只是为美国利益和投资者提供了更高水平的保护，而对于中方关切的美国国家安全审查制度却只字不改。换言之，即便中国按"准入前国民待遇加负面清单"的准入模式给予美国资本准入前的国民待遇，美国也丝毫不愿意改变对中国海外投资进行"国家安全"审查的粗暴做法。可见，美国所标榜或坚持的投资自由化、东道国公共利益和投资者私人利益

---

① 中美谈判虽然取得了阶段性的重大成果，但在同期的 2013 年 7 月，中国双汇集团收购美国最大猪肉生产和销售商史密斯菲尔德一案，美国众议院提出了"健康安全"等"国家安全"问题的审查，再次质疑双汇收购案。参见：《双汇海外收购遭美众议院健康安全质疑再延期》，http://finance.sina.com.cn/chanjing/gsnews/20130730/073016281786.shtml，2013/8/25 访问。尽管双汇国际收购史密斯菲尔德仅仅是市场行为，但自交易披露以来不断遭遇各方挑战，进展并不顺利。双汇收购案只是美国对中国海外投资项目众多"国家安全"审查的一个缩影。以美国"安全审查"为代表的中美双边投资矛盾与问题的存在，预示着中美双边投资条约谈判仍将展开激烈的交锋。

平衡的理念只不过是"主观利他客观利己"的把戏，更不用说专门针对中国等广大发展中国家的个性化条款，彰显的只有美国国家利益本位。中美 BIT 谈判仍然是一个充满艰难曲折的过程。所以，我国应当正确认识和评估双边投资条约的契约本质与"双面"功能，深入研究美国 2012 年 BIT 范本的修订内容，保证在同意以"准入前国民待遇和负面清单"为前提的条件下与美国展开平等对话，守住底线，不急不躁，具体做到：把握 BIT 的契约本质，谨守"负面清单"的谈判底线；辩证看待 BIT 功能，做好长期应对谈判的准备；推进国际国内法制的系统化建设，降低 BIT 的法律风险。

二、主要创新

1. 从研究领域来看，本书的研究超越了中国双边投资条约发展历史、具体条款和立法对策的研究范式，立足条约文本和投资实践的考察，深入到中国双边投资条约的本质、原则和法方法的层面，对中国双边投资条约的基本法理进行了大胆的探索，尽管相关研究还很不成熟和系统，但无疑是一种重要的研究领域创新和尝试。

2. 从研究的具体内容来看，本书创新表现在四个方面：第一，借用私法原理，论述了国家之间的缔约行为乃是一种国际法律行为的观点，重新探讨了现代条约"国家意思互动"的本质和差异：双边（投资）条约是国家意思表示一致的结果；多边（投资）条约是国家意思表决的结果，这一认识，对条约类型化和中国双边投资条约原理的研究具有重要意义；第二，在比较适用习惯国际法解决条约冲突之方法的基础上，首次研究了（中国）双边投资条约冲突条款的内涵、地位、作用和模式选择，为中国双边投资条约解决条约冲突以及条约冲突条款的模式转换提供了理论阐释；第三，从法方法的视角，运用法理学理论，论述了中国双边投资条约的原则体系以及公平公正待遇条款向条约原则回归对于构建（中国）双边投资条约"原则+规则"的内在法理结构的价值和作用；第四，首次研究了国际投资条约中知识产权保护规则的三次转型及其内在原因、转型路径等方面的问题，为中国双边投资条约知识产权条款的发展提供了重要借鉴。

3. 从研究方法来看，本书在对中国所缔结的 130 多个双边投资条约文本和鲜活的国际投资实践进行比较和实证研究的基础上，尝试性地将法理学与民法学的原理和研究方法引入中国双边投资条约基本原理的研究，注重多学科和多种研究方法的融合，特别是大量投资实践和条约文本的实证研究，夯实了本选题形而上学研究的基础，凸显了法律理论和缔约实践的结合，在双边投资条约的研究方法上具有一定的创新性。

第四节 研究方法与思路

中国双边投资条约法律化转型，既有国际法治理念兴起的影响，也有中国国际经济合作的要求；既涉及国际双边投资条约文本的研究，也涉及国际条约本质、法方法和价值取向的探索，是一个受到理论和实践界广泛关注的重要课题。本书以中国双边投资条约法律化发展或转型为主线[①]，综合运用国际法学、法理学和民法学的原理，以方法论为视角，运用法实证分析、比较分析以及历史与逻辑相结合等研究方法，从考察中国双边投资条约法方法的现状入手，在对多边条约与双边条约本质分类研究的基础上，阐释中国双边投资条约的契约本质、特点及其对中国缔约实践的要求或影响；通过分析公平互利的国际经济法原则作为中国双边投资条约指导思想和理念的重要意义，论证公平公正待遇条款向原则回归的法理价值；以双边投资条约本质和原则的论述为背景，研究中国双边投资条约"原则+规则"和"原则+例外"的法律结构与法律方法，以及最惠国待遇条款的发展问题，并根据国际投资条约内容不断法律规则化和精细化的发展趋势，研究了双边投资条约知识产权保护规则的转型以及条约冲突化解模式，即冲突条款规则的模式转换问题；以美国 2012 年 BIT 修订和中美 BIT 新一轮谈判为例，解释或说明中国 BIT 缔约的策略等，进一步揭示中国双边投资条约原则和规则之法律化转型或发展的内涵与法方法，最终达到解释中国双边投资条约发展的原理、方法与实践的目的，为实现其法律化转型或发展提供理论借鉴或指导。

换言之，从整体上看，本成果主要从条约本质、条约原则、条约方法论、重点规则转型以及缔约策略等方面深入揭示或阐述了中国双边投资条约法律

[①] 所谓中国双边投资条约的法律化发展或转型，指的是其与国际、国内政治、经济和文化全面发展相适应和协调的法律精神转换、法律规则变迁与法律体系重构等法律进步过程与趋势。

化转型或发展的原理、方法与策略①，分八个部分展开论述，揭示或阐述中国双边投资条约的发展，具体分述如下：

第一章"研究背景"部分，作为本书的绪论，主要叙述国际秩序法治化的语境和趋势，分析项目研究的缘起，介绍国内外研究现状、论文的主要观点、研究方法和思路等背景知识，开启全书之研究。

第二章"中国双边投资条约文本演变的考察——以法方法为视角"部分，运用法律实证研究方法，考察中国双边投资条约文本或 BIT 示范文本的构成要素的变化，论证双边投资条约尚不能形成国际投资习惯，并以法方法为视角，分析中国双边投资条约文本结构和内容安排方面存在的不足，提出了完善双边投资条约文本或范本之法方法的初步构想或思路。在一定意义上，这一部分主要完成对中国双边投资条约法律技术和法律方法的现状考察，提出进一步完善中国双边投资条约的初步设想或整体思路。

第三章"中国双边投资条约本质的分析——以法律行为理论为工具"部分，以条约类型化和比较法研究方法为指导，论证条约之国家意思互动的本质：双边条约是国家意思互动达到"意思表示一致"的结果；多边条约是国家意思互动达到"意思多数一致"（意思多数决）的结果，二者统一于国家意思互动过程之中。意思表示一致和意思多数决的差异，决定了双边投资条约与多边投资条约的缔约程序、解释方法等多方面的不同。中国双边投资条约是中国与缔约他方关于投资领域权利义务之意思表示一致的结果，应当具备自己个性化的内容与法律表达方法。这些理论成果有利于认识中国双边投资条约与国家特许契约的异同，确定多边投资条约与双边投资条约的缔约策略。该部分的研究，主要为后续研究提供理论基石和解释工具。

第四章"中国双边投资条约公平互利原则及公平公正待遇条款的定位"部分，主要结合双边投资条约缔约与国际投资争议仲裁的相关实践，运用法律构成要素和结构的基本法理，阐述公平互利原则对于中国双边投资条约的

---

① 界定中国双边投资条约原理具体涵盖哪些内容或许是一个难解的课题，学术界没有也不可能形成统一的意见，诸如，条约的效力、条约的解释规则等都可以被纳入"原理"进行研究。本书将研究范围限定在"条约本质、条约原则与条约方法"的"三维空间"，没有将条约原理的所有内容都囊括进来。这种考虑主要是基于"条约的本质、原则和方法"触及到了"条约是什么，条约的内容和体系包括什么以及条约法律化转型如何实现"三个核心问题，同时鉴于中国国际经济合作实践的需求迫切程度和文章的篇幅所限，最后才作出上述安排。

缔结、适用和推广的法理意义，重点研究作为公平互利缔约原则之集中体现的公平公正待遇条款的法律属性。公平互利原则既是中国双边投资条约的逻辑起点，也是其适用的逻辑终点；既是中国双边投资条约的缔约原则，也是其适用的法律原则，成为确立公平公正待遇条款地位，实现其原则化的理论基础。如果没有公平公正待遇条款的法律原则回归，中国双边投资条约就会重蹈条约滥用和泛诉的风险，也不可能完成条约内部的法理结构的优化。该部分研究，主要为中国双边投资条约构建原则规范提供依据。

第五章"中国双边投资条约法方法的优化——'原则+规则'的改良"部分，是前述研究在法方法论层面的延续和体现，主要以公平公正待遇条款为例，论述中国双边投资条约应当构建一个以公平互利原则为统领的原则体系以及一个"原则+规则"的规范结构。最惠国待遇条款具有条约"链接"和待遇"扯平"的特殊功能，应当对其设置例外条款，以保证中国双边投资条约适用上的原则性与灵活性相统一，提高其应对复杂国际投资环境的能力。

第六章"中国双边投资条约冲突条款模式和知识产权保护规则的转型"部分，通过考察国际投资条约之中的知识产权保护规则和条约冲突解决方式的转型或发展趋势，探讨中国双边投资条约知识产权保护规则转型路径，论证投资条约冲突解决模式应当由最优待遇条款向冲突条款转换。该部分特别研究具有重要方法论意义的中国双边投资条约新兴条款，以期与上述公平公正待遇条款、最惠国待遇条款的研究配合，揭示条约规则构造的法方法和具体内容。

第七章"中国双边投资条约缔约实践的策略——以中美BIT谈判为例"部分，以美国2012年BIT示范文本修订为切入点，从修订内容深入分析美国未来双边投资条约谈判的焦点和策略，关注美国BIT示范文本修订可能对中美谈判所产生的影响，从而结合中国经济国际化的水平和方式，提出中国应对中美新一轮双边投资条约谈判的态度和策略，从而为中国与不同国家的双边投资条约谈判和缔约实践提供经验积累和参考。

第八章"结语"部分，在总结全书研究的基础上，具体检讨研究过程中的学术得失及今后努力的方向，表达中国双边投资研究的"本土化"愿望：具有更多"本土元素和气息"的有关中国双边投资条约乃至国际投资法的研究成果问世，作为中国向世界学术的贡献。

第二章

中国双边投资条约文本演变的考察

——以法方法为视角

追溯双边投资条约的发展历史，我们知道，在不同的国际经济发展阶段和历史时期，根据本国海外投资实践发展要求和特点，国际上曾出现过三种不同类型的双边投资条约。[①] 可以说，不同的双边投资条约和协定，满足了不同国家保护本国海外投资和引进外资的要求，反映了不同国家特定历史时期的国际贸易和投资的发展水平，同时深深打上了一国双边投资条约缔约思想和主张的烙印。中国双边投资条约是在 20 世纪 80 年代国内改革开放和世界经济一体化、区域经济集团化的历史条件下产生的。世界经济一体化和区域经济集团化的趋势影响了中国经济发展的走向和决策，也影响了中国双边投资条约的缔约理念、宗旨和原则，决定了中国双边投资条约形式和内容的选择倾向。同时，随着中国国际经济合作的发展规模的扩张和水平的不断提升，中国双边投资条约从理念到条文都发生了或明或暗，或多或少的变化，正所谓"世已移矣，法亦移矣"。所以，考察中国双边投资条约发展的历史，研究中国双边投资条约文本，不仅可以探寻条约缔约理念、宗旨和思路的发展轨迹，而且有利于了解中国双边投资条约与中国国际投资实践之发展要求的差距，把握和预测中国双边投资条约的发展方向，调整条约发展目标，有利于

[①] 历史上，曾出现过三种双边投资条约，主要是指：友好通商航海条约、美国投资保证协定与德国双边投资保护条约。当然，美国在 20 世纪 80 年代以后，也开始采用双边投资保护条约的形式，并且根据自身需求，制订了比德国双边投资保护条约更加具体和完备的双边投资条约示范文本。

改善条约缔约技术和适用方法，对于条约实践和理论研究都具有十分重要的意义。

第一节　中国双边投资条约文本的沿革

一、双边投资条约文本类型的演变

历史上，与国际经济合作发展阶段相适应，出现过三种与国际投资活动相关的双边条约，由于它们各自所追求的目标和宗旨不同，条约文本的构成和内容不完全相同，条约理念和方法也经历了一个由不成熟到逐步成熟的过程。"友好通商航海条约"主要通过待遇条款达到保护外国人财产或投资的目的；"投资保证协定"则是关于海外投资保险规则的程序方面的规定；只有"投资保护条约"才发展成为综合性和专门化的投资保护法律文件，涉及投资全部或主要环节。

（一）友好通商航海条约文本

1778年，美国与法国签订了第一个友好通商航海条约。早期的友好通商航海条约（Friendship Commerce and Navigation Treaties，简称FCN）主要涉及缔约国之间的贸易和航海事宜，它从一般意义上的商务条约演变成具有投资条约性质的双边条约经历了一个相对漫长的过程。可以说，现代双边条约关于投资待遇、征收或国有化、外汇转移和投资争议解决条款的4个核心内容中，只有待遇条款为早期的FCN所提及。到了19世纪中叶以后，FCN才开始涉及和关注征收以及资金转移问题。应该说，现代投资条约意义的FCN直到第二次世界大战以后才逐步形成。FCN中涉及投资内容的大致可归纳为以下几个方面：（1）外国投资者的入境、旅行与住所；（2）个人基本自由权；（3）关于外国投资者的待遇标准；（4）关于外国投资者财产权利的保护，包括外国投资者的资产及既得权的保护，实行征用、国有化的补偿等；（5）商业企业的活动的及其管理，包括设立公司、企业经营活动、企业行为、人员雇佣等；（6）对外国投资者的税收待遇；（7）外汇管制与资金转移；（8）关于投资争议的处理和管辖权。①

（二）德国式促进和保护投资条约文本

1959年以来，德国等欧洲国家以FCN中有关保护海外投资的事项为中心内容，同资本输入国签订专门性的"促进和保护投资协定"。② 其中以德国最为典型，因此，它又被称为德国式的促进与保护投协定。条约内容较为详尽具体，除处理投资争议、代位求偿权等有关程序规定外，大多属于实体法的规定。③ 其主要内容有下列几方面：（1）关于许可投资方面的规定；（2）投资或投资者待遇条款；（3）关于国有化补偿的规定；（4）关于因政治风险而赔偿损失的规定；（5）关于代位求偿权的规定；（6）关于争议解决的规定，主要包括两种情况：第一，缔约国之间有关条约的解释和法律适用的纠纷，由双方指派仲裁员组成仲裁庭解决；第二，东道国与外国投资者之间的争议，如果缔约国是《华盛顿公约》的参加国，则依照华盛顿公约提交"国际解决投资争端中心"解决。④

（三）美国式投资保证协定与投资保护条约文本

第二次世界大战后，美国首创投资保证协定，后被某些建立有海外投资保险规则的国家所仿效，故称为美国式双边投资协定。⑤ 主要特点在于对国际投资活动中的政治风险提供保证，特别是与国内的海外投资保险规则相配合，为海外投资保险提供国际法上的保障。所以，这类协定主要规定代位求偿权、

---

① Herman Walker, "Modern Treaties of Friendship, Commerce and Navigation", *Minnesota Law Review*, 1985, (42): 807. （〔美〕瓦尔克：《现代友谊、通商、航海条约》，载《明尼苏达法学评论》第42卷（1985），第807页。转引自姚梅镇：《国际投资法》，武汉大学出版社1989年版，第257—259页。）
② 历经半个多世纪，多数BITs都模仿或至少广泛地照搬了1959年《海外投资国际公约草案》（Draft International Convention on Investments Abroad，亦称为the Abs-Shawcross Convention）和经济合作与开发组织（OECD）于1967年颁布的《保护外国财产的公约草案》（Draft Convention on the Protection of Foreign Property）的文本内容。
③ 参见横川新：《论外国投资与双边条约》，转引自陈安：《国际经济立法的历史与现状》，法律出版社1982年版，第121页。
④ 陈安：《国际经济法》，北京大学出版社2001年版，第336—337页。
⑤ 参见余劲松、吴志攀：《国际经济法》，北京大学出版社、高等教育出版社2000年版，第259—260页。

争端的解决等程序性问题。① 从20世纪70年代末期开始，美国改变了依靠FCN和程序性的投资保证协定相互配合来实现海外投资保护的做法，开始考虑借鉴欧式双边投资条约的成功经验，并结合美国的实际需要，对外缔结专门化的融实体性规则与程序性规则于一体的双边投资条约———一种更高标准的自由化投资条约。美国新式双边投资条约更多地注入了美国所追求的投资自由化理念，正如美国著名的国际投资法学者文德菲尔德教授曾指出，从一开始，美式双边投资条约就致力于三大目标的实现：（1）为美国海外投资者提供更强有力的保护；（2）重申保护海外投资是美国外交政策的重要组成部分；（3）通过美式BIT的广泛实践支持和巩固美国倡导的关于国际投资保护的国际法标准。② 20世纪80年代以后，美国开始与其他国家签订双边投资条约，并制订或修订了多个双边投资条约示范文本（Model of Bilateral Investment Treaty，简称"BIT示范文本"），其中影响较大的当推1984年BIT示范文本和2004年BIT示范文本，以及新近发布的2012年BIT示范文本，这些条约文本或范本较之德国式促进与保护投资条约更加追求条约文本综合化和国际投资自由化的目标，成为全球影响较大的综合性和专门化的双边投资条约"样本"。

上述三种条约文本，分别调整不同国际经济合作发展阶段的国际投资关系。友好通商航海条约产生历史悠远，涉及国际贸易、航海和外国人保护等多方面的内容，但保护投资的功能不强，规定的内容也不全面，难以适应世界经济一体化条件下海外投资迅速发展的要求。各国在实践中也不再采用这种条约的形式。德国式促进与保护投资条约文本属于最早出现的专门化的双边投资条约文本，条文简约，涉及投资定义、准入、待遇、征收、转移、代位、争端解决等双边投资条约的专门性问题。美国式的投资保证协定重在政治风险的保证，特别是有关代为求偿权和投资争议解决条款等程序性的规定，而忽视了有关美国海外投资和投资者的实体性权利的规定。一旦遇到与发展

---

① 内容主要是：（1）承保范围，即规定能够获得政府保证的政治风险的类别。通常是指与缔约国一方国内法所批准的投资活动相关的、由缔约国他方的海外投资保险机构所承保的政治风险。（2）代位求偿权，缔约一方的海外投资保险机构根据承保合同向投资者支付政治风险损失赔偿后，有权取代该投资者的地位并获得相应的所有权和请求权，实行代位求偿。

② See Kenneth J. Vandevelde, "The Bilateral Investment Treaty Program of the United States", *Cornell International Law Journal*, 1988, (21)：210.

中国家发生海外投资纠纷，就会导致因两国法制水平和观念差异而产生保护标准争议的问题，从而影响海外投资和投资者的利益。于是，美国转而借鉴欧洲国家的双边投资条约，开始推行保护标准和自由化程度更高的综合性双边投资条约文本。

当然，由于国际投资在国际经济合作方式中的重要地位以及贸易与投资的复杂关系，在双边自由贸易协定，特别是全球性或区域性自由贸易协定中订立相关的投资协定或投资条款，也为国际社会所采用。①

二、不同模式的双边投资条约内容的比较——以 BIT 示范文本为例的分析

双边投资条约因为不同国家以及同一国家在不同经济发展阶段所面临的情况不同，即便是相同缔约国之间所签订的双边投资条约的谈判主题、关键条文以及条文的具体表述不可能完全相同。甚至，不同时期的条约所表现出的条约理念、目标、原则和方法都有很大程度的差异。正如恩格斯所说："民法准则只是以法的形式表现了社会的经济生活条件"②。"立法者应该把自己看作一个自然科学家。他不是在**创造**法律，不是在发明法律，而仅仅是在表述法律，他用有意识的实在法把精神关系的内在规律表现出来。如果一个立法者用自己的臆想来代替事情的本质，那么人们就应该责备他极端任性。"③双边投资条约的缔结过程，质言之，是一个缔约双方共同的立法过程，直接受制于不同国家的经济发展水平和要求。为了提高条约缔结效率，表达各缔约方的主张，主要发达国家在不同经济发展阶段都订立了不同的条约范本，提供给缔约他方作为双方谈判的基础和依据。这些范本尽管不是条约本身，但是它反映了缔约方在一定时期所签订条约的共性，表达了缔约方的基本宗旨和主张，代表了缔约方运用法律方法缔结条约的水平。一般说来，20 世纪 50 年代末至 90 年代，发达国家所提供的 BIT 范本的形式与内容都相对稳定，变化不大。至 90 年代以后，在世界经济一体化和国际社会法治化的趋势和背

---

① 比如，WTO 协议中的《TRIMs 协议》和《GATs 协议》，《北美自由贸易协定》中的第 11 章等。中国也进行了在双边贸易协定中订立投资条款的尝试。不过，贸易协定中的投资协定或条款与 BIT 的内容与功能虽有重叠或交叉，但二者的功能和目的也存在一定差异。

② 《马克思恩格斯选集》(第四卷)，人民出版社 1995 年版，第 253 页。

③ 《马克思恩格斯全集》(第一卷)，人民出版社 1995 年版，第 347 页。

景下，BIT 范本的形式与内容均发生了重要的变化。在形式方面，出现了不同于德国 BIT 示范文本的美国 BIT 示范文本；在内容方面，"投资自由化"成为 BIT 的新目标。以德国范本和美国范本为代表，反映了两种不同的发展模式和理念。

(一) 德国 BIT 示范文本①

《德意志联邦共和国与某国关于促进和相互保护投资的条约范本，2005 版》(German Model Treaty-2005：Treaty between the Federal Republic of Germany and [……] concerning the Encouragement and Reciprocal Protection of Investments，简称"德国 BIT 示范文本") 作为欧洲国家中较为权威的 BIT 示范文本的版本，合计 14 个条款。分别是定义条款、准入与投资保护条款、国民待遇与最惠国待遇条款、征收与赔偿条款、自由转移条款、代位权条款、条约适用范围、缔约国间 (state-state) 争端的解决、缔约国一方与缔约国另一方投资者间 (state-investor) 争端的解决、缔约国间的关系、登记条款、生效、期限与终止通知以及其他规定等条款。②

德国与巴基斯坦于 1959 年缔结了世界上第一个双边投资条约，开创了国际投资法制的新纪元。截至 2015 年，德国是世界上签订专门化双边投资条约数量最多的国家。③ 条约以促进和保护外国投资为宗旨，早期签约对象主要为发展中国家，属于传统的保守型双边投资条约。50 多年来，德国政府推出了多个 BIT 示范文本的修订版 (比如 1991 年 BIT 示范文本、2005 年 BIT 示范文本)，总体上呈现出：条约结构简单、条文简约、内容专涉投资事宜等特点，如上所言，具体涉及投资定义、准入、待遇、征收、转移、代位、争端解决等传统国际投资法领域的一般问题。特别值得注意的是：第一，德国对传统条约文本也进行了大量现代化的改造，主要与缔约国进行了国民待遇条款、最惠国待遇条款、资本自由转移条款或在出现征收或类似干涉行为时，进行适当补偿条款以及投资争议适用国际投资仲裁机制条款的谈判和修订工作，

---

① 为了研究的方便，条约文本研究主要以 BIT 范本为研究对象，当然，不可避免的也会涉及相关国家所缔结的正式条约文本。

② Rudolf. D. & C. Schreuer, *Principles of International Investment Law*, Oxford：Oxford University Press, 2008, pp. 368-375.

③ See UNCTAD, *World Investment Report*, 2011.

大大提供了投资自由化水平。第二，德国政府高度重视双边投资条约的地位和作用，与东道国之间是否存在双边投资条约，成为德国政府承保海外投资政治风险的前提条件，这一点直接推动了德国双边投资条约的快速发展。第三，欧盟已决定将以欧盟名义与第三国签订双边投资条约，取代欧盟各成员国分别与第三国签订的1300多个双边投资条约。① 可以预言，即便这一决定付诸实施，德国双边投资条约文本或现代范本，也如过去一样，影响作为欧盟谈判基础的"欧盟BIT示范文本"的制定，并在更高层面或更广范围发挥对双边投资条约发展的影响力。

（二）美国BIT示范文本

《美国政府与某国政府关于促进和相互保护投资的条约范本，2004版》（Treaty between the Government of the United States of America and Government of [Country] Concerning the Encouragement and Reciprocal Protection of Investment, 2004，简称"美国BIT示范文本"）分为三节，共有37个条款。A节规定了条约的实体性条款，包括第1条至第22条，分别是定义条款、适用范围条款、国民待遇条款、最惠国待遇条款、最低待遇标准（公平公正待遇）条款、征收与补偿条款、自由转移条款、禁止履行要求条款、高级管理层与董事会条款、关于投资的法律规定之公布与透明度条款、投资与环境保护条款、投资与劳工保护条款、不符措施条款（Non-Conforming Measures）、特殊程序与信息要求条款、非减损条款（Non-Derogation）、拒绝授惠条款（Denial of Benefits）、根本安全条款（Essential Security）、信息披露条款、金融服务条款、税务条款、生效条款等；B节和C节规定了条约的程序性条款，具体而言，B节包括第23条至第36条，逐一规定了"缔约方政府—投资者"（state-investor）之投资争议的解决方式，分别对磋商与谈判、投资仲裁请求的提起、缔约方对仲裁的同意、缔约方同意的条件或限制、仲裁员的选定或指定、仲裁程序的透明度、准据法选择、附件的解释、专家报告、合并仲裁、裁决、附录与脚注、文件提供等作了专款规定。C节第37条则专门规定了"缔约方政府—缔约方政府"（state-state）之争端的解决。美国2012年对2004年版BIT示范文本进行了修订，但总体上沿袭了2004年范本的风格和内

---

① UNCTAD, *World Investment Report*, 2011.

容。正如美国政府简报中对于新范本的评价："新范本继承了2004年范本的主要内容,继续维持了在保护投资者利益与维护政府出于公共利益采取管理措施权力之间的平衡。"① 具体表现在:一是新范本的整体结构与构成不变,都由标题、序言、正文、附件四个部分组成。范本正文分A、B、C三节,其中A节是实体性条款,B节是投资者和东道国的争端解决条款,C节是缔约双方的争端解决条款。二是正文条文数量和主体内容也没有发生变动,维持在37个条文。相关变化或修订主要体现在针对个别条款进行了修改和补充,或增加"款""项",或细化注释。这些形式上的细微变化集中体现在:透明度与利益相关方参与规则的变化;环境与劳工保护条款的变化;知识产权保护相关条款的变化等方面,反映了美国21世纪BIT缔结理念和关注点的新变化。②

美国2004年BIT示范文本是在德国BIT示范文本基础上发展而来的,除德国BIT示范文本所涵盖的国际投资法的一般条款外,美国BIT示范文本新增了禁止履行要求、高级管理层与董事会、关于投资的法律决定的公布与透明度、投资与环境、投资与劳工、不符措施、特殊程序与信息要求、非减损、拒绝授惠、根本安全、信息披露、金融服务、税务等反映"投资自由化""透明度"和"新领域"的重要条款。总体上讲,20世纪80年代后,美国等发达国家开始推行以"投资自由化"为目标的条约谈判策略,将投资自由化、消除履行要求、提高投资待遇以及强化国际争端解决机制作为条约现代化的主要内容,条约文本内容的扩张化、条约规则的精细化、条约方法成熟化的趋势相当明显,特别是法律方法在范本中的运用更加突出。从"准入前"和"准入后"的条约模式划分来看,德国等欧洲国家的双边投资条约一般采用"准入后模式",即在投资项目设立后,东道国才赋予投资或投资者以国民待遇和最惠国待遇;美国则极力主导和推行"准入前模式",要求东道国不仅在投资设立后给予投资或投资者国民待遇和最惠国待遇,而且要求投资本身或

---

① See "United States Concludes Review of Model Bilateral Investment Treaty", http://www.ustr.gov/about-us/press-office/press-releases/2012/april/united-states-concludes-review-model-bilateral-inves, 2012/6/23 访问.

② 参见崔凡:《美国2012年双边投资协定范本与中美双边投资协定谈判》,载《国际贸易问题》2013年第2期。修订内容及其应对措施将在本书第八章中具体展开论述。

设立过程所享受的待遇不得低于内国投资者或任何第三国投资者所享受的待遇。① 正如刘笋教授从条约人本化角度所指出的,美国所推行的自由化投资条约具有三个特点:(1) 追求投资自由化的好处,忽视了投资自由化的不足或及相关防范措施;(2) 强化投资者权利保护,而弱化了东道国外资管理主权;(3) 重视投资者私人利益,忽略了与投资相关的国家公共利益。② 正是这些利益追求片面化的特点和美国强势的谈判能力,使得弱势的发展中国家丧失了与美国进行平等互利的谈判基础,这也成为美国与发展中国家双边投资条约谈判进程艰难的原因。③ 美国在 2012 年 BIT 示范文本的修订过程中,开始考虑注重投资者私人利益与东道国公共利益的平衡以及东道国对外资的合理管理权限等。

三、中国双边投资条约文本的发展

自 1982 年与瑞典政府签订第一个双边投资条约以来,中国已与世界上 130 多个国家签署了双边投资条约,成为世界上仅次于德国的、签署此类条约最多的国家之一。与美国、加拿大等国的投资条约谈判工作尚在进行之中。自由贸易区框架下的投资协定的谈判工作也取得了一定的进展。④ 30 多年来,中国对双边投资条约理论和实践的有益探索,基本满足了中国国际经济合作方式及其实践发展的需求,为中国改革开放和国际经济合作起到了保驾护航的作用。

回顾历史,从条约文本要素的演变来看,中国双边投资条约的发展以

---

① Gugler, p. &V. Tomsik, "The North American and European Approaches in the International Investment Agreements", *Transnational Dispute Management Review*, 2007, (4): 5; and UNCTAD, Bilateral Investment Treaties 1995—2006: Trends in Investment Rulemaking, Unite Nations, 2007, (43): 22.

② 刘笋:《人本化与国际投资法面临的革新》,2012 年武汉大学举办的国际投资法的新发展国际学术会议论文集,2012: 1—10.

③ 2012 年 4 月 22 日,美国政府公布了 2012 版"双边投资协定"(BIT)的示范文本,替代了 2004 年版本。与旧文本相比,新版本继续维持了在保护投资者利益与维护政府出于公共利益采取管理措施权力之间的平衡。同时,更强调透明度和公共参与,强化了关于劳工与环境的保护,并针对国有企业的特殊待遇和自主创新政策带来的扭曲等制订了更加严格的纪律,包括(1) 协议方的采购政策不得与本国技术含量要求挂钩;(2) 允许外国投资者在非歧视的基础上参加标准制定;(3) 对"国有企业被授予政府职能"作出定义。详见 http://www.ustr.gov/sites/default/files/BIT% 20text% 20for% 20ACIEP% 20Meeting.pdf, 2012/6/23 访问。

④ 中国已与新西兰、巴基斯坦、东盟和秘鲁在自由贸易区框架下达成了投资协定,目前正在与澳大利亚、智利、挪威等国进行自由贸易协定投资章节的谈判。

1998 年中国与巴巴多斯签订 BIT 为标志，可划分为两个阶段，并且其正处于一个即将结束第二阶段进入第三阶段的特殊历史时期。①

1. 1982—1997 年，为第一阶段。改革开放之初，中国主要考虑吸引外商来华投资，应发达国家的要求，以保护外资作为双边投资条约的主要目的。从 1982—1988 年底，中国共与 21 个国家签署了投资条约，其中 17 个是输出资本的发达国家，13 个来自欧洲。投资条约多采用欧洲国家，特别是德国双边投资条约的模式。这个阶段的后期即从 1989 年到 1996 年底，中国共与 61 个国家签署了投资协定，除少数发达国家外，其他均为亚洲、非洲及拉丁美洲的发展中国家。当时中国尚不具备"走出去"的条件，与发展中国家签署投资条约更多地是配合外交工作的需要，政治意义大于条约本身的作用。与发达国家签订的双边投资条约相比，与发展中国家之间的 BITs 表现出这样的特点：一是注重相互鼓励和促进投资意思的表达，这样的规定不仅体现在序言中，并且还在相关条文中进行强调；二是注重强调国家经济主权和司法权。② 从整体上看，这一时期的双边投资条约在总体上趋于保守，这主要表现在对待国民待遇和争端解决机制的态度上。在国民待遇规定方面，这一时期的双边投资条约很少承诺给予另一方缔约国以国民待遇，即使承诺也总是被限制在"允许中国政府在本国企业和外国投资者二者中更为优待前者的范围内"。较为典型的例子可见于中国与英国在 1986 年签订的双边投资条约，其中就规定"缔约任何一方应尽量根据其法律和法规的规定给予缔约另一方的国民或公司的投资与其给予本国国民或公司以相同的待遇"。在争端解决机制规定方面，可以将中国加入《华盛顿公约》日期作为分界点，把这一时期的中国签订 BITs 分为两个阶段：在前一阶段，中国对待 ICSID 仲裁的态度是，

---

① 对于双边投资条约发展阶段的划分，比较一致的观点是分成两个阶段，但是实务部门通常以 1997 年国务院对双边投资条约若干问题的授权为时间点划分为两个阶段；学术界则倾向于以 1998 年中国与巴巴多斯双边投资条约的签订为时间界限划分为两个阶段。笔者认为，从双边投资条约文本演变来看，可以试图划分为三个阶段，即中国第一个和第二个 BIT 示范文本适用期间（1982—1997），为第一个阶段；第三个 BIT 示范文本适用阶段（1998 至今），为第二个阶段；从商务部 2010 年草拟的《中国投资保护协定范本》（BIT 示范文本）开始起用起，进入双边投资条约发展的第三个阶段。主要依据是，各个阶段所使用的示范文本从理念、内容到方法都有明显的区别。值得注意的是，2010 年范本也面临着根据美国 2012 年 BIT 示范文本的修订内容进行必要的修订或新订工作。

② See Gallagher. N& W. Shan, *Chinese Investment Treaties: Policies and Practice*, Oxford University Press, 2009, p. 37.

原则上不予接受，但也在一些双边投资条约中，例如与澳大利亚的 BIT 中规定，一旦中国成为《关于解决国家和他国国民之间投资争端公约》的成员国，则可以将争端提交 ICSID 仲裁；在后一阶段，中国签订的部分 BITs 中规定，在用尽当地救济后，可以将争端提交到 ICSID 仲裁，较典型的例子有，1993 年中国与立陶宛签订的 BIT。① 这一时期争端解决机制整体上的最大特点是，设立了各种"安全阀"（例如投资者在被允许寻求诉诸跨国仲裁之前会被要求先用尽当地救济）来限制投资者将争端提交国际仲裁，以此来保障国家的经济发展主权，即使允许投资者将争端提交国际仲裁，也将能提交的争端的范围限定为仅是与征收补偿款额有关的争议这么一项。可见这一时期的争端解决条款的规定十分趋于保守。总之，在这一阶段，中国借鉴德国双边投资条约模式，主要适用 1984 年和 1989 年两个中国 BIT 示范文本，内容较为原则，条款简单，一般为 13—15 条。条约的法律属性和法方法尚未引起足够重视。实行限制性的资本汇出、投资者只能将与征收补偿款额有关的争议提交专设国际仲裁庭解决。

2. 1998 年至今，为第二个阶段。根据国务院的批示精神，这一阶段前期（1998—2002 年）所缔结的双边投资条约主要增加了国民待遇和扩大提交国际仲裁争议的范围等内容，其间共订立了 26 个条约（另外，2001 年中国与荷兰对投资协定进行了修订），缔约对方均是发展中国家，除了国民待遇和争端解决条款以外，多数条约的内容和条款与第一阶段签署的条约差异不大。在国民待遇条款上，中国逐渐放宽政策，给予发展中国家和发达国家有条件限制的国民待遇。例如，中国与博茨瓦纳签订的 BIT 中规定："在不损害有关法律法规的前提下，缔约任何一方应给予缔约另一方投资者在其境内的投资及与投资有关活动不低于其给予本国投资者的投资及与投资有关活动的待遇。""不损害有关法律法规"这个规定限制了国民待遇条款的效力。但是中国与发达国家签订的双边投资条约中国民待遇条款则包含较少的限制，例如中国与荷兰于 2001 年签订的 BIT，该条约规定"缔约一方给予缔约另一方投资者的投资和与该投资有关的活动的待遇不应低于其给予本国或任何第三国投资者

---

① 关于争端解决条款的具体情况，See Gallagher. N& W. Shan, *Chinese Investment Treaties: Policies and Practice*, Oxford University Press, 2009, pp. 304-319.

的投资及与投资有关的活动的待遇",而对该条款限定为"不适用在其领土内任何现存的不符措施,以及不符措施的延续、修正",并且承诺"将努力逐渐消除这些不符措施"。在争端解决条款方面,1998 年中国与巴巴多斯签订的双边投资条约是一个转折点。在这个条约中首次规定了投资者与缔约国发生争议后,投资者在用尽东道国国内行政复议程序后可以不受限制地提交国际仲裁。在此之后,与多数国家签订的双边投资条约中都出现了自由化的争端解决条款,但是这些自由化的争端解决条款大部分是出现在与发展中国家签订的 BITs 中,而与发达国家签订的 BITs 中中国还是倾向于采纳类似于第一代条约的保守性争端解决机制。2003 年以后,中国双边投资条约开始注意吸收和借鉴了国际双边投资条约缔约经验,不仅在内容上更加丰富,而且更加注重条约条款表述的专业性和可操作性。例如,1984 年《中芬双边投资条约投资》范围的规定中,第 1 条第 3 款规定"具有经济价值的行为的权利"的表述,在 2004 年重新签订的中芬双边投资条约中将其修订为:"与投资有关的具有经济价值的行为请求权",这些细微的变化反映了条约在法律用语上的要求更加规范和专业。这个阶段,特别是后期,中国所签署的投资条约受北美自贸区投资章节或美国 BIT 示范文本的影响较多。条约呈现出新的特点:条款趋于具体、明确;部分条款的立场发生了变化;新兴条款开始出现在某些条约之中。在实体内容方面,如与德国(2003 年)、芬兰(2004 年)、韩国(2007 年)等国新修订的投资条约中关于国民待遇的条款表述更为具体;在与哥伦比亚的投资条约以及与秘鲁自由贸易协定的投资章节中增加了有关税收的条款;在与印度、芬兰、哥伦比亚等国的双边协定中增加了根本安全利益例外条款;在中国与新西兰自由贸易协定的投资章节以及与印度的投资条约中对"间接征收"作了较为详细的认定;在仲裁程序方面,与墨西哥的投资条约和与新西兰的自由贸易协定投资章节中增加了合并仲裁的原则性规定;与哥伦比亚的投资条约和与新西兰的自由贸易协定投资章节中规定了仲裁庭先行审理投资者扰诉和管辖权问题等等。[①] 但是中国仍在部分条款上作了"防御性"的保留,例如在征收条款上,中国缔结的双边投资条约仍然没有直

[①] 参见李玲:《中国双边投资保护协定缔约实践和面临的挑战》,载《国际经济法学刊》2010 年第 4 期。

接接受"赫尔规则";在资金转移条款上,中国虽然规定能"在法律法规允许"下自由转移,但事实上由于中国外汇管理规则实现的是人民币不能完全自由兑换,所以实际效果上资金自由转移受到限制。总之,中国双边投资条约文本发展的第二阶段,开始借鉴北美自由贸易协定投资章节和美国 BIT 示范文本的有益缔约经验,在缔约理念、原则和法律方法的运用上表现出逐步成熟的一面。

随着中国国际经济合作水平和综合国力的不断提高,海外投资将成为 21 世纪中国经济发展的重要引擎和方式,保护本国海外投资或投资者的利益当然成为双边投资条约的重要目标。近年来,中国引进外资和海外投资规模或达到 1∶1 水平。[①] 这样一个国际经济合作水平和结构,为中国平衡资本输入和资本输出、投资东道国和投资母国、条约风险和条约收益各方面的利益关系提供了一个良好的经济环境。中国双边投资条约的理念、宗旨、原则和方法都将进行适时调整或改良。中国完全可以根据条约的契约性质和公平互利原则,在条约的缔结过程中积极地主张或放弃自己的利益,免除或承担自己的责任,在公平度量缔约他方利益诉求的前提下,掌握缔约过程的主动权或实现自身利益的最大化。在 2008 年签订中国与墨西哥的双边投资条约,在条文数量、结构、涉及领域和各方利益平衡等方面已然都有了新的变化。条文多达 32 条之多,对投资和投资者定义、待遇条款、缔约方争端解决机制等大部分条款进行了细致化的修订,条约总体上更加注重投资者私人利益与国家公共利益的平衡。而由单文华等学者起草的中国 BIT 学术范本中[②],已经纳入了企业社会责任条款、拒绝授惠条款(Denial of Benefit)、权利非减损条款(Non-Derogation clause)等新兴条款,法律方法得到了较好的运用,条约文本的法律化特征进一步显现。进入 21 世纪的早期阶段,中国与美国的双边投资条约谈判一度陷入僵局,双方在谈判文本和相关条款上分歧较多,与美国政府接近的法律专家表示,奥巴马政府一直在完善新的 BIT 模板草案,在没有

---

① 2010 年,外商在中国直接投资总额约为 10573235 万美元,中国对外直接投资总额为 6881131 万美元,中国海外投资和引进外资比例约为 7∶10(数据来源:国家统计局网站 http://www.stats.gov.cn)。据有关方面预测,到 2015 年,中国海外投资和引进外资比例或将达到 1∶1 水平。

② See Gallagher. N & W. Shan, *Chinese Investment Treaties: Policies and Practice*, Oxford University Press, 2009, pp. 439—451.

最终敲定 BIT 模板前，不会跟中国进行实质性的谈判。① 2012 年 4 月美国政府发布了新的示范文本，中美重启了双边投资保护协定谈判。中国政府同意以"负面清单"的方式给予美国合格投资或投资者准入前的国民待遇。在这样的背景下，可以预见中方必然会在双边投资条约的谈判过程中在某些条款方面作出一定的尝试，或尽快出台或修订新的 BIT 示范文本。新的 BIT 示范文本一旦在缔约实践中得以运用，中国双边投资条约发展便进入了第三阶段，新的条约文本所承载的条约理念、原则和方法，必将更多地影响国际投资领域及其法治的发展。

第二节　中国双边投资条约文本要素的变化
——兼评国际投资习惯法的形成

早期的中国双边投资条约，与其他发展中国家一样，更多的被视为国家政治和外交政策的一部分。20 世纪 70 年代末，中国开始了社会主义国家改革开放的历程。为了引进外资，中国 80 年代主要与欧洲发达国家缔结了双边投资条约，借以表明中国对外开放和保护外资利益的态度，可以说，早期的双边投资条约，政治意义或许远大于国际法律规则层面的意义。随着中国日益融入世界经济一体化进程，投资自由化的呼声和本国海外投资保护的要求直接影响或推动了中国双边投资条约从形式到内容、从实体到程序、从数量到质量的全方位变化或提升。中外双边投资条约成为国际仲裁机构裁决缔约国和投资者之间权利义务的重要法律依据，双边投资条约的法律化转型引起了缔约国的高度重视。并且，在中国双边投资条约迅速发展的同时，国际范围内双边投资条约的发展也进入了爆发期。② 这些从形式上看，内容大同小异或核心条款基本相同的双边投资条约数量的增长，成为西方发达国家学者论证双边投资条约实践形成了国际投资习惯法的证据。国内学者也不乏赞同双边

---

①　参见《中美双边投资协定谈判（BIT）较劲"国民待遇"》，http：//www.wyw.cn/histroynews/95411/，2015/12/30 访问。

②　根据联合国贸易发展会议的《世界投资报告》显示，国际双边投资条约数量已达 3000 多个，涉及国家 150 多个。根据 UNCTAD 的统计，至 2010 年底全球双边投资协定总数累计达 2807 个。已有 132 项双边投资协定进行重新修订。美国奥巴马政府也在 2012 年推出了最新版本的 BIT 示范文本。

投资条约实践已经或将要形成国际投资习惯法的声音。以中国双边投资条约文本为例，具体考察条约文本要素的变化，论述双边投资条约与国际投资习惯法形成的关系，有利于我国政府认清双边投资条约的性质和特征，在一定意义上也丰富了中国双边投资条约发展研究的内涵。

一、中国双边投资条约文本要素的"变"与"不变"

（一）条约文本要素"不变"的方面

（1）条约结构"不变"　从中国与不同国家缔结的130多个双边投资条约文本来看，中国双边投资条约基本上都由标题、序言、正文（实体条款和程序条款）、附录（议定书）四个部分组成。但是，20世纪80年代早期签订的个别双边投资条约只有题目、序言和正文部分，没有附录部分。例如，1982年中国与瑞典、1983年与罗马尼亚签订的双边投资条约等。早期条约序言部分，十分简单，有的文本只用一句话表述缔约目的。130个双边投资条约及3个BIT示范文本的标题完全一致：中国与某国促进和相互保护投资协定（除《中华人民共和国政府和瑞典王国政府关于相互保护投资的协定》标题中没有"促进"字样外）。投资"促进"和"相互保护"成为中国双边投资条约的主题和关键词。

（2）主要条款及其名称"不变"　中国与外国签订的双边投资条约的条文数量，90%以上都是13个条文。条文数量最少的是1982年《中国与瑞典相互保护投资协定》，只有9个条文；条文数量最多的是2008年《中国与墨西哥促进和相互保护投资协定》，多达32个条文。中间阶段个别条约条文数量超过13个，达到16个之多。不管条约的条文多少，主要条款及其名称都是相同的，即包括定义条款、待遇条款、征收与补偿条款、转移条款、代位权条款、争端解决条款等。就其原因可能有三：一是中国第一代双边投资条约主要借鉴和吸收了德国双边投资条约文本；二是中国已经推出或使用的BIT示范文本（1—3）都只拟定了13个条文样本，所不同的是，前两个范本没有条文名称，第三个范本为每个条文提炼了主旨，确定了名称；三是13个基本条款涵盖了传统投资领域的主要问题。

（二）条约文本要素"变"的方面

正如哲学中运动与静止的关系一样，条约文本要素"不变"是相对的，是有条件的；而"变"则是绝对的，是无条件的。从中国与外国所缔结的双边投资条约没有完全相同的文本、中国 BIT 示范文本不断推陈出新（已推出了第三代）以及最新学术示范文本推出条文数量高达 32 个之多的系列事实①，可以证明在条约文本框架或形式的基本稳定的条件下，条约文本理念、原则和方法以及条约文本的具体内容会产生或明或暗、或多或少的变化。一句话，不同国家经济合作实践的发展决定了双边投资条约文本变化的绝对性和永恒性，这是不以人的意志为转移的。并且，在一定意义上，较之多边投资条约，双边投资条约所具有的形式的有效性和灵活性为这种变化提供了天然的平台或载体。②

（1）条文数量在变

如前所言，中国双边投资条约文本的条文数量，历经了一个缓慢的变化过程。第一个中外双边投资条约只有 9 个条款，20 世纪 90 年代晚期发展到 13—16 个条款，2008 年签订的中墨双边投资条约的条款数量增加至 32 个条文。中国学界近年也推出了新一代更加自由化的美式双边投资条约范本，条款数量达 32 条之多，与中墨双边投资条约文本相同，包括大量新增或修订条款。③ 这一事实似乎表明中国双边投资条约文本或范本已经开始由德国模式转向美国模式。最新学术 BIT 示范文本与目前尚在使用的 BIT 示范文本相比，不仅条文规定更加细致，技术或方法更加成熟，而且还增加了大量新条款：投资许可条款、利益非减损条款、例外条款、公司社会责任条款、拒绝授惠条款、仲裁费用条款以及解决缔约方之间或缔约方与投资者之间争议的程序性条款等。

（2）条文内容在变

1984 年中国制定了第一代 BIT 示范文本，目前尚在使用的是 1997 年制定的第三代 BIT 示范文本，从第一代到第三代 BIT 示范文本主要条款都发生了变化。2008 年，中国政府与墨西哥政府签订了双边投资条约，与以往中国签

---

① See Gallagher. N& W. Shan, *Chinese Investment Treaties: Policies and Practice*, Oxford University Press, 2009, pp. 421-438.
② 关于双边投资条约形式选择的政治与经济学论述，可参见吉小雨：《美国对外直接投资的利益保护——从双边协定到海外私人投资公司》，载《世界经济与政治论坛》2011 年第 2 期。
③ 同注①。

订的其他 BITs 不同，在内容上主要接受了北美自由贸易协定关于投资安排的内容。本书撷取具有一定代表意义的中国第一代 BIT 示范文本、第三代 BIT 示范文本以及中墨 BIT 文本，将主要条款进行对比，以此来反映中国双边投资条约主要条款的变化。①

① 定义条款的变化

中国 BIT 示范文本中"投资定义、投资者定义以及收益定义"这三个方面规定都随着范本的更迭而发生变化。在投资定义方面，在中国第一代 BIT 示范文本中，对"投资"的定义比较简单，对"投资"类型的列举也不丰富，规定一般只包括五种形式：其一，动产和不动产以及其他物权，如抵押权、质权；其二，公司的股份、股票和公司中的其他参股形式；其三，金钱请求权或具有经济价值的行为请求权；其四，版权、工业产权、专有技术、工艺流程；其五，依据法律授予的特许权，包括自然资源的特许权。中国第三代 BIT 示范文本，对"投资"定义条款进行了完善。这首先表现在投资类型的列举上，例如在第一项物权上，除了列举一般物权外，还加上其他"类似权利"的兜底规定；在第二项中加入公司"债券"；在第四项中，将权利总括为"知识产权"，并增设了"专利权""商标权""商号权""商誉"等其他类型。除丰富了投资类型之外，第三代 BIT 示范文本还在"投资"定义条款中加入一条兜底条款，规定"在缔约国法律法规允许范围内，所投资财产发生任何形式上的变更，不影响其作为投资的性质"，使得对"投资"定义的规定更加完善。然而，包括现行的示范文本，中国三代 BIT 示范文本对"投资"定义的方式都是基于资产的定义方式，而中国与墨西哥签订的 BIT 中对"投资"的定义则采用基于企业的定义方式。虽然在列举的"投资"类型中除了"企业贷款"一项未涉及外，其他类型都在中国第三代 BIT 示范文本中举出了，但是对"投资"定义的规定在逻辑上则显得更为缜密，内容上也更加详细。这方面的变化在一定意义上预示了中国 BITs 在下一阶段对"投资定义"规定的发展方向。不同的 BIT 示范文本在"投资者"定义方面的规定则变化较小。只是在定义法人时，第三代 BIT 示范文本比起第一代 BIT 示范

---

① 2010 年 BIT 示范文本已经草拟完成，但对中外 BIT 缔约实践的指导意义尚待观察，并且面临着根据新的双边投资条约谈判实践和要求进行修订的任务。所以，本书选取第一代、第三代 BIT 示范文本与中墨 BIT 文本作为样本，予以分析。

文本多了对法人形式的列举，规定了"公司、社团、合伙和其他组织"等形式。而中墨BIT中，则增加了企业"不论是否以营利为目的，不论是私人所有还是国家所有"都作为投资者形式之一的规定，这使得"投资者"类型更加丰富。在收益定义方面，第三代示范文本与第一代相比，在"收益"类型的列举上显得更为具体，例如增加了"费用""资本利得"等形式。而中墨BIT中没有"收益定义"这一条款，取而代之的是增加了"领土"定义条款，对缔约国双方涉及适用双边投资条约保护的"领土"包括哪些区域进行了规定。

② 待遇条款的变化

待遇条款的内容在不同版本的BIT示范文本中也发生了重大的变化。第一代BIT示范文本对待遇条款的规定较为简单，仅仅规定了公平公正待遇和最惠国待遇，其表述为："缔约各方承诺在其领土内给予缔约另一方的投资者的投资以公正和公平的待遇；根据上一条款的待遇和保护，缔约各方对于缔约另一方投资者的投资，应给予不低于第三国投资者的待遇。"可以看出这样的规定内容较为简单，而且不给于缔约国国民待遇。在第三代BIT示范文本中，则对待遇条款进行了完善：在公平公正待遇中突出了缔约国投资者的投资"始终享受"公平公正待遇；对最惠国待遇的含义，也表述地更为明确，称之为"缔约一方给予缔约另一方投资者的投资和与该投资有关的活动的待遇不应低于其给予任何第三国投资者的投资及与投资有关的活动的待遇"；新增了"在不损害投资时缔约一方法律和法规的前提下"的国民待遇，这也是第三代BIT示范文本较之第一代最大的变化。而中墨BIT与第三代BIT示范文本相比，在待遇条款的上规定有所不同。这主要体现在公平公正待遇的规定上：在中墨双边投资条约中，公平公正待遇被放置在最低待遇标准中予以规定，并在公平公正待遇条款中加入"完全的保护和安全的待遇"这一规定，而且进一步明确了"'公正和公平待遇'和'完全的保护和安全'这两个概念并不要求给予由国家实践和法律确信所确立之国际法要求给予外国人的最低待遇标准之外或额外的待遇"。可以看出，中墨BIT中公平公正待遇条款的规定，照搬了北美自由贸易协定中的规定，而完全改变了以往中国与其他国家之间BITs的规定或表述方式。在中美以及中加双边投资条约谈判仍在进行的背景下，中墨BIT中待遇条款的规定可能会直接或间接影响到中国将要签署的双边投资条约中的待遇条款，甚至对中国新一代 BIT 示范文本中的待遇条款的表述方式或模式产生影响。

③ 争端解决条款的变化

在缔约国双方的投资争端解决上，中国第一代与第三代的 BIT 示范文本规定基本相同，主要在提起争端的限制条件、仲裁庭的组成方式、仲裁庭所依据法律、仲裁庭的裁决和费用方面作了规定。而 2008 年的中墨 BIT 中对这一条款作出了变化，主要是将争端解决中提起仲裁的前置条件和仲裁程序作了更具体的规定。例如，在争端解决的范围中规定了"缔约一方不得依本节就侵害投资者权利的有关争端启动程序，除非缔约另一方未能遵守或履行就该投资者依第一节提交的争端所作之终局裁决"；具体规定了仲裁程序，增加了诸如"在任何时候，仲裁庭都应给予缔约双方公平听证的机会"之类的条款。在投资者与缔约国一方的争端上，中国双边投资条约经历了一个较大变化的过程。在中国第一代 BIT 示范文本中规定，只有争端在通过协商方式六个月内不能解决的情况下，一般可以提交到缔约国的国内法院判决，而只有关于征收补偿数额上的争议，可以提交到国际仲裁法庭，但是没有直接规定或提及提交至 ICSID 仲裁。中国第三代 BIT 示范文本中对这一条款作了重大修改。它规定投资者与缔约国之间的争议在通过协商方式六个月不能解决的情况下，投资者具有一个选择权：一是提交到争议缔约国的国内法院进行裁判；二是提交到 ICSID 进行裁决。但是将争端提交到 ICSID 有个先决条件，就是之前"已根据争端缔约国的法律法规，通过争端缔约国国内行政复议程序"，而且一旦选择国内法庭或是提交到 ICSID 中的任何一项，投资者的选择权即告终结。换言之，投资者不能反悔其选择。在中墨双边投资条约中，这一条款又发生了变化：一是不再规定争端解决方式的"选择权"及其终止的情形；二是投资者与缔约国的争端在磋商不成并且投资者已根据争端缔约国的法律法规，"用尽争端缔约国国内行政复议程序"的情况下，投资者可以直接将争端提交到 ICSID 仲裁，但增加了投资者"应至少在提交仲裁前 6 个月向争端缔约国递交书面的拟将诉求提交仲裁的意向通知书"的通知义务。总的来看，争端解决条款上的规定越来越趋于自由化了。相关具体规定见下表：

中国双边投资条约主要条款的变化对比列表

版本 条款	84 范本	97 范本	中墨 BIT	备注
定义条款	关于"投资"定义，定义较为简单，"投资"形式的列举也较少；"投资者"定义为具有缔约国国籍的自然人或法人；在"收益"定义中，类型列举地较少。	"投资"定义上，增加了对投资形式的列举，增加了"投资财产发生任何形式上的变更，不影响其作为投资的性质"的兜底条款；"投资者"定义中丰富了对法人类型的列举；在"收益"中增加了收益的形式。	在"投资"定义上采用基于企业的定义方式，"投资"定义的规定则显得更为详细和缜密；"投资者"定义基本与 97 范本相同；增加了对"领土"的定义。	从定义条款的发展来看，对"投资"和"投资者"的定义越发趋于详细和完善，也出现了基于资产的定义和基于企业的定义等多种定义方式，总体来讲，定义条款更加周详。
待遇条款	只有公平公正待遇，以及基于公平公正待遇的最惠国待遇。	"始终"享有公平公正待遇；具体规定了最惠国待遇；新增了"在不损害投资时缔约一方法律和法规的前提下"的国民待遇。	具有最惠国待遇以及不损害投资时缔约一方法律和法规的前提下"的国民待遇；将公平公正待遇纳入到最低待遇标准中予以规定。	在国民待遇上，中国 BIT 始终没有放松"不损害投资时缔约一方法律和法规"这一前提，使得国民待遇受到了较大的限制；中墨 BIT 公平公正待遇参照了北美自由贸易协定的规定，可能预示着未来待遇条款的发展方向。
争议解决条款	投资者与缔约国的争端，先协商解决，协商 6 个月不成的，一般只可以提交到缔约国的国内法院判决，而只有关于征收补偿数额上的争议，可以提交到国际仲裁法庭。	投资者与缔约国的争端，通过协商方式 6 个月不能解决的情况下，投资者具有一个选择权：一是提交到争议缔约国的国内法院进行裁决；二是在"已根据争端国的法律法规，通过争端国国内行政复议程序"的前提下提交到 ICSID 进行裁决；一旦投资者选择某项争端解决方式，其选择权就告终止。	投资者与缔约国的争端，在磋商不成并且投资者用尽当地行政复议程序的情况下，投资者可以直接将争端提交到 ICSID 仲裁，去除了"选择权"及其终止的情形，增加了投资者将投资提交仲裁前 6 个月的通知义务。	争端解决条款上的规定越来越趋于自由化了。

(3) 条约理念在变

中国早期双边投资条约的主要目标是实现外国投资的国际法保护，以配合国家改革开放和外资引进政策。1982年《中国与瑞典双边投资条约》序言，直接写明："中华人民共和国政府和瑞典王国政府，愿坚持公平合理地对待缔约一方投资者在缔约另一方境内的投资"，序言也仅此一句，而不及其他。[①] 随着中国经济合作规模和方式的发展，中国双边投资条约的目标和宗旨发生了变化：海外投资以及其他经济合作方式的利益保护成为条约的重要内容。为了实现这一目标，坚守"准入后模式"的中国双边投资条约开始考虑向投资准入前阶段延伸，市场化和自由化的外国投资保护理念在中国双边投资条约中孕育而诞生，从以保护投资为主的保守型条约向追求投资自由化的积极型条约转型，成为中国双边投资条约未来发展的趋势。条约理念的具体变化主要表现为以下几个方面：

一是利益平衡理念 早期双边投资条约以引进和保护外资为宗旨，更多地体现了资本输出国的主张，且在外资保护过程中过于偏袒外国投资者私人利益，造成南北国家、投资者和东道国以及引进外资与海外投资等多重利益对立和观点分歧。随着中国综合国力提升和海外投资规模扩张，中国从单一资本输入国转变为兼具资本输入和资本输出国"双重身份"的国家。这一身份的转变，为中国双边投资条约平衡各种利益提供了内在动力和客观需求。不用讳言，长期以来，中国BIT文本（或范本）主要借鉴欧洲模式。从形式、内容甚至用语上，中国BITs和德国BITs并无明显区别。[②] 但是，2008年签订的《中墨双边投资条约》文本以及最新的中国BIT学术范本草案已经完全突

[①] 80年代中外双边投资条约序言关于条约目的和宗旨的表述，都简单和直接：相互保护投资。例如，1983年的《中德双边投资条约》序言规定，"中华人民共和国和德意志联邦共和国，本着发展两国间经济合作的愿望，努力为缔约一方的投资者在缔约另一方境内的投资创造有利条件，经过两国政府代表的谈判，达成协议如下"。到80年代晚期，条约序言表述开始发生变化。例如，1988年《中澳双边投资条约》序言规定，"中华人民共和国政府和澳大利亚政府（以下称'缔约双方'）认识到为经济活动和发展而促进资本流动的重要性，并意识到其对缔约双方在发展经济关系和技术合作，尤其是缔约一方国民在缔约另一方领土内的投资的作用；考虑到应遵循国际上接受的相互尊重主权、平等、互利、非歧视和相互信任的原则促进投资关系与加强经济合作；认识到缔约一方国民在缔约另一方领土内的投资应在缔约另一方法律范围内进行；承认在缔约双方领土内对保护投资和有关活动的原则的明确声明，和为更有效地适用这些原则所制定的规定，将有助于达到上述目标；缔约双方达成协定如下"。

[②] 曾华群：《BIT范本：缘起、发展与中国的创新》，中国国际经济法学会、厦门大学法学院，《2011年中国国际经济法学会年会暨学术研讨会论文集》（第1卷），2011年。

破了第一代和第二代中国双边投资条约文本的格式和框架，增设了社会责任等多个反映公私利益平衡理念的条文。中国正处于与美国、加拿大等北美国家进行双边投资条约的谈判阶段，需要认真总结 30 年来的 BIT 实践经验，研究相关国际缔约实践和案例，避免重蹈早期照搬欧洲 BIT 模式的旧辙而再次全盘接受美国主导的 BIT 示范文本。中国应当充分利用自己的"双重身份"优势，坚持经济主权、公平互利和合作发展原则，发挥双边条约的契约功能，在更多条款的制定或谈判过程中进一步平衡"外资引进与海外投资、资本输入与资本输出、投资者私人与东道国"等多方面和多层次的利益关系，推出中国个性化的双边投资条约文本或范本。

二是国际化和自由化理念　新一代中国双边投资条约主要有两个方面的创新：扩张投资争议的国际仲裁管辖范围和授予外国投资或投资者国民待遇。第一代双边投资条约只是规定将征收补偿的数额争议提交国际仲裁庭管辖，从 1989 年与巴巴多斯签订的双边投资条约开始，中国同意在经过国内行政复议程序的一段时间以后，将东道国与投资者之间发生的所有争议提交国际仲裁。[①] 改革开放早期，由于中国处于计划经济向市场经济转型的阶段，对给予投资或投资者国民待遇，一直保持着谨慎和缄默的态度。新一代双边投资条约中出现了国民待遇条款，尽管受到"祖父条款"的限制，也是一种重要的进步和创新。可以说，只有实现了外国投资待遇的国民化和争议解决机制的国际化，才能最终实现国际投资的自由化和市场化。以中国与德国分别于 1983 年和 2003 年所签订或修订的双边投资条约的相关条文为例，可以更加清楚地说明这种变化。关于投资待遇条款，1983 年《中德双边投资条约》仅提供对投资或与投资有关活动的最惠国待遇，而 2003 年《中德双边投资条约》同时给予最惠国待遇和国民待遇。[②] 但是，国民待遇只适用于投资准入后阶段，而不适用于投资准入前阶段。类似的双边投资条约还有：中国与澳大利

---

① 目前主要是 1998 年以后与几个发展中国家所签订的双边投资条约包含该类条款。但是，这种做法受到了学界部分学者的强烈反对，认为中国接受国际仲裁的"四大安全阀"不能打开，并担忧通过条约最惠国待遇条款导致国际仲裁大门洞开，引发类似阿根廷投资争议国际仲裁的风险。详见陈安：《中外双边投资协定中的四大"安全阀"不宜贸然拆除——美、加型 BITs 谈判范本关键性"争端解决"条款剖析》，载《国际经济法学刊》2006 年第 1 期。

② 参见 1983 年《中德双边投资条约》第 3 条以及 2003 年《中德双边投资条约》第 3 条的具体规定。

亚、文莱、荷兰及博茨瓦那等国家所签订的双边投资条约中国民待遇条款都只适用于投资准入后阶段。关于投资争议解决条款，1983年《中德双边投资条约》只规定了缔约方之间的投资争议解决方式，而没有规定投资者与缔约方之间投资争议的解决方式。2003年《中德双边投资条约》不仅对两者都作出了规定，而且详细规定了投资者与缔约方争议的解决。在发生相应争议时，应尽可能由争议双方友好解决，但自争议被提出6个月内未能解决，应投资者的请求可提交仲裁。通常情况下由ICSID根据1965年《纽约公约》解决，除非双方同意依据《联合国国际贸易法委员会仲裁规则》或其他仲裁规则设立专设法庭。① 含有这种自由化的投资者—东道国争端解决条款的中外BITs有22个之多，大大提升了双边投资条约保障投资自由化的功能。

三是条约法律化理念 发展中国家历史上都经历了殖民或半殖民地的苦难，对"外来资本"控制保持高度警惕。这一状况导致两个后果：一是发达国家担心发展中国家对本国海外投资实现征收或国有化，不敢投资发展中国家；二是发展中国家出于对国家经济主权的珍视，尽管急需外来资本发展民族经济，却不愿牺牲经济主权换取发达国家资本。所以，早期的双边投资条约本质上只是发达国家和发展中国家改善国际投资环境的政治承诺或外交政策。条文过于原则化和简单化，并且"卡尔沃主义"还相当盛行，条约整体上表现出条约执行机制和法律约束力"软化"的特点。但是，随着国际经济合作向纵深发展，国际经济秩序法制化要求和呼声高涨，双边投资条约法律化进程得到了空前发展。所谓双边投资条约法律化，是指双边投资条的确定性、强制性和授权性程度不断提升和强化的过程。西方学者阿伯特指出，"法律化的规则是指那些通过与既定的国际法规则和原则相联系，使其所订立的规则对成员方具有强制约束力的规则。而且这些规则须具有确定性（或通过委托授权的行使让它具有确定性），同时，解释和适用这些规则的权力须授予第三方，并在规则的约束下行使"。② 从这一意义而言，中国双边投资条约的法律化已经取得了一定成绩。第一，如前所言，中国双边投资条约对于投资

---

① 参见1983年《中德双边投资条约》第10条以及2003年《中德双边投资条约》第9条的具体规定。

② See Abbott, K. O. W. et al, "The Concept of Legalization", *International Organization*, 2000, (54) .: 418.

自由化的保护程度不断提升。自由化保障的程度提高即是条约法律化的表现。中国双边投资包含了宽泛的投资定义、有条件的国民待遇条款、征收补偿和资金自由汇兑条款,以及全面接受投资者与东道国投资争议解决国际仲裁机制的条款,保护自由化投资的趋势十分明显。第二,中国双边投资条约接受了国际上"赋予外国投资者国际法意义上之法律人格"的做法①,给予投资者对所有投资争议提起国际仲裁的诉权。外国投资者无须先将与投资有关的法律争议提交国内法院审理便可径直向国际仲裁庭起诉东道国。② 这种机制"一旦发生效力,非国家行为体在体系执行机制中所发挥的作用比国家来得更大"。③ 它不仅提供了对条约解释和适用的第三方授权,而且大大提高了条约的强制性和执行力,提升了中国双边投资条约的法律化水平。

二、双边投资条约是否形成习惯法——以中国 BIT 为例的分析

双边投资条约是否形成国际投资习惯法,这一问题不仅属于双边投资条约的发展和效力问题,而且更是一个涉及双边投资条约法律化的路径和方式的问题。以上述中国双边投资条约之"变"与"不变"的研究结论为依据,对这一问题的进一步研究和探讨,有利于更加深刻地在国际法的框架下认识双边投资条约的性质和国家双边缔约实践的法律意义,有利于正确评价双边投资条约的地位和价值,对于双边投资条约理论和实践都具有重要意义。

(一) 两种对立的学术观点

双边投资条约实践是否形成国际投资习惯法?近年来,已经成为国际、国内学术界广为关注的热点问题之一。对于这一问题的回答始终存在两种相反的观点,即赞成说和反对说。

---

① Peterson, L. E., *The Global Governance of Foreign Direct Investment*: *Madly Off in All Directions*, Friedrich-Ebert-Stiftung, 2005, p. 8.
② 例如,1998 年与巴巴多斯签订的双边投资条约、2001 年与塞浦路斯签订的双边投资条约、2008 年与墨西哥签订的双边投资条约都作出这样类似的规定。
③ Schneiderman, D., "Globalisation, Governance, and Investment Rules", Clarke & G. R. Edwards, *Global Governance in the Twenty-first Century*, Houndmills, Basingstoke, Hampshire: Palgrave Macmillan, 2004, p. 68.

持"赞同说"的学者认为①,鉴于 90 年代以来,双边投资条约实践中普遍反映出投资自由化趋势以及对西方国家所倡导的投资领域国际法规则的认同,众多双边投资条约的核心内容总体上表现出一致性,再加上双边投资条约数量迅猛增长的客观事实,认为应该充分肯定双边投资条约推动全球经济增长和促进国际投资自由化的作用,将投资自由化的一系列规则上升到习惯国际法的高度。更有不少学者将双边投资条约视为确立国际投资领域习惯国际法的工具。② 上述观点的主要依据,细言之,主要有:(1)双边投资条约的数量正在迅猛增加,而且其影响范围随着最惠国待遇的适用而不断扩展,不同条约之间相互链接,双边投资条约实际上已经演变为一个多边的投资保护机制;(2)由于受发达国家 BIT 示范文本(比如德国 BIT 示范文本和美国 BIT 示范文本)的影响,投资领域内西方国家所倡导的"国际投资习惯法"被双边投资条约实践反复确认或接受;(3)许多国家尽管拒绝接受国际投资领域的"习惯国际法",但在缔结双边投资条约的关键时刻,往往又接受了反映国际投资习惯法的条款,这些表面上自相矛盾的做法,至少证明,参与双边投资条约实践的国家愿意在条约或条约法的规则下接受"习惯国际法"所施加的义务。因此,双边投资条约事实上是一种创立习惯国际法规则或确认习惯国际法规则的规范。③

国内也不乏持"赞同观点"的学者,主要通过对双边投资条约文本的考察得出结论:国际上所签订的绝大多数双边投资条约都规定了投资范围、征收或国有化以及公正与公平待遇等条款,且这些条文的表述或措辞体现出高度的一致性。这种条文安排和表述的高度一致性,表明了若干国家所签订的双边投资条约条款被其后大量的相关国家的缔约实践反复地、不断地接受或

---

① See Bernard Kishoiyian, "The Utility of Bilateral Investment Treaties in the Formulation of Customary International Law", *Northwestern Journal of International Law & Business*, 1994, (14); F. A. Mann, "British Treaties for the Promotion and Protection of Investments", *British Yearbook of International Law*, 1981, (52): 241; Kenneth J. Vandevelde, "U. S. Bilateral Investment Treaties: The Second Wave", *Michigan Journal of International Law*, 1993, (14). 国内学者文章,参见张庆麟、张晓静:《国际投资习惯规则发展状况分析——以双边投资条约为考察对象》,载《法学评论》2009 年第 5 期,及张庆麟、张晓静:《论公平与公正待遇的习惯国际法特征》,载《国际经济法学刊》2009 年第 4 期。

② See F. A. Mann, "British Treaties for the Promotion and Protection of Investments", *British Yearbook of International Law*, 1981, (52): 241.

③ Ibid., pp. 241-249.

认可。一部分双边投资条约规则表现出已具备习惯国际规则的特性或已经发展成为习惯国际法条款,如征收和补偿条款;一部分则处于可能或正在向习惯国际规则方向发展的阶段之中,如公平公正待遇条款和公司国籍规则。①

持"反对说"的学者认为②,从某种意义上讲,双边投资条约一直是发达国家借以削弱甚至否定 20 世纪 60—70 年代发展中国家通过联合国大会决议确立的一系列关于建立新的国际经济秩序的原则和规则的工具。利用双边谈判,有利于回避发展中国家集体力量的锋芒,施展对发展中国家各个击破的策略,通过一个庞大的否定联大决议精神的双边投资条约网络的建立,从而最终确立有利于发达国家的国际投资法律秩序。③ 如果说双边投资条约形成了国际投资习惯法的话,那也只是发达国家集团自诩或自认的国际习惯法,根本不可能得到发展中国家的认可或接受。正如伯纳德·肯修英所言:"事实上,双边投资条约在确立习惯国际法规则方面并没有作出多大贡献,它们只是有助于确立缔约国之间的某种特别的习惯(contribute to the creation of special custom between contracting parties)。"④

中国国际投资法学者刘笋教授在其博士学位论文中针对发达国家所倡导的"双边投资条约促进了国际习惯法形成"的论调,提出自己反对的意见⑤,归纳起来,主要有三点:一是从双边投资条约的性质和影响范围来看,双边投资条约仅是两个国家之间的特殊的国际法,只对缔约方产生约束力,而不

---

① 参见张庆麟、张晓静:《国际投资习惯规则发展状况分析——以双边投资条约为考察对象》,载《法学评论》2009 年第 5 期,及张庆麟、张晓静:《论公平与公正待遇的习惯国际法特征》,载《国际经济法学刊》2009 年第 4 期。

② See Patrick Dumberry, "Are BITs Representing the 'New' Customary International Law in International Investment Law?" *Penn State International Law Review*, Spring, 2010, (28).675.; Andrew T. Guzman, "Why LDCs Sign Treaties That Hurt Them: Explaining the Popularity of Bilateral Investment Treaties", *Virginia Journal of International Law*, Vol. 38, 1998, p. 654.; Campbell Mclachlan QC, "Investment Treaties and General International Law", *International and Comparative Law Quarterly*, (57), April 2008 pp. 361-401; 国内学者文章,参见刘笋:《浅析 BIT 作用的有限性及对 BIT 促成习惯国际法规则论的反对论》,载《法制与社会发展》2001 年第 5 期;孟国碧:《论习惯国际经济法》,载《河北法学》1999 年第 4 期。

③ Andrew T. Guzman, "Why LDCs Sign Treaties That Hurt Them: Explaining the Popularity of Bilateral Investment Treaties", *Virginia Journal of International Law*, 1998, (38): 654.

④ Bernard Kishoiyian, "The Utility of Bilateral Investment Treaties in the Formulation of Customary International Law", *Northwestern Journal of International Law & Business*, 1994, (14): 374.

⑤ 参见刘笋:《浅析 BIT 作用的有限性及对 BIT 促成习惯国际法规则论的反对论》,载《法制与社会发展》2001 年第 5 期。

像一般国际法那样可以对国际社会产生普遍的约束力。尽管现在国际双边投资条约数量增长迅速,但是相对于联合国近 200 个成员国相互之间可能订立的条约总数,目前双边投资条约的数量仍然是不足的,可见,双边投资条约的影响力还是相当有限的。二是发达国家与发展中国家对国际投资领域习惯国际法规则的认识存在难以弥合的差距。从卡尔沃条款与外交保护权的对抗到适当补偿原则与赫尔原则的对峙,从关于特许契约的性质之争到关于投资履行要求禁止的分歧,以及双边投资条约中存在的对具体概念和条文的不同认识,充分说明在一定期间内,两类国家获得关于国际投资习惯法统一认识的可能性不大。三是缺乏形成国际投资习惯法的反复实践和法律确信。国际习惯法规则的形成,是一个长期的过程,需要国家间反复的、一致的实践,并确立对某些规则作为习惯国际法的普遍法律确信。就这一点,伯纳德·肯休英也直言不讳地指出:"投资法领域的真实的状况是,即使是存在某些习惯国际法原则,在国际层面上由于发展中国家提出了种种相反规则和标准而大大减损其功效和司法上的可用性。"[①] 现阶段双边投资条约所表现出在某些方面或条款的一致性,充其量只是发达国家利用其谈判的经济优势和技术优势向发展中国家施压导致被动接受的结果。

综观上述观点,"赞成说"认为双边投资条约已经在国际投资的部分领域形成了习惯法,在其他领域也正在形成国际习惯法;"反对说"认为双边投资条约在形成国际投资习惯法方面作用有限,现阶段不具备形成国际习惯法的条件。我们认为,从理论上讲,双边投资条约尽管所调整的领域十分复杂,各种利益尖锐对立,但是也不能完全排除双边投资条约经过长期、反复和普遍的实践逐步形成习惯国际法的可能。[②] "虽然并非每一个条约,而且也不是条约的每一项条款都可以构成习惯规则,但是条约中的那些构成'普遍化规则'的条款可以形成为习惯"的观点,还是得到认可的。[③] 投资领域的复杂

[①] Bernard Kishoiyian, "The Utility of Bilateral Investment Treaties in the Formulation of Customary International Law", *Northwestern Journal of International Law & Business*, 1994, (14): 374.

[②] 参见王军敏:《条约规则成为一般习惯法》,载《法学研究》2001 年第 3 期。

[③] Anthony D'Amato, *The Concept of Custom in International Law*, London: Cornell University Press, 104 (1971), p. 105. 他列举了不具备这种特性的条约条款的例子,并承认"有时……反对的意见是有可能的,即根据一般国际法概念,某一条约的条款是否可以构成一项习惯规则"。转引自张庆麟、张晓静:《国际投资习惯规则发展状况分析——以双边投资条约为考察对象》,载《法学评论》2009 年第 5 期。

性，只是增加了国际习惯法形成的阶段性和层次性要求。但是，应当指出，当前双边投资条约所表现出的数量剧增、内容表述趋于一致的特点，与形成国际习惯法之证据的要求，还相距甚远。双边投资条约现阶段发展，充其量只是形成了一些国际习惯法的早期特征和初步证据。下文将结合中国双边投资条约文本要素变化情况作进一步论述。

（二）以中国 BIT 文本为例的分析

中国是一个发展中国家的大国，正处于着从一个资本输入国"单一身份"向资本输入与资本输出国"双重身份"转型的过程之中。这种特定的经济发展阶段和特殊的发展中国家身份为中国与世界各国缔结一个公正合理的双边投资条约提供了有利的平台和空间。中国从 1982 年与瑞典签订第一个双边投资条约至今，已经与 130 多个国家缔结了双边投资条约。① 部分自由贸易协定中也包含了自由投资条款。30 年来，与经济发展阶段相适应，中国双边投资条约从早期的主要借鉴德国 BIT 示范文本或模式，到现阶段开始学习美国 BIT 示范文本或模式，已经获得了较为成熟的双边投资条约缔约经验和方法，从条约理念到条约原则，从条约结构到条约形式都发生了系统变化。以中国双边投资条约为本为例，论证双边投资条约与国际投资习惯法形成的关系具有一定的典型性和说服力。

如前文研究所揭示的，中国双边投资条约文本要素正处于不断的变化之中。从总体的目标和模式来看，发生着两个方面的转型，即目标上从强调投资保护为主的保守型向主张投资自由化为主的积极型转变；模式上从传统欧洲 BIT 模式（或称德国模式）向现代北美 BIT 模式（或称美国模式）转型。投资自由化、待遇国民化、争议解决方式国际化可能成为未来中国双边投资条约发展的趋势。利益平衡化和条约法律化理念成为现代中国双边投资条约实践的重要原则或指导精神。从具体条约结构和内容来看，条文数量从 13 条增长到 32 条，条约中关于条约争端解决机制的程序性规定由早期的一节增加到二节加以规定，条约序言、定义条款、待遇条款以及争端解决条款等主要或关键内容都发生了系列和重大变化。基本保持稳定或不变的只有条约"序

---

① 参见国家商务部网站：http：//tfs. mofcom. gov. cn/aarticle/Nocategory/201111/20111107819474. html，2012/8/10 访问。

言+正文+附件"的整体结构以及条约主要条款名称的表述。① 如果将主要条款名称也视为对条文具体内容的概括或抽象的表现形式的话，可以说，中国双边投资条约在实践中"不变"的只是条约的表现形式或者说是条约的框架，"变化"的却是条约的内容。中国双边投资条约的具体内容在相对稳定的条约形式之下，随着中国国际经济合作实践的要求以及缔约方的具体状况发生着相应的变化或调整。

中国双边投资条约文本内容的变化，不仅表明在国际投资领域的许多问题中国并没有形成完全一致的观点或实践，而且可以推及与中国签订条约的众多缔约方也没有形成关于双边投资条约主要条款的统一认识。持"赞成说"的学者所认为的，众多的双边投资条约最显著的特征之一是条约之间的一致性。绝大多数协定都规定了投资定义，征收或国有化以及公正与公平待遇等条款，并且在措辞上也体现出较大的同一性，表明缔约国之间形成了反复、一致的实践等等②，或许只是一种错觉或表象。产生这种错觉或表象的原因有二：一是如同中国双边投资条约发展过程中所展现的一样，条约主要条款的名称没变，都规定了投资定义条款、公平与公正待遇条款等条文，但是条文的具体内容或含义发生了变化，诸如新的投资形式或投资主体不断增加，最惠国待遇向程序性权利渗透，国民待遇在投资不同阶段存在区别，公平与公正待遇条款极度抽象的表述之下蕴含了缔约各方不同的理解等等。所以，即便是条约约文的名称表述的一致，也不足证明条约实践的一致性，双边投资条约形成习惯法应当结合国际投资仲裁实践状况加以考虑，否则，就极易产生条约实践一致性的假象。③ 事实上，国际仲裁庭关于公平与公正待遇以及是否构成征收等问题的裁决存在严重的不一致。④ 这些现象说明，关于国际投资领域主要问题并没有获得一致的实践。二是由于发达国家与发展中国家各自所具有的经济实力不同，某些发展中国家为了达到一定的近期目标，迫于无

---

① 参见中国 BIT 范本 1—3，来源于：Gallagher. N & W. Shan,"Chinese Investment Treaties: Policies and Practice", Oxford University Press, 2009: Appendix。

② 参见张庆麟、张晓静：《国际投资习惯规则发展状况分析——以双边投资条约为考察对象》，载《法学评论》2009 年第 5 期。

③ 近年来，投资仲裁案件数量不断增长，投资裁决不一致现象表明，即便是条文相同的表述，也蕴含了各方不同的理解，国际投资领域习惯国际法的形成，应当结合投资仲裁实践的一致性来判断。

④ 参见刘笋：《国际投资仲裁引发的若干危机及应对之策述评》，载《法学研究》2008 年第 6 期。

奈，只能接受那些发达国家在谈判过程中预先准备的谈判范本，这样便可能形成一种双边投资条约文本表述一致的假象。在南北矛盾始终存在于国际经济合作领域的背景下，发达国家对于双边投资条约谈判过程的掌控或影响不可低估。即便是条约条文形式上的一致性，也不能完全代表发达国家与发展中国家对于某些问题的认识或实践获得了真正的意思表示一致。

因此，不难得出这样一个结论：纵然绝大多数双边投资条约文本包含相同的条文，条文形式上的表述也趋于一致，但并不能依此而推导出双边投资条约实践具有了一致性的特点，否则，那只能是理论上的奢谈，最后的结论如何必须接受条约与投资仲裁实践的进一步检验。依照《国际法院规约》第38条对国际习惯法的表述，所谓"国际惯例"即作为通例之证明而经接受为法律者。[①] 学术界一般认为，条约规则成为国际习惯法应当具备以下条件：（1）条约规则具有创立普遍规则的属性；（2）具有依条约规则主旨所形成的国家实践，即通例；（3）反映通例的规则被接受为法律，即法律确信。[②] 从以上的分析可知，双边投资条约成为国际习惯法的基本条件——作为"通例"之证明的所谓"通例"尚没有完全形成。不仅如此，从双边投资条约的性质和效力来看，也不具备"国际普遍性规则之创立"和"法律确信之形成"的构成要件。双边投资条约，是国家间关于促进和保护投资的契约型条约，并不约束第三国。条约中的最惠国待遇条款对于特权或特惠具有一定的传导效应，使得缔约方可能受第三方（最惠国）条约的影响，但是，并不能赋予双边投资条约创立国际普遍规则的属性，也不可能形成第三方的法律确信。双边投资条约创立普遍性的规则只能通过国际社会在双边投资条约实践和国际仲裁实践方面的反复或普遍的一致性来加以弥补。所以，与其说双边投资条约形成国际投资习惯法，不如说国际投资实践包括双边投资条约缔约实践和国际投资仲裁实践的一致性和普遍性创立了国际投资习惯法。对于双边投资条约在促成习惯国际法规则形成方面的作用，发达国家学者们也信心不足。

---

① 参见《国际法院规约》第38条，"一、法院对于陈诉各项争端，应依国际法裁判之，裁判时应适用：（子）不论普通或特别国际协约，确立诉讼当事国明白承认之规条者。（丑）国际习惯，作为通例之证明而经接受为法律者。（寅）一般法律原则为文明各国所承认者。（卯）在第五十九条规定之下，司法判例及各国权威最高之公法学家学说，作为确定法律原则之补助资料者。二、前项规定不妨碍法院经当事国同意本'公允及善良'原则裁判案件之权"。

② 参见王军敏：《条约规则成为一般习惯法》，载《法学研究》2001年第3期。

伯纳德·肯修英指出，通常人们认为双边投资条约不过是一种特别法（lex Special）。这种特别法存在的必要性，是因为它建立了一种保护投资的具体法律机制。当促进和保护相互投资方面的法律规则尚处于不确定状态时，这种机制显得更加重要。然而，从更加广泛的意义上讲，双边投资条约并不能消除投资保护规则方面的不确定性，因为现存的双边投资条约并不能完全协调一致地支持着某种确定的法律原则或者规则。① 双边投资条约，作为一种保护国际投资的法律工具，只不过是在国际社会尚不存在或现阶段难以达成统一多边国际投资条约的条件下，为临时或具体的保护两个国家间相互投资的协议。换言之，正是国际投资领域相关问题的严重歧义，才促成了双边投资条约的产生和发展。在这样一种背景下，双边投资条约规则形成普遍的一致性实践或法律确信，较之其他类型的双边条约，或许更加困难，将是一个漫长的过程。国际法院在谈到条约当事国的实践时指出："从它们的行为中不能合理地得出任何结论，以证明存在着习惯国际法规则。"② 可见，双边投资条约及其实践目前尚不能证明国际法习惯所要求的普遍性、一致性以及法律确信的存在。双边投资条约的规定没有形成国际习惯法。

但是，也不能因此而否认双边投资条约可以作为国际投资习惯法形成的方式或手段的重要意义。只是因为国际投资领域利益交织的复杂性和尖锐性，决定了这个过程或许更加复杂或漫长，表现出国际投资习惯法形成的阶段性和层次性特点。所以，从一定意义上讲，双边投资条约尽管没有形成国际习惯法，但是在国际投资领域通过双边投资条约实践已经表现出了若干阶段性的、宏观层面上的比较一致的认识。比如，关于双边投资条约目的与主要条款构成，已经形成基本一致的观点，但是具体内容仍存在重大差异。这些认识的形成对于制定多边国际投资条约和国际习惯法的最终确认具有不可忽视的意义和价值。中国关于国际投资法领域之习惯法的形成，应该采取的态度是：一方面，结合中国国际经济合作发展的实际情况或需要，考虑国际社会的通行做法，利用双边投资条约的契约本质，具体约定的双方权利义务，为

---

① See Bernard Kishoiyian, "The Utility of Bilateral Investment Treaties in the Formulation of Customary International Law", *Northwestern Journal of International Law & Business*, 1994, (14).
② See Patrick Dumberry, "Are BITs Representing the 'New' Customary International Law in International Investment Law?", *Penn State International Law Review*, 2010, (28).

中国海外投资和引进外资提供个性化的法律保障。另一方面，总结双边投资条约实践经验，积极参与多边投资条约的编撰或制定工作，推动国际投资领域的习惯法的形成和发展。

第三节　中国双边投资条约文本法方法的革新

中国双边投资条约理念、性质和内容的发展，一定意义上带来或促进了条约文本法方法的改良或提升。所谓条约文本法方法，是指双边投资条约由政治或外交性文件向法律文本转型过程中所使用的法律方法或技术，包括示范文本的选择、条约条款的订立、条约文本的解释以及争端解决等环节或过程中适用的法律手段和方式。如果从哲学或更加宏观意义上讲，条约文本法方法，还应当涉及或涵盖一个国家在不同时期处理和应对条约法律问题的理念和原则发展等方面内容。考察条约文本的法方法，可以更加直观地反映中国双边投资条约理念和思想的变化轨迹，有利于总结条约法律化转型过程中的得失，明确条约发展方向。

一、条约文本法方法的评介

（一）条约文本法方法进步的表现

双边投资条约是缔约双方之间的法律，对缔约双方产生直接约束力。但是，早期的双边投资条约出于更多政治和经济因素的考虑，条约规定都比较简单，"宜粗不宜细"的观念在条约缔约过程中表现的十分突出。一是当时缔约方或缔约方代表缔约经验不足；二是发展中缔约国更多的将双边投资条约解读为双方之间关于经济合作的政治或外交文件。[1] 随着世界经济一体化的发展，国际经贸争议解决机制的地位和作用日益凸显，国际经济领域的条约或文件作为经贸争端裁决的法律依据，直接产生或要求承担法律责任。这种具体的国际经贸合作法治实践，推动了双边投资条约的法律化转型。中国双边投资条约的发展也不例外，政治属性不断淡化，法律化的特性进一步凸显，

---

[1]　See Andrew T. Guzman, "Why LDCs Sign Treaties That Hurt Them: Explaining the Popularity of Bilateral Investment Treaties", *Virginia Journal of International Law*, 1998, (38).

取得了一定的成绩：

(1) 条约的综合化与法典化

早期中国双边投资条约以相互保护投资为目的，条约内容和条款表述比较简单，一般不超过13个条文，主要包括投资或投资者定义、待遇标准、自由汇兑、征收与补偿等实体规则，关于程序性规定更是简要，有的条约甚至没有条约争议解决条款。① 与之相比，现代双边投资投资条约呈现出明显的法典化、综合化趋势，条文数量不断攀升，条约涉及范围开始从投资领域向与投资有关的劳工、环境、知识产权等问题扩展，条约作为缔约国法律的理念在条约订立或适用中得到了体现。具体表现在以下几个方面：首先，从条约结构方面看，双边投资条约一般由三部分组成，即序言、正文和附则。正文包括实体规则和程序规则，且各个条款具体标明了条款名称。而早期的双边投资条约主要包括了实体规则，各个条款缺乏标题，附件也相对较少。其次，在条约内容方面，现代双边投资条约加入了更多的实体规范和程序性规范，内容更加丰富，从单一的投资保护条款扩展到投资与环境、劳工健康与安全等社会问题。2008年中国与墨西哥签订的双边投资条约数量达到32条之多，涉及范围、条文类型和缔约技术较之20世纪90年代的双边投资条约得以明显拓展和提高。②

(2) 规则的复杂化与细致化

首先，更加细致地规定了定义和待遇条款。早先签订的双边投资条约定义条款，主要对"投资""投资者"概念进行界定，20世纪90年代以后签订的条约定义条款，定义的范围更加宽泛，增加了"收益""领土"等概念的定义。③ 具体关于投资者的定义也发生变化：1985年《中国与荷兰双边投资条约》，第1条第2款规定："'投资者'一词对缔约任何一方系指：① 根据缔约一方的法律具有其国籍的自然人；② 依据缔约一方法律和法规组成的，并在其领土内有住所的法人或不具有法人资格的合伙。"2001年两国新订立

---

① 例如，1983年签订的《中华人民共和国和德意志联邦共和国关于促进和相互保护投资的协定》、1985年签订的《中华人民共和国和荷兰王国关于相互鼓励和保护投资协定》等条约都作出了类似规定。

② 参见2008年签订的《中华人民共和国政府和墨西哥合众国政府关于促进和相互保护投资的协定》。

③ 例如，中国与荷兰分别于1985年、2001年所订立的双边投资条约，第2条规定的定义条款，以及关于投资者的定义内容。

的"投资者"定义,则将投资者从"法人和合伙"扩充到"按照缔约一方的法律法规设立和组成,在该缔约方领土内具有住所的任何经济实体,包括公司、社团、合伙和其他组织,不论其是否以营利为目的,其责任是否为有限"。待遇条款是双边投资条约的核心条款,和其他条文一样,早期待遇条款规定的简单而抽象,更多的是一种待遇原则表述,比如,一些条约都规定,缔约一方应给予缔约另一方投资者在本国领土内的投资或与投资有关的活动以公正与公平的待遇,但没有对于公平与公正待遇的具体含义和范围进行限定。2008年《中国与墨西哥双边投资条约》第5条,对公平与公正待遇就更加细致和具体:任一缔约方应根据国际法给予缔约另一方投资者的投资包括公正和公平待遇以及完全的保护和安全的待遇。公正和公平待遇并不要求给予由国家实践和法律确信所确立之国际法要求给予外国人的最低待遇标准之外或额外的待遇。违反本协定的其他条款或其他国际协定的条款,不构成对本条的违反。[1]

其次,更加详细地规定争端解决机制条款。质言之,争端解决机制是投资或投资者权益保护和促进国际投资自由化的最后保证。但是,早期双边投资条约一般以两个条文加以规定。可见,这些规定充其量只是一个争端解决机制的框架而已,难以具体适用于投资争议的解决。中国新近签订的双边投资条约十分重视争端解决机制条款,表现在:一是推进投资争议解决国际化。1998年以后,中国与部分发展国家所签订双边投资条约都采用了将与投资有关的争议提交国际仲裁的方式。二是大量扩充了关于投资争议解决的程序性规定。2011年中国和乌兹别克斯坦签署的双边投资条约虽然也只有两个条文规定争端解决机制,但条文的篇幅大大增加,该条约第11条有7款,第12条有10款分别规定了缔约双方之间以及投资者与缔约一方之间的投资争议解决程序;2008年中国与墨西哥签署的双边投资条约以第三章第一节和第二节,共计22条,占整个条约2/3的篇幅规定争端解决机制条款。争端机制成为美国模式的双边投资条约的重要内容,大大推进了现代条约的法律化转型。

最后,除条约正文外,条约序言以及构成条约有效组成部分的解释性协议、脚注和附件也都明显增多。序言开宗明义,阐述条约宗旨的部分,成为

---

[1] 参见2008年签订的《中华人民共和国政府和墨西哥合众国政府关于促进和相互保护投资的协定》第5条。

国际仲裁庭解释条约和裁决争议的重要参考。现仅以序言为例,作简单说明。1984 年《中国与法国双边投资条约》序言,"希望发展两国间的经济合作,为此目的,为中国的投资者在法国和法国的投资者在中国的投资创造有利条件,达成协议",仅此一句。1990 年《中国与土耳其双边投资条约》序言,"愿在平等互利的基础上进一步促进双方的经济合作,特别是缔约一方国民和公司到缔约另一方领土内投资;认识到就投资待遇所达成的协议将会激励资本和技术的流动,促进缔约双方经济发展;同意为了维持稳定的投资环境及最有效地利用经济资源,投资将受到公正与公平的待遇;决定达成一项关于相互促进和保护投资的协定"。① 该序言不仅表明了条约目的,而且规定了条约平等互利的基本原则和公平公正的待遇标准,为解释和适用双边投资条约提供了合理依据。

(二) 条约文本法方法存在的问题

条约文本的法律化转型具有特殊性,也必然是一个渐进的过程。主要原因可以简单地归纳为:第一,双边投资条约作为国际条约,是主权国家之间的协议,而国家意思的形成和表达具有一些程序上的特殊性,决定了双边投资条约必然存在法律方法上的特殊性。与国内法律文件相比,比如,国家代表权、条约签署和通过等都不同于一般国内契约或国内法规;条约文字表述或理解上,不同国家之间的法律观念和法律文化习惯不同,可能影响条文的表述或表述方式。第二,双边投资条约涉及重要国家利益,不同缔约国或相同缔约国在不同历史时期或阶段具有不同的战略利益,这些利益表达的变化必然影响到双边投资的缔约、适用和履行。所以,在一定意义上,双边投资条约法律化转型是一个特殊且渐进的过程,完全脱离国际政治的多重影响是不可能的,与其他国际条约一样,始终沾染着政治的色彩。双边投资条约的法律化转型只能是一个相对的概念或一个渐进的过程与方向。我们总体上考察中国双边投资法律化的程度和方法,存在以下主要问题需要今后加以完善:

(1) 条约内部"原则+规则"的结构缺失

双边投资条约作为缔约国之间的法律,应该符合法理学中关于法律构成

---

① 参见 1984 年签订的《中华人民共和国政府和法兰西共和国政府关于相互鼓励和保护投资的协定》,与 1990 年签订的《中华人民共和国和土耳其共和国关于相互促进和保护投资协定》序言部分。

要素基本原理的要求。① 通常认为，法律是由法律规范所构成的体系，而法律规范主要包括法律原则和法律规则两个部分。法律原则在法律文件中具有解释法律和填补法律漏洞等重要功能。离开了法律原则，法律规则可能是支离破碎或挂一漏万的。双边投资条约所调整的投资关系的复杂性以及条约篇幅的有限性之间的矛盾，决定了双边投资条约更加离不开条约原则的介入，否则，条约法律化就会失去基础。中国双边投资条约大多数没有关于条约原则的表述，少数条约在序言中关于条约目的表述涉及平等互利和公平与公正原则②，但在条约正文中都没有条约原则条款。条约原则的缺失，造成了中国双边投资条约两个方面的问题：一是条约构成要素缺失，导致条约内部"原则+规则"法理结构的坍塌；二是条约原则的空缺，不能为条约规则的解释和适用，以及条约漏洞的填补提供参考和依据。上述问题的存在直接阻碍中国双边投资条约法律化转型。

（2）条约冲突问题及冲突条款的作用被忽略

国际法律不成体系或碎片化是国际法的主要特点之一。③ 从一定意义而言，双边投资条约本身就是国际法不成体系的产物。④ 双边投资条约具有特殊的"缔约国—投资者—缔约国"的三方结构，在投资法律关系中外国投资者演变为双边投资条约的准第三方，双边投资条约又以投资利益保护为中心展开，这些特点决定了双边投资条约需要协调更多法律规则或法律体系之间的冲突。不仅涉及投资条约之间、条约与内国法之间，而且还要考虑条约与国家特许契约之间的法律冲突。目前，中国双边投资条约关于法律冲突解决的"更优待遇条款"模式或方法，不能完全适应双边投资条约法律化转型以及国际经济日益一体化的要求，借鉴发达国家先进的双边投资条约缔约理念和经验，通过使用更为广泛和调整更为有效的条约例外条款和冲突条款代替更优待遇条款是未来发展的趋势。中国新一代双边投资条约在订立过程中要确立

---

① 参见葛洪义：《法理学》，中国政法大学出版社1999年版，第97—98页。

② 例如中国与土耳其签订的 BIT，中国与吉布提签订的 BIT 以及中国与荷兰签订的 BIT 都在序言中对公平公正待遇作了相应的规定。

③ See Martti Koskenniemi, Fragmentation of International Law: Difficultiesarising from the Diversification and Expansion Ofinternational Law, International Law Commission, Fifty-eighth session, Geneva, 1 May-9 June and 3 July-11 August 2006.

④ 由于国际投资领域利益关系复杂，发达国家和发展中难以达成一致，目前尚不存在统一的多边国际投资条约。双边投资条约的迅速发展，成为调整国际投资关系的主要法律手段。但是，双边投资条约总是存在自身不足，难以担当统一调整国际投资关系的重任。

条约冲突解决的观念,制定多种形式的冲突条款,应对国际投资法领域的法律碎片化状况。

(3) 条约最惠国待遇风险的防范意识淡薄

有学者认为,双边投资条约形式上表现为双边关系,但事实上通过最惠国待遇条款已经演变为一个多边投资保护机制。① 最惠国待遇条款,在保证外国投资或投资者在东道国享有平等保护权利的同时,至少带来了两个附带效果:一是双边投资条约之间的"链接"效应。双边投资条约本来是相互独立的,根据契约效力相对性原理,不对第三国发生效力或影响,但是条约中的最惠国待遇条款可能将一个国家与多个国家签订的双边投资条约链接起来,实现待遇"扯平";二是双边投资条约之差异化空间的"压缩"效应。根据契约原理,在平等互利的条件下,缔约国双方可以实现个性化的谈判,签订差异化的条约。但是条约中的最惠国待遇条款实际上授予缔约他方要求平等对待的权利,大大压缩了双边投资条约差异化的空间。总体上讲,正是由于最惠国待遇条款,使得双边投资待遇"同质化"成为原则,"差异化"成为例外,压缩了缔约国根据本国经济发展情况,对特殊领域和特别权利实现保护或保留的政策空间,影响了缔约国经济管理主权,也带来了一定的法律风险。这一问题或风险尚没有引起当前中国双边投资条约的足够重视。② 如何利用法律方法或技术在最惠国待遇适用与双边投资条约待遇差异化之间寻求一定的平衡,努力化解或降低最惠国待遇的法律风险,更加凸显双边投资条约的契约本质及其运用,是今后中国双边投资条约缔约过程中应当予以充分考虑或面临的问题。

---

① See Andrew T. Guzman, "Why LDCs Sign Treaties That Hurt Them: Explaining the Popularity of Bilateral Investment Treaties", *Virginia Journal of International Law*, 1998, (38).; Stephan W. Schill, "Multilateralizing Investment Treaties Through Most-Favored-Nation Clauses", *Berkeley Journal of International Law*, 2009, (27); Efraim Chalamish, "The Future of Bilateral Investment Treaties: A De Facto Multilateral Agreement", *Brooklyn Journal of International Law*, 2009, (34).

② 自1998年以来,中国签订的部分双边投资条约存在着"放权过快,弃权过多"的现象:放弃"当地救济优先权",如2005年《中华人民共和国政府与西班牙王国关于促进和相互保护投资的协定》;接受提交国际仲裁的"强制性同意",如1992年《中华人民共和国政府和大韩民国政府关于鼓励和相互保护投资协定》;将国际仲裁的管辖范围扩大到所有的争端,如2005年《中华人民共和国政府和葡萄牙共和国政府关于鼓励和相互保护投资协定》。有学者认为,这些贸然自拆"安全阀"之举,使得最惠国待遇的适用具有不确定性,可能对中国造成极为不利的后果。参见徐崇利:《从实体到程序:最惠国待遇适用范围之争》,载《法商研究》2007年第2期。

二、条约文本法方法的更新

根据法学基本原理,中国现代双边投资条约改良在具体法律方法上必须要做到:设立条约原则条款,构筑双边投资条约"原则+规则"的内部法律结构;正视国际法不成体系或碎片化的现实状况,订立大量的例外条款和冲突条款,形成"原则+例外"的条约适用范围的精确表述,也在一定意义上为化解最惠国待遇条款风险提供了有效的法律工具。但是,这些技术层面或具体法律方法的改良,始终离不开双边投资条约从理念到方法的整体创新。从更高层面上讲,要实现具有中国特色的双边投资条约理念和方法创新,必须满足中国作为资本输入和资本输出国的"双重身份"的实际需要,发挥双边投资条约的契约属性和平等互利原则,倡导国际社会"和谐"与"发展"的时代主题,运用法律理念和方法,具体解决以下三个问题:

(一) 私人利益与国家利益的平衡

双边投资条约本质上是一个国家保护海外投资的工具。[①] 资本输入国利用双边投资条约吸引外资,也是通过满足资本输出国之保护海外投资要求而间接实现的。美式双边投资条约在这一点上表现得最为典型。翻开双边投资条约,全文实体条款部分基本由"缔约方保护外国投资或投资者义务与外国投资或投资者权利"两个部分构成。说双边投资条约是一部关于投资或投资者的权利证书一点也不过分。当然,保护相互投资是国家义务的构成,但是,必须以投资或投资者服从国家法律或公共利益为前提。双边投资条约中应该有投资或投资者义务的规定。否则,外国投资者成为了东道国只享有权利而不承担义务的人。这样一个简单道理,由于资本输出国在经济上的强势和资本输入国在外资需求上的压力,都被长期忽略了。从 20 世纪 80、90 年代国

---

① 美式双边投资保护条约,包括早期签订的双边投资保证协定,都直接以保护本国海外投资为主要目的,所以,要求东道国承担最大化的投资自由化义务,是美国双边投资谈判的主要目标。事实上,双边投资引进外资功能是有限的,或者只是间接性。关于双边投资引资功能的论述,可参见: UNCTAD, *Bilateral Investment Treaties in the mid-1990s*, Untied Nations, 1998, pp. 109-122; C. Raghavan, "Bilateral Investment Treaties Play Only a Minor Role in Attracting FDI", *Third World Economics*, 162 (June), 1997, pp. l-15; M. Hallward Driemei, "Do Bilateral Investment Treaties Attract FDI", *Policy Research Paper* 3102, World Bank, 2003, pp. 21-23; J. Tobin, S. Rose Aekerman, "Foreign Direct Investment and the Business Environment in Developing Countries: The Impact of Bilateral Investment Treaties", *William Davidson Institute Working Paper* 587, William Davidson Institute at the University of Michigan Business School, 200, p. 19.

际投资自由化始，投资者私人利益受到广泛的关注、重视和保护，东道国国家利益相应地受到冷落、忽视和削弱。直到20世纪90年代中期，一向追求为海外投资者提供有效保护的美国、加拿大被推上 NAFTA 仲裁庭，才促使美国、加拿大这些发达国家开始意识平衡东道国的国家利益与投资者的私人利益对于东道国经济发展的重要性。中国在80年代后期所签订的双边投资条约序言中，出现了投资者应当遵守东道国法律和法规，尊重东道国主权和法律等方面的表述。① 在未来签订双边投资条约过程中，应当牢固树立东道国国家利益与私人利益平衡的理念，运用利益平衡的思维和方法指导相关条约的谈判和缔结。

（二）一个范本与多个范本的选择

国内学者从避免重蹈阿根廷因国内金融改革被外国投资者纷纷诉至 ICSID 之旧辙的风险②，以及满足保护中国海外投资迅速发展的需要提出分两类不同国家分别签订不同类型的双边投资条约的建议。③ 因而引发了这样一个问题：中国是否应当制定多个 BIT 示范文本以适应与不同国家签订双边投资条约的需要？Norah Gallagher 与单文华教授在其合著的《中国投资条约：政策与实践》一书中，直接表明了反对为潜在的缔约国分类准备多个 BIT 示范文本的做法。主要理由为：（1）国际上没有准备多个示范文本的先例；（2）该方法与非歧视和最惠国待遇相违背。该书还论述了新一代 BIT 示范文本应当采用

---

① 例如，1988年中国与澳大利亚签订的双边投资条约的序言规定："认识到为经济活动和发展而促进资本流动的重要性，并意识到其对缔约双方在发展经济关系和技术合作，尤其是缔约一方国民在缔约另一方领土内的投资的作用；考虑到应遵循国际上接受的相互尊重主权、平等、互利、非歧视和相互信任的原则促进投资关系与加强经济合作；认识到缔约一方国民在缔约另一方领土内的投资应在缔约另一方法律范围内进行；承认在缔约双方领土内对保护投资和有关活动的原则的明确声明，和为更有效地适用这些原则所制定的规定，将有助于达到上述目标。"

② 阿根廷政府为度过金融危机采取了一系列的紧急措施，例如规定公用事业单位（含大量外资的私营单位或合营单位）在向消费者收费的时候，仍需按照1美元兑换1比索的汇率收费，公用事业单位还必须全面履行其在特许合同等项下的义务。同时，阿根廷政府还针对包括外商投资经营或合营的能源企业的出口产品大幅度增征关税，以开辟财源，增加国库收入，因此在相当程度上损害了外商的利益。外商遂纷纷依据 BIT 高标准保护规定向"中心"提出仲裁申请。至2006年1月22日为止，在"中心"的103个未决案件中，阿根廷为被诉方的案件数目竟高达37起。

③ 一部分学者认为，中国应当至少准备两份 BIT 示范文本，即为资本输出国提供一份保守型的范本，以维护中国管理外资的主权；为中国重要的海外投资国家提供一份更加积极型的范本，以保护中国海外投资。参见 Gallagher. N& W. Shan, "Chinese Investment Treaties: Policies and Practice [M]", Oxford University Press, 2009: 384。以及陈安：《中外双边投资协定中的四大"安全阀"不宜贸然拆除——美、加型 BITs 谈判范本关键性"争端解决"条款剖析》，载《国际经济法学刊》2006年第1期。

"平衡"法，协调东道国与私人之间的利益关系。① 其实，要真正回答或解决好上述问题，需要从双边投资条约的本质与 BIT 示范文本的作用两个方面加以探究。双边投资条约本质表现为缔约方之间的契约。契约原理完全适用于双边条约理论。② 所以，双边投资条约只不过是两个国家之间关于投资促进和保护所达成的意思表示一致的结果。缔约一方呈交给缔约另一方的 BIT 示范文本，在法律上称为"要约"，为缔约一方的"意思表示"；缔约另一方也可能向对方提交自己的 BIT 示范文本或系列提议，在法律上构成"反要约"。经过多次反复，才可能最终形成"合意"，即条约文本。可见，BIT 示范文本的作用在于较为系统地表达了一方的观点，为谈判文本提供了参照，提高了条约签订的效率。③ 缔约方针对不同国家，所提出的"要约"内容是不同的。尽管不同国家签署的双边投资条约的内容具有一定程度上的一致性，但丝毫不能否认缔约方"要约"的差异性。因此，可以得出结论，BIT 示范文本对于缔结双边投资条约只不过是降低谈判成本，提高谈判效率的工具，并不能代替针对具体国家的谈判文本的准备。中国应当充分研究缔约他方的"个性"以及与之进行经济合作的状况，针对不同国家提出不同的条约谈判文本，而不是迷恋所谓的 BIT 示范文本，忽略谈判文本的重要性。

(三) 美国模式与德国模式的取舍

美国 BIT 模式与德国 BIT 模式作为双边投资条约的典型代表，影响了大部分国家的双边投资条约范本或条约文本。德国是世界上最早签署双边投资条约的国家，也是签署双边投资条约数量最多的国家。美国受其影响，20 世纪 80 年代放弃了双边投资保证协定与友好通商航海条约相结合的方式，开始采用德国式的双边投资条约。从 1984 年美国 BIT 示范文本内容来看，与德国 BIT 示范文本并没有太多的区别。④ 但是，随着北美自由贸易区经济一体化水

---

① Gallagher. N& W. Shan, *Chinese Investment Treaties: Policies and Practice*, Oxford University Press, 2009, pp. 385-386.
② 参见李浩培：《条约法概论》，法律出版社 2003 年版，第 13 页。
③ 当然，这里只是借用私法中"要约"的概念，严格地讲，私法中的要约不完全等同于双边投资条约的谈判文本或 BIT 范本，私法中的要约在一定时间范围内具有约束要约方的效力，而国家双边谈判过程中提交的谈判文本并没有约束提交方的效力或者国际条约法中尚没有讨论这些问题。
④ 德国 2005 年 BIT 范本共有 14 条，美国 1984 年范本共有 12 条，两个范本在投资定义、投资待遇、争端解决等方面都作了类似规定，主要条款也都是大同小异。

平的提高,投资自由化受到重视,NAFTA1105 条关于投资保护的内容被成功吸收到美国 BIT 示范文本之中,美国 2004 年 BIT 示范文本较之 1984 年 BIT 示范文本在条约理念、数量和内容方面有了明显的变化,形成了不同于德国 BIT 模式的鲜明特色。[1] 2012 年 BIT 示范文本的修订稿,更加注入了美国关于 21 世纪国际投资领域的理念或关注点。国际国内学者比较关注上述两个模式的区别,并将之概括为美国模式和欧洲模式[2],却忽略了上述两个模式的共同点或相互联系:一是所谓的美国 BIT 模式最早也起源于德国 BIT 模式,只不过是美国根据自身经济合作情况的需求,对德国 BIT 模式不断变化或创新的结果[3];二是尽管最终形成的两个 BIT 模式在形式上出现了很大的不同,但它们在条约理念和原则的发展上却有殊途同归之妙,即诸如国民待遇的领域扩张、投资争端解决的国际化、投资者私人利益与国家公共利益之间平衡等反映国际投资自由化趋势与利益平衡理念或方法的条款或措施都出现在上述两个 BIT 模式中。[4] 这些相互联系或共同点正好表明,BIT 模式只不过是不同国家各自的经济或政治诉求的法律表达。所谓两个 BIT 模式是一个"伪命题",充其量可视为两个具有一定代表性的 BIT 示范文本罢了,不同国家应当具有符合自身国情和个性的 BIT 示范文本。只有适合自己国情和满足国际经济合作实践要求的 BIT 才是最好的。正如曾华群教授所提倡的,中国不应该落入美国或德国 BIT 模式的窠臼之中,而应该立足中国在国际政治经济关系中的"双重身份",创造出具有中国特色的新一代双边投资条约文本或范本。[5]

---

[1] 美国 2004 年 BIT 范本较之于 1984 年 BIT 范本,条款数从 1984 年的 12 条增加到了 37 条,对定义条款、待遇条款、争端解决条款等主要条款都进行了补充和修改,例如在投资待遇中增加了最低待遇标准条款,并将公平公正待遇也归入到该条款中,将 1984 年范本中的简单规定进行了丰富。此外,2004 年范本还增加了诸如金融服务条款、劳工条款、信息公开以及税收条款等,使得整个 BIT 范本内容更加充实,几乎覆盖到了对外投资的方方面面,整体面貌与较为简单的 1984 年范本大相径庭。

[2] 参见曾华群:《BIT 范本:缘起、发展与中国的创新》,中国国际经济法学会、厦门大学法学院,《2011 年中国国际经济法学会年会暨学术研讨会论文集》第 1 卷,2011 年。

[3] See Kenneth J. Vandevelde, "U. S. Bilateral Investment Treaties: The Second Wave", *Michigan Journal of International Law*, 1993, (14).

[4] 例如,美国 2004 年 BIT 范本第 3 条规定缔约国给予的国民待遇包括投资者在设立投资中以及设立后的待遇,而且这种待遇完全等同缔约国给予本国公民与企业的待遇;美国 2004 年范本还规定极度自由化的争端解决机制,投资者在几乎能不受到限制地将争端提交到 ICSID 仲裁。德国 2005 年 BIT 范本在国民待遇、争端解决机制上也采取了类似的规定,包括完全的国民待遇以及自由化的争端解决机制。

[5] 参见曾华群:《BIT 范本:缘起、发展与中国的创新》,中国国际经济法学会、厦门大学法学院,《2011 年中国国际经济法学会年会暨学术研讨会论文集》(第 1 卷),2011 年。

第三章

中国双边投资条约本质的分析

——以法律行为理论为工具

何谓条约？大多数学者认为条约就是国家之间的契约或合意。《奥本海国际法》对条约所下的定义是，"国际条约是国家间或国家组成的组织间订立的在缔约各方之间创设法律权利和义务的契约性协定"。① 1969年《维也纳条约法公约》第2条第1项（甲）规定，"条约者，谓国家间所缔结而以国际法为准之国际书面协定，不论其载于一项单独文书或两项以上相互有关之文书内，亦不论其特定名称如何"。《公约》虽没有直接使用契约或合意字样，但学者们关于该条的学术解释，几乎都强调这种协定之"意思表示"或"意

---

① 《奥本海国际法》（第8版）对条约所下的定义是，国际条约是国家间或国家组成的组织间订立的在缔约各方之间创设法律权利和义务的契约性协定（在詹宁斯和瓦茨修订第9版修订时，将条约定义删除，原因没有具体解说，不得而知）。德国国际法学者菲德罗斯认为："条约是指两个或几个国家之间根据国际法明示成立的或通过推断性行为成立的合意，这些国家在这种合意中承担一定的给付、不作为或容忍的义务，不论这种义务是单方的或相应的，同样的或不同的，一次的或反复的。"苏联科学院编著的国际法教科书中，国际条约被界定为"两个或更多国家关于建立、修订或终止其相互权利义务的正式表示合意"。日本国际法学者尾崎重义将广义的条约定义为"国际法主体（国家、国际组织、交战团体）之间达成的、产生一定的国际法效果（国际法权利和义务的产生、修改和消灭）的国际协议"。李浩培先生认为"条约是至少两个国际法主体在原则上按照国际法产生、改变或废止相互间权利义务的意思表示的一致"。王铁崖认为，条约为"两个或两个以上国际法主体依据国际法确定其相互间权利和义务的一致的意思表示"。参阅王铁崖：《国际法》，法律出版社1995年版，第407—408页；李浩培：《条约法概论》，法律出版社2003年版，第31—33页；万鄂湘：《国际条约法》，武汉大学出版社1998年版，第1—3页；〔英〕劳特派特修订：《奥本海国际法》（上卷第2分册），石蒂、陈健译，法律出版社1981年版；或〔英〕詹宁斯、瓦茨修订：《奥本海国际法》（第1卷第2分册），中国大百科全书出版社1998年版，第688页。

思表示一致"特征。① 条约定义借用私法契约概念，反映或突出了条约的契约本质观念。考察各国国际法学者关于条约的定义，只是在条约主体、形式和定义详略方面有所差异，至于条约本质和定义路径则完全相同，即采用私法契约的定义方法与路径，揭示条约——国际法主体之间的"合意"或"意思表示一致"的本质。换言之，国际法学者比较一致地认为，条约的本质就是国家之间（包括国家与国际组织之间以及国际组织相互间）的"合意"或"意思表示一致"，也即契约。② 这种流行的"条约契约说"认识反映了条约与国家意思之间的密切联系，对条约缔结及其适用具有一定的解释力。但是，这种认识过于粗略，没有注意到国际条约本质发展变化的事实以及双边条约与多边条约之间细微而重大的区别。其实，条约并不完全都是契约，一部分多边国际条约与国际组织公约应该属于共同行为或决议的范畴。1969年《维也纳条约法公约》第9条第（2）项的规定就已经涉及多边条约多数决的问题。③ 以私法中法律行为之契约与共同行为或决议理论全面研究条约本质④，可以获得关于条约本质更加完整

---

① 参见王铁崖：《国际法》，法律出版社1995年版，第293页。

② 私法契约定义来源于罗马法，基本上为大陆法系各国民法所继受。《法国民法典》第1101条规定，"契约，为一人或数人对另一人或数人承担给付某物、作或不作某事的义务的合意"。《意大利民法典》第1321条也规定，"契约是双方或多方当事人关于他们之间财产法律关系的设立、变更或者消灭的合意"。而英美法中，一般认为契约乃是一种"允诺"。如美国《法律重述·合同》（第2版）第1条规定：契约是一个允诺或一系列允诺，违反该允诺将由该法律给予救济，履行该允诺是法律所确认的义务。英国《不列颠百科全书》给契约所下的定义是："契约是可以依法执行的诺言。这个诺言可以是作为，也可以是不作为。"

③ 为了论述的方便，本书仅引用1969年《维也纳条约法公约》规定，省略1986年《维也纳国家与国际组织间或国际组织间条约法公约》的相关条文。《维也纳条约法公约》第9条："1. 除依第2项之规定外，议定条约约文应以所有参加草拟约文国家之同意为之。2. 国际会议议定条约之约文应以出席及参加表决国家三分之二多数之表决为之，但此等国家以同样多数决定适用另一规则者不在此限。"

④ 在法律行为理论的发源地德国，法律行为最简单的分类，是依据法律行为成立所需的意思表示的数量而进行划分。德国学者弗卢梅（Flume）依此标准将法律行为分为两大类：单方法律行为与多方法律行为，后者包括契约（Vertrag）、共同行为（Ge-samtakt）、决议（Beschluss）与协议（Vereinba-rung）。梅迪库斯（Medicus）依此标准将其分为四类：单方法律行为、双方法律行为、多方法律行为以及决议（参见〔德〕迪特尔·梅迪库斯：《德国民法总论》，邵建东译，法律出版社2000年版，第165—167页）。德国著名的《贝克法律词典》将法律行为划分为单方法律行为与多方法律行为，后者首推契约，次为共同行为。在同为大陆法系的日本，按照上述标准，将法律行为分为单方行为、契约与合同行为（即共同行为）（参见〔日〕山本敬三：《民法讲义Ⅰ总则》，解亘译，北京大学出版社2004年版，第71页）。因使用习惯不同，日本与中国台湾地区，习惯于用"合同行为"来指称"共同行为"（参见杨与龄：《民法概要》，中国政法大学出版社2002年版，第50页）。中国大陆学者通常将法律行为分为单方法律行为、双方法律行为和多方法律行为（参见梁慧星：《民法总论》，法律出版社2007年版，

和清晰的认识：条约只不过是国家以"意思表示"和"意思表决"为工具的意思互动的结果。

第一节 条约本质类型化研究的价值

一、条约的基本分类及意义

国际法学界习惯上依据三个方面的标准，即条约的内容或效力、缔约主体的数量以及缔约的程序①，将国际条约作如下分类：

1. 契约性条约与造法性条约

前者指的是缔约方以创立相互间必须遵守的共同行为规则为目的的条约，后者指的是缔约方为了解决当前某个或某些具体问题而规定具体行为规则的条约。② 这一分类解释了不同类别条约的性质和目的。但是，因为难以具体区分条约的造法性和契约性，越来越受到批评。其实，任何条约，不论所谓是契约性的，还是立法性的，都为缔约国创立了法律。马克斯·韦伯曾说，当事人在订立合同时，就已经为自己制定了新的法律，因为新的权利义务关系已然修改了其间现存的法律关系，因而合同也被比作分担立法权的工具。③ 可见，即便是契约性的条约也是法律。中国著名国际法学者李浩培先生、英国牛津大学国际公法教授伊恩·布朗利教授都持上述观点，不赞同这种区分。④ 其实，诸如 WTO 协议、四个日内瓦海洋法公约这些所谓造法性条约，在制定

第 160—161 页）。这些分类，用语虽略有不同，也存在一定程度的交叉重叠，但实质大同小异，其大同者，在于所分的类型大体相似；其小异者，在于决议是否可归入共同行为，意见不一，多数主张区别开来。德国学者如拉伦茨、梅迪库斯以及中国台湾学者史尚宽等认为应当将决议（Beschluss）与共同行为（Gesamtakt）区分开来。但中国台湾学者王泽鉴先生认为，决议属于共同行为的一种特殊类型。因为是否采用多数决，只是形成最终的团体意思的方式有所不同，在多数人同向的意思表示方面，决议与共同行为没有本质区别（参见王泽鉴：《民法总则》，中国政法大学出版社 2001 年版，第 261 页）。本书在使用契约概念时，不区分契约与合同；在使用决议概念时，赞同王泽鉴先生的观点，不区分共同行为和决议。

① 参见李浩培：《条约法概论》，法律出版社 2003 年版，第 28—31 页。
② 参见王铁崖：《国际法》，法律出版社 1995 年版，第 406 页。
③ See Max Weber, *On Law in Economy and Society*, M. Rhein stein & E. Shils trans., 89 (1954).
④ 参见李浩培：《条约法概论》，法律出版社 2003 年版，第 30 页；[英] 伊恩·布朗利：《国际公法原理》，曾令良、余敏友译，法律出版社 2007 年版，第 553 页。

过程中都大量充斥着缔约方之间经济、政治方面的契约性交易。

2. 双边条约与多边条约

这是根据缔约主体的数量进行的形式上的分类。前者指缔约主体只有两方的条约；后者指缔约主体通常为三方或三方以上的条约。缔约主体一方的数量包含几个国家，不能改变两方所签订条约的双边性。这种分类所面临的问题是，一部分多边条约通常可以分解为多个双边条约，特别是条约发展的早期阶段，多边条约的缔结往往通过双边谈判形式的缔结。现代最典型的例子，WTO 协议就是通过主要国家的双边谈判开始的。条约的发展是一个从双边条约到多边条约的发展过程。在国际社会难以形成共识的领域，一般先缔结双边条约进行调整。从条约数量来看，现代双边条约也仍然超过多边条约。学术界对多边条约还进一步区分为：有限性多边条约与一般多边条约（或称集体条约）。有限性多边条约更接近于双边条约。一般多边条约旨在规定一般国际法规则或处理对条约缔约各方和其他国家有公共利害关系的事项，通常对其他国家都予以开放。一般认为，一般性多边条约在条约生效日期、条约保留、加入、修改以及适用的范围和终止等方面都不同于双边条约和有限性多边条约。

3. 缔结程序复杂的条约与缔结程序简单的条约

狭义的条约缔结由国家元首参加，通常须经过下列程序：（1）全权代表的谈判；（2）全权代表须持有全权证书；（3）谈判的结果达成一致时，须经全权代表签署；（4）签署后须经批准；（5）批准后须交换批准证书。这样的程序相当复杂，简单的条约缔结程序，并无国家元首参加，通常只经过谈判和签署两个程序。一个条约不论是经过复杂的还是简单的程序缔结，在法律效果上并无不同。

研究条约的理论分类，对于认识中国双边投资条约的性质、特点和类别归属具有一定的指导意义。中国双边投资条约属于双边的、造法性的条约。理由有三：

第一，中国双边投资条约是缔约双方关于促进和相互保护投资的国家意识表示一致的结果，对缔约双方具有约束力，是缔约双方之间意思表示一致的结果，具体规定了双方的权利、义务和责任；

第二，中国双边投资条约普遍适用于缔约一方在缔约另一方领域内的所

有本国"投资"或"投资者"事项,即在缔约国境内具有普遍的效力;

第三,中国双边投资条约所涉及的内容具有一定的综合性,涉及投资或与投资相关的金融、环境、劳工、产业政策等众多领域,具有长期和反复适用的效力。

可见,关于契约性和造法性条约的区分,更进一步凸显或说明了中国双边投资条约的法律属性。并且,中国双边投资条约的签署,经国务院授权,由原国家外经贸部或现在的商务部具体负责谈判和签署工作,属于缔结程序简单的条约。

二、双边条约与多边条约本质类型化的价值

双边投资条约(BIT)是双边条约的一种,与多边条约的区别,不仅表现在传统观念所认为的条约生效日期、条约加入、保留、修改或条约适用范围等环节,而且反映在条约性质、缔结程序、条约适用或解释方法以及条约争议解决等方面。令人遗憾乃至困惑的是,长期以来,条约法理论研究主要借鉴私法契约理论[①],这种理论主要适用于双边条约,并不能给予多边条约特殊性的足够关注,也没有在《维也纳条约法公约》的订立过程中为双边条约供给更多的法律规则。与此相反,缺少一定针对性理论研究的多边条约规则却在条约法立法上得到了更多的重视。对于这种现象,比较一致的理论解释无外乎:一是多边条约涉及范围广,影响大,是一种涉及国际共同利益的造法性行为;二是国际法委员会及《维也纳条约法公约》都愿意将条约法作为一个整体来看待,不主张进行条约类型区分。[②] 这种现象和观点,只能说明国际法理论界至今并没有为条约立法提供更多或更有说服力的理论成果,在国际条约法理研究方面存在严重的滞后、不深入等问题。从理论上讲,对一个概念的分类越细致,表明人类对这一概念或其对应的事物本质的认识越深刻。同理,对条约及其条约法的研究也是如此。可见,条约类型化研究是条约理

---

① 两个《维也纳条约法公约》从条约的整体结构到条约定义、条约效力、条约解释等具体规定都受到了国内契约法理论的影响。

② 〔英〕伊恩·布朗利:《国际公法原理》,曾令良、余敏友译,法律出版社2007年版,第553页。该处主要谈到了契约性和造法性条约的区分,笔者认为,该观点也可以推及到其他条约类型的区分。

论研究不断深入的要求和标志,运用上述理论和认识指导中国双边投资条约的缔约实践具有重要意义:

(一) 有利于促进条约法的类型化研究,选择中国条约缔约策略

双边条约和多边条约是条约的基本分类。1969 年《维也纳条约法公约》从内容来看,主要规定了多边条约的内容。多边条约缔约过程复杂、涉及缔约国多、更多地关系到国际共同利益,所以,为了更好地预防可能频发的多边条约争议,提高缔约效力,倾注足够的立法资源总是可以想象和理解的。但是,条约法更多关注多边条约的事实,与学术上对多边条约理论研究的冷落形成鲜明对比。这一状况延续至今,使得"条约契约说"成为条约本质认识的唯一学说且从没有受到学界的质疑成为可能。国际法委员会研究组 2006 年《国际法不成体系问题:国际法多样化与扩展引起的困难》报告也曾经指出,"总的说来,《维也纳条约法公约》对特殊类型的条约和可能用来解释和适用这些条约的特别规则未给予足够的承认……至少,下列主题应该成为此类努力的一部分:(a) 应该在更大程度上承认双边和多边条约关系之间存在的不同……"① 条约理论和实践中存在这种奇异现象表明:条约理论与实践严重脱离,迫切需要理论上的创新以指导双边条约与多边条约的立法实践。双边条约和多边条约在国家意思表示或意思表决原则、国际法律行为类型和性质、意思表示与意思表决程序以及条约效力来源上存在重大差异。运用"条约契约说"和"条约决议说"可以从理论上将这些差异分离开来,对双边条约和多边条约类型化研究给予具体指导;另一方面,条约本质乃国家意思互动的论断,又将双边条约和多边条约统一在国际法律行为的理论之下,为"条约契约说"和"条约决议说"的统一与合作提供理论注解,从而在条约本质"国家意思互动说"的基础上改变条约法理论与实践相脱离的现实。运用上述理论和认识指导中国双边投资条约的缔约实践具有重要意义。

(二) 有利于提升条约法的程序理念,优化中国条约缔约过程

法律程序不仅有助于"好结果"的实现,而且自身具有和平、参与、自

---

① The fragmentation of International Law: Difficulties Arising in the Differentiation and the Expansion of International Law, *Report of International Law Commission*, 2006: 156.

愿、公平、及时、人道、正统等独立性价值。① 作为国际法主要渊源的条约，本质上是国家意思互动的产物，程序及其价值在条约法中占有重要地位。1969年《维也纳条约法公约》第23条、第65—68条具体规定了条约保留与条约终止、退出等方面的程序，但是没有明确规定形成条约内容的意思互动程序。《维也纳条约法公约》第9条关于"条约议定"之规定十分简单，"1. 除依第二项之规定外，议定条约约文应以所有参加草拟约文国家之同意为之；2. 国际会议议定条约之约文应以所有参加表决国家三分之二多数之表决为之，但此等国家以同样多数决定适用另一规则者不在此限。"一般认为，第9条第1项适用于双边条约，即缔约双方意思表示一致；第2项适用于多边条约，即缔约方采取意思表决多数决。当然，不排除有限多边条约采用第1项"意思表示一致"的方式。从条文内容来看，与其说第9条是关于约文"议定"的规定，不如说是约文"通过"之规定。因为条文只有"定"，而没有"议"的内容。这种重"通过"，轻"商议"的规定不符合"条约是国家意思互动结果"的认识，没有反映条约之国家意思互动的程序要求和价值。不论是双边条约，还是多边条约，其缔结过程都是一个国家意思互动的过程。意思互动之步骤和方式的合理安排，乃是程序理性和价值的内在要求，也直接关系到条约"是否为好条约"及其公平正义价值之实现。否则，"条约议定"就可能演化为强势缔约方推销个别意思的过程。历史上，不平等条约的出现就是最好的例子。国际现实生活中，军事和经济霸权的存在，也赋予了条约法规定意思互动程序的意义。

具体来讲，国家意思互动程序，包括意思表示和意思表决程序。双边条约之意思互动比较简单，主要是双方意思表示，通过缔约方之间的要约和承诺的多次反复进行约文的议定和认证。特别是有些通过换文和口头等通过非正式形式缔结的条约，国家之间反映要约与承诺的文件和相关凭证具有证明条约内容的效力。条约法中明确规定双边条约约文议定程序有助于认定双边条约的成立和生效。多边条约之意思互动是一个复杂的意思表示和意思表决过程。在意思表决程序之中，各方应有机会以提案的方式进行意思表示，然

---

① See Robert S. Summers. "Evaluating and Improving Legal Processes—A Plea for 'Process Values'", *Cornell Law Review*, 1974, (60).

后经过公开讨论、辩论、协商、妥协等程序,各种意思表示在合理的程序之中得到碰撞、磨合、选择和修正,各种新观念得以表达并吸收到条约文本之中,最后以表决方式形成缔约方共同意思,即条约约文,再进入约文认证、签署和批准程序。条约是复数意思互动,必须解决意思互动的有序性问题,以实现复数意思表示的整合。否则,杂乱无章的意思表示可能会为强权留下淫威的空间。可见,条约法中的程序,尤其是国家意思互动程序,具有鲜明的可以达到"好结果"的工具价值和实现参与、自愿和公平的"程序价值"(process value),以双重保障缔约方真正共同意思的形成。①

(三) 有利于区分条约解释的不同路径,提高中国条约适用水平

《维也纳条约法公约》第31—33条作为条约解释通则,规定了条约解释的基本原则、条约上下文含义以及条约解释的法律渊源等问题,成为指导条约解释实践的基本规则,并得到系列国际法院案件的支持。② 但是,条约相关规定忽视了不同类型条约之解释的差异。双边条约与多边条约法律行为性质区分,一定程度上决定了二者不同的解释路径。双边条约是缔约方意思表示一致的结果,条约所载之共同意思等同于缔约方各方的意思。如果相关条文的理解一旦出现分歧,这种平衡或意思同一关系就可能会被打破。所以,恢复这种平衡或同一关系就成为条约解释的主要任务。换言之,就是要寻找条约中所载缔约双方之"原意"或缔约双方重新达成关于分歧的共同意思。这一目的和任务,实际决定了双边条约解释的方式——双方协商。只有在协商无果的条件下,才可以请求国际仲裁机构或国际法院协助完成寻找"条约原意"或达成新的共识的任务。与双边条约不同,多边条约缔结是以意思表决方式完成的。多边条约一旦缔结,则形成了不完全相同于条约缔约方单方或部分意思的共同意思。这种以单方意思为基础形成的共同意思,不是缔约方

---

① 对于这种"程序价值"(process value),也有人译为"过程价值"。参见陈端洪:《法律程序价值观》,载《中外法学》1997年第6期。

② 第31条 解释之通则:"一、条约应依其用语按其上下文并参照条约之目的及宗旨所具有之通常意义,善意解释之。二、就解释条约而言,上下文除指连同弁言及附在内之约文外,并应包括:(甲)全体当事国间因缔结条约所订与条约有关之任何协定;(乙)一个以上当事国因缔结条约所订并经其他当事国接受为条约有关文书之任何文书。三、应与上下文一并考虑者尚有:(甲)当事国嗣后所订关于条约之解释或其规定之适用之任何协定;(乙)嗣后在条约适用方面确定各当事国对条约解释之协定之任何惯例。(丙)适用于当事国间关系之任何有关国际法规则。四、倘经确定当事国有此原意,条约用语应使其具有特殊意义。"

意思的简单相加，而是一种复杂的意思"化学反应"，原单方意思消解于"化合物"之中。因此，多边条约的解释，不可能通过寻找缔约方各自原意的方式完成。为了实现解决条约争议的效率，节省司法资源，所有缔约方参加重新达成共同意思的方式，也不可能多用。所以，多边条约解释争议解决的理想方式，应当主要通过"条约机构"或国际组织自身解决。机构或组织作出的解释对缔约方全体产生约束力。① 区分双边条约和多边条约解释路径和方法是由两类条约中国家意思互动方式不同所决定的，反映了条约国家意思互动本质的认识，有利于更加便捷地实现条约解释目的。

第二节　条约本质认识的一般原理
——基于法律行为理论的分析

一、双边条约：国家之间的意思表示一致

著名国际法学者劳特派特认为："私法上的契约和国际法上的条约，其法律上的性质基本上是相同的，在契约和条约中，各个当事者的自治的意思，都是一个法律关系的构成的条件，而在这个法律关系，从其产生之时起，就独立于当事者一方的自由处理的意思之外。私法上的契约，是由国家的法律赋予客观的效力，而国际条约，是由国际法上的一个基本规则，即条约必须履行的规则，予以客观的效力。"② 李浩培先生在论述条约定义核心要素——"一致的意思表示"时，引用了上述劳特派特语，并且强调这些"一致的意思表示"必须意在产生、改变或废止在原则上按照国际法的相互权利义务关系，而最终认为"条约是至少两个国际法主体在原则上按照国际法产生、改

---

① 条约机构（treaty organs）是指由非以创设政府间国际组织（inter-governmental Organization）为主要目的的多边条约建立的机构，包括条约规定建立的机构，以及这些机构根据条约授权而建立的机构。条约机构又被学者称为"条约机构"（treaty hodies）甚至"条约组织"（treaty organizations）。它们有别于传统意义上的国际组织。详见 A lan Boy le and Christnie Chinkin, *The Maknig of Intemational Law*, Oxford Universitv Press, 2007, p. 151; Philippe Sands and Pierre Klein (eds), *Bowetts Law of International Institutions*, 5th ed, Sweet&Maxwell, 2001, p. 115. 条约机构现象在多边环境条约中表现的较为突出。

② 〔英〕劳特派特：《国际法的私法渊源和类推》，1972 年英文版，第 126 页。转引自李浩培：《条约法概论》，法律出版社 2003 年版，第 13 页。

变或废止相互之间权利义务的意思表示的一致"。① 显然，李浩培先生关于条约性质的分析过程包含了丰富的契约思想（意思表示）和元素（权利义务关系等）。《维也纳条约法公约》也秉承和贯穿了条约契约说理念。比如，《公约》第9条第1项以及第40条第2项涉及双边条约和部分多边条约议定、修正的相关规定中皆体现了缔约方意思表示一致的契约理念。② 纵观国际法学者有关条约的定义或成立要件的论述，一致地采用了类推私法契约原理的方法。1969年和1986年两个《维也纳条约法公约》之框架和方法明显继承了私法契约和契约法的基因。③

其实，在主权平等的国际社会里，国家之间的关系犹如市民社会私人之间的关系，地位平等和意思自由是二者共同的要求。所以，意思自治成为平等主体之间利益协调或权利义务关系调整的基本原则和主要手段。"条约和契约"，作为意思自治的基本法律形式，不可能因为国家和私主体（自然人或法人）之间的法律属性和构造不同而产生本质差异。意思自由和意思表示必然是条约与契约共同的核心要素。条约理论对私法契约原理的借鉴不可避免。罗马法滋养现代民法的同时，也孕育了国际法。正如学者们指出的，尽管"国际法调整的国际政治关系属于公法范畴，但是，它所适用的原则却完全是私法性质，即将国家视为国际关系中的'个人'。'个人'之间关系是平等、自由、独立的。这是国际关系的最重要特征。可以说，国际政治关系是国际政治化的民事关系"。④ 可见，条约法从罗马法中吸收和借鉴契约原理发展条约理论是人类理性的当然结果，这一点，如同格老秀斯借用自然法原则论述海洋自由论题一样。"条约契约说"正是运用私法契约原理理解或解释国际条约而获得的关于条约本质的基本认识，反映了人类理性的共通性和一致性。它抓住了国家在签订条约时"意思自治"这个核心要素，强调条约是国家意

---

① 李浩培：《条约法概论》，法律出版社2003年版，第1页。
② 第9条约文之议定："一、除依第二项之规定外，议定条约文应以所有参加草拟约文国家之同意为之……"；第40条多边条约之修正："……二、在全体当事国间修正多边条约之任何提议必须通知全体缔约国，各该缔约国均应有权参加：（甲）关于对此种提议采取行动之决定；（乙）修正条约之任何协定之谈判及缔结。"
③ 1969年和1986年两个《维也纳条约法公约》均将条约定义为协定，整个条约法的结构：条约订立、条约生效、条约解释……，与国内合同法的结构也有相同之处。
④ 张乃根：《国际法原理》，中国政法大学出版社2002年版，第18页。李浩培先生也十分重视国际法的民法学基础，认为"民法是一切法律的基础"。

思表示一致的结果。① 这种学说或观点，既有利于人们利用对私法契约的"前理解"以接受和认识国际条约，提高利用条约处理国际事务的自觉性，也为"条约必须信守"这一条约效力来源的客观规则提供了理解和认识的基础。"条约必须信守"在一定意义上是"契约是当事人法律"的推演和转换，私人之间长期以来形成的对契约效力的认同证成了"条约必须信守"的绝对和客观性（即不证自明的特点），为早期国际法提供了效力来源规则，大大降低了条约效力的说理成本，提高了条约的"强制力"和履约效率。

不仅如此，"条约契约说"满足了条约早期发展的现实和需要。从条约的起源来看，早期条约与战后恢复和平有关，主要内容包括缔结同盟和划定疆界。② 公约前3100年美索不达米亚的拉加什（Lagash）城邦和乌马（Umma）城邦缔结的条约就是疆界条约。③ 公元前1280年，埃及法老拉美西斯二世同赫梯王哈土舒尔三世缔结了友好同盟条约：

> 本约是一个良好的和平同盟条约，应永久有效……。赫梯大王哈土舒尔自今日起和埃及大王同意在双方间永远实行良好的和平和良好的同盟……。违反以赫梯领土名义和埃及领土名义镌刻在本银板上的誓约者，……众神将消灭其本人、其家属、其领土及其从属。在本银板的中央，在其主要的一面，有苏特克天王的像（苏特克天王是赫梯人的大神），天王拥抱着赫梯大王哈土舒尔，后者手中则抱着本约的约文。苏特克天王的印玺是对哈土舒尔所缔结的本约的确认……④

中国春秋战国时期，同盟条约在史书上也屡见不鲜。⑤ 这些条约以口头协

---

① 为了分析和行文的方便，本书主要截取国家之间的条约作为研究对象，文中所称国际法主体或国家之处，都包含国际组织。文中关于国家之间条约本质的分析同样适用于国际组织之间、国际组织与国家之间所缔结的条约。

② 这一点从拉丁语"pactus""pactum"（条约）的语源可见。"pactus""pactum"系由拉丁动词"paciscere"的过去分词pactus派生而来。"pacistere"的意思是达成一致、缔结契约或者条约，其字根pac源于pax。Pax是指两个交战国缔结或达成一个协定的行为或事实，因此这个词也取得和平条约、和平女神的意义。参见李浩培：《条约法概论》法律出版社2003年版，第32页。

③ 〔美〕阿瑟·努斯鲍姆：《国际法简史》，张小平译，法律出版社2011年版，第7页。

④ 陶伯：《论条约的不可侵犯性》，载《国际法学院演讲集》1930年，第304页。

⑤ 公元前579年的晋楚同盟是双边条约，左传载有该约的约文。公元前651年和公元前562年各诸侯的同盟条约，《左传》也记载了其约文。

定订立，通过交换各自的书面记载而达成。① 不仅内容单一，而且都以双边条约的形式缔结。这种状况一直持续到 1815 年的维也纳会议召开止。并且，集体条约出现早期，存在一个由双边条约向多边条约过渡的阶段。即便应当缔结的集体条约也通常由多个双边条约转换而来。1713 年英、法、普、萨、西、荷六国签订的《乌得勒支媾和条约》实际上是由法英、法萨、法普、法荷、西英和西萨六个内容完全相同的双边条约所构成。1814 年法、奥、俄、英、普之间缔结的《巴黎媾和条约》，形式上是一个多边条约，实际上也是以四个双边条约的方式所缔结。现代真正意义上的集体条约直至 1856 年缔结的《巴黎条约》才标志最后产生。② 可见，直到 19 世纪中叶，国际条约实践主要是双边条约，甚至在欧洲人的观念里，所有条约都应该是双边的。③ 这样一种条约理念和实践与私法契约行为完全吻合：双方平等主体之间关于产生、变更或消灭权利义务关系的意思表示一致。可以推论，关于条约的早期认识本身就是契约理论认识迁移的结果。至此，在理论和实践上条约与契约达到了完美的一致。"条约契约说"适应了条约（主要是双边条约）早期实践和认识的需要，契约原理足以解决条约形式、效力及履行等理论问题，为人们所普遍接受和认可，也成为条约理论借鉴私法契约原理的实践和理论基础。

但是，随着世界经济和科学技术的发展，19 世纪末和 20 世纪国际社会诸如环境、人权和反恐等公共利益受到越来越多的重视，多边化和组织化趋势加强，不断产生的多边条约和国际组织互为推力，成为影响和变革国际法的重要因素。④ 一般或综合性多边条约与国际组织宪章或规约的空前发展为传统条约法理论的创新提供了丰富的实践素材和强烈的现实要求。"条约契约说"理论在国际关系复杂化和条约主体多边化的背景下表现出一些理论上的局限

---

① 这种形式沿用到 12 世纪，公元 1122 年神圣罗马帝国与教皇缔结的《沃尔姆斯友好条约》也通过此种形式订立。从 1153 年拜占廷帝国与匈牙利人缔结的《康斯坦条约》起开始采用新的方式：条约记载在以缔约双方的名义写成的一件文书中，每人各执一份，两份中所包含的条款完全相同。中世纪以后，这种方式已一般化。
② 李浩培：《条约法概论》，法律出版社 2003 年版，第 34 页。
③ 同上书，第 33 页。
④ 根据 UIA 统计，2004—2005 年，包括其所有类型的各类国际组织共有 58859 个，比 1991 年多 1 倍以上，其中，政府间国际组织数目为 7350，非政府间国际组织为 51509 个，分别比 1991 年多 61% 和 109%。国际社会的日益组织化不仅表现在国际组织数目的增长上，更重要的是体现在国际组织范围的扩大上，它早已冲破初创时期的地域、领域局限，活跃在当今人类社会的所有方面。

性或困境。主要表现在:

(一)"条约——国家间意思表示一致"的违反

"国家间意思表示一致"是条约成立的核心要素,是"条约契约说"的理论基石,成为现代条约法的基本认识。但是,随着条约多边化、国际社会组织化及国际公共利益的发展,作为建立和维护国际政治、经济、环境保护和文化交流等国际秩序主要方式的多边条约,其国际法影响和地位大大提升。为了降低条约签订成本,提高签约效率,某些领域和类型的多边条约突破了"国家意思表示一致"的程序和原则,变"一致表决"为"简单或特别多数决,允许缔约国在一定条件下对条约提出"保留"[①],甚至在一些经济和金融领域的条约改变了"一人一权"的计票方式,实现"加权投票制"。如1944年7月建立的布雷顿森林体系规定,须有份额占国际货币基金组织80%的成员国交存批准书后,协定发生效力;1948年3月制定的《政府间海事协商组织公约》,必须有21国批准,而且其中7国须各拥有100万吨以上的船舶总吨位,公约正式生效。《国际劳工组织条约》是突破传统条约法较为典型的例子,它的各种决议,除有特别规定外,一般均以简单多数进行表决,经大会主席或国际劳工局长签署后,通知全体会员国批准。1945年《联合国教科文组织的组织宪章》《联合国粮农组织的组织宪章》和1946年《世界卫生组织宪章》都有类似的规定。[②]《国际民用航空公约》对传统条约法的突破较具有实质性。1944年《国际民用航空公约》第54条第12款和第90条规定,国际民用航空组织理事会有权以三分之二多数通过关于民用航空的一些标准,并决定把它们作为公约的附件,通知各缔约国,这种附件或其修正案在通知各缔约国后经过三个月或理事会规定的更长的期间,即发生效力,除非在这一期间内各缔约国过半数向理事会表示其不赞成的意思,这里公约附件的生效既不经过各缔约国的谈判,又无须它们的批准,条约订立的基本步骤几剩于

[①] 1969年《维也纳条约法公约》第二节第19、20、21、22、23条规定了保留的权利、接受或反对、撤回及其相关程序。

[②] 梁西:《国际组织法》,武汉大学出版社2001年版,第278页。《国际劳工组织约章》在1953年国际劳工会议第三十六届会上通过了一个新的修正案,规定此后该组织约章的修正案,经国际劳工会议出席代表2/3多数通过,并经该组织会员国三分之二,包括作为具有主要工业上重要性而有权邀请代表参加理事会的10个会员国中5个的同意,即发生效力,即使对于反对该修正的会员国,包括具有主要工业上重要性的五个会员国,也发生效力。当然,不同意修正的会员国有退出的权利。

无,各缔约国意思表示一致只体现在它们还保留着过半数的否决权。[①] 可见,在多边条约的缔结过程中,特别是国际组织条约或宪章,条约之"国家间意思表示一致"原则的例外获得了较大发展。条约获得通过并不完全是所有缔约国意思表示一致的结果。少数缔约国弃权甚至反对并不影响条约缔结。

(二)"条约——产生、变更或废除相互间权利义务关系"的突破

双边条约是两个缔约国之间产生、变更或废除相互权利义务关系的协定,主要用于解决两个国家或集团之间利益,一缔约国享有的权利是另一缔约国应当承担的义务。相互之间的权利和义务具有相向性和对等性。多边条约弥补了双边条约不完全适合于国际社会共同利益调整的不足,更多地关注和协调多个国家之间的共同和整体利益,各缔约国之间的意思表示内容具有同一性,不同国家承担相同或自己接受的一定比例的权利和义务,并且权利义务关系直接指向条约缔约方整体的利益,而不是缔约方相互之间的个体利益。多边条约的这些特点突破了条约是产生、变更或废除相互间权利义务关系的意思表示一致的理念,导致完全用"条约契约说"而无法加以解释。一般情况下,国际组织公约作为国际组织章程主要是会员国关于国际组织及其机构设立、宗旨、职能以及程序等方面的约定,包括《建立世界贸易组织协定》《成立世界知识产权组织公约》等;专门性国际多边条约主要就国际社会共同关心的贸易、环保、外交等单一主题约定国际社会的共同权利和义务,例如《关税和贸易总协定》《国际货币基金协定》和《联合国海洋法公约》等,这些多边条约并不约定缔约国之间的权利义务关系,而是就某一个主题约定所有缔约国的共同权利和义务。[②]

(三)条约效力相对性原理之例外获得发展

《维也纳条约法公约》第34条规定:"条约非经第三国同意,不为该国创设义务和权利。"条约是缔约国之间的合意,条约的效力只及于条约缔约方,

---

[①] 李浩培先生认为,这是条约和国际立法两者相接触的边缘地带(李浩培:《条约法概论》,法律出版社1987年版,第141页)。有学者认为国际民用航空组织理事会的这种权力是准立法权(赵维田:《国际航空法》,社会科学文献出版社2000年版,第86页)。这里条约缔结的程序几乎完全被弱化,主要是由于这些附件相当大部分是技术性细节,细化为法律细则是为了确定国际标准以保证公约的实施,是与专门性国际组织的目的相适应而对条约法的特殊变通。

[②] 参见梁西:《国际组织法》,武汉大学出版社2001年版,第279—316页。关于专门性国际组织职能及其法律规则的论述。

未经第三国同意,不产生约束第三方的效力。但是,这一原则在多边条约中出现例外。《联合国宪章》第2条第6款规定:"本组织在维持国际和平及安全之必要范围内,应保证非联合国会员国遵行上述原则。"在涉及争端事项时,《联合国宪章》第32条、35条为第三国规定了参与争端解决的权利。联合国是以发展国际合作、维护国际和平为宗旨的世界性组织,联合国本身的客观国际人格,第三国有承认的义务。①《联合国宪章》客观上对第三国施加了法律上的义务。② 随着人类发展的依赖性加深,关于全人类最一般利益诸如气候变化、反对恐怖主义和极地保护等方面的新规则效力普遍化是可以想象的。可以预见,条约效力相对性原理在全球一体化发展的背景下,必将获得更大的突破。

所以,单一适用"条约契约说"解释和说明多边条约与国际组织宪章遇到了前所未有的困难和窘境。应该承认,"条约契约说"只是契合了早期条约发展,特别是双边条约发展的历史,为双边条约订立、履行、解释和争端解决提供了有效的理论解释力,有力地促进了条约实践和学术研究。但是,从19世纪末及20世纪初开始,人类交往的深度和广度不断拓展,国际社会出现了更多需要合作和关注的国际社会共同利益,国际关系多边化和国际社会组织化已发展成为不可阻挡的潮流。这种现状,迫切需要现代条约法理论以更加创新的精神迎接和应对。

二、多边条约:国家之间的意思表决

如前所言,"我们讲国际法和国际关系的基本理论,首先要从民法原理出发。脱离民法原理,研究国际法,就可能会感到吃力"。③ "条约契约说"其实就是民法与国际法理论相结合的产物。它抓住了条约与契约的共性——"意思表示一致"的特点,成为借鉴私法原理解释和说明国际条约的成功范例。但是,"条约契约说"忽略了现代条约"意思表示不完全一致"的情形。"意思表示一致"和"意思表示不完全一致"的差异在私法和国际法中都应该

---

① "第三国有承认联合国人格的义务"这个原则是国际法院1949年4月11日"在为联合国服务中所受伤害的赔偿案"的咨询意见所宣示的。
② 参见李浩培:《条约法概论》,法律出版社2003年版,第413—416页。
③ 张乃根:《国际法原理》,中国政法大学出版社2002年版。

给予高度重视,并且深究这种差异可以带来理论上的进步。在私法上,德国学者将这两种意思表示过程和结果略有不同,但又完全统一于"意思表示"过程之中的私人意思自治行为上升概括为"法律行为",并分别以契约和决议(或共同行为)来指称。① 契约是双方法律行为;决议或共同行为是多方法律行为。在国际法上,私法契约理论可以解释双边条约的缔结过程及其效力来源,但如果将其适用于多边条约,或许过于牵强,缺乏说服力。1969 年《维也纳条约法公约》第 9 条关于约文议定的规定,作了明确区分,第 1 项要求"议定条约约文应以所有参加草拟约文国家之同意为之";第 2 项"国际会议议定条约之约文应以出席及参加表决国家三分之二多数之表决为之……"。这一规定清楚表明:国际组织或国际会议所议定的条约约文并不是国家意思表示一致的结果。国际会议对条约的表决程序,在一定意义上,赋予了这种多边条约的决议性质。随着国际社会组织化和多边条约机构化的趋势日益增强,《公约》第 9 条第 2 项适用范围将会不断扩大。可见,条约法理论与实践证明:条约法需要引入法律行为决议(共同行为)理论。

但是,现代条约法与 1969 年《维也纳条约法公约》只是承袭了法律行为中的契约理论,并没有借鉴和吸收决议理论。② 纵观国内外条约法文献,研究决议类国际条约性质和理论的文献十分少见。③ 究其原因:一是私法中法律行为理论研究主要集中于意思表示及其在契约中运用。契约行为中的意思表示及意思瑕疵的研究相当深入,关于法律行为中的决议性质及其地位的研究相对不足④;二是现代条约法缺少条约类型化的深入研究,双边条约与多边条约以及一般意义的条约与国际组织决议等不同类型条约的本质差异没有引起学

---

① 法律行为以意思表示为中心,其构成要件学界有不同的认识。关于法律行为概念的沿革可参阅朱庆育:《法律行为概念疏证》,载《中外法学》2008 年第 3 期。

② 学界关于条约概念及特征的论述,除强调意思表示一致外,没有意思表决的论述。例如李浩培:《条约法概论》法律出版社 2003 年版,第 13 页的相关论述;〔英〕安托尼·奥斯特:《现代条约法与实践》,江国青译,中国人民大学出版社 2005 年版,第 14—26 页,关于条约定义的论述。

③ 目前,笔者尚没有查阅到专门研究决议类国际条约的文献。有些文献注意到了决议类条约,但没有展开具体论述,例如〔英〕安托尼·奥斯特:《现代条约法与实践》,江国青译,中国人民大学出版社 2005 年版,第 25 页提及到决议类条约问题。

④ 在〔德〕拉伦茨所著的《德国民法通论》(王晓晔等译,法律出版社 2003 年版)和〔德〕迪特尔·施瓦布所著的《民法导论》(郑冲译,法律出版社 2003 年版)相关章节中皆没有对决议进行专门论述。

界的足够重视。① 上述两个因素互为因果，共同导致了现代条约法对法律行为中决议理论借鉴的需求和动力不足。

严格地讲，契约和决议是两种性质不同的法律行为。德国民法中的法律行为以意思表示为核心②，根据参与法律行为当事人的数量（实质是意思表示的数量）以及他们参与的方式，将法律行为区分为单方法律行为和多方法律行为。③ 其中，多方法律行为主要由合同和决议等构成（笔者注，在此合同之义与契约相同）。④ 合同和决议都以意思表示为要素，统一于多方法律行为之下，但是决议不同于合同。合同是必须由多个人，通常是由两个人参与才能成立的法律行为，两个人（或全体人）所期待的法律后果是因他们之间相互一致的意思表示而产生的。⑤ 当事人之间"意思表示一致"，既是合同的本质，也是合同效力的来源。所以，合同通常只能约束表示同意受其约束的当事人。而决议不同于合同，它是多人（或法人集体机构）意思表决的结果。卡尔·拉伦茨指出，"决议是人合组织、合伙、法人或之由若干人组织的机构（如社团董事会）通过语言形式表达出来的意思形成的结果""应该将决议从合同中分离出来"。⑥ 这种"意思形成"，必须通过"意思表决"的程序。决议可以"一致通过"的方式作出，也可以"多数决"方式作出。通过的决议的效力不仅及于参与决议的人，而且也及于该团体的全体，且均不考虑是否同意该决议的意思。但是，决议不调整团体或法人与第三人的关系，也不调整团体成员之间的私人关系，而旨在构筑成员间共同的权利领域或法人的权利领域。⑦ 可见，合同（契约）是两个主体之间"意思表示一致"的结果；而决议则是团体组织或多个主体之间"意思表决"的结果。"意思表示一致"

---

① 国际法委员会研究组 2006 年《国际法不成体系问题：国际法多样化和扩展引起的困难》报告中第 156 页有关论述提及了此问题。

② 〔德〕迪特尔·施瓦布：《民法导论》，郑冲译，法律出版社 2003 年版，第 294 页。

③ 在国际法中，单方面法律行为主要表现为主权国家声明和处分等，涉及条约解除、撤销等行为的法律效力问题，对不同种类条约的性质影响不大。鉴于本书的研究主题，在此不进一步阐释。

④ 〔德〕迪特尔·施瓦布：《民法导论》，郑冲译，法律出版社 2003 年版，第 295 页；〔德〕卡尔·拉伦茨：《德国民法通论》，王晓晔等译，法律出版社 2003 年版，第 431 页。

⑤ 参见〔德〕卡尔·拉伦茨：《德国民法通论》，王晓晔等译，法律出版社 2003 年版，第 432 页。

⑥ 参见同上书，第 433 页以及〔德〕迪特尔·梅迪库斯：《德国民法总论》，邵建东译，法律出版社 2000 年版，第 205 页。

⑦ 同注③。

是对立意思之间的协调，而"意思表决"是团体或整体意思的形成。归纳起来，契约与决议主要具有如下区别：

第一，意思表示的相向性与同向性之别。契约和决议都是意思表示的结果。但是，契约当事人意思表示的内容和方向具有相向性，即一方当事人的权利就是另一方当事人要承担的义务；反之，亦然。而决议当事人意思表示的内容和方向完全同一，所有当事人享有共同的权利和承担共同的义务。

第二，法律效力的相对性与整体性之别。契约是当事人之间意思表示一致的结果，其效力具有相对性，即契约效力仅及于当事人，对第三人无效。而决议的效力及于所有当事人，对未参加表决或表决时投反对票的相关当事人同样具有约束力。

第三，共同意思形成方式的意思表示一致性与多数决之别。在一定意义上，契约和决议都是共同意思形成的结果。但是，契约必须以双方意思表示一致为条件，而决议则以"一致通过"或"多数通过"的方式形成。尤其随着现代法人组织规模的不断扩张，多数决的方式将被更多地运用。

如前所言，德国学者关于法律行为理论的研究主要集中于意思表示和契约行为，对于决议理论（共同行为）的研究明显不足。[①] 国内民法学者关法律行为理论的研究也存在同样的倾向，忽视法律行为中的决议（共同行为）理论的研究。[②] 私法对决议（共同行为）理论的研究不足在一定程度上影响了国际条约法对法律行为理论的整体引入，影响了现代多边条约理论和实践的发展。但是，随着现代商事组织的迅速扩张，决议（共同行为）理论开始引起国内外私法学者的高度关注。大多数德国学者在民法教程和专著中对契约与共同行为或决议的区别给予了关注。[③] 国内也有学者具体论述了决议的独立性问题，甚至提出应当将决议从法律行为理论中独立出来，以便更好地研究决议这种意思形成的程序和商行为程序。[④] 还有国内学者以公司行为为例，

---

① 在〔德〕拉伦茨所著的《德国民法通论》（王晓晔等译，法律出版社 2003 年版）和〔德〕迪特尔·施瓦布所著的《民法导论》（郑冲译，法律出版社 2003 年版）相关章节中皆没有对决议进行专门论述。
② 中国主要民法学教程，如王利明主编的《民法学》（中国人民大学出版社 2010 年版）以及魏振瀛主编的《民法学》（北京大学出版社 2010 年版）都未涉及相关内容。
③ 参见〔德〕卡尔·拉伦茨：《德国民法通论》，王晓晔等译，法律出版社 2003 年版，第 432 页。
④ 陈醇：《意思形成与意思表示的区别：决议独立性初探》，载《比较法研究》2008 年第 6 期。

论述了共同行为与契约的区分在具体案件中的运用。① 这些国内和国外私法学者关于决议（共同行为）研究的理论成果进一步拓展了法律行为的研究领域和深度，为国际条约法更加全面地引入和借鉴法律行为决议理论奠定了学理基础。

决议理论引入条约法可以有效地解释和说明现代多边条约与双边条约缔约过程及其效力的差异，弥补"条约契约说"的理论缺陷。在一定意义上，契约和决议，实质都是主体之间的意思互动，是形成共同意思的过程和结果。契约是双方主体之间的意思互动，决议是三方以上主体之间的意思互动，但互动所形成的共同意思之组成不完全相同。契约之共同意思，是意思表示一致的结果，主体之间的个体意思通过"要约"和"承诺"的意思互动实现了与共同意思的同一；决议之共同意思，是意思表决的结果，主体之间的个体意思可能与共同意思存在差异或距离。契约之共同意思的形成以"意思自由"为原则，要约和承诺的内容不受对方主体意思的干扰或约束；决议之共同意思的形成以"意思民主"为原则（这种意思民主是以意思自由为基础的表决民主），个体意思相互制约或影响，最后淹没于共同意思之中。任何个人意思都不能左右或支配共同意思。并且，决议之共同意思的形成过程不是简单的"要约"和"承诺"，而是一个意思表示、协商、妥协和表决的过程。决议程序在决议行为中具有举足轻重的地位，直接影响决议的正义价值。

私法上决议法律行为的这些特点及其独立于契约的价值，为决议引入条约法奠定了坚实的理论基础。决议理论不仅可以解释现代多边条约及其组织化趋势，而且有效地化解了前述"条约契约说"的三个理论难题（"意思表示一致的违反""相互间权利义务关系的突破"以及"效力相对性例外"）。本质上，现代多边条约不过是缔约国围绕某一共同目标或国际公共利益通过意思表示、协商、妥协和表决所形成的共同意思，这种国家之间的共同意思不是个别国家意思的简单相加，它一旦通过民主程序而形成，必须约束所有缔约国，个别国家意思只能消弭于国家共同意思之中，不能左右或支配国家共同意思。并且，这种事关国际公共利益的共同意思之履行经常需要一个组

---

① 参见韩长印：《共同法律行为理论的初步构建——以公司设立为分析对象》，载《中国法学》2009年第3期；刘康复：《论股东决议与股东协议的区分》，载《法学杂志》2009年第9期。

织化的常设机构来协调众多国家之间的行为。现代多边条约的这些特点完全不同于双边条约，如果简单地借鉴私法契约原理（意思表示一致）解释多边条约就会导致"条约契约说"面对丰富条约实践时的捉襟见肘。我们循着"条约契约说"以私法理论解释国际法问题的路径和方式，且将"国家"想象为私法中的"个人"，现代多边条约及其缔约行为，质言之，乃是私法决议行为在国际条约法中的迁移和"再生"。现代多边条约，特别是一些组织章程的多边条约，也就是一种关于国家共同利益或国际共同利益的决议。这种认识或学说为现代条约法引入私法法律行为决议理论提供了理论解释和分析工具。

三、条约本质：国家之间的意思互动

法律行为理论是大陆法系民法典的理论精髓，条约法对私法理论的借鉴主要集中于法律行为理论。正如学者们所认为的，"学说汇纂体系的主要特征在于前置总则之体例，总则之核心则在法律行为理论"。[①] 法律行为理论是"19世纪德意志法律科学的绝对主题，而当时德意志法律科学所获得的世界性声誉，正是建立在法律行为理论的基础之上"。[②] 法律行为理论不仅凝炼了大陆法系民法典的精神，而且彰显了国际法（包括条约法）强调国家主权平等和意思自由的理念。国际法与私法在主体地位和调整对象上具有法律性质的趋同，即都以平等主体之间的利益关系作为调整对象。这一特点，决定了私法和国际法在理论上必然具有相通性。[③] 并且，充当二者相通媒介的就是法律行为理论。事实上，法律行为理论所关注的意思表示和意思表决内容，成为解释和说明条约订立与效力的主要理论工具。"条约契约说"解释了早期条约现象及双边条约实践；"条约决议说"揭示了多边条约的特殊性，化解了现代国际社会多边化和组织化背景下"条约契约说"的理论难题，为法律行为理论适用于国际法提供了依据。所以，在国际条约法理论和实践中全面引入私法法律行为理论，作为解释条约本质和研究条约程序的理论工具和学说，具有足够的理论依据和丰富的实践基础。

---

① Werner Flume, Allgemeiner Teil des Bürgerlichen Rechts II, Das Rechtsgeschaft, 4. Aufl., Springer-Verlag, 1992, S. 28. 转引自朱庆育：《法律行为概念疏证》，载《中外法学》2008年第3期。
② 同上文，第30页。
③ 参见张文彬：《论私法对国际法的影响》，法律出版社2001年版，第13—28页。

"法律行为是现代体系的产物"①,"罗马人未曾有过与之相应的技术性术语"。② 最早系统论述法律行为的学者,当推历史法学派法学家萨维尼,他在《当代罗马法体系》第3卷中,阐述了法律行为作为"个人意思的独立支配领域"的观念,使得法律行为成为当事人设立与变更法律关系的重要手段。③ 他强调,法律行为不仅是人的意思自由,而且是行为人的意志直接指向法律关系之产生或解除。普赫塔承继了萨维尼关于法律行为的基本见解,并以更具技术性的"法律上的行为"(juristische Handlungen)概念来表述萨氏所称"自由行为",认为法律效果如系基于行为人意旨而发生,则称"法律行为"。④ 类似的,温德沙伊德也认为,法律行为作为法律事实之一类,是指向权利设立、消灭与变更的私人意思表示。⑤《德国民法典》关于法律行为的规定,采纳了温德沙伊德的观点。⑥

可以说,正是意思自治、意思表示与法律效力"三维一体"构筑起私法上法律行为的空间。其中意思表示是法律行为的核心支柱。德国学者恩内克

---

① Werner Flume, Allgemeiner Teil des Bürgerlichen Rechts II, Das Rechtsgeschäft, 4. Aufl., Springer-Verlag, 1992, S. 29. 弗卢梅却指出,学说汇纂法学创造的法律行为概念,并不是各种具体行为类型归纳抽象的产物,而是"人的行为"(Menschliche Handlung)这一上位概念演绎而来。他列举的典型例证是时任哈勒(Halle)大学法律正教授与法学院董事的达贝洛(Christoph Christian von Dabelow)首版于1794年、再版于1796年的《当代民法大全体系》,该书第1卷初版第329节(再版第366节)在"论法律的行为"(von rechtlichen Geschäften)之标题下,作有如下说明:"人的行为有一主要类型,即所谓法律上的行为(rechtliche Handlungen)或称法律的行为(rechtliche Geschäfte actus juridici, negotia juridica),其含义为,以相互间的权利义务为标的之合法的人的行为(erlaubte menschliche Handlungen)。"冯·图尔(Andreas von Tuhr)似较倾向于归纳,他认为,"法律行为概念产生于各种依当事人意志安排法律关系之法律上行为的概括"。(See Andreas von Tuhr, Der Allgemeine Teil des Deutschen Bürgerlichen Rechts, zweiter Band, erste Hälfte, Verlag von Duncker & Humblot: München and Leipzig, 1914, S. 143.)

② Heinrich Dernburg, Pandekten, erster Band, Berlin, 1884, S. 207.

③ Friedrich Carl von Savigny, System des heutigen romischen Rechts, Band 3, Berlin, 1840, S. 5. 萨维尼指出,法律事实(juristische Thatsachen)包括当事人的自由行为(freye Handlungen)与偶然事件,前者"指涉当事人(法律效果)之取得或丧失",以行为人意志是否直接指向法律效果为标准,它又可分为两类,其中,"尽管一项行为也许不过是其他非法律目的的手段,只要它直接指向法律关系的产生或解除,此等法律事实就称为意思表示(Willenserklärungen)或法律行为(Rechtsgeschäfte)"。

④ Georg Friedrich Puchta, Pandekten, 9. verm. Aufl., Nach d. Tode d. Verf. besorgt von A. F. Rudorff, Leipzig: Barth, 1863, S. 74.

⑤ Bernhard Windscheid, Lehrbuch des Pandektenrechts, Band 1, Düsseldorf: Verlagshandlung von Julius Buddens_ 1862. S. 144.

⑥ Mathias Schmoekel/Joachim Rückert/Reinhard Zimmermann (Hg.) Historisch — kritischer Kommentar zum BGB, Band I, Allgemeiner Teil, Mohr Siebeck, 2003, S. 358. 德恩堡(Dernburg)亦将法律行为定义为"据以设立、变更或废止法律关系之人的意思表示",并明确指出,"法律行为的特征在于法律效果对于意志的依附性"(Heinrich Dernburg, Pandekten, erster Band, Berlin, 1884, S. 207)。

策鲁斯/尼佩代说:"任何法律行为均要求以意思表示为其根本成分",但意思表示只是私人追求所欲法律效果的工具。他写道:

> 在现行私法规则与宪法之下,人们被授予广泛的权力来根据自己(表达出来的)意志形成法律关系,并由此协调各自的需求与偏好。为之服务的手段,乃是意思表示——法律效果系于其上的私人意思表达——之作出。单方意思表示或与他方意思表示的结合,加之经由意志附设的其他构成要件,被承认为意欲法律效果之基础,所有这些意志行为或者另加经由意志附设的其他法律要件,我们称之为法律行为。①

冯·图尔亦如恩内克策鲁斯/尼佩代,明确表示,私法领域内的自由自决不妨称为私法自治,而法律行为则为实现私法自治的手段:

> 个人的法律关系由各自调整乃是最为合理的选择,并因此许可当事人在广泛的范围内为自己的法律关系作出决策,这一观念构成民法的出发点。为该目的服务的,是法律上的行为中最重要的类型:法律行为。因此,指向私法效果(法律关系或权利的创设、废止或变更)之私人意思表达实为法律行为构成中的本质因素。②

可见,法律行为主要是私法自治的工具,反过来,又以意思表示作为自己的工具或手段。③ 它是以意思自治为前提、以意思表示为工具、以法律效果为目的的"三维法律构造",整体彰显私法自治之精神。私法上法律行为的这些属性和构成,为国际法上的国家法律行为提供了恰当的理论注解。在国际法中,国家主权本质乃是一种"对内自高无上,对外一律平等"的高度自治的权力。在国家主权平等的社会里,不存在凌驾于国家之上的"权力"或权力机构,所谓国际法也不过是国家之间意思协调的产物。所以,如果将国家

---

① Ludwig Enneccerus/Hans Carl Nipperdey, Allgemeiner Teil des Bürgerlichen Rechts; Ein Lehrbuch, zweiter halbband. 15. Aufl. J. C. B. Mohr (Paul Siebeck) Turbingen, 1960, S. 896f.
② Andreas von Tuhr, Der Allgemeine Teil des Deutschen Bürgerlichen Rechts, zweiter Band, erste Halfte, Verlag von Duncker & Humblot: München and Leipzig, 1914, S. 105f.
③ 参见〔德〕迪特尔·梅迪库斯:《德国民法总论》,邵建东译,法律出版社 2000 年版,第 142 页。

比拟为个人，国际社会，则是一幅生动的市民社会图景。① 国家行为是国家的"意思自治"，主权国家的意思是产生、变更或消灭国际法权利义务关系的唯一依据。以私法法律行为理论类推，国际法上指向国际法效果（法律关系或权利创设、废止或变更）的国家意思表达乃是"国际法律行为"。② 这种"国际法律行为"完全符合"私法法律行为"的三维构造：意思自治、意思表示和法律效果。不同的是，意思主体转变为主权国家，法律效果产生于国际法，意思表示方式要符合国家外交习惯和法律规定而已。国际法上这种关于国家意思表示行为的认识，以及国际社会不存在"中央立法机关"的国家平权状况，赋予了国际法律行为在国际法领域中更加特殊的地位和广阔的适用空间。

条约行为是形成国家之间共同意思的国际法律行为。③ 它以国家意思自治为前提，以意思表示为工具，以改变国际法原有秩序为目的，是一个从单方国家意思到国家之间共同意思形成的过程。私法上主体意思的形成过程相对简单，特别是自然人的意思形成，是人类有意识的内在心理过程，通常归属于心理学的研究对象，长期被私法所忽略。关于意思（形成）能力，只是以法律行为能力加以替代（有法律行为能力者即有意思行为能力）。这种私法上学术思维的惰性，导致了人们忽视对私主体，特别是私组织的意思形成过程或程序的深入研究，在一定意义上也影响了现代条约法理论关于国家共同意思形成过程的探讨。④ 私组织（团体）意思的形成过程，是组织成员按照一定程序和原则，成员之间意思相互碰撞、整合产生新的共同意思的过程。团体新的共同意思之形成不同于单一成员的意思形成。前者是成员之间的意思表示或表决；后者是成员的内心或组织内部的活动。私组织的（团体）意思

---

① 这里借用市民社会概念，表达国际社会主权平等、国家意思独立和自由、没有超越国家主权的权力存在的国际社会的平权结构。

② 国际法律行为，是指国家意欲发生国际法效力的意思表示行为，不同于国家法律行为。国家作为私法主体，在国内法上也可以为法律行为，为了区别起见，称之为国家法律行为。

③ 这种国家意思表示行为完全符合私法法律行为的构成要件，可以称之为法律行为。为了区别之便，当国家作为国内私法主体，与其他主体从事民事交往，受国内法调整时，这种国家意思表示行为，直接称之为法律行为；当国家作为国际法主体，与他国订立有关领土、军事、外交、经济和文化等条约，受国际法和条约法调整时，称之为国家或国际法律行为。

④ 公司章程、股东会和董事会决议实质上是公司意思形成的结果，公司法中关于公司章程和股东会决议通过的程序就是公司意思形成的程序，包括公司意思产生、变更或废除等方面的程序。公司团体意思形成从法律行为类型划分来看，应当属于决议或共同行为一类。

形成过程和特点的研究可以为现代条约缔结过程中国家意思形成提供理论上的借鉴。作为条约缔结过程起点的"国家意思形成",与经历"国家意思表示或意思表决"后最终形成的缔约方之间的共同意思(缔约国共同意思形成),同样也是性质不同的两种意思形成过程。某一缔约方的国家意思形成,是内国法问题,与内国宪法之国家机构及其职能密切相关,现代条约法只是在条约缔约权及其代表资格等问题中有所涉及。① 只有缔约方的共同意思形成才是条约法所关注的问题。这种共同意思以条约为载体,已经超越了单边国家意思和内国法,转化为国际法问题。所以,无论如何,条约离不开国家意思,条约本质上乃是缔约方之间共同意思形成的结果。国家之间的缔约行为是一种典型的国际法律行为。

条约作为国际法律行为,仍然表现为国家意思表示和国家意思表决两种基本形式。国家意思自治只是国家缔结条约的前提,离开了国家意思自治,不会产生任何有效的国际法或条约。历史上的不平等条约就是限制国家意思自由的结果。但是,国家意思自治不是条约或条约行为的本身。条约的产生一般要经历意思表示或意思表决过程或程序。② 在私法上,意思表示是"法律效果系于其上的私人意思表达",是法律行为的工具。③ 德国学者对法律行为的研究主要集中于意思表示,意思表示成为观察法律行为本质的重要参数。④ 甚至,意思表示程序和意思表示效力可以等同于法律行为的程序和效力。⑤ 这些私法原

---

① 西方国家议会的决议和总统命令属于国家意思,中国全国人民代表大会所通过的决议以及国务院的决定属于国家意思。这些国家机关的意思形成过程和程序是国家意思的形成过程和程序。

② 任何行为都有一个过程,对行为的步骤、方式的理性安排就是程序。程序与过程的区别在于,程序是人工设计的产物,是经过人工设计的过程,其中注入了人工理性,即程序理性。

③ 〔德〕卡尔·拉伦茨:《德国民法通论》,王晓晔等译,法律出版社2003年版,第492页。意思表示程序和意思表示效力是意思表示的主要内容。意思表示程序包括要约和承诺;意思效力主要是意思瑕疵,包括意思形成阶段的瑕疵与意思表示阶段的瑕疵,后者包括五种形态:心意保留、戏谑表示、虚假行为、错误、恶意诈欺和非法胁迫。

④ 在对"法律上的行为"(juristische Handlungen)进行分类时,恩内克策鲁斯/尼佩代将意思表示与违法行为划作一组,并认为:"之前的理论通常在这两类行为中只考虑法律行为与侵权行为,此等认识并不完全正确。法律上的行为之下位概念并不是法律行为——它经常由数项行为构成甚至还包括其他成分,而是意思表示。"(See Enneccerus/Nipperdey, a. a. O., S. 863.)

⑤ 《德国民法典》的《立法理由书》写道:"就常规言,意思表示与法律行为为同义之表达方式。使用意思表示者,乃侧重于意思表达之本身过程,或者乃由于某项意思表示仅是某项法律行为事实构成之组成部分而已。"转引自〔德〕迪特尔·梅迪库斯:《德国民法总论》,邵建东译,法律出版社2000年版,第190页。

理可以适用于条约法理论中国际法律行为的认识：国家意思本身不是国际法律行为，只有将附着国际法律效果的国家意思表达出来，国家意思才能转化为国际法律行为。没有意思表示或意思表决的媒介和工具，国家意思不可能产生条约法上的意义。可见，条约是国家意思表示或意思表决的结果。具体而言，双边条约是国家意思表示一致的结果，多边条约是国家意思表决的产物。

"国家意思表示和国家意思表决"在意思表示方式上的差异：（国家）意思"表示一致"和（国家）意思"多数决"，决定了双边条约与多边条约在条约性质和条约程序上的不同。① 两个国家之间通过约文议定、认证等包含"要约"和"承诺"私法要素的国家意思表示达成意思一致，产生双边条约，从而约束缔约方。这种简单的程序可以较好地保证双边条约订立的效率，但是，不能满足多边条约缔约方意思表示复杂性和特殊性的要求。多边条约不是契约，三方以上缔约方共同意思的形成是一个包含意思表示的复杂的意思表决程序，类似于私法上的决议，包括意思协商、妥协、放弃和修正等。从理论上讲，国家意思表决是一个从国内到国际的复杂程序：各缔约方首先将按照国内法（主要是宪法）形成的国家原始意思表示出来，通过反复意思协商和妥协不断修正国家原始意思，最大限度地实现各缔约方意思的接近或趋于一致，直至以多数决或协商一致方式通过多边条约文本所承载的缔约方共同意思。多边条约所承载的共同意思不是缔约方意思的简单相加，其中包含缔约方对条约某些条款的反对或弃权意思。然而，多边条约共同意思一旦形成，对所有缔约方产生约束力，甚至约束后来加入条约的缔约国。可见，这种"国家意思表示与国家意思表决"在表示方式和效力上的差异，决定了双边条约与多边条约不同的法律性质。

前文中关于条约性质的表述——"条约契约说"和"条约决议说"，一定意义上反映了私法法律行为理论适用于条约本质的认识结果，以及两类不同条约的性质差异。但是，另一方面，却忽视了双边条约与多边条约统一于国家意思互动的事实，没有揭示两类不同条约的共性：双边条约的"国家意

---

① 遗憾的是，这种差异被现代条约法理论所忽略，影响了现代多边条约的深入研究。本书第1、2部分已经作了细致论述，在此不作赘述。

思表示一致"与多边条约的"国家意思表决"只是"国家意思互动"的两种形式而已。条约的本质系于或统一于国家意思互动。通过意思互动,达到国家意思表示一致或意思多数决。传统法律行为理论没有提出意思互动概念,但其始终认为,契约是一个"要约和承诺"不断反复的过程,事实上承认了契约主体间的意思互动。私法特别强调,法律行为是法律效果系于其上的意思表达行为,这一观点也蕴含了法律行为中的意思互动思想。没有意思互动,单纯意思表示,不会产生或改变法律关系的效果。意思表示或表决,通过意思互动实现了法律效果的同时,也实现了自身向法律行为的转化。所以,尽管传统法律行为理论没有直接研究意思表示和意思表决之中的意思互动,但从其产生之日起,即包含了主体间意思互动思想,是不用质疑的。以法律行为理论为工具,分析和揭示缔约方共同意思形成过程之中的国家意思互动,对于创新条约法理论具有重要意义。如前所言,条约是一个以意思表示或意思表决为工具,最终形成缔约方共同意思的过程,即由单边国家意思(某一缔约国意思)转化为不同国家之间(所有缔约国)共同意思的过程,这个过程始终充满了国家意思互动。离开了国家意思互动,国家意思表示或表决就会成为空洞之物。与私法契约"要约与承诺"类似的约文议定、认证是双边条约之意思形成的意思互动形式;包含私法决议"协商、妥协等"因素的缔约国协商一致、多数决是多边条约之意思形成的意思互动方式。条约作为国际法律行为,仅凭形式上的国家意思表示或表决不可能实现其法律效力,必须依靠国家意思表示或表决背后的国家意思互动。没有国家意思互动,国家意思表示只是单方的国家声明,国家意思表决将无法进行,国际条约也无从缔结或产生。因为只有国家意思互动才能实现国家意思之间的沟通、协商、妥协和认同,才能将个别国家意思转化为国家之间新的共同意思。并且,国家意思互动不是对原始意思表示的简单认可或组合,而是一个动态的对原始意思表示进行"化合"产生新的意思的过程。[①] 离开了国家意思互动的国家意思表示或意思表决不可能形成国家之间共同意思或条约。

可见,条约是国家意思互动的结果。国家意思表示或表决只是国家意思

[①] 关于私法中决议的意思互动可参见陈醇:《论单方法律行为、合同和决议之间的区别——以意思互动为视角》,载《环球法律评论》2010年第1期。

互动的方式。条约本质"国家意思互动说"符合国际条约实践,统一了条约法理论关于条约本质的不同认识,是运用私法法律行为理论对条约本质进行高度理论概括的成果。反之,如果以国家意思表示或意思表决单独概括条约本质,不仅没有反映私法上法律行为的契约与决议分类,而且以偏概全,掩盖了双边条约与多边条约的区别,理论上未免显得片面和肤浅,不利于条约的深入研究;如果将二者结合起来,分别概括双边条约与多边条约本质:以"条约契约说"强调国家意思表示一致,解释双边条约本质,以"条约决议说"主张国家意思表决,反映多边条约本质,似乎可以说明两类不同形式条约的本质,但是,这种方式无法揭示"国家意思表示和国家意思表决"二者统一的基础与方式以及双边条约与多边条约作为条约之间的共性。一句话,只有深入国家意思表示和国家意思表决背后的国家意思互动,才能真正获得条约形成方式和条约本质两个方面的真理性认识。

综上所述,"条约契约说"解释了双边条约的缔结过程和效力来源,适应了传统条约实践对理论的需要。但是,"条约契约说"不能解释现代多边条约所秉承的国家意思民主和意思表决规则或原则,无法化解条约"意思表示一致之突破"和"效力相对性例外"等条约实践中理论困惑。而"条约决议说"为解释上述理论难题提供了有效的理论工具,揭示了现代多边条约意思民主和意思决议的内在特质。但是,"条约决议说"不能适用于双边条约,不能兼容条约法理论的传统认识,容易造成双边条约与多边条约本质认识的混淆,不利于条约法的统一立法或解释。其实,不论是双边条约还是多边条约,不管是意思表示还是意思表决,都是国家意思自治条件下国家意思互动的结果,都是典型的国际法律行为。从国际法律行为与国家意思的关系来看,单边国际法律行为是纯粹的国家意思表示,双边国际法律行为和多边国际法律行为是典型的通过意思表示或表决的国家意思互动。国家意思表示、表决和互动,既相互区别又相互联系,统一于国家意思互动之中。双边条约中意思表示之目的在于意思互动,多边条约中意思表决包含了意思表示和意思互动。[①] 只是双

[①] 意思表决与意思表示的不同之处,主要在于意思互动的程序不同,文中分开称谓的根据和意义也在于此。意思表示的意思互动是要约和承诺的过程;意思表决的意思互动包括意思表示、意思协商、意思妥协和决议等程序。二者相互联系之处,主要在于都是意思自治的体现,都离不开意思表示。将意思表示完全从意思表决中分离出来的观点有待商榷。

边条约与多边条约在国家意思互动的方式和复杂度上有所不同罢了。

传统私法法律行为理论专注于意思表示的研究，简单地将贯穿于法律行为的意思表示抽象为法律行为的本质或等同于法律行为，忽视了单方法律行为与多方法律行为（包括双边法律行为）的区别，忽视了多方法律行为（包括双方法律行为）意思互动的本质。[①] 私法上法律行为理论的缺陷通过"条约契约说"传导到条约法之中。条约法研究中，简单地以契约概括条约本质，就是私法上以意思表示代替或等同法律行为之错误的理论翻版。条约本质既不是契约或决议，也不是意思表示，而是国家之间意思互动的结果。条约本质的这种崭新认识化解了"条约契约说"解释条约本质的理论窘境和矛盾，拓展了现代条约法研究的理论视野和研究领域。同时，也更加突出了两类条约异同点：一是实证和反映了双边条约和多边条约性质上的差异，将其分别归属于法律行为的契约和决议，为深入研究条约提供了适当的理论工具；二是揭示和创新了双边条约和多边条约的本质上的联系——不同类型的条约都是国家意思互动的结果，而不仅仅是意思表示或表决。现代条约本质的"国家意思互动说"不仅丰富了条约法关于条约类型和本质的认识，而且对指导中国相关缔约实践具有重要的现实意义。

第三节　中国双边投资条约本质认识与国家契约

一、双边投资条约本质及其特点

根据上述条约本质的分析可知，双边条约是国家意思表示一致的结果。国家意思表示一致是一个国家意思互动的过程。而国家之间的意思互动是国际法律行为，产生国际法律效果，约束缔约双方，一旦违反条约，应该承担国际法律责任。理论上，双边条约本质的认识同样适用于双边投资条约，即双边投资条约也是国家之间意思表示一致的结果，违反条约，应当承担国际法律责任。只不过，双边投资条约是国家之间关于相互保护或促进投资的协

[①] 关于单方法律行为、双方法律行为和决议的区别以及传统法律行为意思表示说不足的论述，可以参见陈醇：《论单方法律行为、合同和决议之间的区别—以意思互动为视角》，载《环球法律评论》2010年第1期。

定，这一调整对象的特殊性——"海外（国际）投资或投资者保护"决定了双边投资条约之法律特征的特殊性。普通双边条约，缔约国是条约主体，条约所调整的国家之间的权利义务关系是条约的客体。即便条约涉及国民或其他民事主体权益的保护问题，国民或其他民事主体也只能是条约的客体，不享有条约主体的权利。例如，传统的友好通商航海条约保护本国侨民的财产及其他利益是该条约的主要内容之一，但是侨民及其利益只是友好通商航海条约保护的对象，即条约客体，即便侨民利益受损，它只能选择申请条约主体——缔约国的外交保护，不能直接享有条约主体起诉或应诉的权利。然而，双边投资条约则不同，它所保护的投资者权益一旦受损，投资者可以直接依据双边投资条约提起国际仲裁程序，要求缔约一方承担国际法上的赔偿责任。实际上，投资者似乎成为了双边投资条约的"主体"。但他不参与条约的缔结，条约内容也不涉及其意思表示，只能作为享有条约权利的"第三人"。可见，双边投资条约是涉及"第三人"利益的国家之间的意思表示一致的结果，类似于私法中涉及"第三人"利益的契约。

"投资者"一定程度上享有条约主体的权利，这是对传统国际法规则——自然人不能成为国际法主体的突破。这种突破既来源于海外投资事项的特殊性和复杂性要求，也来源于双边投资条约特殊的"三方"法律结构。海外投资是指私人投资者跨越国界，直接将其资金、机器、设备、专有技术、专利商标等资本投入到位于别国的企业并取得该企业全部或部分管理控制权的一种资本输出活动[①]，是国际货币资本及国际产业资本跨国综合流动的一种形式。至少具有以下三个构成要件：（1）海外直接投资要求投资主体必须在国外建立或收购工厂或开设店铺以直接从事生产经营，即具有实体性特征，它不单是资本的流动，而是包括资本、劳力、技术、管理、信息知识等"生产要素或一揽子资源"的国际间移动。海外直接投资的实体性特征使其与单纯货物和资金移动的国际货物贸易区别开来。（2）海外直接投资要求投资主体必须具有"私人"的性质，即资金来源于海外的私人投资者，例如个人、公司或其他经济实体。不过，按照国际通行惯例，对资本输入国而言，即使资金来源于某一国家的政府机构或国有企业，只要是直接投资，一般也视为

---

① 参见任映国：《国际投资学》，中国金融出版社 1996 年版，第 1—5 页。

"私人"投资,在相关的法律法规上也一视同仁地按照"外国私人资本"投资进行管理,并不享有任何特殊的待遇。(3)海外直接投资既是资产的国际转移,又是含有企业经营控制权的资本的国际流动,二者相互联系,融为一体,具有经营控制性。资本流动所含有的经营控制权包括直接控制或参与经营管理。① 可见,海外投资是一种利益与风险并存,机遇与挑战共生的经济活动。投资者在追求海外高额利益的同时,承受着比国内普通投资者所面临的自然灾害和商业风险更多、更大的政治风险,比如东道国对外国投资企业实行国有化;因国际收支失衡实行外汇管制,禁止或限制外国投资者将利润或合法收益汇回本国;东道国发生政变暴动而使投资者无法继续经营的风险。② 为了促进海外投资的发展,发挥其与贸易并驾齐驱推动世界经济发展的日益重要的作用,同时,也对私人投资者提供足够的保护,减少其对海外投资政治和法律风险的担忧,国际社会作了两个方面的努力:一是建立海外投资政治风险国际保险机制。20世纪五六十年代,除世界银行外,一些国际组织、民间团体和私人也提出了建立多边投资保险机制的种种构想,这类方案多达十几种。③ 直至1984年,世界银行再次制定了《多边投资担保机构公约》草案,经过广泛的磋商和数次修订,于1985年10月在世界银行汉城年会上正式通过,向世界银行成员国和瑞士开放签字,这标志着海外投资政治风险保证机制形成。二是建立海外投资争议解决的国际仲裁机构。1962年在世界银行主持下,一些专家精心设计并起草了《解决国家和他国国民间投资争端公约》(亦称《华盛顿公约》)的初步草案。经过数年激烈论战和反复修改,发

---

① 参见梁开银:《中国海外投资立法论纲》,法律出版社2009年版,第33—34页。
② 政治风险,亦称非商业风险,它是由投资所在的东道国政府及政府机构或类似团体的作为或不作为所引起的,直接给外国投资者造成不利影响的纯风险,与东道国的政治、社会、法律等人为因素有直接关系,是由东道国政治上或政策上的不稳定直接造成的。
③ 其中较重要的包括1962年世界银行起草的《多边投资保险——工作人员报告》、1965年经合组织《关于设立国际投资保证公司的报告书》及1966年世界银行的《国际投资保险机构协定草案》等。1984年,世界银行重新制订了《多边投资担保机构公约》草案,经过广泛的磋商和数次修订,于1985年10月在世界银行汉城年会上正式通过,向世界银行成员国和瑞士开放签字。按规定,《建立多边投资担保机构公约》(Convention Establishing the multilateral Investment Guarantee Agency,以下简称《汉城公约》或《MIGA公约》)的生效应经5个第一类国家(发达国家)和15个第二类国家(发展中国家)批准,并且这些国家的认股总数不少于该机关法定资本的三分之一(约3.6亿美元)。1988年4月12日,《MIGA公约》生效,本"机构"组建成立,并于1989年6月开始正式营业。截至2000年9月19日,《MIGA公约》签字国已增至165个,其中有151个国家已正式批准该公约。

达国家和发展中国家两大营垒终于在 1965 年达成妥协。根据该《公约》第 1 条的规定，正式成立了"国际投资争端解决中心"（ICSID）为投资争端的解决提供各种设施和方便，并规定了投资争端解决的仲裁或调解程序。① 上述两项措施起到了为海外投资保驾护航的作用，也直接影响或改变了双边投资条约的谈判内容和条约主体之间的关系。《华盛顿公约》缔约国开始在双边投资条约中接受"投资者与缔约一方"关于投资争议解决的国际仲裁方式。缔约一方违反条约与缔约另一方的投资者发生争议，投资者可以直接申请国际投资仲裁，要求缔约国根据双边投资条约和国际法给予赔偿。中国于 1993 年加入了《华盛顿公约》，这种国际投资仲裁方式也被中外双边投资条约有条件的接受。1998 年以前，中国只在关于国有化征收赔偿数额方面接受 ICSID 的管辖；1998 年以后，中国新签订的双边投资条约规定，与投资有关的争议外国投资者可以在经过国内行政复议程序之后选择提交国际仲裁。②

双边投资条约规定投资者可以将一个与主权国家之间发生的投资争议提交国际仲裁，意味着私人投资者享有根据条约，适用国际法，提起要求缔约国承担赔偿责任的国际仲裁请求权。③ 这样一种私人权利，在国际法或条约法上产生两个后果：

一是私人投资者从条约客体转变为双边投资条约的"第三人"。从《维也纳条约法公约》第 34—38 条有关"条约与第三国"关系的规定来看，没有涉及私人成为条约"第三人"的情形。但根据私法契约原理，双边投资条约可以被认定为是一个涉及"第三人"利益的契约。"第三人"为了保护契约所授予的利益，享有起诉和应诉的权利。同理，私人投资者也可以演变为条约

---

① 参见陈安：《国际经济法学》，北京大学出版社 2001 年版，第 292—293 页。
② 《中华人民共和国政府和巴巴多斯政府关于鼓励和相互保护投资协定》第 9 条规定，"一、缔约一方的投资者与缔约另一方之间任何投资争议，应尽可能由投资者与缔约另一方友好协商解决。二、如本条第一款的争议在争议一方自另一方收到有关争议的书面通知之日后 6 个月内不能协商解决，投资者有权选择将争议提交下述两个仲裁庭中的任意一个，通过国际仲裁的方式解决：（一）依据 1965 年 3 月 18 日在华盛顿签署的《关于解决一国与他国国民间投资争端公约》设立的'解决投资争端国际中心'；（二）根据《联合国国际贸易法委员会仲裁规则》设立的仲裁庭。该规则中负责指定仲裁员的机构将为'解决投资争端国际中心'秘书长。三、尽管有第二款的规定，缔约一方仍可要求投资者在将争议提交国际仲裁前，用尽其国内行政复议程序。但是，如投资者已诉诸本条第十款规定的程序，则本款规定不应适用……"
③ 关于这种请求权，有学者称之为投资条约仲裁请求权，并对其国际法性质进行了论述。参见石慧：《投资条约仲裁机制的批判与重构》，法律出版社 2008 年版，第 24—25 页。

的"第三人"。国内也有学者注意并论述了私人投资者在双边投资条约中的这种特殊地位关系，并认为国家与投资者之间存在一种权利转移或转让的过程。①

二是私人投资者在国际投资关系中似乎成为了"准国际法主体"。尽管ICSID国际投资仲裁机构不是国际法院②，仲裁方式也具有民间性质，主要管辖民商事纠纷之类的案件，但是，私人投资者的这种权利来源于国际法律文件——双边投资条约和《华盛顿公约》，直接争议发生在私人投资者与主权国家之间，并且案件的性质涉及缔约一方管理本国经济活动或事项的经济主权，具有公法性质，而不是单纯的民商事纠纷。③ 这些现象不可能发生在国际贸易领域或其他国际经济合作领域。WTO争端解决机制中没有授予私人"诉讼资格"。所以，据此认为私人投资者演变成了国际投资关系的"准国际法主体"不无道理。石慧博士在其博士论文《以条约为基础的投资者与国家间仲裁机制的评判》中，根据私法契约原理以及权利转让理论，论述了私人投资者在投资条约仲裁特定语境下的主体地位，得出投资者在国际投资仲裁机制中作为国际法关系主体的论断。这一结论可以印证笔者关于私人投资在双边投资条约中特殊地位的相关论述。

如果上述结论成立或得到认可，那么双边投资条约主体之间的关系就形成了一种特殊的"缔约国—投资者—缔约国"的三方关系或结构。双边投资条约和国际投资仲裁机制所赋予投资者的起诉或申诉权，使得他与被诉方主权国家以及解决国家和投资者之间投资争议的国际仲裁机制发生联系，私人投资者具有了"准第三方"的性质。投资者与双边投资条约主体形成了事实上的第三方关系。从双边投资条约的内容来看，"投资促进和保护"成为双边投资投资条约的主要目的和内容，换言之，双边投资条约就是两个主权国家围绕投资或投资者权益保护所达成的国家意思表示一致。缔约国在条约中所享有的权利，考察当今各国双边投资条约文本或BIT示范文本，除投资保险

---

① 关于这种请求权，有学者称之为投资条约仲裁请求权，并对其国际法性质进行了论述。参见石慧：《投资条约仲裁机制的批判与重构》，法律出版社2008年版，第22—24页。

② 国际法院诉讼，由于私人投资者诉讼存在"当事人不适格"和国际法院管辖需要争端当事方"双方同意"的法律障碍。实践中，国际法院受理和解决国际投资争端是十分有限的。

③ 投资争议仲裁事项是国家行为，涉及个人利益与国家利益之平衡问题。参见石慧：《投资条约仲裁机制的批判与重构》，法律出版社2008年版，第29—31页。

代位权的规定之外①，没有任何关于缔约国权利的条款，关于东道国经济管理主权的宣示或声明不留只言片语。可见，缔约国在双边投资条约中没有权利，只有义务；如果说条约是关于权利义务的契约，那么双边投资条约中的权利与义务关系表现为投资者与缔约国，特别是与东道国缔约国之间的单向的权利义务关系，即投资者享有权利，东道国承担义务。这种从条约内容所表现出的不对等的权利义务关进一步凸显了双边投资条约的特殊性，也在一定程度或层面上证明了双边投资条约主体之"三方"结构的特殊性。

至此，可以做一简单总结：各国为了促进海外投资，最大限度地减少海外投资的政治和法律风险，创立了国际化的解决投资争议的新机制，并赋予私人投资者对主权国家提起国际仲裁诉讼的权利，这种新机制和新权利突破了传统的双边条约理论，赋予了私人投资者在国际投资法律关系中的主体性身份，形成了双边投资条约的"三方"结构。所以，形式上，双边投资条约是两个主权国家就促进和相互保护投资之权利义务关系的契约或意思表示一致的结果，条约主体是两个主权国家；但条约的内容、所有条款都是关于"投资和投资者"的权利，包括国民待遇、最惠国待遇、公平公正待遇以及投资争议出诉权等。可以说，双边投资条约是一种涉及第三者权利和义务的特殊国际条约。投资者是条约的"第三方"，但不是条约法所指的第三国。换言之，私人投资者在现存国际法体系中的国际法主体资格有待于进一步发展或被认可，双边投资条约的主体只能是缔约国，私人投资者作为条约的第三人，与条约形成一种特殊的第三方关系。

二、双边投资条约与国家契约的关系

上文关于双边投资条约本质的认识，有利于厘清双边投资条约与国家契约的关系问题，反过来，弄清了双边投资条约与国家契约的关系问题，又有利于更加深入地认识双边投资条约本质。二者不仅在调整对象、争议解决机

---

① 海外投资保险代位权机构通常是国家组建的公法人或政府职能部门，所以说，海外投资保险代位权涉及到投资母国的权利。所谓海外投资保险代位权，是指海外投资发生政治风险后，由海外投资保险机构向海外投资者（被保险人）支付或承诺支付保险金，从而代位取得海外投资者向东道国政府索赔之权利。参见梁开银：《海外投资保险代位权及其实现——兼论中国海外投资保险模式选择》，载《法商研究》2006年第2期。

制方面具有一定的相通性，而且在性质及其违约（违反条约或契约）认定上具有一定的相关性。下文从概念入手，对于二者的联系和区别作进一步探讨和研究。根据1969年《维也纳条约法公约》第2条第1项（甲）关于条约的规定，"条约者，谓国家间所缔结而以国际法为准之国际书面协定，不论其载于一项单独文书或两项以上相互有关之文书内，亦不论其特定名称如何"，可以为双边投资条约给出一个基本定义：两个缔约国之间为促进和相互保护投资所缔结的国际书面协定。由于私人投资者正是双边投资条约权利的享有者，与双边投资条约存在特殊的第三方关系，决定了双边投资条约必然与国家契约发生或重叠或交叉或冲突的联系，这是客观的事实。所谓国家契约（state contract）也叫经济特许协议（economic concession），是指一个主权国家（或政府）给予外国投资者特别许可的法律协议，约定投资者在一定期间、在指定地区、在一定条件下享有某种专属于国家的权利从事公共事业或自然资源开发活动。① 国家契约或国家特许协议的主体是私人投资者与东道国政府。这样就会出现，私人投资者一方面是国家契约或国家特许协议的主体；另一方面又与双边投资条约保持着第三方关系，双边投资条约与国家特许协议的内容都直接围绕投资（活动）或投资者权利展开，二者之间必然存在一定的关联，或重叠或交叉或冲突这是不以人的意志为转移的。但是，这种关联性是建立在一定差异性的基础之上的。双边投资条约与国家契约存在显著的区别：

1. 双边投资条约是国际法性质的法律文件，而国家契约或国家特许协议是国内法性质的契约，受国内法调整。尽管大多数学者认为条约就是国家之间的契约或合意，但是，双边投资条约属于国际公法范畴，受国际法调整，是国际法上的契约。国家特许协议，终究属于广义契约的一种，"广义的契约乃以发生私法上效果为目的之一切合意之总称（学者称私的立法行为）"②，或许有学者认为，国家特许协议不同于普通的民商事契约，而是一种行政法上的具有公法性质的契约，但无论如何，都改变不了国内法上的契约性质。20世纪50年代国际法院判决的英伊石油公司案是有关国家特许协议性质的经典案例。英伊石油公司是一家英国公司，与伊朗政府签订一项特许协议协定，

---

① 李琮：《世界经济学大辞典》，经济科学出版社2000年版，第464页。
② 郑玉波：《民法债编总论》（修订二版），中国政法大学出版社2004年版，第22页。

获得在伊朗境内石油开采的特许权。后来，伊朗政府单方面终止协议，并实施国有化措施。英国政府向国际法院诉讼。英国方面认为，石油开采特许协议具有双重性，既是伊朗政府与该公司的特许协议，也是两国政府间的一项条约。国际法院并没有采纳该主张，最终于1952年7月22日以9票赞成、5票反对，判决国际法院对此案（即国家契约问题）无管辖权。① 这一案例作为经典判例揭示了国家契约的国内法合同性质，确立了国家契约争端须用尽国内救济，排除外交保护的基本原则。

2. 双边投资条约是两个主权国家之间就促进和相互保护投资所缔结的条约，条约主体之间的法律地位是平等的，而国家特许契约是私人投资者与主权国家之间就专属于国家的有关公共设施建设或自然资源开发等权利授予外国私人投资者的协议，契约主体之间的法律地位不平等。具体而言，二者有两个方面的不同：一是条约与契约的内容不完全相同。双边投资条约是两个国家之间相互给予缔约另一方的投资或投资者保护的承诺，具有抽象性和普遍性，适用于在对方国家领域内的所有投资或投资者；而国家契约是投资东道国政府与某一特定外国投资者就具体授权事项所作出的约定，契约内容具体，具有鲜明的针对性，直接约束契约当事人。二是条约与契约的主体平等性方面表现出差异。条约主体之间地位平等，单方面改变或违反条约应当承担国际法责任。而国家契约的一方是东道国政府，另一方是外国投资者，二者地位具有不平等性。契约不能完全改变二者之间所天然存在的命令与服从式的管理关系。国家契约对于主权国家的约束力是有限的，国家政府可以基于国家公共利益考虑，直接修改或废除契约，或者通过颁布法令等形式变更契约内容。② 行政契约主体间的地位不平等性为私人投资者带来了更多的风险，特别是政治或法律上的风险。所以，为了降低国家契约的风险，提高外国投资者进行特许经营的保护程度或力度，国家契约中的"稳定条款"（或称"冻结条款"）、投资争议解决国际化条款与双边投资条约中的"保护伞"

---

① 参见英伊石油公司案（英国诉伊朗），http://www.rucil.com.cn/article/default.asp?id=454，2012/8/5访问。

② 关于国家特许协议的性质，过去在认识上存在一定分歧，现在学界比较一致的意见为：国家特许协议是一种特殊的国内行政契约。参见余劲松：《国际投资法》，法律出版社2007年版，第111—114页。

条款便应运而生。国家契约中的"稳定条款"和投资争议解决国际化条款在一定程度上限制了东道国政府单方面修订或违反国家契约的可能性；双边投资条约的"保护伞"条款为外国投资者特许经营提供了条约法或国际法层面上的保护。

所谓"保护伞"条款，通常是指在双边投资条约中规定缔约一方应遵守其对"缔约另一方的投资者"（investor of the other party）所做的任何承诺的条款。这种承诺可能表现在缔约国与外国私人投资者所签订的国家契约之中。劳特派特于1953至1954年之际最早提出了"保护伞"条约的思想。此后，西欧学者、实践家乃至经合组织（OECD）纷纷提出了具体包括"保护伞"条款的条约草案。[①] 1959年德国与巴基斯坦双边投资条约正式订入了"保护伞"条款。随后，越来越多的双边、区域乃至多边投资条约规定了"保护伞"条款。对于"保护伞"条款的解释，"需要依靠特定条约的具体文字表述、条文表述的通常含义、条约上下文语境、条约的宗旨和目标以及条约谈判史或者关于缔约方意图的其他暗示"。[②] 起初，它只是一种条约上的缔约国之间的权利和义务，正如西方学者所言，"保护伞条款创设了缔约方彼此相互之间的一种互惠性质的国际义务，要求它们作为东道国应该遵守它们对另一方缔约国投资者或另一方缔约国投资者的投资所承担的义务"。[③] 外国私人投资者只是投资条约的利害相关者而非权利享有者。后来，双边投资条约明确赋予了私人投资者国际仲裁出诉权，私人投资者可以直接引用条约"保护伞"条款，主张东道国违反国家契约的行为同时违反了双边投资条约，可要求进行国际仲裁。[④]

应该说，双边投资条约中"保护伞"条款的出现，一定程度上反映了双边投资条约与国家契约之间的客观联系，即二者所调整关系或对象的相通性，以及在保护外国投资或投资者利益方面的互补性，有效地将国家契约与双边

[①] Anthony C. Sinclair: "The Origins of the Umbrella Clause in the International Law of Investment Protection", *Arbitration International*, 2004, (20).

[②] Katia Yannaca. Small: "Interpretation of the Umbrella Clause in Investment Agreements", *Working Papers on International Investment*, 2006, (3).

[③] 同注①。

[④] Thomas W. Walde, "The 'Umbrella' Clause in Investment Arbitration: A Comment on Original Intention and Recent Cases", *Journal of World Investment & Trade*, 2005, (6).

投资条约联系起来，搭建了国际法与国内法两大法律体系的桥梁，组成了保护外国投资者权益的双重屏障。但是，如前所言，双边投资条约与国家契约在规定投资或投资者权利相关事项时，由于二者的目标或宗旨、性质与法律适用各异，二者对于相同事项的规定或表述也不一定完全相同。所以，在依据"保护伞"条款主张权利保护时，可能出现在法律上认定违反条约，抑或违反契约的冲突与竞合：

（1）违反条约与违反国家契约的冲突

双边投资条约，属于国际法的范畴，主体为平等的主权国家，内容涉及国家主权之事项和国家公共利益，条约条款相对原则化或抽象化。条约争议的国际仲裁应适用国际法规范。而国家契约，其条款表现得更加具体化或特定化，契约解释和分歧解决适用国内法。从法理上而言，违反国家契约并不当然违反条约，反之，违反条约也并不必然违反国家契约。两者属于不同层面或性质的保护外国私人投资或投资者的法律工具，违反其一并不必然导致违反其二，这便是在法律上认定违反契约或违反条约的冲突。但是，由于双边投资条约与国家契约在调整对象和二者主体上存在一定重叠或交叉关系，在法律上认定违反条约与违反国家契约存在竞合的可能。

（2）违反条约与违反国家契约的竞合

条约"保护伞"条款，本质上是双边投资条约与国家契约或特许协议的"粘合剂"，通过这种粘合效应使得国家违反国内法上契约的行为，被纳入到违反条约处理，从而由国际仲裁机构适用国际法予以解决。这或许是双边投资条约缔结国，特别是资本输出国为了保护本国海外投资要求订入"保护伞"条款的目的所在。对于外国私人投资者来说，更是通过条约"保护伞"条款之传导，获得条约上的国际仲裁出诉权和国际投资仲裁机制保护，有效地将国内法上的契约权利上升到了国际法保护的层面。所以，一般情况下，投资者母国及外国私人投资者一旦遇到违反条约与违反国家契约发生竞合的情形，从他们的利益出发都会选择违反条约之诉，达到通过国际仲裁机制解决国家契约违反问题。但是，这一结果或实践中的做法，给"保护伞"条款的义务主体——东道国，却带来了意想不到的严重法律后果：

一是如果东道国政府违反国家契约或国家特许协议的行为都被视为违反双边投资条约，不难想象，外国私人投资者从自身利益保护出发，会理智地选择利用双边投资条约规定的国际仲裁机制解决国家契约争议,但是,过多的国际仲裁诉讼不仅给东道国政府带来沉重的经济和政治压力,而且国际仲裁管辖权可能架空东道国司法管辖权,甚至将东道国的立法主权行为置于国际仲裁的管辖之下;

二是如果对"保护伞"条款作出过于宽泛解释,不仅会造成国家契约中的争端解决条款失去意义,而且会导致以国家契约条款代替双边投资条约其他实体条款的违背条约缔约目的与逻辑的荒诞后果,也与《维也纳条约法公约》第 31 条第 1 款 "条约应依其用语按其上下文并参照条约之目的及宗旨所具有之通常意义,善意解释之"的规定不符,不利于条约与契约共同作为保护外国投资的法律工具之功能发挥。

三是如果外国私人投资者享有双边投资条约与国家契约的随意转换使用的选择权,将会模糊国内和国际法律体系和秩序的分割线,引起法律秩序的混乱。

正确处理双边投资条约与国家契约的关系问题的实质是如何解释双边投资条约"保护伞"条款的问题。理论上讲,解释"保护伞"条款主要是划定该条款的适用范围,将哪一类国家契约的违约行为纳入条约保护,既是一个法律方法的问题,也是一个东道国与外国私人投资者之利益平衡的问题。从实践上看,国际投资仲裁庭做了一些有益的探索,但处理方式并不统一。相关案例值得深入研究和借鉴。EL Paso v. Argentina 案将国家契约分为"商事契约"和"国家契约",认为除非国家违反国际法、涉及公权力的使用才有违反条约的可能性。① Joy Mining v. Egypt 案中,仲裁庭裁决,埃及公司拒绝担保的行为,与英国和埃及双边投资条约所规定的间接征收、非歧视、公平与公正待遇以及保护与实体条款并无关系。实际上,仲裁庭认定关于担保协议争议的请求为"纯契约请求",并不适用英埃双边投资条约中的"保护伞条款"。② 在 Noble Ventures, Inc. v. Romania 案中,仲裁庭认为,由于 APAPS 和 SOF 都是代表罗马尼亚政府向私人投资者转让国有资产并实施私有化的,

---

① *EL Paso v. Argentina*, ICSID Case No. ARB/03/15, Decision on Jurisdiction, 27 April 2006, http://italaw.com/documents/elpaso-jurisdiction27april2006.pdf, 2011/12/21 访问。

② *Joy Mining Machinery Limited v. The Arab Republic of Egypt*, ICSID Case No. ARB/03/11, Decision on Jurisdiction, July 26, 2004.

APAPS 和 SOF 的行为应该归属于罗马尼亚，这两个机构的行为应该被视为属于罗马尼亚对于 Noble Ventures 所做的契约上的承诺。如果 APAPS 和 SOF 的行为违反了国家契约，那么就会因为违反了"保护伞"条款，导致罗马尼亚违反了国际法。① 在 Impregilo S. p. A. 诉巴基斯坦案中，仲裁庭认为，就违反契约而言，属于巴基斯坦国内法调整事项，根据其国内法，WAPDA 是独立的法人实体，合同当事人是 WAPDA 而不是巴基斯坦；就违反条约而言，属于国际法调整事项，WAPDA 的行为可以归属于巴基斯坦。仲裁庭严格区分了契约与条约，拒绝了原告条约违反请求。② 在有关"保护伞"条款的裁决案例中，最为典型的莫过于 *SGS Société Générale de Surveillance S. A. v. Islamic Republic of Pakistan* 案③和 *SGS Société Générale de Surveillance S. A. v. Republic of the Philippines* 案。④ 两案案情基本相同，原告相同，都根据"保护伞"条款向 ICSID 申请仲裁，但裁决结果大相径庭：前案仲裁庭根据瑞士和巴基斯坦 BIT 第 11 条规定⑤，否定了申请人将第 11 条类化为"升降机"或"镜像"条款的观点，拒绝对第 11 条作扩大解释；后案仲裁庭所持观点与前案刚好相反，认为被申请人不履行契约下的付款义务即构成 BIT 的违反，而且毫不掩饰地批评了前案仲裁庭对"保护伞"条款的理解和论证结论。可见，对于双边投资条约与国家契约的关系，以及双边投资条约中"保护伞"条款的适用和解释在国际仲裁实践中并没有形成统一的理论和实践做法。笔者认为，在具体的案件中，对"保护伞条款"的解释应从双边投资条约的本质出发，结合双边投资条约原文和国家契约的具体规定，考虑条约缔结的历史背景与缔约方的原意，以及违约严重程度以及公权力介入因素等进行综合分析而予以

---

① *Noble Ventures, Inc. v. Romania*, ICSID Case No. ARB/01/11, Award, 12 October 2005, at paras. 68, 84-86.
② *Impregilo S. p. A. v. Islamic Republic of Pakistan*, ICSID Case No. ARB/03/3, Decision on Jurisdiction, 22 April 2005, at paras. 209-210, 216, 223, 262.
③ *SGS Société Générale de Surveillance S. A. v. Islamic Republic of Pakistan*, ARB/01/13, Decision of the Tribunal August 6, 2003, at paras. 169-172.
④ *SGS Société Générale de Surveillance S. A. v. Republic of the Philippines*, ARB/02/6, Decision of the Tribunal on Objections to Jurisdiction, January 29, 2004, atpara. 117, 119, 121, 124, 126, 128.
⑤ 瑞士—巴基斯坦 BIT 第 11 条规定，"任一缔约方都应一贯地保证遵守其在另一方缔约方投资者投资方面已作出的承诺"。瑞士—菲律宾 BIT 第 X (2) "其他义务"规定，"每一缔约方应遵守其对另一缔约方投资者在境内投资所承担的任何义务"。

善意解释，合理平衡东道国国家利益与外国私人投资者利益，或许是解决问题的关键。

第四节　双边投资条约本质之于中国实践的要求

　　如前所述，国家缔约行为是一种国际法律行为，是国家意思互动的过程或结果。但是，双边条约不同于多边条约，双边条约是国家的意思表示一致，而多边条约则是国家意思的表决。国家意思表示与意思表决在意思互动的方式和程序上不完全相同。这些有关条约基本原理的认识对于厘清双边投资条约本质，指导相关缔约实践具有重要意义。双边投资条约是两个主权国家关于促进和相互保护投资的意思表示一致的结果。双边投资条约的内容直接涉及私人投资者利益，换言之，正是通过私人投资者利益的保护实现了国家订立双边投资条约的目的和宗旨——促进和相互保护投资。所以，双边投资条约缔约国并不享有条约权利而只是条约义务的承担者，私人投资者才是条约权利的真正享有者。并且，根据《华盛顿公约》，以及双边投资条约的争端解决机制条款，私人投资者进一步享有了国际仲裁出诉权。赋予私人投资者以国际仲裁出诉权产生两个方面的法律后果：一是私人投资者成为了国际投资法律关系中的主体；二是私人投资者演变为享有双边投资条约权利的第三方。这样，双边投资条约形成了不同于一般双边条约的"缔约国—私人投资者—缔约国"的特殊"三方"主体结构。事实上，私人投资者不仅是国际法上双边投资条约的第三方，而且也是国内法上国家契约的主体。国家契约与双边投资条约同时作为保护外国私人投资的法律工具，二者主体交叉以及条约与契约内容相似的特点决定了它们在诸多方面的关联性。这种关联性集中体现在双边投资条约"保护伞"条款的作用及其适用和解释方面。可见，运用私法契约原理研究国际条约，不仅揭示了双边（投资）条约的本质，区分了双边（投资）条约与多边（投资）条约的异同，而且解释了双边投资条约本质特征及其特殊的三方构成的主体结构，为双边投资条约的缔约实践既提供了理论指导，也提出了具体要求。

一、双边投资条约与多边投资条约的策略区分

双边投资条约是一种典型的主权国家之间的国际法上的契约。两个主权国家地位平等，意思自由，可以就各自的意见进行充分的表达。一般来讲，条约的议定和条约的认证程序相对简单，类似于私法契约的要约和承诺过程，在条约缔结谈判中主要注意两个方面的问题：一是做好谈判前的准备工作。要求准确预测谈判的重点、难点，把握谈判的焦点。中国是一个发展中国家的大国，海外投资和外资引进规模都比较大，为我方代表在谈判中坚持平等互利原则，充分表达自己的利益或主张提供了有利条件。二是做好谈判文本的草拟工作。根据谈判前调研工作的情况，参考条约示范文本，具体提供覆盖条约主要内容和反映己方观点的谈判文本。30 多年来，中国双边投资条约谈判取得了重大突破，成绩斐然，也积累了丰富的谈判经验。然而，中国至今尚没有参加真正意义上的多边投资条约谈判。从性质上讲，多边投资条约不同于双边投资条约，它不是一个简单的意思表示一致，而是一个复杂的意思互动和表示表决过程。缔约谈判的过程不仅各种利益交织或冲突，而且形成多边投资条约之共同意思的程序也是特别复杂。这些都成为到目前为止不能产生多边投资条约的原因。但是，国际上进行多边投资条约谈判的努力从来没有终止过。[1] 国内也有学者认为中国应当积极参与或推动多边投资条约的谈判工作。[2] 同时，对中国如何应对多边投资条约谈判进行了有益探讨。[3] 笔者认为，无论从哪个方面讲，积极参与多边投资条约的谈判过程，表达中国关于国际投资规则的意见或观点，对于中国这样一个发展中国家的大国而言，无疑具有积极意义。但是，必须从国际投资规则发展状况和多边投资条约原理出发，重点做好以下三个方面的工作：一是争取多边投资条约谈判过程的

---

[1] 关于多边投资条约的发展过程，有许多文章和书籍都进行了论述，可参阅沈伯明：《多边投资协议谈判和发展中国家的对策》，载《世界经济》1999 年第 7 期；以及刘笋：《从多边投资协议草案看国际投资多边法制的走向》，载《比较法研究》2003 年第 2 期。

[2] 李本：《对国际多边投资立法从回应到参与——中国外商投资立法的嬗变分析》，载《法学杂志》2009 年第 8 期；吴岚：《结合 BITs 缔结实践谈中国在 WTO 多边投资协定谈判中的应有立场》，载《学术研究》2012 年第 6 期。

[3] 李本：《对国际多边投资立法从回应到参与——中国外商投资立法的嬗变分析》，载《法学杂志》2009 年第 8 期；徐崇利：《WTO 多边投资协定议题与中国的基本策略分析》，载《法律科学》2004 年第 4 期。

话语权。鉴于国际投资的重要性，参与多边投资条约谈判的国家一定不少，特别是发达国家或掌握谈判的主动权，因此争取谈判话语权对于中国来说显得至关重要，否则，表达自己意思或主张的机会都没有。二是积极准备谈判议题。也就是说，在国际会议上或谈判过程中，中国要表达什么样的观点或主张。这一点，与双边投资条约谈判不同，中国要表达的观点不一定完全代表自己的利益，而应该代表一定国家集团或某些具有共同利益的国家主张。三是要争取一定数量国家的支持。多边投资条约缔约过程是一个国家意思的表决过程，条约的通过一般采用多数决形式。所以，争取话语权、准备议题以及争取多数国家支持是多边投资条约谈判的重点。双边投资条约不同于多边条约，二者采用不同的缔约方法和谈判方式，也是条约本质理论的要求。

二、双边投资条约与国家契约关系的合理定位

双边投资条约与国家契约尽管性质不同，但二者在主体和内容上存在交叉或重叠。如何处理好二者关系，防止私人投资者滥用条约"保护伞"条款任意将国家契约违反上升到条约违反的高度，给东道国带来不必要的经济和政治压力，是一个必须引起中国双边投资条约缔结机关高度重视的问题。笔者认为，解决这一问题的关键就是合理划定条约"保护伞"条款的适用范围，以适当平衡东道国与私人投资者之间的利益。但是，自从 20 世纪 50 年代"保护伞"条款正式订入双边投资条约以来，关于"保护伞"条款的适用范围的争议就从没有停止过，主要有限制解释说、扩大解释说、合理限制说三种主张。① 国际投资仲裁庭也没有一致的实践。②

限制解释说和扩大解释说都有违背"保护伞"条款宗旨或造成条约违反之滥诉的弊端，通常认为，合理限制说是目前最为可取的解释方法，它在肯定保护伞条款对国家契约义务具有一定"抬升"或"镜像"功能的同时，主张将东道国政府对国家契约的违反区分为干预"国家契约"性质的行为和违

---

① 参见杨馨淼：《论双边投资条约保护伞条款的适用范围》，吉林大学硕士学位论文，第 8—23 页。
② 参见王彦志：《投资条约保护伞条款的实践及其基本内涵》，载《当代法学》2008 年第 5 期；王楠：《双边投资协定中的伞形条款解释——兼论 ICSID 近期相关案例》，载《法学家》2008 年第 6 期；Thomas W. Walde: "The 'Umbrella' Clause in Investment Arbitration: A Comment on Original Intention and Recent Cases", *Journal of World Investment & Trade*, 2005, (6).

反"商事契约"性质的行为,并认为"保护伞"条款只适用于前一种情形。中国应当从双边投资条约的契约本质出发,坚持"保护伞"条款适用范围的合理限制说,充分考虑本国国际经济合作实践的情况,即海外投资与引进外资的具体规模或比例,提出更有利于本国经济发展和海外投资者利益保护的"保护伞"条款的谈判文本,与缔约另一方进行公平而充分的博弈。目前,中国与其他国家所签订的双边投资条约"保护伞"条款之表述和被嵌入的位置各不相同,分别被置入投资保护条款、待遇条款、其他条款以及适用条款之中。[①]

总体上,"保护伞"条款存在针对性不强、合理性限制不足,没有充分反映双边投资条约的契约本质与"保护伞"条款合理限制说之精神等问题。需要从以下几个方面完善:(1)提高"保护伞"条款的有效性和针对性。双边投资条约不过是一种国家之间的契约,主权平等与国家意思自由是双边投资条约的基本要求。根据中国与不同国家之间经济合作的不同现状和特点,开展有针对性的条款谈判乃是条约契约本质的题中之义,否则,简单地依照范本或者照抄他国条约拟定"保护伞"条款不可能充分发挥该条款的效力。国内有学者主张,区分中国资本输入和资本输入的不同国家身份,与其他国家进行内容不同的条约谈判不是完全没有道理。(2)合理限制"保护伞"条款的适用范围。首先,订立条约时措辞要规范、具体。比如,应该规定"保护

[①] 1983年《中国与德国投资协定》第8条第2款规定:"缔约各方应该恪守其对缔约另一方投资者在其境内的投资所应承担的所有义务,但是这并不妨碍缔约各方修改其法律的权利。"1985年《中国与丹麦投资协定》第3条"保护投资"第1款规定:"缔约任何一方应恪守其对缔约另一方国民或者公司在投资合同中约定的可能承担的义务。"1985年《中国与荷兰投资协定》第7条规定:"缔约任何一方应该遵守其已经对缔约他方投资者所作出的任何承诺。上述的承诺应该符合有关缔约一方的立法和本协定的规定。"1986年《中国与瑞士联邦投资协定》第5条"遵守承诺"条款规定:"缔约一方在任何时候都应该保证遵守其对缔约另一方投资者的投资所作出的任何承诺。"1998年《中国和澳大利亚投资协定》第11条"对投资者的承诺"条款规定:"缔约一方在其法律管辖下,应该遵守其有管辖权的机构向缔约另一方国民就依照法律和协议条款进行的投资所作的书面承诺。"2003年《中国与圭亚那投资条约》第10条第2款规定:"缔约任何一方应恪守其与另一方投资者就投资所作的承诺。"2003年《中国与德国投资协定》第10条"其他义务"第2款规定:"缔约各方应该恪守其对缔约另一方投资者在其境内的投资所作出的任何义务。"2004年《中国和芬兰投资协定》第11条"其他义务"条款第2款规定:"缔约任何一方应恪守其对缔约另一方投资者在其境内的投资所承担的任何特别承诺。"2005年《中国与朝鲜投资协定》第10条"最惠国条款和其他义务"条款第2款规定:"缔约任何一方应恪守其与缔约另一方投资者就投资所承担的承诺。"2006年《中国与俄罗斯投资协定》第11条"适用"条款第2款规定:"缔约各方应该恪守其依据本协定与缔约另一方投资者就其投资所作出的任何承诺。"

伞"条款适用于"与本条约的义务有关的投资争端",而不宜采用"与投资有关的争端"或"与投资有关的一切争端或任何争端"等宽泛用语;对于投资者定义也应当根据具体情况,或采用"法律实体"之表述或将非缔约方自然人所有或控制的企业以及在缔约另一方境内没有从事实质性商业经营的企业除外等等。其次,主张限制性解释条约"保护伞"条款,将违反国家契约区分为干预"国家契约"性质的行为和违反"商事契约"性质的行为,只有干预国家契约的国家行为才可以适用"保护伞"条款。徐崇利教授认为,中国对"保护伞条款"可作这样的规定:"缔约任何一方应遵守其与缔约另一方投资者就投资作出的合同义务。但该缔约一方就此承担的商事性质的合同义务除外"①,应该可以作为中国缔约时的参考。(3)增加"保护伞"条款的例外规定。中国与外国签订的双边投资条约中,"保护伞"条款许多均采用了类似于"缔约方应遵守任何承诺、任何义务"的表述,依据最惠国待遇条款,可能影响后期条约之中"保护伞"条款的限制性解释和适用。所以,在条约中规定"保护伞"条款的例外是保证条约个性化空间的法律方法。中国缔约机关应当根据各缔约国的具体情况,在条约中选择一些例外性规定,比如,以后签订的最惠国待遇条款不适用于具体条约签署之前双边投资条约中的相关约定以及具体条约生效前签订的双边投资条约在争端解决程序上赋予的待遇或权利。关于"保护伞"条款可以规定,"最惠国待遇条款不适用于国家契约中国家给予特定投资者或投资事项的待遇"。总之,根据具体情形,切合实际地作一些例外规定,有利于或便于灵活掌握"保护伞"条款的范围或限度。

三、双边投资条约文本的个性化和具体化

国际投资领域各国利益或观念冲突的复杂性和尖锐性决定了多边条约的某些关键问题在众多缔约国之间难以形成多数表决意见。但是,双边投资条约通过"要约"与"承诺"的简单程序以及缔约国之间"面对面"的谈判方式弥补了多边条约在表决形式方面的不足,保证了不同国

---

① 参见徐崇利:《"保护伞条款"的适用范围之争与中国的对策》,载《华东政法大学学报》2008年第4期。

家之间充分的利益博弈或意思互动,实现了各国之间意思分歧下的有条件的国家意思表示一致。不过,这种"意思表示一致",是国家间意思"和而不同"的结果①,它直接要求或反映双边投资条约文本所必须或应当具备的个性化和具体化特征。

(1) 条约文本个性化,是双边投资条约契约本质的要求和反映。契约的基本原则是主体地位平等和意思自由。主权平等的国家在谈判双边投资条约时,当然应该秉承这一原则,根据本国的具体国情及其与缔约他方国际经济合作状况,提出各自有利于自己的观点或主张,并形成条约草案,然后双方进行平衡或调整,形成最后条约文本草案,提交认证或签署。经过这样一个"讨价还价"程序所产生的双边投资条约必然是个性化的文件,不可能出现千篇一律的结果。中国是一个发展中国家的大国,海外投资与引进外资规模趋于平衡发展,但是,海外投资区域结构和引进外资的来源国别是不同的,这就决定了与不同国家所签署的双边投资条约的内容或侧重点是不同的。根据双边投资条约促进投资或引进外资的不同功能定位以及缔约双方之与投资有关的诸多情况不同,中国双边投资条约必然是有针对性的、个性化的。事实上,中国在国民待遇、争端解决机制以及投资定义等主要条款上,不仅不同缔约国之间的条款表述不同,而且相同缔约国之间在不同发展阶段所订立的条款也是变化较大的。比如,中德 1983 年 BIT 与 2003 年的 BIT 在国民待遇、投资定义与争端解决机制等条款方面做了幅度较大的修订。②

与双边投资条约文本个性化相联系的一个现实问题,是关于 BIT 示范文本的作用和意义。美国和德国等一些主要发达国家都出台了自己国家的 BIT 示范文本,并且在推行各自条约主张和条约方法方面产生了重要影响。③ 一些

---

① 出自《论语·子路》:"君子和而不同,小人同而不和。"
② 国民待遇条款参见 1983 年《中德双边投资协定》第 3 条与 2003 年《中德双边投资协定》第 3 条;争端解决机制条款参见 1983 年《中德双边投资协定》第 10 条与 2003 年《中德双边投资协定》第 8、9 条;投资定义参见 1983 年《中德双边投资协定》第 1 条与 2003 年《中德双边投资协定》第 1 条。
③ 美国迄今为止已出台了 4 个 BIT 示范文本,其中 1984 年 BIT 示范文本以及 2004 年 BIT 示范文本都产生了重大影响,特别是 2004 年范本,它澄清了公平与公正待遇以及征收的内涵,在一定范围内照顾了公共利益和投资者私人利益的平衡,并将透明度原则引入国际投资法领域,并提出建立仲裁上诉机制以统一对国际投资法的解释和适用,这两项内容特别是后者将对国际投资法和仲裁法产生重大影响。美国政府已在 2012 年 4 月推出了最新版本的 BIT 示范文本,必将对双边投资条约的未来发展产生影响。

经验不足的发展中国家在双边投资条约早期阶段，甚至照抄了这些发达国家所提交的谈判文本（范本）。应该说，发达国家 BIT 示范文本不仅反映了或宣传了本国的谈判主张或观点，而且客观上还起到了培训发展中国家谈判机关或代表的作用。但是，BIT 示范文本如果运用不当，会产生一定风险：一是可能成为资本输出国强势输出自己观点或主张的工具，大大压缩资本输入国就条约展开谈判的空间；二是容易成为缔约国谈判代表或机构临摹条约谈判文本的底本，甚至以提高谈判效率为名懒于深入调查研究，牺牲条约的个性化，最终使得条约的功能大打折扣。因此，如何在避免损害条约个性化特点的前提下，充分发挥 BIT 示范文本在有利于宣传各方条约主张，整体把握条约文本，引导条约谈判，节约交易成本等方面的优势和特长，或许是我们今后应当给予高度重视的问题。

（2）条约规则具体化，是双边投资条约日益法律化的要求。双边投资条约从政治意义的文件向法律化的文本转型，既是全球经济秩序法治化的要求，也是 ICSID 管辖案件大幅增长，不断为国际社会所接受的结果。[①] 西方法谚云，无救济即无权利。国际投资争端解决机制为双边投资条约的投资者权利提供了救济保障。双边投资条约的具体条款成为国际投资仲裁庭解决投资争议的所适用的重要法律。根据特别法优先于普通法的原则，双边投资条约优先于一般国际法而适用。国际投资仲裁庭在一些具体案件裁决中，不仅适用条约实体规则，而且对条约序言的表述也展开分析。[②] 甚至，不仅重视约文文意，而且重视条款被置放的位置。这些因素的不同或变化都可能影响仲裁庭

[①] 自 1990 年对首宗投资条约仲裁案件作出裁决后，1997 年开始，这种投资条约仲裁案件成为了 ICSID 受理案件的主流。2000 年 ICSID 受理投资条约仲裁案件 7 件，至 2003 年上升到 36 件，在 2004 年仍有 22 件之多。材料来源于石慧：《投资条约仲裁机制的批判与重构》，法律出版社 2008 年版，第 63 页。

[②] 以 OEPC 诉厄瓜多尔一案为例，OEPC 是一家设在厄瓜多尔由美国投资者投资的石油公司，它在其先前享有的增值税退税被取消后对厄瓜多尔提起仲裁请求。该案仲裁庭指出，尽管美厄投资条约并未对公平与公正待遇加以清楚界定，但其序言规定："为了给投资维持稳定的体制以及最有效地利用经济资源，双方同意给予投资公平与公正待遇"，这里无疑存在一种义务，即不改变投资时的法律和商业环境。因此在该案中，BIT 序言也成为了仲裁庭的仲裁依据之一。See Occidental Exploration & Production Co. v. Republic Of Ecuador. Final Award. London Court of International Arbitration Administered Case No. UN 3467. At http：//ita. law. uvic. ca/documents/Oxy-EcuadorFinalAward_ 001. pdf, 2012/7/10 访问。

对案件的裁决。① 可见，双边投资条约的法律化已经成为事实。并且，这种法律化将自然地、逐步地推动双边投资条约规则的具体化，以便为仲裁庭准确适用条约规则提供条件。同时，客观上有利于最大限度地压缩仲裁庭的自由裁量权，提高条约权利保护的可预见性和权威性。

---

① 参见 *SGS Société Générale de Surveillance S. A. v. Republic of the Philippines* 案，该案中仲裁庭从 BIT 第 X 条的文本入手，分析了 BIT 第 X (1) 条与第 X (2) 条之间的不同，并且对不同条款的放置位置所产生的不同意义进行分析比较，以此得出仲裁结果，*SGS Société Générale de Surveillance S. A. v. Republic of the Philippines*, ICSID Case No. ARB/02/6, decision of the tribunal on objections to jurisdiction, para. 44, p. 16, at http://www.worldbank.org/icsid/cases/SCSvPhil-final.pdf, 2012/7/30 访问。

第四章

中国双边投资条约公平互利原则及公平公正待遇条款的定位

联合国大会通过的《建立国际经济新秩序宣言》（以下简称《宣言》）呼吁，国际经济新秩序应当建立在彼此公平相待的基础上，国际社会一切成员应当根据公平原则，开展最广泛的合作，借以消除经济差距，达到共同繁荣。《各国经济权利和义务宪章》（以下简称《宪章》）以 15 条之多再次重申了《宣言》中所列举的关于建立国际经济新秩序的 20 条法理原则，鲜明地提出了公平互利原则。[①] 应该承认，公平互利，既是建立国际现代经济新秩序的法理基础，也是国际社会在经济合作领域的价值追求，必然成为国际经济法的基本原则。双边投资条约，从一定意义上讲，是两个主权国家之间发展国际经济合作的协议，作为国际经济法的重要渊源，规范或调整了绝大部分的国际经济（投资）关系。所以，公平互利，首当其中应当作为双边投资条约的基本原则。否则，双边投资条约就会失去平等、公正的价值基础，像旧殖民时代一样沦为经济强国推行霸权的工具。不仅如此，公平互利原则彰显了双

---

① 参见《各国经济权利和义务宪章》第一章，其具体表述为：各国之间的经济关系，同各国间的政治关系以及其他关系一样，应当特别受下列各项原则的制约：（1）各国主权、领土完整，各国政治独立；（2）一切国家主权平等；（3）互不侵犯；（4）互不干涉内政；（5）公平互利；（6）和平共处；（7）各民族权利平等，实行民族自决；（8）以和平手段解决各种争端；（9）纠正使用强迫手段侵夺别国正常发展所需要的自然资源的各种非正义行为；（10）真诚地履行各种国际义务；（11）尊重人权以及各种基本自由；（12）不谋求霸权以及各种势力范围；（13）增进国际社会正义；（14）开展国际合作以促进发展；（15）在上述各项原则的范围以内，地处内陆的国家享有进出海口的自由通道。

边投资条约契约本质之精神，具有了对双边投资条约订立、解释或适用的规范作用，可以推动了双边投资条约内部法理结构的改良或升级。进一步考察其在中国双边投资条约中的地位及其表现，研究其对于中国双边投资条约文本改良的意义和要求，有利于进一步提升中国双边投资条约的法律化水平。

第一节　公平互利：中国双边投资条约的价值取向

如果说前述联合国大会《宣言》和《宪章》提出并确立了公平互利的国际经济法基本原则的话，那么，双边投资条约则为公平互利原则的运用或实践提供了最佳领域。一方面，双边谈判，是一个以平等为基础，追求利益公平的博弈过程；另一方面，国际投资又是互利互惠的经济活动，所以，双边投资条约必须以公平互利为价值取向和原则基础，否则，本质上不可能产生主权国家意思表示一致的结果。尽管国际范围内关于何为公平互利以及公平互利能否或者是否取代了平等互利成为国际经济法的基本原则，尚存在一定争议，但是，这些不同意见或争议丝毫不会影响公平互利成为双边投资条约，特别是中国双边投资条约的价值追求和法理基础。

一、公平互利的基本内涵

（一）公平互利的含义

国际经济法中的公平互利原则，与国际公法中传统意义上的平等互利原则，既有密切联系，又有重要区别。平等并不等于公平。公平（equity）与平等（equality）有时是近义的，有时却是大相径庭的。在某些场合和特定条件下，表面上的"平等"实际上是不公平的；反之，表面上的"不平等"却是公平的。如果说平等原则侧重于法律关系主体资格和地位的确定的话，那么，公平原则则是强调各个主体最终的实际利益的合理配置。要求各国地位和权利平等，体现了最基本或形式上的公平，但并不一定必然导致实质性公平的实现。正因为如此，广大发展中国家在努力争取建立新的国际经济秩序的过程中才逐步打出了"公平"的旗帜，不再满足于形式上的平等，而要寻求实质上的公平。公平互利原则因此而产生。公平互利原则进一步明确了平等互利的真实含义，丰富了平等互利的内容，是平等互利原则的重要发展。在国际经济交往中强调公平互利,究其实质,乃在于树立和贯彻新的实质平等观。对于经济实力相当、地位平等的同类国家说来,公平互利在于原有平等关系的维持;对于经济实力悬殊,实际地位不平等的不同类国家说来,公平互利在于对原有形式平等关系或虚假平等关系的纠正以及新的实质平等关系的创设。① 公平互利原则的提倡,体现了对殖民经济的彻底的、历史性的否定,反映了发展中国家要求摆脱贫困、实现富裕的愿望,可以从三个方面理解或把握:第一,当国际社会对经济问题进行协调时,国家之间地位是平等的;第二,当国家对涉外经济交易行为进行管理和控制时,给予本国人和外国人,以及来自不同国家的外国人之间的待遇应当是公正的,也就是在国际经济交往之中,在市场交易之中,给予交易主体平等的法律地位;第三,在各种形式的经济交往过程中,行为的目的应当是各方都获取好处。②

公平互利原则应当包含三个基本要素,即平等、互利和公正,平等是公正和互利的前提,互利是平等与公正的结果,公正则是平等与互利的实质要求。③ 平等互利原则成为国际经济法的基本原则是国际社会发展的结果,但是,由于缺少了公正的要素,平等互利可能演变为实质的不平等或不互利。④ 国际经济实践表明,国际社会在所谓"平等"的基础上,大量的财富向发达国家聚集,而发展中国家在得到平等地位之后仍然处在贫困线的边缘。从国际关系发展史来看,现存的国际经济秩序是以往的历史事实的积存。而这些

---

① 参见陈安:《国际经济法》,北京大学出版社 2001 年版,第 83—87 页。
② 参见何志鹏:《国际经济法的基本理论》,社会科学文献出版社 2010 年版,第 123 页。
③ 关于公平的内涵,可以从不同层次来解释。第一个层次,是一种算术意义上的平等。传统的伦理学认为,公平和平等是等同的。正如经济学上时常比喻的,公平是对一块蛋糕的平均分配。通过这种平等,所有的社会主体都得到同样的收益。在现实生活中,这种平等经常是不必要、不现实的。只有在某些法律领域,比如民事法律关系中计算赔偿问题,才可能用到这种方法。第二个层次,是指机会的平等、法律地位的平等。正如亚里士多德所说的,"公平即平等"。这种公平的含义是在几何意义上讲的,财产、荣誉的分配与个人的地位贡献等成比例。"所有的人都同意应按照各自的价值分配才是公正。""不平等被认为是,而且事实上也是公正的。"在国际经济领域,公平的含义源于国际法上的平等、互惠。第三个层次,承认起点的差距,在这种差距的基础上达到效果的平等。不仅要求在形式上平等,而且要求实现实质上的平等。这是公平的新主张,是一种进步。人们已经认识到,平等不等于公平。如果说平等原则侧重于法律关系主体的资格和地位的确定的话,那么公平原则则是要强调各个主体最终的实际利益。要求各国地位的平等和权利的平等体现了最基本的公平,也是寻求尽可能公平的前提条件,但这并不一定导致实质性的公平。
④ Jacques P. Thiroux & Keith W. Krasermann, *Ethics: Theory and Practice*, Prentice Hall, 2008, p. 123.

历史事实一直是强者对弱者的政治压迫、军事侵略和经济掠夺。在这种前提下，仅仅确立各国地位上的平等，要求各国同等地相互赋予利益，显然是一种实质上的不平等，是变相地对过去不公平现实的确认。长此以往，贫者愈贫、富者愈富将成为不可逆转的趋势。有人比喻说，在贫富差距如此悬殊的国际社会背景之下推行平等互利原则，实际上相当于让一个体魄健壮的人和一个孱弱的残疾人在同一起跑线上按照同样的规则进行长跑比赛。所以，平等互利原则受到了诘难，新的原则——公平互利原则受到了发展中国家的青睐。

应当说，现代国际经济法领域，正处于平等原则向公平原则的过渡时期，公平互利尚未取代平等互利而成为现代国际经济法的基本原则。这种情况在国际贸易、金融、知识产权与环境保护的诸多国际合作领域表现得更加突出，发达国家都不愿意承担与其经济发展水平相适应的责任或义务。余劲松教授指出，根据联合国大会的相关决议，实质上的公平互利主要体现在：(1) 国际贸易方面：要求改善发展中国家的贸易条件，逐步消除关税壁垒和非关税壁垒，以及限制性的商业做法；在多边贸易谈判中，必须对发展中国家实行非互惠的特惠待遇原则。(2) 技术转让方面：必须制定符合发展中国家需要和条件的技术转让的国际行动守则，扩大发达国家对发展中国家在技术方面的援助，使有关技术转让的商业惯例适应发展中国家的需要，防止知识产权的滥用。(3) 国际金融方面：要稳定国际货币规则，以维护发展中国家货币储备的实际价值，发展中国家应有权充分和有效地参加制定货币体系的一切决策过程，尽力促使足够的资金流入发展中国家。国际金融机构的贷款政策应加以调整，发放贷款应以优惠的条件照顾发展中国家。[①] 这些问题都没有得到最终解决或特别予以关注。但是，从法律原则的发展方向来看，我们可以确信，公平互利原则将预示着国际经济法的发展趋势。当然，国际经济领域从来就没有免费的午餐，要实现公平互利，必须经过漫长而艰苦的努力，需要广大发展中国家在法律上争取权利，在经济上充实实力，在政治上扩大影响，在文化上施加压力。[②] 纵观国际经济发展，国际投资领域是公平互利原则

[①] 参见余劲松：《国际经济法》，中国法制出版社 2009 年版，第 15 页。
[②] 参见何志鹏：《国际经济法的基本理论》，社会科学文献出版社 2010 年版，第 133 页。

体现和发展最为充分的领域。历史上，资本输出一直作为殖民国、宗主国剥削或控制殖民地、附属国家的主要工具。独立后的发展中国家，更加珍惜来之不易的经济主权，对资本输出的态度经历了一个从拒绝到逐步开放的过程。拉美国家流行的"卡尔沃"主义以及20世纪60年代发展中国家的国有化浪潮，成为反映发展中国家与发达国家在国际投资领域进行坚决斗争的缩影。从一定意义上讲，多边投资条约至今付之阙如，正是发展中国家与发达国家在该领域某些关键问题，诸如投资自由化、国民待遇、争端解决国际化等方面，长期处于意见分歧，不能最终形成多数决意见的结果。

与多边投资条约形成鲜明对比的是，双边投资条约获得了快速发展，近3000个双边投资条约形成了国际投资的法律网络，调整着主权国家之间复杂的国际投资关系。尽管公平互利原则作为国际经济法的一项基本原则尚有争议，但一部分学者认为，一些国际文件和国内立法开始逐渐接受公平互利原则，特别是发展中国家通过大量斗争换取的普惠制的广泛推行，使公平原则初见端倪[1]；另一部分学者认为，当前国际经济法的基本原则仍然是平等互利，还没有达到公平互利的程度，特别指出，普惠制的给惠国和受惠国之间的权利义务所依据的法律文件还缺乏稳定性[2]，然而，不用质疑，公平互利原则在双边投资条约中已经获得了充分和有效的发展。可以认为，双边投资条约就是发展中国家在国际投资领域发展公平互利原则的法律手段或工具。不仅如此，双边投资条约在促进和保护国际投资的同时，创新和发展了公平互利原则的内涵：双边投资条约作为国家之间关于促进和相互保护投资的契约，国家意思表示一致是其法律本质。根据私法原理，契约缔结必须满足两个基本前提：一是主体地位平等，这种平等主要是一种形式上的平等；二是意思自由，即主体是否可以真实表达自己的意思，不存在胁迫、欺诈或认识错误等严重影响意思表示的情形。[3] 只要满足上述前提，契约可以被推论为公平互

---

[1] 参见陈安：《国际经济法》，法律出版社2000年版，第82—89页。
[2] 车丕照：《国际经济法原理》，吉林大学出版社1999年版，第58—66页。
[3] 参见柯华庆：《合同法基本原则的博弈分析》，中国法制出版社2006年版，第108—109页。

利的，当然具有约束力。① 因为在私法领域，当事人都被假定为理性的经济人，自己是自己利益的最可靠的守护神，所以，当事人在契约订立过程中对自己利益作出了最恰当的权衡或判断。双边投资条约，本质上是国际法上的契约，如果将主权国家当作"私人"，私法的相关原理同样可以适用于双边投资条约。换言之，对于双边投资条约，公平互利原则可以从两个方面把握：一是国家主权平等，在双边投资条约的谈判过程之中，任何国家都没有特权可言；二是缔约国关于促进和相互保护投资事宜的意思表示是否是自由或真实的。如果没有《维也纳条约法公约》第48、49、51条所规定的错误、欺诈和胁迫，可以推定双方意思表示是真实有效的。在一定意义上，对于缔约国来讲，也应当是公平和互利的。当然，双边投资条约的缔约国存在经济实力或综合国力上的差距，形式上主权国家的地位平等也会掩盖或造成一定程度的实质意义上的不平等，但是，这种意义上的不平等处于缔约方可以接受的范围，或者理解为存在一种相互间利益交换或利益忍让，除非有确切证据表明，条约内容违反了公平原则，导致缔约双方的权利义务严重失衡。这是双边投资条约不同于多边投资条约或一般多边条约的地方，是双边投资条约的契约本质——"国家意思表示一致"的体现和要求。所以，国家意思及其表示是否自由或真实，成为衡量双边投资条约是否贯彻或坚持了公平互利原则的重要标准或因素。

（二）公平互利原则的发展

公平互利原则的确立，是发展中国家为了维护自身合法权益，建立现代国际经济新秩序进行不懈斗争的结果。公平互利原则的形成经历了一个从不平等到平等互利，再到公平互利的过程。尽管公平互利原则还没有在国际经济关系的所有领域得到全面的贯彻执行，但是，从国际投资关系或长远的国际经济关系来看，公平互利原则成为国际经济交往的基本原则不容质疑。

在殖民主义盛行的年代，殖民地、附属国不具备或被剥夺了国际公法主体的资格，没有主权，也就没有平等可言。因此，在传统的国际公法观念中，

---

① 有学者从博弈论的角度对合同进行分析，认为合同就是讨价还价，因此平等的双边达成真实意思一致，可以认为这个契约是满足合同本来的目的的，它是符合经济学和法律上的价值追求的，也就是公平互利的。参见柯华庆：《合同法基本原则的博弈分析》，中国法制出版社2006年版，第132—158页。

主权平等原则对它们是完全不适用的。殖民国家与殖民地之间、宗主国与附属国之间，是一种赤裸裸的剥削与被剥削、统治与被统治关系，大量的不平等条约使这种不平等关系合法化。资本输出成为当年殖民国家或宗主国剥削殖民地，获取暴利的工具。第二次世界大战以后，殖民地、附属国众多弱小民族挣脱殖民枷锁，建立了独立的国家，具备了独立的国际人格，成为国际社会的正式成员，并且根据国际公法上主权平等的原则，开始与一切强国、大国、富国一起，并立于世界民族之林，享有平等的法律地位。新兴的民族独立国家，在政治上获得了翻身，呼吸到了自由平等的空气。然而，政治上的主权平等，只是形式上的平等。在某些场合，发达国家往往以形式上的平等掩盖实质上的不平等。发展中国家开始认识到，政治上的平等需要经济上的互利加以保障。所以，从经济角度和实质意义上重新审查传统的主权平等原则和形式平等问题之后，发展中国家明确提出了互利原则，用以调整国际政治和经济关系，从而使平等原则上升到新的高度。国际政治与经济关系翻开了崭新的一页。所谓"互利"，指的是在国际政治和经济交往中，坚持有利于各国之间发展的理念。只有国家之间的关系建立在平等的基础上，才能做到互利；只有真正地实行互利，才能贯彻平等的原则，才能实现实质上的平等。所以，实现平等与互利二者结合，将其作为指导和调整国际政治关系和经济关系的一项根本原则，标志着国际法上主权平等原则发展至平等互利阶段。

中国是国际社会中最早倡导并积极推行平等互利原则的国家之一。早在中华人民共和国成立前夕，中国人民政治协商会议在1949年9月29日通过的《共同纲领》中，就明确地把平等互利规定为与一切外国建立外交关系的一个前提条件，同时，又郑重宣布："中华人民共和国可在平等和互利的基础上，与各外国的政府和人民恢复并发展通商贸易关系"，即明文规定平等互利原则乃是中国实行对外经济交往、调整国际经济关系的基本准则。1954年4—6月，中国与印度、缅甸一起，率先把平等互利原则与互相尊重主权和领土完整、互不侵犯、互不干涉内政和平共处等原则结合起来，共同积极倡导把这五项原则作为指导当代国际关系的基本准则。随着时间的推移，和平共处五项原则经历了20年的实践考验，至70年代中期它们不但获得广大发展中国家的积极赞许和大力维护，而且开始得到许多发达国家的认可和肯定，被相继载入不胜枚举的国际性法律文件之中。平等互利原则与其他四项原则并列，成为举世公认的国际公法基本原则。

1974年5月和12月先后在联合国大会上通过了《宣言》和《宪章》。这两项具有重大国际权威性的法津文献，以大体相同的语言文字，把和平共处五项原则的基本内容加以吸收，或列为建立国际经济新秩序20条原则的首要组成部分，或列为调整国际经济关系15条基本准则的首要组成部分。值得注意的是：无论《宣言》或《宪章》，都把平等原则与互利原则重新分开，分别列为建立国际经济新秩序的两条基本原则或调整国际经济关系的两项基本准则，分别地加以重申和强调：一方面，强调各国主权一律平等；另一方面，强调各国交往必须公平互利（Mutual and Equitable Benefit）。联系到《宣言》和《宪章》中论及国际经济关系时，又多次提到必须贯彻公平原则，可以看出：这两大国际经济法文献既把平等与互利分开，分别从不同角度上加以重申，又把公平与互利联系起来，加以突出与强调，这种新措词和新规定，实际上是丰富和发展了互利原则，如实地反映了广大发展中国家在国际经济交往中新的呼声和强烈愿望。① 事实上，仅仅只有平等、互利，而没有公平的约束，可能的结果是虽然平等，但不一定互利。形式上的平等，并不一定能带来互利，这是经受过检验的历史结论。所以，只有公平与互利结合，既可以保证平等，也能带来互利，公平互利成为平等互利原则发展的新阶段或更高的层次。这一原则当然成为指导双边投资条约缔结和适用或解释的基本原则。

二、"公平互利原则"在双边投资条约中的具体体现

如前所言，即便公平互利尚没有完全上升为国际经济法的基本原则或者作为国际经济法的基本原则尚存在一定争议②，但是，公平互利原则作为国际投资法，特别是双边投资条约的基本原则是没有疑义的。主权国家作为双边投资条约主体，满足了国际公法的主权平等的原则，而两个国家之间的国际投资事宜，本身是一种互利的国际经济活动，必须贯彻公平的理念。所以，

---

① 参见陈安：《国际经济法》，北京大学出版社2001年版，第103页。
② 国内有学者认为，国际经济法中存在大量的国际国内经济管理关系，这些经济管理关系不具有互利的性质，也就不公平互利原则。也有一种观点认为，国际经济法中，现在主流的原则，还是平等互利，公平互利只是在某些领域适用。

公平互利应当成为双边投资条约的最高原则,不仅主导双边投资条约的缔约过程,而且指导双边投资条约的适用或解释,以至于投资争议解决的整个程序。对于双边投资条约而言,公平互利应当具备三个方面的含义:一是主权平等;二是意思自由;三是利益平衡。第一和第二两个方面前文已作了论述,第三个方面——利益平衡,包括外国投资者与本国国民之间,外国投资者私人利益与东道国公共利益保护之间,资本输出国与资本输入国之间等多方面的利益平衡,缔约方要时刻秉承公平互利的原则,在充分意思自由和平等表达的基础之上,决定对双边投资事项或权利的主张或妥协。否则,双边投资条约离开了公平互利原则,就会沦为强权的工具或经济霸权的代名词。考察条约文本,公平互利原则集中反映或涵括在双边投资条约的序言部分以及条约正文的公平与公正待遇条款之中。

(一) 序言部分

序言是双边投资条约集中表述条约目的和宗旨的部分,不仅直接表述或反映了公平互利原则(或直接在序言中表述,或包含在目的和宗旨的表述之中),而且成为条约解释的重要辅助资料。《维也纳条约法公约》第31条第1款规定:"条约应依其用语按其上下文并参照条约之目的及宗旨所具有之通常意义,善意解释之。"所以,条约序言一般包含了条约目的或宗旨以及条约原则,成为解释条约实体条款的重要参考。[①] 考察各国双边投资条约文本,公平互利原则在条约序言之中都有所反映。

美国1984年BIT示范文本序言规定,"迫切希望大力促进彼此之间的经济合作,特别是促进缔约国一方的国民和公司在缔约国对方境内投资;认识到在此类投资的待遇问题上达成协议,将会刺激私人资本的流转,促进双方经济的发展;一致认为有必要对投资给予**公平合理**的待遇,以便为投资保持稳定的体制,并最大限度地有效利用各种自然资源;下定决心共同缔结关于鼓励和互相保护投资的条约……"在最新发布的2012年BIT示范文本序言部

[①] See *LG&E Energy Corp v. Argentina Republic*, ICSID Case NoARB/02/1 (Decision on Liability), 3 October 2006.

分,也有类似表述。①

《伊斯兰会议组织会员国之间投资促进、保护和担保协定》序言中也反映了公平互利的含义,"根据规定于其宪章中的伊斯兰会议组织的宗旨;……在会员国密切合作的范围之内,努力利用经济资源和其中可供利用的潜力,并且,用**最佳**的方式对其加以动员和使用;确信伊斯兰国家之间在投资领域的关系是这些国家之间经济合作的主要领域之一,通过这一领域,其经济和社会发展得以在**共同利益**和**相互有利**的基础上促进;急于提供并发展一个有利的投资环境,在这一有利的投资环境之中,伊斯兰国家的经济资源可以在伊斯兰国家循环,以便**最适宜**地使用这些资源,以为其发展服务,并且,提高其人民的生活水平……"上述条约序言中,尽管没有直接表述公平互利原则,但公平的含义却清晰地蕴含在序言文字之间。

中国双边投资条约主要借鉴了德国 BIT 示范文本的表述②,内容比较简单,主要包括两个方面的内容:一是对缔约一方投资者的保护;二是在平等互利的基础上促进两国经济交往。例如,1982 年中国与瑞典签署的双边投资条约,也是中国签订的第一个双边投资条约,其序言只用一句话规定:"中华人民共和国政府和瑞典王国政府,愿坚持公平合理地对待缔约一方投资者在缔约另一方境内的投资。"此后签订的双边投资条约,对序言进行了丰富,但总体上仍比较简单,比如,1992 年中国与西班牙签订的双边投资条约序言规定:"为发展两国间的经济合作,愿在相互尊重主权和平等互利的基础上,鼓励和保护缔约一方的投资者在缔约另一方领土内的投资,并为之创造良好的条件。"可以看出,尽管早期的双边投资条约比较简单,但是公平互利思想的

---

① 2012 年美国 BIT 序言写到,"Desiring to promote greater economic cooperation between them with respect to investment by nationals and enterprises of one Party in the territory of the other Party; Recognizing that agreement on the treatment to be accorded such investment will stimulate the flow of private capital and the economic development of the Parties; Agreeing that a stable framework for investment will maximize effective utilization of economic resources and improve living standards; Recognizing the importance of providing effective means of asserting claims and enforcing rights with respect to investment under national law as well as through international arbitration; Desiring to achieve these objectives in a manner consistent with the protection of health, safety, and the environment, and the promotion of internationally recognized labor rights; Having resolved to conclude a Treaty concerning the encouragement and reciprocal……"

② 2005 年德国 BIT 范本序言规定,为了密切两国政府间的经济合作,为两国投资者在另一方境内的投资创造更加有利的条件,并认识到鼓励和保护私人投资有利于促进两国经济繁荣和私人投资积极性增长。内容比较简单,但是也明确反映了公平互利的精神。

表达还是相当清楚的。

从20世纪90年代末开始,中国双边投资条约序言了发生一些细微变化。序言明确规定"愿在平等互利原则的基础上扩大两国间的经济合作",公平互利原则得到更多的关注和体现。2006年中国与芬兰重新签订的双边投资条约,其中序言规定:"愿为缔约一方的投资者在缔约另一方领土内投资创造有利条件,认识到鼓励和相互保护此类投资将有助于激励投资者经营的积极性和增进两国繁荣,愿在平等互利的基础上,加强两国间的合作";2008年中国与西班牙重新签订的双边投资条约序言,规定:"愿为缔约一方的投资者在缔约另一方境内投资创造有利条件,认识到相互鼓励、促进和保护投资将有助于激励投资者经营的积极性和增进两国繁荣,愿在平等互利的基础上加强两国间的经济合作。"

总的说来,双边投资条约序言的变化可以归纳为:在结构上,由原先的一段或两段增加到了三段,增加了"鼓励和相互保护私人投资有助于提供私人投资者的积极性和增进两国经济繁荣"之类的规定。在内容上,特别是序言目的或宗旨的表述上发生了细微的变化。早期双边投资条约序言特别重视"保护外国私人投资或投资者利益"的表述,外国私人投资者利益保护优先的理念清楚地蕴含在序言的字里行间。例如,上述1982年和1983年中国分别与瑞士和德国所签订的双边投资协定序言中只有"保护外国投资或投资者"的规定。近年来,中国双边投资条约序言,已悄然将"遵守东道国法律和法规"与"保护外国私人投资或投资者利益"的规定一并写入序言。从较早的中国与比利时—卢森堡双边投资协定序言到近来的中国与澳大利亚、特立尼达和多巴哥(拉丁美洲岛国)、圭亚那等国家的双边投资条约序言都明确提及了"外国投资者尊重东道国主权和法律"的义务。这一变化说明,双边投资条约开始由最初的仅仅重视外国私人投资者的利益逐渐转向注重投资者私人利益与国家公共利益的平衡。条约公平互利原则的意蕴更加凸显。[①]

(二)公平公正待遇条款

公平公正待遇条款是双边投资条约公平互利原则的具体体现。几乎所有

---

① See Gallagher. N& W. Shan, *Chinese Investment Treaties: Policies and Practice*, Oxford University Press, 2009, pp. 50-51.

双边投资条约都订入了公平公正待遇条款，而且在晚近的国际投资仲裁实践中，该项待遇条款得到了最为广泛的运用。以至于西方学者认为，"不夸张地说，第1105条已经成为NAFTA第11章项下投资者—国家仲裁的最重要东西。每一个在审的请求都涉及违反第1105条。同样的，每一个对NAFTA成员方作出的裁决至少有一部分放在讨论反对使用'公平与公正待遇'的问题上。这些案件已经涉及了超过20亿美元的争议，其结果将影响未来的资本投入和东道国的管理政策。"[1] 公平公正待遇条款直接反映了公平互利原则的要求，在一定意义上，是公平互利原则在投资或投资者待遇方面的具体化。但是，关于公平公正待遇标准在国际学术界和仲裁实践中并没有获得统一认识。从是否关涉国际法，可以将其简单分为两类：关涉国际法的公平公正待遇与不关涉国际法的独立的公平公正待遇。迄今为止，中国缔结的130多个双边投资条约中，绝大部分采用了不关涉国际法的公平公正待遇标准。2003年《中国与德国投资协定》第3条第1款规定："缔约一方的投资者在缔约另一方境内的投资应始终享受公平与公正的待遇。"只有2008年新近签订的《中国和墨西哥投资协定》第5条最低待遇标准之中有关公平公正待遇标准的规定与国际法相联系，"1. 任一缔约方应根据国际法给予缔约另一方投资者的投资包括公正和公平待遇以及完全的保护和安全的待遇。2. 本条规定将给予外国人的国际法最低待遇标准作为给予缔约另一方投资者投资的最低待遇标准……"中国拒绝在公平与公正待遇标准的规定中提及国际法，主要是因为担心西方国家会利用国际法的表述将该待遇解释成一项抽象的、概括性的"国际最低待遇标准"。[2]

更进一步而言，关于公平公正待遇标准的具体含义存在的主要分歧是，公平公正待遇条款是否可以被原则化的问题？换言之，公平公正待遇只是投资者待遇的一个具体标准，还是可以上升为条约的原则？不争的事实是，更多西方学者主张公平公正待遇条款可以或应当原则化。德国学者多尔泽赞同将国际投资条约中的公平与公正待遇标准比作民法典中的诚实信用原则，即

---

[1] H. Brower II, "Investor-State Disputes under NAFTA: The Empire Strikes Back", *Columbia Journal of Transnational Law*, 2003, (40): 9.

[2] 参见徐崇利：《公平与公正待遇标准：国际投资法中的"帝王条款"》，载《现代法学》2008年第5期。

将该待遇标准尊奉为国际投资法的"帝王条款"。① 奥地利学者施劳尔认为，对于公平与公正待遇标准，"其通过司法实践进行具体化是可以接受的"。② 美国学者布劳威则更为激进地指出，公平与公正待遇标准是"一个故意制造的模糊术语，意在赋予裁判者一项准立法的权力，去清晰地表明在特定争端中为实现条约目的及宗旨所必需的各种规则"。③ 英国国际法学者 F. A. 曼认为，对公平与公正待遇而言，"如此普适的条款可能几乎足以涵盖所有可想像得到的情形，且有充分的理由可以如此认定，协定中提供实体保护的其他条款只不过是这项高于一切的义务的例子或具体情形"。④ 国际经合组织也曾表明，"公平与公正待遇……是一个总括性的条款，在缺乏更为具体的保证时，其能被用于所有方面的投资待遇"。⑤ 但是，这些观点也遭到了部分学者的极力反对，他们认为，如果将公平公平待遇标准条款原则化，必然导致国际仲裁庭的"法官造法"，在国际法不成体系的状况之下，"法官"的这种权利不仅不能承担"弥补条约缺陷"的使命，而且只会带来公平公正待遇条款的滥诉，最终严重损害东道国经济管理主权或外国私人投资者与东道国之间利益的平衡。中国学者徐崇利教授直言不讳地指出，"国际社会'无政府状态'的根本特性和国际法的国家间立法基本性质决定了各国不可能引入一个最终受国际仲裁庭控制的超国家之'帝王条款'；换言之，各国自始就不可能将如此广泛的国际投资立法权授予国际仲裁庭"。⑥

---

① R. Dolzer, "Fair and Equitable Treatment: A Key Standard in Investment Treaties", *The International Lawyer*, 2005, (39).
② C. Schreuer, "Fair and Equitable Treatment in Arbitral Practice", *The Journal of World Investment & Trade*, 2005, (6).
③ H. Brower II, "Investor-State Disputes under NAFTA: The Empire Strikes Back", *Columbia Journal of Transnational Law*, 2003, (40): 56.
④ F. A. Mann, "British Treaties for the Promotion and Protection of Investments", *British Yearbook of International Law*, 1981, (52).: 243.
⑤ OECD, Intergovernmental Agreements Relating to Investment in Developing Countries, 1984: 5.
⑥ 徐崇利教授关于公平公正待遇是否可以作为条约"帝王原则"的论述以及公平公正待遇"真意"之解读，可参见《公平与公正待遇标准：国际投资法中的"帝王条款"?》，载《现代法学》2008年第5期，以及《公平与公正待遇标准"真意"之解读》，载《法商研究》2010年第3期。

其实，无论公平公正待遇标准被如何定义①，是关涉国际法（或等同或高于或含于国际法的待遇标准），还是不关涉国际法，作为一个独立的待遇标准，不可否认的事实是，公平公正条款在一定范围或一定程度上，反映或坚持了公平互利的基本原则或理念。平等对待外国私人投资与国内私人投资，公平处理外国投资者私人权利与东道国国家经济管理主权之间矛盾的公平互利思想都蕴含在公平与公正待遇条款的表述和国际仲裁的实践之中。笔者认为，双边投资条约的所有内容都围绕外国私人投资管理或投资者的权利保障展开，包括了东道国管理外国私人投资的行政权力或行政措施，涉及与投资相关的贸易、货币、税收、劳工、环保等多方面的事项，所以，即便公平公正待遇标准仅作为一个外国私人投资或投资者的待遇标准也是一个涉及范围广泛的条款，主观上的限制未必能达到客观效果。并且，公平公正待遇条款直接将法律价值或法律伦理作为待遇标准表述，如何在有限的条约篇幅内对其实现具体化，实则是对人类智慧的挑战或一道无解的难题。所以，公平公正待遇条款是否应当原则化或许是一个不辨自明的问题，关键的或重要的是如何实现原则化。如果公平公正待遇条款真正实现了原则化，那么，公平公正条款就能在更大范围或程度上体现公平互利原则。

---

① 迄今为止，在国际投资条约中，对公平与公正待遇的规定，首先可分为不涉及与涉及国际法两大类条款。前者属不附加条件地规定该项外资待遇标准。例如，《德国与柬埔寨间双边投资条约》第2条第1款规定："每一缔约方……应在任何情况下给予该外资公平与公正待遇。"第二类是涉及国际法的公平与公正待遇之条款，它又可细分为以下三种：其一是"不低于国际法要求"的公平与公正待遇条款。例如，《美国与捷克间双边投资条约》第2条第2款a项规定："投资应在任何时候被给予公平与公正待遇，应享有充分的保护与安全，并在任何情形下得到的待遇不低于国际法的要求"。其二是"包含在国际法之中"的公平与公正待遇条款。NAFTA第1105条第1款规定："每一缔约方应给予另一缔约方投资者的投资依据国际法的待遇，包括公平与公正待遇和充分的保护与安全。"此外，英国、法国、加拿大、比利时、瑞士、卢森堡等国对外缔结的一些双边投资条约也规定，公平与公正待遇应"符合国际法或国际法原则"。其三是"等同于国际最低标准"的公平与公正待遇条款。例如，2004年美国、加拿大两国《双边投资条约（范本）》第5条第1款均规定："每一缔约方应给予涵盖投资以符合习惯国际法的待遇，包括公平与公正待遇及充分的保护与安全。"该条第2款接着解释道："确切地说，第1款规定的给予涵盖投资的最低待遇标准即习惯国际法给予外国人的最低待遇标准。"参见 I. A. Laird, "NAFTA Chapter 11: Betraya, l Shock and Outrage-Recent Developments in NAFTA Article 1105", *A Review of International Business and Trade Law*, Vol. 3, 2003, pp. 187-189.

第二节　公平互利：中国双边投资条约发展的逻辑起点

作为双边投资条约价值取向的公平互利，不仅反映在条约序言之中，表现为条约实体条款中的有关投资或投资者的公平与公正待遇标准，而且成为双边投资条约发展的核心理念或逻辑起点，为公平公正待遇条款的原则化和条约"原则+规则"的结构优化提出了要求。它不仅指导条约的缔约实践，而且统辖条约的执行、适用以及争议解决，成为贯穿中国双边投资条约的精神主线和基本原则。由于南北矛盾的客观存在以及传统国际经济秩序下的不合理的经济规则设计或权利安排，导致了在国际经济合作的所有领域实现公平互利原则或许困难重重，但是，在中国双边投资条约中充分体现或实现公平互利却具有理论和实践上的基础或条件。中国是最早在联合国倡导"和平共处"五项原则的国家，2005 年中国领导人又提出了建设和发展"和谐世界"的理念①，这些国际外交思想和原则，为中国在国际投资领域实现公平互利奠定了坚实的理论基石。同时，中国国际经济合作发展阶段正处于一个从单纯引进外资到海外投资与引进外资并重发展的历史阶段，这样一个发展阶段为中国协调海外投资保护与引进外资二者的关系提供了良好的环境。所以，公平互利，必然成为中国双边投资条约逻辑起点。它既是中国双边投资条约的缔约原则，也是中国双边投资条约的法律原则（执法和司法原则），为中国在国际投资领域追求形式平等与实质公平的统一，以及实现缔约双方的互利共赢提供了理论指导。

---

① 2005 年 4 月，胡锦涛主席参加雅加达亚非峰会提出，亚非国家应"推动不同文明友好相处、平等对话、发展繁荣，共同构建一个和谐世界"。同年 7 月，胡主席出访俄罗斯，"和谐世界"被写入《中俄关于 21 世纪国际秩序的联合声明》。"和谐世界"第一次被确认为国与国之间的共识，标志着这一全新理念逐渐进入国际社会的视野。9 月，胡锦涛在联合国总部发表演讲，全面阐述了"和谐世界"的深刻内涵："……致力于同各国相互尊重、扩大共识、和谐相处，尊重各国人民自主选择社会规则和发展道路的权利，坚持各国平等参与国际事务，促进国际关系民主化；致力于同各国深化合作、共同发展、互利共赢，推动共享经济全球化和科技进步的成果，促进世界普遍繁荣；致力于促进不同文明加强交流、增进了解、相互促进，倡导世界多样性，推动人类文明发展进步；致力于同各国加深互信、加强对话、增强合作，共同应对人类面临的各种全球性问题，促进和平解决国际争端，维护世界和地区安全稳定。"

一、公平互利：双边投资条约的缔约原则

如果将双边投资条约视为缔约方之间的法律，那么，缔约过程实质上乃是一个立法过程，缔约原则也可称之为立法原则。所谓立法原则，是指立法思想的具体化和规范化，是立法者在整个立法过程中都必须予以贯彻或遵循的价值导向与行为规范，它反映了立法主体的立法目的和理念。公平互利，作为缔约原则或立法原则，就是指缔约双方在条约订立过程中应当坚守主权国家之平等、公平分配条约相关者之间的权利义务，努力实现缔约方之间的互惠互利以及缔约方与外国私人投资者之间的利益平衡。

双边投资条约具有不同于其他双边条约的特殊性。主权国家作为双边投资条约的主体，具体议定和认证条约约文，但是，除相互承担保护外国私人投资或投资者利益的义务外，自己却不享有条约上的任何权利。从目前的条约内容来看，也没有专门规定保护缔约国利益或权利的条文。换言之，双边投资条约的主体，只是条约的义务主体，条约的权利实际上是通过条约直接给予了本国海外投资或投资者。双边投资条约是一个涉及第三方权利的国家间的契约。国内有学者认为，双边投资条约这种违背契约之权利义务相统一原理的表象，是由缔约主体将有关权利对应转让给了本国海外投资者的结果，本质上，并不违反权利义务相统一的原理。[①] 但是，所谓的缔约国与本国海外投资者之间权利的转让，只是一种理论上的假想，现实中并不存在这种契约。并且，这种"转让说"始终无法解释权利主体和义务主体相分离的问题。笔者认为，结合双边投资条约的契约本质，利用私法上的第三人契约原理可以更好地解释双边投资条约这种特殊的"三方"结构及其权利义务相分离的表象。尽管私人投资者不是《维也纳条约法公约》上所言的第三国，但是，私人投资者享有国际仲裁出诉权，赋予了其国际法上"准第三方"的性质。承认这样一个特殊"三方"结构，有利于以第三人契约原理解释和安排"三方"之间的权利义务关系。缔约方——主权国家是双边投资条约的主体，享有条约权利，承担条约义务。只不过，双边投资条约缔约方的权利在条约中直接表现为本国投资或投资者的权利。本质上，保护本国投资或投资者利益，

---

① 参见石慧：《投资条约仲裁机制的批判与重构》，法律出版社 2008 年版，第 156 页。

也是保护了缔约方之主权国家的利益。所以，从这一意义上讲，双边投资条约主体的权利义务并没有发生实质上的分离，缔约方仍然既是条约义务的承担者，也是条约权利的享有者。广而言之，私法上所有第三方受益的契约，第三方利益都不过是缔约方权利或利益的一部分，第三方与缔约方始终存在事实上或法律上的利益关系，这正是第三方受益契约产生的事实基础。双边投资条约也是一样，缔约国与本国私人投资或投资者同样具有多重事实或法律上的利益关系，作为第三方投资者的利益也是条约主体——缔约国利益的一部分。

不仅如此，私人投资者的权利与义务也不可能分离。"没有无权利的义务，也没有无义务的权利"，这句话同样适用于双边投资条约。缔约国承担保护外国私人投资或投资者义务的同时，享有了本国投资或投资者利益获得保护的权利；同理，外国私人投资或投资者享有条约权利的同时，也必须承担条约中所规定的遵守东道国法律和其他条约义务。根据私法上第三方受益的契约原理，第三方受益人所享有的利益或权利，必然是契约上的利益或权利。这种契约上的利益或权利，总是受到契约上的某种限制，换言之，即便是第三方纯获益的契约，也不排除第三人遵守契约的义务。比如，享有利益或权利的程序性的规定，以及获得某种利益的前置条件等等。① 双边投资条约本质上是一种契约，私法上关于第三人受益契约的规定，可以直接适用于或解释双边投资条约中私人投资者的权利义务关系的调整。所以，双边投资条约中私人投资者享有条约上的权利必须以承担条约上的义务为前提，与条约中的缔约国情形相类似，私人投资者也并不存在只享有权利而不承担义务的例外。运用这些理论和认识，可以解释双边投资条约表面上存在的所谓缔约方承担义务、私人投资者享有权利的权利与义务相分离的假象，有利于运用契约原理深入认识双边投资条约权利与义务相统一的本质，也再次告诫：权利义务相统一，是双边投资条约缔约过程中实现公平互利的基本要求。中国双边投

---

① 对契约中第三方受益人的权益的限制，主要在以下几个方面：一是由于第三方受益是基于当事人意思表示产生，因此意思表示有效是第三方享有权益的前提；二是合同双方可协议变更、解除第三方非既得权益；三是债务人可通过延迟性抗辩等抗辩权对第三方权益进行限制。参见朱岩：《利于第三人合同研究》，载《法律科学》2005年第5期；韩世远：《试论向第三人履行的合同——对中国〈合同法〉第64条的解释》，载《法律科学》2004年第6期；邱国侠、张红生：《论合同第三方受益人》，载《云南法学》1999年第1期。

资条约应当重点关注以下两个方面内容：

第一，平衡缔约方之间的利益，实现缔约双方的互利共赢。

中国与 130 多个国家签署了双边投资条约，目前尚处于与美国、加拿大等国家的双边投资条约谈判的过程之中。每一个国家根据其经济发展阶段或国际经济合作水平，它对双边投资条约约文谈判所关注的焦点以及对投资或投资者待遇的要求都是不同的。如何准确评估本国经济发展的需求与缔约他方的条约诉求，在两者之间找到一个平衡点，真正实现最大限度的公平互利是双边投资条约缔约的中心任务。我们说，双边投资条约本质是国家间的契约，条约的缔结过程是一个平等互利的博弈过程。从中国与美国双边投资条约谈判各方所关注的焦点来看，投资或投资者国民待遇是一个存在重大分歧的焦点问题之一。美国要求中国给予美国的投资或投资者予以国民待遇，包括投资准入和投资运营两个阶段，中国方面认为，给予美国投资以准入阶段的国民待遇，势必冲击中国现行外资政策，对中国某些产业照成一定冲击；另一方面，中国也要求美国给予中国的投资或投资者予以国民待遇，改变对中国投资项目经常使用的国家安全审查的歧视规则；美国方面认为，国家安全审查是基于美国国家和公共安全的考量，完全取消该规则几乎没有可能。那么，针对这种相持不下的状况，双方从公平互利的角度出发，作出一定程度上的妥协，可能是双方应该采取的态度。至于究竟采用何种措施或在多大程度上妥协则是一个缔约的经济考量或技术问题。

双边投资条约与多边条约相比，双边条约是一种面对面的博弈，是双方意思表示一致的结果，而多边条约则是一种意思的多数决，少数意思服从多数意思。这种本质上的不同，为双边投资条约实现个性化和差异化提供了有利条件，也提出了具体要求。所以，中国与每一个缔约方所进行的谈判都是全新和不同的。追求不同国家之间的双边投资条约内容的一致性，是对双边投资条约本质认识的忽略。双边投资条约范本只是一个国家对于双边投资条约约文的总体设计和考量，具体到每一个不同缔约国的情况和要求则是千差万别的。双边投资条约范本不可代替双边投资条约的谈判文本。根据国家的 BIT 示范文本草拟适用于两个国家间谈判的文本是一个了解和研究缔约方以及依据公平互利原则平衡缔约方之间利益冲突的过程。如果对所有不同情形或类型的缔约他方都依据一个所谓的 BIT 示范文本去谈判，必然缺乏针对性，增加谈判的难度,也不能最优化地实现公平互利的缔约原则。国内有学者在谈及投资争议解决条款时曾建议,针对不同类型国家准备不同 BIT 示范文本或相关条款模板①;不同意见认为,一个国家在同一时期使用多个 BIT 示范文本在世界上没有先例,可能会制造歧视,不符合中国所倡导的"和谐世界"理念。② 笔者认为,如果正确定位中国 BIT 示范文本的地位和意义,结合双边投资条约本质认识,针对每一个缔约国及其与中国国际经济合作的具体情况,在 BIT 示范文本之上,进一步准备条约的谈判文本,多几个 BIT 示范文本也未尝不可! 如果总是像某些发达国家那样,将自己的 BIT 示范文本直接作为双边投资条约谈判的文本,企图在国际投资领域照搬私法中"格式合同"的缔约方法,强势推行自己的主张或观念,发展中国家对其提出的"范本"只有说"yes"或"no",那么,即便是一个国家只有一个 BIT 示范文本,也不可能真正实现公平互利和"和谐世界",反而,本质上构成了对条约本质和平等互利原则的违反。中国与美国的双边投资条约谈判过程之中,美国 2004 年 BIT 示范文本和中国 1997 年 BIT 示范文本都不可能成为双方谈判的文本,美国已经颁布了 2012 年 BIT 示范文本,中国也在积极研究新的 BIT 示范文本。其实,一个国家将整体性的 BIT 示范文本直接作为谈判的文本,可能性不大,必须具体情况具体分析,经过多轮尝试性谈判之后,正式提出谈判文本,从而进行约文议定,开始真正的条约缔约过程。从中国双边投资条约谈判实践来看,多数条约与 1997 年 BIT 示范文本相近,但是,2008 年中国与墨西哥签订的双边投资条约,却与中国当时所采用的 1997 年 BIT 示范文本大相径庭。③ 可见,准备 BIT 示范文本和谈判文本以及处理二者之间的关系,应当贯穿公平互利原则,根据实际情况不断加以调整。总之,只有经过平等博弈,才能制定出反映公平互利原则的双边投资条约,从而体现双边投资条约的本质。

第二,平衡东道国经济管理主权与私人投资者财产权利之间的利益冲突。

如前所述,双边投资条约的"第三方"——私人投资者,只享有条约权

---

① 参见陈安:《中外双边投资协定中的四大"安全阀"不宜贸然拆除——美、加型 BITs 谈判范本关键性"争端解决"条款剖析》,载《国际经济法学刊》2006 年第 1 期。

② See Gallagher. N & W. Shan, *Chinese Investment Treaties: Policies and Practice*, Oxford University Press, 2009, pp. 384-385.

③ 1997 年 BIT 范本只有 13 条,受德国 BIT 模式影响较大;而 2008 年中国与墨西哥双边投资条约之条文达 32 条之多,条约内容复杂、结构宏大,受美国 BIT 模式影响较大。

利,而不承担任何条约义务,既违背了权利与义务相统一的公理,也不符合私法中第三人受益的契约理论。私人投资者作为国际投资者关系的主体以及双边投资条约的第三方,其应当承担遵守条约和东道国法律的义务。可是,双边投资条约都没有规定或完全忽略了私人投资者应当承担的条约义务,这一做法,严重违反了公平互利的缔约原则。私人投资者在东道国投资,作为东道国社会的一员,必须严格遵守东道国的法律,承担一定的社会责任,这也是双边投资条约之中国民待遇的题中之义。然而,传统的双边投资条约却为投资者通过国民待遇或公平公正待遇,甚至国际法最低待遇标准,实质上获得超国民待遇提供了条约依据。外国投资或投资者获得超国民待遇得到了西方国际法学者、国际组织或所谓国际习惯法的支持。① 这些是国际经济旧秩序的遗留或产物,与倡导公平互利原则的国际经济新秩序相违背,应当得以革新。

　　中国双边投资条约必须坚持公平互利原则,适当平衡私人投资者的个人利益与东道国国家的公共利益之间的关系,在今后条约修订或缔结过程中关注下列条款:一是外国投资者的社会责任条款。企业承担社会责任已经成为国际社会的普遍认识,在中国双边投资条约中要明确私人投资者的社会责任。中国海外投资者在缔约另一方领域内更要树立承担企业社会责任的意思,这样有利于中国海外投资项目,特别是资源开发项目的长期而稳定的发展。当然,与社会责任相关的劳工和环境保护条款也要具体规定。二是公平公正待

---

　　① 有部分西方学者认为,典型性的国际投资就应当包含外国投资者享有国民待遇的权利,但是部分BITs规定了在少数领域对国民待遇的限制,这种限制是不利的,而国民待遇未来的发展趋势必然是趋于越来越少的限制,而达到国民待遇的普遍适用,参见 Saamir Elshihabi, "The Difficulty Behind Securing Sector-Specific Investment Establishment Rights: The Case of the Energy Charter Treaty", 35 *INT'L LAW.* 137, 141, 2001; J. Steven Jarreau, "Anatomy of a BIT: The United State-Honduras Bilateral Investment Treaty", 35 *U. MIAMI INTER-AM. L. REV.* 429, 430, 2004; Don Wallace, David B. Bailey, "The Inevitability Of National Treatment Of Foreign Direct Investment With Increasingly Few And Narrow Exceptions," 31 *Cornell Int'l L. J.* 615, 1998. 对于公平公正待遇,有学者也认为,如此普适的条款可能几乎足以涵盖所有可想像得到的情形,且有充分的理由可以如此认定,协定中提供实体保护的其他条款只不过是这项高于一切的义务的例子或具体情形,这种观点实质上也将公平公正待遇看成了一种超国民待遇,参见 F. A. Mann, "BritishTreaties for the Promotion and Protection of Investments," *British Yearbook of International Law*, Vo.1 52, 1981. 经合组织也在其制定的多边投资协定草案中规定了国民待遇、最惠国待遇与较优惠待遇原则,这几个原则实质上整合了美式双边投资条约范本和《北美自由贸易协定》第11章中最强有力的投资保护和自由化条款,以达到"高标准"条约的目标,参见 The Multilateral Agreement on Investment Draft Consolidated Text (note by the Secretariat), Negotiating Groupon the Multilateral Agreement on Investment (MAI). See: DAFFE/MAI (98) 7, 22 April 1998。

遇条款的原则化与具体化相结合。公平公正待遇是双边投资条约中的传统待遇条款，如何克服其不足，对其加以改良或优化，是中国双边投资条约缔结过程中应当加以考虑的问题。如前说言，公平公正待遇条款是公平互利原则在投资或投资者待遇标准方面的具体表现，为了更好地克服或解决目前该条款存在的语义抽象与裁决冲突的不足，一方面，公平公正待遇条款可以上升为投资者待遇的基本原则；另一方面，公平公正待遇条款的核心要素应当具体化，也就是说，要将国际社会普遍认可的公平公正待遇的标准或要素具体订入条款之中，提高投资者或东道国行为的可预见性，也避免该条款的滥诉或判决不一致现象。只有如此，才能在条约约文中充分体现和实现公平互利原则。当然，这是一个颇为复杂和难以把握的问题，将在本章第三节和第五章展开更为细致的论述。

二、公平互利：双边投资条约的法律原则

公平互利原则，不仅作为中国双边投资条约的缔约原则，用以协调不同缔约方之间的利益和诉求冲突，平衡私人投资者的权利义务关系，指导条约具体约文的议定，而且应当作为条约的法律原则，写入条约约文之中，作为条约实体规则的基础和原理，指导条约执行和适用，甚至作为解释条约或填补条约漏洞的依据。条约缔约原则不同于条约法律原则，前者保证了条约缔约过程，特别是条约约文议定中的公平互利价值的实现，后者保证了条约的执行和适用过程，特别是在条约或投资争议解决过程中的公平互利原则的实现。条约争议主要发生在条约主体之间，对于条约的解释或填补应当坚持平等互利原则；而投资争议一般发生在投资者与东道国之间，对于争议的裁决或执行必须坚持公平公正原则。只有这样，才能保证公平互利原则作为条约法律原则的真正实现。

中国双边投资条约在条约序言中涉及了公平互利思想或理念的表述，但是，并没有将其上升到条约基本原则的高度加以认识。例如，早期的2005年《中国与荷兰投资条约》序言规定，"……愿在尊重主权和**平等互利原则**的基础上扩大和加强两国间的经济关系和鼓励投资，为此种投资创造稳定和良好的条件……"；最近2011年签署《中国政府和乌兹别克斯坦投资条约》序言规定，"……愿为缔约一方的投资者在缔约另一方国家领土内投资创造有利条

件,认识到在**平等互利原则**的基础上相互鼓励、促进和保护投资将有助于激励投资者经营的积极性和增进两国经济繁荣,尊重缔约双方经济主权,愿加强两国间的合作,促进经济健康稳定和可持续发展,增加缔约双方人民的福祉……"纵观中国130多个双边投资条约,绝对多数的条约序言都提及平等互利原则,只有20世纪80年代早期的几个条约在序言中仅有公平合理对待缔约另一方投资者的表述。[①]例如,1982年《中国和瑞典双边投资约》序言规定,"中华人民共和国政府和瑞典王国政府,愿坚持公平合理地对待缔约一方投资者在缔约另一方境内的投资,特订立本协议……"应该指出,平等互利原则只反映了双边投资条约主体——缔约方之间的主权国家地位平等及其经济上互利共赢的关系,并没有涵盖条约内容或客体——投资或投资者保护过程中的私人投资者与东道国国家之间的利益协调与平衡关系。所以,中国双边投资条约序言中平等互利原则的表述并不能等同公平互利原则,如前所述,从平等互利到公平互利是国际经济法理念和原则的一次质的飞跃,中国双边投资条约也面临着这样一个转型或变革的任务。

所以,公平互利原则要写入双边投资条约序言取代平等互利的表述。不仅如此,公平互利原则必须具体反映在双边投资条约的条约规范(法律规范)之中。条约作为缔约国之间的"法律",直接作为投资争议的裁决依据,从这一意义而言,双边投资条约应当构建"原则+规则"的法律结构。换言之,公平互利应该作为条约原则写入条约规范。为了与公平公正待遇原则相配合,公平互利可以分解为两个方面进行规定:缔约方之间的关系遵守平等互利原则。双边投资条约是经过了缔约双方的意思互动而形成的意思表示一致,同时,缔约过程和程序一定程度上过滤了形式上的平等所带来的实质意义上的不平等现象,"平等互利"与"公平互利"在双边投资条约领域可以基本等同;而私人投资者与缔约国之间的关系则坚持公平与公正待遇原则,正好与前面所分析的公平公正待遇条款的原则化相协调。这样就形成了一个在条约序言中规定公平互利原则,而在条约实体规则中分别规定平等互利原则与公平公正待遇原则的格局,以便最大限度地实现公平互利的原则和宗旨,有利

---

① 例如:1982年签订的《中华人民共和国政府和瑞典王国政府关于相互保护投资的协定》;1983年签订的《中华人民共和国和德意志联邦共和国关于促进和相互保护投资的协定》;1983年签订的《中华人民共和国政府和罗马尼亚社会主义共和国政府关于相互促进和保护投资的协定》。

于推动中国双边投资条约的法律化转型,也为今后处理条约缔约主体之间以及缔约方与外国投资者之间的条约纠纷或投资争议提供了裁决依据。

第三节 公平互利之于"待遇标准"的要求:公平公正待遇条款的原则化

双边投资条约中的公平公正待遇条款,究竟是规则抑或原则?规则或原则的单选路径和方法是否可以解决其适用过程中固有的语义分歧与裁决冲突的难题?这是两个相互联系,应当一并给予探讨和回答的问题。国际、国内学术界局限于第一个问题的争论,而忽视了第二个问题的法方法探讨,不可能从根本上解决公平公正待遇条款的法方法困境。① 公平公正待遇条款语义抽象,不可避免地与其他条款形成冲突、交叉或包容关系,直接导致该条款泛化适用、仲裁结果冲突甚至引发投资滥诉风险②,已经受到了国际社会的高度

---

① 这方面的论文,国内主要为:王衡、惠坤:《国际投资法之公平公正待遇》,载《法学》2013年第6期;余劲松、梁丹妮:《公平公正待遇的最新发展动向及中国的对策》,载《法学家》2007年第6期;余劲松:《外资的公平与公正待遇问题研究——由NAFTA的实践产生的几点思考》,载《法商研究》2005年第6期;徐崇利:《公平与公正待遇:真义之解读》,载《法商研究》2010年第3期;刘笋:《国际投资仲裁裁决的不一致性问题及其解决》,载《法商研究》2009年第6期;国际上主要为:Dolzer. R, "Fair and Equitable Treatment: A Key Standard in Investment Treaties", *International Lawyer*, Vol. 39, 2005; Schill. S, "Fair and Equitable Treatment under Investment Treaties as an Embodiment of the Rule of Law", *Institute for International Law and Justice Working Paper*, Vol. 6, 2006; J. R. Picherack, "The Expanding Scope of the Fair and Equitable Treatment Standard: Have Recent Tribunal Gone Too Far", *The Journal of World Investment & Trade*, Vol. 9, 2008. Schreuer. C, "Fair and Equitable Treatment in Arbitral Practice", *The Journal of World Investment & Trade*, Vol. 6, 2005.

② 近年来,涉及公平公正待遇条款适用的案例,包括公平与公正待遇诉求得到国际仲裁庭支持的案例和诉求未获支持的案例。(1)诉求得到国际仲裁庭支持的案例:2000年裁决的 *Metalclad v. Mexican* 案、2002年裁决的 *Myers v. Canada* 案、2000年裁决的 *Maffezini v. Spain* 案、2001年裁决的 *Pope & Talbot v. Canada* 案、2001年部分裁决的 *CME v. Czech* 案、2003年裁决的 *Tecmed v. Mexico* 案、2004年裁决的 *MTD v. Chile* 案、2004年裁决的 *Occidental v. Ecuador* 案、2005年裁决的 *CMS v. Argentina* 案、2006年部分裁决的 *Saluka v. Czech* 案、2006年裁决的 *Azurix v. Argentina* 案、2006年裁决的 *LG&E v. Argentina* 案、2007年裁决的 *PSEG v. Turkey* 案、2007年裁决 *Siemens v. Argentina* 案和2007年裁决的 *Enron v. Argentina* 案等;(2)诉求未获支持的案例:2001年裁决的 *Genin v. Estonia* 案、2001年裁决的 *Lauder v. Czech* 案、2002年裁决的 *Mondev v. USA* 案、2003年裁决的 *ADF v. USA* 案、2004年裁决的 *Waste Management v. Mexico* 案、2004年裁决的 *GAMI v. Mexico* 案、2005年裁决的 *Methanex v. USA* 案和2006年裁决的 *Thunderbird v. Mexico* 案等。(统计资料来源于 J. Kalicki & S. Medeiros, "Fair, Equitable and Ambiguous: What Is Fair and Equitable Treatment in International Investment Law?", *ICSID Review—Foreign Investment Law Journal*, Vol. 22, 2007)

关注,甚至带来了不发达国家的严重不满。① 作为应对措施,美国和欧洲国家在新一轮双边投资条约示范文本修订或条约订立过程之中,分别采取了习惯国际法最低待遇标准和例外条款排除的方法对公平公正待遇进行限定。但是,这种着眼于单一的规则或原则论,都无法回答或面对仲裁裁决冲突或投资者滥诉之现实诘问,以及相关情形进一步恶化的担忧。不仅没有化解风险,而且可能最终导致否定或违背缔约方订立公平公正待遇条款的初衷。只有从法方法论视角对公平公正待遇条款进行现代化或建构性阐述,还原其条约原则的本来地位,建立双边投资条约以及待遇条款之间的"原则+规则"的双重结构,并运"立法和司法""原则和规则"两个层面的法方法和技术,化解传统的公平公正待遇条款适用于与投资有关的现代人权、环保、知识产权保护过程之中所发生的冲突或风险,进一步提升双边投资条约的法律化和法治化的水平。

一、公平公正待遇条款适用的难题:语义分歧与裁决冲突

公平公正待遇条款在投资争议中适用的几率相当高,成为投资者保护私人利益的有力武器。据统计,截至 2007 年上半年,在已经裁决的 34 个涉及公平与公正待遇的案件中,外国投资者胜诉的有 16 个,占到了案件总数的 2/3,被否决的此类诉求只有 8 个。② 在投资争议解决过程中直接适用公平公正待遇条款起诉、应诉和裁决成为学界和司法界普遍认可的事实。但是,严格意义上讲,公平公正待遇,这种直接以法价值和法伦理作为待遇标准的条款并不符合法律规则所要求的明确、具体的条件,也不具备法律规则"行为模式+处理结果"的逻辑结构。例如,1983 年《中华人民共和国和德意志联邦共和国关于促进和相互保护投资的协定》(以下简称《中德促进和保护投资条约》)第 2 条规定:"缔约任可一方应促进缔约另一方的投资者在其境内投资,依照其法律规定接受此种投资,并在任何情况下给予公平、合理的待

---

① 例如2007年5月2日,玻利维亚以国际仲裁庭扩张适用公平公正待遇条款为由,声明根据《华盛顿公约》第71条退出公约,该退出声明在 ICSID 收到后 6 个月也就是 11 月 3 日正式生效。See S. P. Subedi, *International Investment Law: Reconciling Policy and Principle*, Hart Publishing Ltd., 2008, pp. 140-141.

② J. Kalicki & S. Medeiros, "Fair, Equitable and Ambiguous: What is Fair and Equitable Treatment in International Investment Law?", *ICSID Review—Foreign Investment Law Journal*, (2007).

遇。"该条文区区几个字，则高度概括了投资和投资者在准入后的所有方面的所谓公平公正待遇。以如此高度抽象和概括的条款作为投资争议解决规则，必然带来两个方面的问题：一是规则语解释或义理解的分歧；二是投资仲裁裁决的冲突，这是违反法律规则方法论所导致的适用规则过程中无法化解的困境或难题。

（一）规则语义解释的分歧

表现法律价值和法律伦理的抽象公平公正待遇，从广义而言，似乎可以涵盖双边投资条约的所有内容。条款语义泛化，待遇标准模糊，理解或解释发生分歧三者之间存在着密切的逻辑关系。国际投资仲裁实践中，认为可以归入违反公平公正待遇条款的情形达 11 种之多，大致包括：违反正当程序；实行专断的和歧视性措施；损害外国投资者合法期待；缺乏透明度；未提供稳定的和可预见的法律和商务框架；采取强制和侵扰行为；以不适当之目的行使权力；东道国政府或部门越权行事；未尽适当审慎之义务；不当得利；以及非善意等。① 可以预见，随着国际投资不断发展，国际投资形式或种类创新，新的投资争议类型不断出现，公正与公平待遇也会不断地与时俱进产生各种不同的新情形。国际组织和一些学者提出来了解释公平公正待遇的一些考量要素。根据经合组织 2004 年的一项研究，这些要素主要包括：（1）适当注意；（2）正当程序；（3）透明度；（4）善意原则，包括尊重基本预期、透明度、无需存在专断要素的组合。② 余劲松教授总结国际仲裁实践，分析和指出了公平公正待遇解释或适用的最新发展：（公平公正待遇要求）提供稳定和

---

① See B. Choudhury, "Evolution or Devoluton? Defining Fair and Equitable Treatment in International Investment Law", *The Journal of World Investment & Trade*, Vol. 6, 2005, pp. 302-316; C. Schreuer, "Fair and Equitable Treatment in Arbitral Practice", *The Journal of World Investment & Trade*, Vol. 6, 2005, pp. 373-385; OECD, *International Investment Law: A Changing Landscape*, Chapter 3-Fair and Equitable Treatment Standard in International Investment Law (prepared by C. Yannaca-Small), 2005, pp. 103-124; C. McLachlan QC, L. Shore, M. Weiniger & L. Mistelis, *International Investment Arbitration: Substantive Principles*, Oxford University Press, 2007, pp226-243; I. Tudor, *The Fair and Equitable Treatment Standard in the International Law of Foreign Investment*, Oxford University Press, 2008, Chapter5; R. Dolzer & C. Schreuer, *Principles of International Investment Law*, Oxford University Press, 2008, pp. 133-149; C. F. Dugan, D. Wallace, Jr, N. Rubins & B. Sabahi, *Investment-State Arbitration*, Oxford University Press, 2008, pp. 504-531; etc. 对上述文献归纳的总结，详见徐崇利：《公平与公正待遇标准：何去何从?》，载于曾华群主编：《国际经济新秩序与国际经济法新发展》，法律出版社 2009 年版，第 313—347 页。

② OECD, "Fair and Equitable Treatment Standard in International Investment Law", *OECD Working Paper on International Investment*, 2004, (3).

可预见的法律与商业环境;不影响投资者的基本预期;不需要有传统国际法标准所要求的专断和恶意(即可构成公平公正待遇违反);违反公平公正待遇条款必须给予赔偿。① 可见,公平公正待遇条款语义的高度抽象性,为仲裁庭不断注入更为抽象的考量要素提供了空间和机会,使得"保护外国投资者的合理预期以及稳定的商业环境"等重大法治议题都可以趁机渗入公平公正待遇条款的裁决之中,并呈泛滥之势。"有时,'合法期待'的概念似乎被用作以解决所有未解决问题的万灵药",而"迄今为止,可以发现保护合法期待之概念在解释和适用公平与公正待遇标准时得到了最普遍的适用","可以清楚地看到,在过去几年里,该概念在解释公平与公正待遇条款时得到了最为显著的张扬"。② 2004年 OEPC v. Ecuador 案和2005年 CMS v. Argentina 案仲裁裁决均指出,法律和商务框架的稳定是"公平与公正待遇的一个实质要素"。③ 2006年 Saluka v. Czech 案仲裁裁决更是判定:合法期待是判断公平与公正待遇的"支配性因素"。④ 更有甚者,西方学者将"公平与公正待遇"上升为"国际投资仲裁对国家行为规制的理论",几乎将国内法治原则的基本要素都渗透到公平公正待遇之中。⑤

然而,对于公平与公正待遇条款独立性的主张,也引来了部分学者的担忧和批评。徐崇利教授指出,"(这种定性使得)公平与公正待遇将脱离国际法的约束在国际投资法律实践中'裸奔',使得国际仲裁庭获得了过度的自由裁量权,以致不当地扩张对该项待遇适用的解释。就此,仲裁员实际上享有'法官造法'的权力,究其实质,是要将公平与公正待遇标准抬举为国际投资

---

① 余劲松,梁丹妮:《公平、公正待遇的最新发展动向及中国的对策》,载《法学家》2007年第6期。

② A. Von Walter, "The Investor's Expectations in International Investment Arbitration", A. Peinisch & C. Knahr, *International Investment Law in Context*, Eleven International Publishing, 2008, pp. 173, 182.

③ Occidental Exploration and Production Company v. the Republic of Ecuador (UNCITTRAL, LCIA Case No. UN3467), Final Award of 1 July 2004, para. 183.; CMS Gas Transmission Company v. The Republic of Argentina (ICSID Case No. ARB/01/8), Award of 12 May 2005, para. 274.

④ Elizabeth Snodgrass, "Protecting Investors' Legitimate Expectations", *ICSID Rev.-For. Inv. L. J.*, 2006 (36): 1-58.

⑤ 〔美〕本尼迪克特·金斯伯里、斯蒂芬·希尔:《作为治理形式的国际投资仲裁:公平与公正待遇、比例原则与新兴的全球行政法》,李书键、袁屹峰译,载《国际经济法学刊》2011年第2期。

法中的超级'帝王条款',从而严重损害东道国对外资的管理权。"① 不仅如此,美国学者 M. C. Porterfield 认为,即便是将之界定为国际习惯法中的"最低待遇标准",因为抽象和概括的国际习惯法之最低待遇标准是不存在的,同样也会导致公平公正待遇独立性主张之风险的发生。② 只有将公平公正待遇严格限定在经国际习惯法之构成要件检验的范围内,即东道国不违反正当程序,不采取歧视性行为和不实行专断措施等③,才能符合双边投资条约缔约方宗旨,否定关于公平公正待遇方面的"法官造法",保证东道国外资管辖权不受无限制的侵害以及双边投资条约"国家造法"的性质。④ 2001 年 NAFTA 缔约国发布的关于 NAFTA 第 1105 条第 1 款的解释(以下简称《解释》)印证了这一观点。"依照国际法最低待遇标准:(1)第 1105 条第 1 款规定,缔约他方投资者所享有的最低标准待遇,就是习惯国际法的对外国人所提供的最低标准待遇。(2)'公平与公正待遇'及'充分保护与安全'的概念不要求给予习惯国际法关于外国人最低标准待遇之外的待遇。(3)如果一个裁定认为某行为违反了 NAFTA 的另一规定或独立的国际协定,不能由此确定该行为也违反了 NAFTA 第 1105 条第 1 款的规定。"⑤ 2004 年美国 BIT 示范文本第 5 条不仅复制了 NAFTA 第 1105 条第 1 款的内容,而且将公平公正待遇进一步限制为"公平与公正待遇"包括不得拒绝在刑事、民事及行政司法程序中给予符合世界主要法律规则所包含的正当程序原则所要求的审理公正的义务。美国 2012 年 BIT 示范文本第 5 条也作了同样表述。⑥

由此可见,关于公平公正待遇的含义理解在国际、国内学术界都存在两种不同的基本主张或倾向。一类是将其作为独立条款,主张赋予仲裁庭自由

---

① 徐崇利:《公平与公正待遇标准:国际投资法中的"帝王条款"》,载《现代法学》2008 年第 5 期。

② M. C. Porterfield, "San International Common Law of Investor Rights?", *University of Pennsylvania Journal of International Economic Law*, 2006, (27).

③ A. Newcombe & L. Paradell, *Law and Practice of Investment Treaties: Standards of Treatment*, Wolters Kluwer, 2009: 289.

④ 徐崇利:《公平与公正待遇:真义之解读》,载《法商研究》2010 年第 3 期。

⑤ NAFTA Free Trade Commission, Notes of Interpretation of Certain Chapter 11 Provisions (July 31, 2001), § B, available at http://www.dfait-maeci.gc.ca/tna-nac/NAFTA-Interpr-e.asp, 2012/7/20 访问.

⑥ 2012 U.S. Model Bilateral Investment Treaty, 来源于:http://www.state.gov/e/eb/ifd/bit/index.htm, 2012/5/17 访问。

裁量权,秉承公平公正原则结合具体投资争端解释公平公正待遇条款。美国学者 H. Brower II 毫不掩饰地声言:"似乎明显的是,'公平与公正待遇'一词是有意模糊,意在授权裁判者一种准立法权,在特定的案件中为实现条约的目的而明晰一套规则。将对'公平与公正待遇'界定为只是禁止最为罕见的政府不当作为之方式,乃是对仲裁庭进行抢掠,即仲裁庭被抢掠了发展法律的创造性职责。"① 二类是将其附属于国际习惯法,严格限制仲裁庭的自由裁量和任意解释风险,甚至将公平公正待遇仅局限于东道国不违反正当程序,不采取歧视性行为和不实行专断措施等方面,反对运用公平公正待遇条款影响东道国的经济管理主权。OECD 国家明确反对将公平公正待遇标准混同于"公平善意"原则(*Ex Aequo et Bono*)。② 西方学者也认为,"公平与公正待遇条款的运用不能用来保护投资者免遭在新兴的或发展中的经济体投资时碰到的固有的困难和风险。产生于与有限的或尚处于发展之中的政府管理和程序运作能力有关的风险之损失,不应通过公平与公正待遇标准的运用转嫁给东道国。"③ 这些意见或观点充分表达了对公平公正待遇及其解释予以严格限制的愿望。

(二)投资仲裁裁决的冲突

投资条约语义上的解释或理解分歧,必然导致投资争议裁决的冲突。这方面的典型案例,当首推国际商事仲裁庭裁决的"劳德(Lauder)案"。④ 该案中,美国投资者劳德通过其控股的荷兰公司在捷克投资电视台运营项目。在运营过程中,捷克政府媒体投资主管部门改变原来的承诺,作出一些歧视外国投资者的决定,致使劳德利益受损。劳德以自身名义和其控股的荷兰公司的名义,分别依据《美国和捷克双边投资条约》和《荷兰和捷克双边投资条约》对捷克政府提起仲裁。这两个仲裁案件所涉事实相同,当事人密切关

---

① H. Brower II, "Investor-State Disputes under NAFTA: The Empire Strikes Back", *Columbia Journal of Transnational Law*, 2003, (40).
② OECD, "Fair and Equitable Treatment Standard in International Investment Law", *OECD Working Paper on International Investment*, 2004, (3): 106.
③ J. R. Picherack, "The Expanding Scope of the Fair and Equitable Treatment Standard: Have Recent Tribunal Gone Too Far", *The Journal of World Investment & Trade*, 2008, (19).
④ Susan D. Frank, "The Legitimacy Crisis in Investment Treaty Arbitration: Privatizing Public International Law Through Inconsistent Decisions", *Fordham L. Rev.*, 2005. (73).

联（事实上是同一人），所涉投资权利相似，不同的是作为两个案件，分别由斯德哥尔摩仲裁庭和伦敦仲裁庭仲裁。令人不解的是，仲裁庭除了在认定捷克政府的行为构成对外国投资者歧视这一点上作出了相同裁决外，其他的诸如捷克政府行为是否构成征收、是否违反公平公正待遇和国际法上的最低待遇标准、是否为外国投资者提供了充分的安全与保护等问题上都得出了相反的结论。至于公平公正待遇条款，尽管捷克与美国和荷兰的双边投资条约关于"公平公正待遇"的规定基本相同（The U. S. -Czech Republic BIT provided that investments "shall at all times be accorded fair and equitable treatment." U. S. -Czech Republic BIT, art. II（2）(a); The Netherlands-Czech Republic BIT provides that each country "shall ensure fair and equitable treatment to the investments of investors." Netherlands-Czech Republic BIT, art. 3（1）），但伦敦仲裁庭认为捷克政府（the Media Council）既然有执行或确保国家媒体法得以遵守的义务，在没有明确承诺下执法并不违反公平公正待遇标准（Noting that had a duty to ensure observance of the Media Law, the London tribunal explained that it was not inconsistent to enforce the law absent a specific undertaking, and thus, it would not refrain from doing so. Since there was no such undertaking and the Media Council commenced proceedings because of its concerns about illegal broadcasting, the London tribunal held there was no breach of the fair and equitable treatment obligation.），而斯德哥尔摩仲裁庭则认为捷克政府的行为破坏了投资者稳定的投资预期，构成了对公平公正待遇的违反（The Stockholm tribunal again came to an opposite result. Explaining that the Media Council intentionally undermined the investment, the Stockholm tribunal held the Czech Republic violated its obligation to provide fair and equitable treatment to investors "by evisceration of the arrangements in reliance upon w [hich] the foreign investor was induced to invest."）。类似的情形也发生在阿根廷被诉的国际投资仲裁案件中。在 2006 年 *LG&E v. Argentina* 案中，仲裁庭认为，阿根廷政府未向外国投资者提供稳定的和可预期的商务和法律框架本来与公平与公正待遇不符，但鉴于该国政府采取有关措施乃处于"必需的状态"，最终没有裁决其违反公平公正待遇标准。然而，在案情几乎完全相同的 2005 年 *CMS v. Argentina* 案中，国际仲裁庭却完全不顾上述所谓"必需的状态"的对抗因素，裁决阿根廷政府违反公平与公正待遇条款，

应给予赔偿。这些裁决典型地反映出国际投资仲裁过程中关于公平公正待遇条款适用的严重不一致或冲突现象。

中国学者也较早地发现了美加墨三国自由贸易协定框架下的投资仲裁案例中关于公平公正待遇裁决的不一致现象。① "波普与塔波特公司诉加拿大案"的仲裁庭认为，公平公正待遇是最低国际法待遇之外的待遇②；"麦塔克勒德公司诉墨西哥案"的仲裁庭认为，违反透明度原则亦构成违反公平公正待遇，公平公正待遇是独立于习惯国际法之外的一项待遇和权利③；"梅耶公司诉加拿大案"的仲裁庭则认为只有将公平公正待遇与"依据国际法提供的最低待遇"联系起来才能正确解读公平公正待遇，对外国投资者的歧视构成对公平公正待遇的违反。④ 这些关于公平公正待遇的裁决不仅没有为今后理解和适用公平公正待遇条款提供一致的标准和范例，反而凸显了仲裁庭关于公平公正待遇条款解释上的对立倾向。正如美国学者克里斯托弗·布鲁莫尔指出的那样："投资条约下的实体法义务被临时性仲裁庭作出如此变化多端和前后不一的解释，导致的一个恶劣后果就是，东道国对自己在条约下承担义务的性质和范围再也没有明确的认识了。"⑤ 换言之，国际投资仲裁裁决的不一致性不仅破坏了条约作为缔约方之间法律的确定性和可预见性，而且影响了投资东道国对自身在投资条约下所承担义务的准确理解，限制了东道国管理外资的权利，减少了外国投资者的海外投资预期和确信。

二、公平公正待遇条款改良的评述：规则不堪承受之重

公平公正待遇条款语义抽象导致投资者滥诉和裁决不一致的现象已经引起国际社会强烈的关注和反响。2007 年 5 月，玻利维亚以国际仲裁庭扩张适

---

① 例如，余劲松：《外资的公平与公正待遇问题研究——由 NAFTA 的实践产生的几点思考》，载《法商研究》2005 年第 6 期；刘笋：《国际投资仲裁裁决的不一致性问题及其解决》，载《法商研究》2009 年第 6 期。
② See Todd Weiler, "NAFTA Investment Arbitration and the Growth of International Economic Law", *Can. Bus. L. J.*, 2002, (36).
③ See *Metalcald Corp. v. United Mexican States*, ICSID Case No. ARB (AF) /97/1 (2000), para. 99.
④ See *S. D. Myers, Inc, v. Canada*, Award UNCITRAL (2000), pp. 258-262.
⑤ Kelley Connolly, "Say What You Mean: Improved Drafting Resources as a Means for Increasing the Consistency of Interpretation of Bilateral Investment Treaties", *Vand. J. Transnat'l L. Vanderbilt Journal of Transnational Law*, 2007, (40).

用公平公正待遇条款为由宣布退出《解决国家与他国国民间投资争端公约》，反映了发展中国家对晚近国际仲裁庭在解决国际投资争端中滥用权力的不满。① 北美发达国家为了避免上述问题反复发生，试图通过立法性质的手段限制该条款的滥用，也纷纷修订或重新解释了 BIT 示范文本中的公平公正待遇条款。但是，国际社会并没有形成关于公平公正待遇标准的统一认识，各国对公平公正待遇条款的表达内容和表述方式存在差异。考察各国 BIT 示范文本及条约文本，关于公平公正待遇条款的表述大致有以下几种②：

1. 公平公正待遇作为独立条款，不作任何限制，仅规定应在任何时候都给予外国投资公平公正待遇。如 1991 年德国 BIT 示范文本以及 2004 年印度 BIT 示范文本规定，每一缔约方应始终给予位于本国领土内的另一缔约方投资者的投资及回报以公平和公正待遇（ARTICLE 3（2）Investments and returns of investors of each Contracting Party shall at all times be accorded fair and equitable treatment in the territory of the other Contracting Party）。中国 2003 年 BIT 示范文本第 3 条第 1 款也作了类似的规定。

2. 公平公正待遇与全面的安全和保护规定相联系，规定缔约一方的投资者应始终享受公平公正待遇及全面的保护和安全。如 2005 年英国和德国 BIT 示范文本（ARTICLE 2（2）Each Contracting State shall in its territory in any case accord investments by investors of the other Contracting State fair and equitable treatment as well as full protection under the treaty）、希腊 2001 年 BIT 示范文本、芬兰 BIT 示范文本、南非 BIT 范本、泰国 BIT 示范文本等。

3. 公平公正待遇与不得采取歧视性措施相联系，例如瑞典 2002 年 BIT 示范文本第 2 条规定缔约各方应始终给予其他缔约方投资者之投资以公平公正待遇，不应通过不合理的或歧视性的措施损害投资的管理、维持、使用、享有或处置以及产品或服务的获取，产品的销售。此外，南非、泰国、智利、秘鲁、土耳其、瑞士、荷兰 BIT 示范文本也有类似的规定。2002 年泰国 BIT 示范文本将公平公正待遇与全面的安全和保护以及不得采取歧视性措施相联

---

① S. P. Subedi, *International Investment Law: Reconciling Policy and Principle*, Hart Publishing Ltd., 2008.

② 各国的 BIT 数据部分来源于联合国贸易与发展会议网站，http://www.unctadi.org/templates/DocSearch/_779.aspx, 2014/10/5 访问。

系，规定在任何时候缔约一方将给予缔约另一方在本国领域内的投资者的投资以公平和公正待遇，享有全面的保护和安全，缔约任何一方不应得采取任何不合理或歧视性的损害措施管理、维持、使用、收益或处置在本国领域内的另一缔约方投资者的投资（Investments of investors of either Contracting Party shall at all time be accorded fair and equitable treatment and shall enjoy full protection and security in the territory of the other Contracting Party. Neither Contracting Party shall in anyway impair by unreasonable or discriminatory measures the management, maintenance, use, enjoyment or disposal of investments in its territory of investors of the other Contracting Party）。

4. 公平公正待遇与国民待遇或最惠国待遇相联系，如2002年丹麦BIT示范文本规定，缔约各方应确保给予另一缔约方投资者之投资以公平公正待遇，该待遇标准不低于其给予境内本国投资者之投资或者第三方投资者之投资的待遇标准。1991年《中华人民共和国政府和蒙古人民共和国政府关于鼓励和相互保护投资协定》第3条第1、2款却只将公平公正待遇与最惠国待遇相联系，规定："（1）缔约国一方的投资者在缔约国另一方领土内的投资、收益和与投资有关的活动应受到公正与公平的待遇和保护。（2）本条第一款所述的待遇和保护，应不低于给予任何第三国投资者的投资、收益和与投资有关的活动的待遇和保护。"

5. 公平公正待遇与国际法之规定相联系，例如2001年希腊BIT示范文本规定：任何时候投资及收益都享受公平公正待遇，以及全面的保护和安全。在任何情况下缔约一方都不得给予低于国际法要求的待遇。更有些BITs明确规定将公平公正待遇与习惯国际法规定的外国人最低待遇标准相联系。这方面典型的例子是2012年美国BIT示范文本和加拿大BIT示范文本，规定：任一缔约国对另一缔约国投资者的投资，应依习惯国际法给予公平及公正的待遇，并予以充分之安全保护；公平和公正待遇及充分安全和保护的概念不得增加或超出习惯国际法规定的外国人最低待遇标准。

6. 公平公正待遇与其违反情形举例一并规定，例如玻利维亚—法国BIT规定：缔约各方有义务根据国际法原则给予公平公正待遇，并确保上述权利的行使不会受到法律上或事实上的阻碍。下列情况可以被认为在法律上或事实上阻碍了公平公正待遇：任何对原材料或初加工材料，能源、燃料购买交易的限制,对生产方式和各种经营手段的限制,任何妨碍产品在国内或海外销售或运输的措施。

归纳起来,公平公正待遇条款的表述就是两类:不附加任何条件的公平公正待遇和通过其他待遇标准进行限制的公平与公正待遇。为了克服公平公正待遇条款的解释分歧和裁决冲突问题,国际社会主要国家的策略是对公平公正待遇进行必要限制,对条约文本或 BIT 示范文本都采用了不同方式、在不同程度上对公平公正待遇条款的含义进行限制或缩小,排除公平公正待遇的适用范围,减少与其他条款的交叉或重叠,最大限度地遏制公平公正待遇无限扩张解释的趋势。其中,最为典型的是北美自由贸易委员会(FTC)于 2001 年 7 月 31 日颁布的关于 NAFTA 第 1105 条的解释。① 显然,FTC 的解释主要针对了 NAFTA 先前的仲裁实践,对裁决书中的观点作出了直接回应:第一,"国际法"被限定解释为"习惯国际法",排除了国际法一般原则、国际法律文件等其他国际法渊源。第 1105 条第 1 款规定:"每一缔约方应给予另一缔约方投资者的投资依据国际法的待遇,包括公正与公平待遇和充分的保护和安全。"第二,公正公平待遇被限定解释为不超出习惯国际法最低标准待遇。FTC 认为,东道国只需要在习惯国际法关于外国人最低待遇标准的范围内提供公正与公平待遇,否定了 Pope & Talbot 案仲裁庭的有关见解。② 第三,确立了公正与公平待遇的独立性。FTC 要求投资者必须独立地确定被诉方违反了 NAFTA 第 1105 条的规定,而不是依赖于违反 NAFTA 其他条款的规定或者违反其他协定的义务,*S. D. Myers* 案仲裁庭所认为的违反国民待遇即违反公正与公平待遇标准的观点也遭到否定。③

美国 BIT 示范文本将公平公正待遇包含于第 5 条最低待遇标准,彻头彻尾贯彻了 NAFTA 第 1105 条的解释精神,表达了试图限制公平公正待遇适用的愿望。2004 年美国 BIT 示范文本第 5 条规定:"最低待遇标准:1. 每一缔约方应给予涵盖投资以符合习惯国际法的待遇,包括公平与公正待遇及充分

---

① NAFTA Free Trade Commission, Notes of Interpretation of Certain Chapter 11 Provisions (July 31, 2001), § B, available at http://www.dfait-maeci.gc.ca/tna-nac/NAFTA-Interpr-e.asp, 2014/10/5 访问.

② J. R. Picherack, "The Expanding Scope of the Fair and Equitable Treatment Standard: Have Recent Tribunal Gone Too Far", *The Journal of World Investment & Trade*, 2008, (19).

③ 余劲松:《外资的公平与公正待遇问题研究——由 NAFTA 的实践产生的几点思考》,载《法商研究》2005 年第 6 期。

的保护与安全。2. 确切地说，第 1 款规定的给予涵盖投资的最低待遇标准即习惯国际法给予外国人的最低待遇标准。'公平与公正待遇'和'充分的保护与安全'这两个概念并不要求给予国际最低待遇标准之外的或额外的待遇，也不创设额外的实体权利。第 1 款规定的义务为：（1）'公平与公正待遇'包括不得拒绝在刑事、民事及行政司法程序中给予符合世界主要法律规则所包含的正当程序原则所要求的审理公正的义务。……"美国后来与智利、新加坡等缔结的《自由贸易协定》(Free Trade Agreement) 也作了相应的规定，使关于待遇方面的习惯国际法的规定更为明确。① 美国出台的 2012 年 BIT 示范文本第 5 条也作了同样的表述。② 显而易见，为了缩小公正公平待遇标准的适用范围，或将其所依据的国际法限定在"习惯国际法"或"最低待遇标准"的范围内，或澄清公正公平待遇的独立性，或将其与程序性权利挂钩，从逻辑方法的分类来看，都是一种揭示和丰富公平公正待遇内涵的方法，借以提高适用公平公正待遇条款的门槛，减少其适用的机会。

为了限制公平公正待遇条款的适用范围，也可以通过列举公平公正待遇外延的逻辑方法达到目的。事实上，公平公正待遇条款适用和排除适用情形的列举方法，在公平公正待遇条款订立中受到了学术研究和条约实践的关注。中国著名学者余劲松教授主张可以利用例外条款避免公平公正待遇任意扩张解释。③ 据不完全考察，中国与德国、玻利维亚与法国之间的双边投资条约关于公平公正待遇适用范围或情形的规定采用了列举方法（中德条约采用例外排除列举，而玻法条约采用了适用情形列举）。1983 年《中国和德国投资协定》第 2 条规定，"缔约任何一方应促进缔约另一方的投资者在其境内投资，

---

① 美国与智利的 FTA 第 10.4 条规定：（1）每一缔约方得根据习惯国际法给予所涉投资以待遇，包括公平与公正待遇、全面保护与安全。（2）为更具确定性，第 1 段规定外国人的习惯国际法最低待遇标准为给予所涉投资的最低待遇标准。"公平与公正待遇"和"全面保护与安全"的概念不要求除该标准所要求外的或超出该要求的待遇，不创设额外的实体权利。（3）违反了本协定其他规定或不同的国际协定的裁定，不表明（establish）违反了本条规定。显然，根据 FTA 第 10.4 条的规定，对投资的待遇，适用习惯国际法；"公平与公正待遇"及"全面保护与安全"概念是习惯国际法的一部分。同时，该条还可以排除"梅耶公司案"中将违反 NAFTA 第 1102 条作为违反 1105 条公平与公正待遇的主要根据的做法。

② 2012 U.S. Model Bilateral Investment Treaty, 来源于：http://www.state.gov/e/eb/ifd/bit/index.htm, 2012/5/17 访问。

③ 余劲松、梁丹妮：《公平、公正待遇的最新发展动向及中国的对策》，载《法学家》2007 年第 6 期。

依照其法律规定接受此种投资，并在任何情况下给予公平、合理的待遇。"这种独立条款的立法方式与公平公正待遇的抽象语义相结合，为投资者和国际仲裁庭留下丰富的解释或自由裁量的空间。2003 年订立的《中德促进和保护投资协定》第 3 条第 4 款，对于公平公正待遇的适用范围给予了排除规定，具体表述为："1. 缔约一方的投资者在缔约另一方的境内的投资应始终享受公平与公正的待遇。2. 缔约一方应给予缔约另一方投资者在其境内的投资及与投资有关活动不低于其给予本国投资者的投资及与投资有关活动的待遇。3. 缔约一方给予缔约另一方投资者在其境内的投资及与投资有关活动的待遇，不应低于其给予任何第三国投资者的投资及与投资有关活动的待遇。4. 本条第 1 款到第 3 款所述的待遇，不应解释为缔约一方有义务将由下列原因产生的待遇、优惠或特权给予缔约另一方投资者：（1）任何现存或将来的关税同盟、自由贸易区、经济联盟以及共同市场的成员；（2）任何双重征税协定或其他有关税收问题的协定。"应该承认，上述"贸易安排或税收协定例外"的列举方式，多现于 BIT 的最惠国待遇条款之中，适用于公平公正待遇条款的"立法例"在中国订立的 130 多个双边投资条约中并不多见。2003 年《中德促进和保护投资协定》将这种立法例引入公平公正待遇条款，其效果如何，暂且不予评述，但缔约方通过这种方式所表达的避免公平公正待遇条款滥用以及限制仲裁庭自由裁量或扩张解释的愿望则是明白无误的。

可以肯定，采用与其他待遇标准相联系或通过例外条款排除的方法，理论上对遏制公平公正待遇条款的扩张解释或适用，具有一定的积极意义。但是，始终将公平公正待遇条款作为条约规则予以适用，却存在法理和逻辑上的天然缺陷：不具备"行为模式＋法律后果"的规则结构，必然导致上述规则修订的方法难以在实践中获得令人满意的效果。从法理上推理，条约（包括双边投资条约）作为法律，应当遵从法律构成要素和法方法的一般原理：法律是由规范、原则及规则构成的有机整体。公平公正待遇条款，直接以法价值和法伦理作为规则表述，没有法律规则之"行为模式＋法律后果"的构成要件，却被当作规则直接适用，不仅带来了适用上的困境，而且混淆了原则与规则的区别，造成条约内部法理结构的坍塌。可见，试图通过内涵限定与外延列举的方法对公平公正待遇条款进行规则构成的补足和规则含义的限定，注定会陷入逻辑上的矛盾或窘态之中：

其一，通过习惯国际法最低待遇标准以丰富公平公正待遇的内涵，达到限制其适用范围目的的方法，始终存在一个无法破解的难题：何为习惯国际法最低待遇标准？国际习惯法最低标准作为对待外侨的特殊规则，最早出现在 19 世纪。"国际最低标准"与"国际文明标准""国际法标准"等是几个可以互换的概念，通常被理解为由文明国家国内法所承认的一般原则所构成。有人把它看作与"正当法律程序"相类似的东西；也有人不把它看成是什么标准，而只是一个"决定过程"，以此在特定的求偿案里来衡量和解决是否一国根据国际法对外侨的损害负有责任的问题。① 美、墨总求偿委员会在 1926 年 3 月的霍普金（Hopkin）案的裁决中曾提出，借助于外交和仲裁等，外侨在必要时可根据国际法得到比国民更广泛和更自由的待遇。一国的公民根据国内法可享有许多不给予外侨的权利；反过来，根据国际法，外侨也能享有一国没有给予其本国公民的权利和救济。可见，习惯国际法究竟何指，国际法和国际司法判例没有给出一个具体标准。即使习惯国际法有一些判例支撑，那也大多是 20 世纪 20 年代以前的事，反映的是帝国主义、殖民主义的政策与实践，充其量是西方国家的习惯国际法。从 20 世纪 20 年代以来，国际关系发生了许多重大变化，西方国家的所谓"文明国家"的概念在国际上已为主权国家所取代。习惯国际法的内容随着国际政治、经济、法制及其文化的发展，也得到了前所未有的丰富和变化。一方面，外国投资者希图依据习惯国际法最低待遇标准享有特权的观念和行为，被许多发展中国家所抵制，而给予外国投资者以最惠国待遇、国民待遇为基础的平等待遇成为国际上的普遍实践；另一方面，随着维护东道国公共利益与外国投资者私人利益之间平衡的呼声不断高涨，东道国政府为了公共利益、环境、健康和劳工利益对国家经济活动以一定的方式进行必要管理，可能对外国投资者的利益产生一定影响，也应当属于私人对国家行政行为容忍义务的范围，并不违反习惯国际法最低待遇标准。所以，以一个自身内涵不明确并且处于动态发展过程之中的习惯国际法最低待遇标准来限定或揭示公平公正待遇条款是不现实的。理论上，根本找不到具体判断某种行为或事实是否符合公平公正待遇的尺度，国际仲裁庭也停止了这种寻找尺度或标准的努力，转而探究公平公正待遇的

---

① A. Roth, *The Minimum Standard of International Law Applied to Aliens*, Leiden, 1949, p. 19.

基本要素。①

美国 BIT 示范文本将"公平公正待遇"所涉之习惯国际法最低待遇标准直接限定为，"（a）'公平与公正待遇'包括按照体现在世界主要法律体系中的正当程序原则，在刑事、民事与行政裁判程序方面不得拒绝司法的义务；（b）'完全保护与安全'要求缔约方提供国际习惯法要求的治安保护程度"。有的学者将其解读为："美国试图将公平与公正待遇的理解侧重于投资者的程序权利方面，而范本中的其他待遇标准如国民待遇和最惠国待遇则侧重实体权利方面。这种理解和安排，不仅使待遇标准之间形成协调关系，而且可以防止仲裁庭随意扩大公平与公正待遇的内容，避免出现东道国被滥诉的情况。"② 但是，一旦将公平公正待遇限定在司法和行政裁判的程序上，似乎与大多数学者所主张的"美国 BIT 示范文本中提及的公平公正待遇等同于习惯国际法最低待遇标准"观点，存在相互矛盾之处：该范本附件 A 关于习惯国际法的共同约定是"缔约各方确认，其对一般意义的以及在第 5 条和附件 B 中具体规定的习惯国际法有着共同的理解，即习惯国际法产生于各国普遍、一致的实践，并各国作为法律义务遵守。对于第 5 条而言，习惯国际法上的外国人的最低标准待遇是指保护外国人经济权利与利益的所有习惯法原则"。③ 显然，根据附件 A 的约定，习惯国际法并不等同于"体现在世界主要法律体系中的正当程序原则，在刑事、民事与行政裁判程序方面不得拒绝司法的义务"。并且，我们还可以进一步做逻辑上的推理：如果公平公正待遇完全限制为程序方面上的权利，那么以"正当程序待遇"代替"公平与公正待遇"不是可以更好地避免解释或适用上的分歧吗？对于美国 BIT 示范文本的两处不同表述或规定，有学者如此解释："第 5 条和附件 A 结合在一起可以比较全面地了解美国的立场。一方面，公平与公正待遇以及充分的保护和安全，其内容是清晰的，不能任意扩大解释。但另一方面，它也不能比 1920 年代确立的习惯国际法的最低标准更低，并且如果证据表明存在更高的标准，那么

---

① 公平公正待遇的要素，主要包括诸如投资者在法律和商务环境的合理法律预期、善意原则、程序正当、比例原则等高达 11 种之多。

② 张辉：《美国国际投资法理论和实践的晚近发展——浅析美国双边投资条约 2004 年范本》，载《法学评论》2009 年第 2 期。

③ 参见卢进勇、余劲松：《国际投资条约与协定新论》，人民出版社 2007 年版，第 300 页，以及书中附录部分。

仲裁庭也可以按照新的习惯国际法裁决。"① 可见，公平公正待遇并不能完全等同第 5 条所指的程序性权利。美国 BIT 示范文本关于公平公正待遇条款的不同表述，一定意义上反映或体现了美国在国际投资领域的矛盾心理和双重标准，究其原因，一方面，美国受到了外国投资者滥诉风险的威胁②，希望对公平公正待遇解释上的随意扩张解释进行严格限制，刻意突出将公平公正待遇限定在受正当程序保护范围之内；另一方面，为维护本国海外投资者的利益不受损害，又必须确认按照动态发展的习惯国际法标准保护海外投资的原则。这一情形，表明了像美国这种对公平公正待遇标准采用严格限缩的规则立法方式不可能界定清楚公平公正待遇的内涵从而达到防止扩张解释的风险。

其二，采用例外立法的方式划定公平公正待遇适用范围的方法更是存在逻辑上的漏洞。如前所述，这种 BIT 条款的订立方式多用于国民待遇和最惠国待遇条款订立的实践中，在公平公正待遇条款之中并不多见。但是，也有学者主张将其作为避免公平公正待遇任意扩张解释或滥用的方法。③ 其实，公平公正待遇作为一个绝对且抽象的待遇标准，除缔约双方可以事先约定哪些情形符合或不符合公平公正待遇标准之外，试图划定公平公正待遇条款的适用范围几乎是不可能的。公平公正待遇涉及投资的所有领域或环节，只不过，对于不同领域或环节的公平公正待遇的考量要素或标准有所不同罢了。从更宏观的视角看问题，公平公正待遇实质上体现了自然法的基本精神和要求，是法的价值、伦理以及人类理性在国际投资领域的具体反映，可以说，在国际投资法领域，不论是在投资的正常营运阶段，还是在投资争议解决环节，都离不开公平公正待遇的考量。即便是投资准入阶段，也不可能完全抛开公平公正待遇的指导。换言之，将与投资有关的某一领域完全排除在公平公正待遇适用的范围几乎是不可想象或难以办到的。所以，通过例外立法方式划定公平公正待遇适用范围以限定仲裁庭的扩张解释不仅难以奏效，而且可能事与愿违。

---

① 张辉：《美国国际投资法理论和实践的晚近发展——浅析美国双边投资条约 2004 年范本》，载《法学评论》2009 年第 2 期。

② 根据美国国务院网站上公布的信息，自 NAFTA 生效以来，投资者已经针对美国提起仲裁 14 起，最高索赔额达到 8.9 亿美元，而针对墨西哥的只有 12 起。

③ 余劲松、梁丹妮：《公平、公正待遇的最新发展动向及中国的对策》，载《法学家》2007 年第 6 期。

综上所述，公平公正待遇是一个以法律价值和伦理作为待遇标准的条款，产生于国际经济和民商事交往形式相对单一，国际和国内法制水平都不高的时代，被称为保护外侨的"国际文明标准"，实质是期望侨居国外的国民获得由文明国家国内法所承认的一般原则的保护，并且本质上是一种高于国民待遇标准的待遇，避免受到所谓"野蛮国家"低水平法制的侵害。高度抽象的公平公正待遇条款满足了当时"文明国家"要求全面保护外侨的愿望，反映了当时国际和国内法制的状况和水平。一般说来，任何领域，不管是国际还是国内，初期的法律规则包括条约，都必然是简单和抽象的。一是社会需求不足；二是认识水平有限。随着国际经济交往在广度和深度方面的扩张，国际法从简单至复杂、从抽象到具体的精细化发展成为必然，传统的待遇条款和标准必须进行现代化改造。然而，公平公正待遇条款作为规则的具体化或精细化遇到了法方法上的难题：如何将这一表现法律价值和精神的条款具体化为一个或几个法律规则？这几乎是一个考验人类智慧的难题。应该承认，在国际国内法制水平和技术高度发展的今天，高度抽象的公平公正待遇条款作为规则的作用和意义已经大打折扣，为公平公正待遇条款补足规则构成要件的努力只能半途而废或无功而返。我们应当运用另一种法律方法开创公平公正待遇理论和实践的新途径和新领域。事实上，国际投资仲裁庭通过探索和考量公平公正待遇所包含的所谓善意原则、投资者合理预期等要素以评判东道国行政管理行为是否违反公平公正待遇标准的方法，已经超出了将其作为规则进行解释的范畴，公平公正待遇条款已被无意识地上升为双边投资条约的基本法律原则加以对待了。

三、公平公正待遇条款性质的定位：向条约原则的回归

所谓法律原则，《布莱克法律辞典》的解释是："法律的基础性真理或原理，为其他规则提供基础性或本源的综合性规则或原理，是法律行为、法律程序、法律决定的决定性规则。"[①] 中国学者认为，法律原则是寓存于法律之中的最初的、根本的规则，是为法律规则提供某种基础或根源的综合性的、

---

① *Black's Law Dictionary* (5thed), Minnesota, West publishing Co., 1979, p. 1074.

指导性的价值准则，是法律诉讼、法律程序和法律裁决的确认规范。① 法律原则不同于法律规则，二者的一般区别可以整理为下表内容②：

类别 \ 标准	法律规则	法律原则
区分标准	确定性	模糊性
差异的原因	具体	抽象
	不具有价值维度	具有价值维度
适用的方式	直接适用	权衡或者衡量
效果	严格约束自由裁量权	赋予法官很大的自由裁量权

美国学者德沃金最早提出并论述了法律原则与法律规则的区别，他认为：法律规则具有明确的构成要件，适用到个案中仅有两种可能性——或者规则有效，其法律效果必须被接受，或者规则无效，其全然无涉于判决；规则具有"一般——例外"结构，规则的"一般——例外"结构设定了可以排除使用该规则的各种例外情况，规则与相反的事例无法共存。规则的例外是可以而且应当被穷尽的，因为例外补充得越多，规则就越准确；原则具有分量的特性。原则之间的选择并不是非此即彼的关系，当各个原则在司法过程中互相交叉时，冲突的解决必须考虑有关原则的分量的强弱，结合具体的案情作出判断。③ 我们如果把公平公正待遇条款置于法理学知识和上述关于法律原则与法律规则差异的认识之中进行对比、归类，可以简单地得出结论：公平公正待遇不属于条约中的法律规则，而是法律原则。主要基于以下理由：

1. 公平公正待遇条款，完全符合上述"法律原则与法律规则一般区别列表"中法律原则的所有特征：语义抽象、适用标准模糊、适用方式上的权衡或衡量以及法官一定的自由裁量权。事实上，公平公正待遇条款不具备法律规则"行为模式＋法律后果"的构成要件和逻辑结构。形式上冠以"待遇标

---

① 葛洪义：《法理学》，中国政法大学出版社1999年版，第97—98页。
② 关于法律原则与法律规则一般区别的评述以及德沃金关于法律原则与法律规则区别论述的分析，详见刘叶深：《法律规则与法律原则：质的差别？》，载《法学家》2009年第5期。
③ Dworkin. R., *Taking Rights Seriously*, Cambridge, Massachusetts: Harvard University Press, 1977, pp. 14-16.

准"之名，实质上并没有规定投资者享有权利或国家履行义务的确定标准，充其量只是综合和抽象性的规定了条约其他规则的原则或基础。可以说，在条约规定的所有方面以及其他待遇条款之中，也有公平公正待遇考量的问题。国际仲裁实践中，发生的解释分歧和仲裁裁决不一致的现象在一定程度上就是原则化的公平公正待遇标准被不当规则化处理所产生的必然后果。

2. 公平公正待遇条款，完全可以根据罗纳德·德沃金关于法律规则与法律原则区别的初步论述被恰当地纳入法律原则的类别之中。德沃金认为，法律规则与法律原则具有三方面差异，即适用方式、例外可否被完全列举、是否具有重要性维度，并且三方面可以相互推论出来。[①] 具体来讲，公平公正待遇条款不可能完全以"全有或全无"的方式发挥作用。在其他条款的适用或考量上离不开权衡公平公正待遇的履行状况，反过来，在适用公平公正待遇条款时，也要借助与其他条约原则进行比较或权衡。"麦塔克勒德公司诉墨西哥案"的仲裁庭认为，违反透明度原则亦构成违反公平公正待遇[②]，"梅耶公司诉加拿大案"的仲裁庭则认为，对外国投资者的歧视构成对公平公正待遇的违反[③]，"路易斯威尔供电公司诉阿根廷（*LG & E v. Argentina*）案"仲裁庭认为，阿根廷政府采取的措施属于未提供稳定的和可预见的法律和商务框架的情形，损害了美国投资者的合法期待，因而违反了公平与公正待遇。[④] 在公平公正待遇条款的适用中始终贯穿着与透明度、合法预期等高度抽象性原则的考量。公平公正待遇条款与其他待遇原则之间的选择并不是非此即彼的关系，在仲裁或司法过程中互相交叉或重叠时，必须考虑公平公正待遇条款与其他有关原则的分量或重要性的强弱，根据案件事实作出选择，而选择的

[①] 关于法律原则与法律规则区别之研究，也有不同观点。比如拉兹（J. Raz）提出了法律原则与法律规则之间的差异只是程度之别（See J. Raz, "Legal Principles and the Limits of Law", 81 *The Yale Law Journal* (1972), pp. 838—842），阿列克西对德沃金的观点进行了进一步发展等。其实早在第二次世界大战结束之后、德沃金之前，埃赛尔（Esser）、拉伦兹（Larenz）、卡纳瑞斯（Canaris）等德国学者即对规则与原则区分理论有过深入的论述，德沃金的贡献在于使这一区分理论取得突破性进展并真正引起国际性的大争论。继德沃金之后的集大成者是阿列克西，不只仅对德沃金的区分加以分析与修正，而且还将此一区分理论运用到基本权理论上，发展出一套精致、严谨的基本权理论。R. Dworkin, *Taking Rights Seriously*, Cambridge, Massachusetts: Harvard University Press, 1977, p. 26.
[②] See *Metalcald Corp. v. United Mexican States*, ICSID Case No. ARB (AF) /97/1 (2000), para. 99.
[③] See *S. D. Myers, Inc. v. Canada*, Award UNCITRAL (2000), pp. 258-262.
[④] See LG&E Energy Corp., *LG&E Capital Corp. and LG&E International Inc. v. Argentine Republic*, ICSID Case No. ARB/02/1.

结果并不排斥其他原则。

并且，公平公正待遇适用范围涵盖广泛，既不能详细列举，也不能进行例外排除。从上文考察来看，公平公正待遇可以分为独立条款以及与国际法最低待遇标准相联系的两种表述模式。前者从字面含义理解公平公正待遇，几乎覆盖条约的所有内容，其内容不能具体列举或排除，当属不证自明的事情；后者以国际法或习惯国际法待遇标准进行限制，由于国际法或习惯国际法待遇标准本身不能确定，所以，一般来讲，公平公正待遇条款当然也是不可列举或排除的。

值得注意的是，在双边投资条约领域具有一定影响力的美国 2004 年 BIT 文本以及新近发布的 2012 年 BIT 示范文本，都对公平公正待遇条款进行了严格限制，似乎将公平公正待遇完全局限于程序性权利。如果将公平公正待遇完全等同于程序性权利是成立的，那么，公平公正待遇条款适用的各种情形或许是可以列举，其例外也是可以排除的。BIT 中的公平公正待遇难道真的仅是一种与实体性权利相分离的程序性权利吗？果真如此，依此推理，如果公平公正待遇等同于程序性权利，就必然得出一个结论：19 世纪所谓"文明国家"和现代内心自诩为法制发达的国家，它们极力在国民待遇和最惠国待遇之外推行的符合习惯国际法的公平公正待遇，不过是正当程序性待遇而已。这样一种推理，恐怕与最早提出公平公正待遇标准的缔约国们，希望借此全面保护本国侨民享受到比"野蛮国家"，至少是法制不发达国家的国民更高的习惯国际法标准之待遇的初衷不符；与公平公正待遇条款在"文明国家"担心"野蛮"东道国保护私人财产及其他权利水平或程度不高的背景下，作为保护外侨法律工具之"兜底条款"的事实不符；也与美国等发达国家希望通过双边投资条约全面保护本国海外投资的条约目的不符。所以，尽管美国感受到外国投资者在 NAFTA 第 1105 条框架下的诉讼和相关裁决对作为东道国的外资管理政策或经济主权形成了挑战，也在 2004 年 BIT 示范文本中对公平公正待遇条款进行了限制性和具体化修订，但是，据此将公平公正待遇理解为该文本第 5.2 条所列举的民事、刑事和行政司法程序性权利，逻辑上存在充分性不足的缺陷，需要进一步结合美国与其他国家的缔约情况来具体分析。

中国有学者在解读 BIT 真义时，也赞同将公平公正待遇限定在程序性权利之列。① 从限制公平公正待遇条款扩张解释或滥用的角度出发，无疑具有积极意义。但是，或许难以回答这样一个简单的拷问：既然如此，何不以"正当程序权利"取代"公平公正待遇"的表述而最终消灭国际投资领域内的公平公正待遇之争议或分歧呢？其实，美国 2004 年、2012 年 BIT 示范文本第 5 条之规定与其附件 A 关于习惯国际法的解释在表述上并不完全一致，或许也表明了美国示范文本起草者的矛盾心理或无奈的现实。可见，美国 BIT 示范文本中关于公平公正待遇的程序性权利限制，并不能否定公平公正待遇不可列举或排除的事实。因此，根据德沃金理论，公平公正待遇条款不是法律规则而是法律原则的结论是成立的。

3. 公平公正待遇的要素分析方法，在实践层面证成了公平公正待遇条款的法律原则属性。如前所言，公平公正待遇条款直接以法价值和法伦理进行表述的特点，决定了其高度的抽象性，为仲裁实践中该条款的适用带来解释扩张或裁决冲突的固有风险。这种风险，不可能通过条款订立或立法上的技术加以克服，充其量只是在十分有限的范围缓解扩张与冲突程度罢了。国际组织和仲裁庭开始从立法层面的规则完善转向司法过程中的要素考量，对公平公正待遇条款适用标准进行分析和把握。根据经合组织 2004 年的一项研究，这些要素主要包括：（1）适当注意；（2）正当程序；（3）透明度；（4）善意原则，包括尊重基本预期、透明度、无需存在专断要素的组合。② 英国邓迪大学瓦尔德教授主张公平与公正待遇标准应当包括如下内容：投资合理期待的保护及与之相结合的透明度原则、善意原则、权力滥用及专横的禁止等。③ 德国波恩大学教授多尔泽认为，近来的趋势表明公平与公正待遇标准包括正当程序和不得拒绝司法。④ 美国学者本尼迪克特·金斯伯里、斯蒂

---

① 参见徐崇利：《公平与公正待遇：真义之解读》，载《法商研究》2010 年第 3 期。徐教授在该文中所论述的基本结论是：公平与公正待遇实质上是一种正当程序权利，与国民待遇和最惠国待遇形成了程序性权利与实体性权利的分工。

② OECD, "Fair and Equitable Treatment Standard in International Investment Law", *OECD Working Paper on International Investment*, 2004, (3).

③ Thomas W. Walde, "The 'Umbrella' Clause in Investment Arbitration: A Comment on Original Intention and Recent Cases", *Journal of World Investment & Trade*, 2005, (6): 209-209.

④ Rudolf Dolzer, "Fair and Equitable Treatment: A Key Standard in Investment Treaties", *International Lawyer*, 2005, (39).

芬·希尔在《作为治理形式的国际投资仲裁：公平与公正待遇、比例原则与新兴的全球行政法》一文中则结合国际仲裁案例具体分析了下列要素的适用情况：（1）法律体系的稳定性，可预见性与一致性要求，（2）合法期待的保护，（3）对授予程序和行政正当程序以及禁止"拒绝司法"的要求，（4）透明度要求，以及（5）合理性与比例性要求。① 他们在文章中甚至提出，将比例原则引入公平公正待遇的适用方式，借以将包含了法治主要因素的公平公正待遇原则作为评价东道国外资管理行为的标注和尺度。应该说，一旦学界和国际仲裁庭将这些法治基本原则和要素纳入公平公正待遇的内涵或组成部分，公平公正待遇条款的适用范围必然将被极大扩张，将超越一个法律规则所能承载的内容。

至此，我们可以得出结论：公平公正待遇条款，理论上符合 BIT 法律原则的特点，实践上也发挥着法律原则的作用，应该回归法律原则的本性和地位。不仅要作为投资或投资者待遇的基本原则，而且应当提升至整个条约的指导原则，贯穿双边投资条约的订立、履行以及争议解决等全过程。只有这样，才能实现双边投资条约之"条约规范＝条约原则＋条约规则"的内在法理结构；才能实现通过抽象规定与具体规定相结合的法律技术达到覆盖双边投资条约所调整的宏观领域和具体环节的所有投资事宜；才能从根本上消除待遇条款之间冲突或交叉现象，实现待遇条款之间的合理分工；才能真正推进双边投资条约从政治意义上投资政策向法律规则的转变。事实上，国际国内学者都不乏将公平公正待遇作为条约原则，甚至作为双边投资条约"帝王条款"的主张②，在双边投资缔约实践中，也有将公平公正待遇置于条约序言加以规定的。③ 当然，还有国家在其缔结的双边投资条约中不规定公平公正待遇条款的。后一种情形，或许是为了尽量避免公平公正待遇的无限扩张的风险；或许这些国家更加清楚地知道，公平公正待遇作为法律价值和条约精

---

① 〔美〕本尼迪克特·金斯伯里、斯蒂芬·希尔：《作为治理形式的国际投资仲裁：公平与公正待遇、比例原则与新兴的全球行政法》，李书键、袁屹峰译，载《国际经济法学刊》2011 年第 2 期。

② H. Brower II, "Investor-State Disputes under NAFTA: The Empire Strikes Back", *Columbia Journal of Transnational Law*, 2003, (40).

③ 例如中国与土耳其签订的 BIT，中国与吉布提签订的 BIT 以及中国与荷兰签订的 BIT 都在序言中对公平公正待遇作了相应的规定。BIT 资料来源：商务部网站，http://tfs.mofcom.gov.cn/aarticle/Nocategory/201111/20111107819474.html，2015/12/18 访问。

神的体现,不管是否在条约中加以具体规定,其实,已经包含在条约宗旨和目的的表述之中了。

毋庸讳言,部分学者和投资东道国反对将公平公正待遇上升为条约原则,主要担忧公平公正待遇条款的滥用而严重损害东道国的外资管理权。中国学者徐崇利教授在分析公平公正待遇作为独立条款存在的风险时说:"公平与公正待遇将脱离国际法的约束在国际投资法律实践中'裸奔',使得国际仲裁庭获得过度的自由裁量权,以致不当地扩张对该项待遇适用的解释。就此,仲裁员实际上享有'法官造法'的权力。究其实质,是要将公平与公正待遇标准抬举为国际投资法中的超级'帝王条款',从而严重损害东道国对外资的管理权。"[①] 英国学者 G. V. Harten 在比较分析国际和国内法律体系完备或成熟程度的基础上也指出,在国际社会,因国际投资争端仲裁规则之问责性、融贯性和独立性的缺失,国际仲裁庭大肆扩张适用公平与公正待遇原则的结果将会极大地损害有关法治的原则。[②] 上述认识或担忧是对国际仲裁庭关于公平公正待遇条款扩张性解释实践的一个侧面的反映,如果仅从规则层面看问题,其存在一定的合理性。但是,该判断总是基于这样一个理论假设或前提:公平公正待遇条款只能作为双边投资条约之规则,不可能作为条约之原则;如果作为原则,那更将带来"法官造法"无法想象的后果。很明显,这一理论假设或前提,完全忽视了公平公正待遇作为或可以作为条约原则的法理基础和法方法论上的实践。恰巧相反,如果公平公正待遇条款作为原则,运用法律适用方法或司法技术加以限制,不仅不会发生上述学者担忧的后果,而且可以限制或解决学者们长期关注的公平公正待遇条款被滥用的现象,即"只要双边投资条约未明确规定之处,外国投资者均可诉诸公平与公正待遇条款保护,以致于每案必涉的反常现象"。得出这一结论,主要是基于以下理由:

首先,法律原则本质上是限制法官自由裁量权的工具。从一般意义而言,法律规则相对于丰富多彩的生活细节总是抽象、凝练和无法穷尽的,在法律规则适用于具体案件的过程中,赋予法官一定的自由裁量权以补充法律细节或填补法律漏洞,甚至续造法律,乃是由法律自身特点所要求或决定的无法

[①] 徐崇利:《公平与公正待遇:真义之解读》,载《法商研究》2010 年第 3 期。
[②] See Harten. G. V., *Investment Treaty Arbitration and Public Law*, Oxford University Press, 2007, pp. 52-175, 89-90, 124-151.

改变的事实。当然，法官自由裁量权的行使在完善或补足法律规则的同时，也带来了法官超越或突破法律的风险。法律原则和判例规则则是保证法官准确、忠实、统一适用法律的两种工具。法律原则将法官的自由裁量权限定在尊崇法律精神和规则目的的限度内。美国学者罗纳德·德沃金把自由裁量权与法律原则问题联系在一起分析，认为法律原则恰好否定或限定了自由裁量权的存在，而不是法律原则为自由裁量权留下了更大的空间。[①] 法律原则、法律规则与法官自由裁量权在理论上应当是这样一种关系：法律规则适用离不开法官自由裁量，而自由裁量不可超越法律原则划定的界限。实证法体系中"法律原则+法律规则"的双重结构达到了"赋予并限制"法官自由裁量权的目的。双边投资条约作为当事国之间的法律，从更高层次的法方法论视角看，也应当是一个"条约原则+条约规则"的双层结构，第一个层面是条约原则，表达双边投资条约的宗旨和目标；第二个层面是条约规则，具体规定缔约方相互之间的权利和义务。这样一个框架或结构，既实现了条约适用的灵活性与限定性相统一的要求，也保证了自由裁量权行使的合理限度和空间。可见，真正将公平公正待遇条款上升为条约原则不仅不会必然地带来自由裁量权滥用和解释的无限扩张，而且可以更好地限制仲裁庭对公平公正待遇条款的不当适用。

其次，法律原则的适用具有严格的前置条件。一般而言，"法律原则没有法律条款所必要的确定性和明确性。它是塑造法律状态的纲领，需要进一步规范化后才能直接适用于具体的案件事实。……借助特定的典型事实将法律原则予以具体的规范化，并且据此将其确认为客观实在的有效法律"。[②] 所以，除特定情形或条件以外，法律原则不能直接适用于案件裁决。正如博登海默所言："一部成文宪法总是不完善的。然而我们却必须坚持认为，法院须给予宪法的实在规则以极高的优先权，并且只有当那种在特定场合下呼吁承认某个未明确规定的原则的要求已具有极为强大的力量的时候，人们才可以

[①] R. Dworkin. Dworkin. R., *Taking Rights Seriously*, Cambridge, Massachusetts: Harvard University Press, 1977, p. 65.
[②] 〔德〕汉斯·J. 沃尔夫等：《行政法》（第一卷），高家伟译，商务印书馆2002年版，第257页。

认为宪法的实在规则应让位于某一非成文原则。"① "穷尽法律规则"是适用法律原则的前提条件。在裁判某一具体案件时，如果已有法律规则明文规定，即便在适用规则与法律原则，都能获得相同结论的情形下，也应迳行适用该法律规则，而不得适用法律原则。这一规定，被称作"禁止向一般条款逃逸"。只有在极端的情况下，诸如由于社会变迁导致法律规则变成"恶法"，适用法律规则会带来普遍的严重不公正的后果——即便如此，也要在充分论证法律原则所承载价值的重要性及其与法律目的契合性的基础上——才能抛弃成文法规则直接适用法律原则。在国际投资仲裁领域，适用法律原则也是十分罕见的。依据国际法，除非经缔约双方同意，否则，仲裁庭不能援用抽象的"公平善意"原则作为裁决的直接法律依据。② 在实践中，也很少有当事双方授予国际仲裁庭这种权力的案例，更没有在国际投资条约中规定接受以"公平善意"原则作为争端解决准据法的先例。国际仲裁庭一直拒绝将公平与公正待遇条款作为法律原则适用，也反对将其等同于"公平善意"原则。③ 所以，如果真正将公平公正待遇条款上升为条约原则，借助法律原则适用的前置条件保护，在一定程度上反而可以消除或避免仲裁实践中公平公正待遇条款被滥用的情况。

总之，公平公正待遇条款完全符合法律原则的基本特征，也满足德沃金所论述的法律原则与法律规则的区分要件，应当将其作为双边投资条约的法律原则对待。国际仲裁实践中存在的公平公平待遇条款被滥用和裁决不一致的问题，恰巧是公平公正待遇原则被不适当或错误的规则化的结果。抽象的原则被作为应当具体化的规则而适用，必然带来扩张或滥用等无法克服的不治之症。让公平公正待遇条款回归其法律原则本性，以法律原则适用的要求和前置条件予以限制和保障它的适用，才能最终化解国际仲裁实践中的乱象，实现双边投资条约的内部"原则+规则"法理结构的完善，进一步提高双边

---

① 〔美〕博登海默：《法理学：法律哲学与法律方法》，邓正来译，中国政法大学出版社1999年版，第526页。

② C. Schreuer, "Decisions Ex Aequo et Bono under the ICSID Convention", *ICSID Review—Foreign Investment Law Journal*, 1996, (11).

③ 国际仲裁庭在2003年 *ADF v. USA* 案、2006年 *Saluka v. Czech* 案和2007年 *M. C. I. & Ecuador* 案的裁决中明确反对将公平公正待遇条款等同于公平善意原则，表明国际仲裁庭一直拒绝将公平公正待遇上升为条约原则。

投资条约适用的涵盖性和灵活性。随着国际和国内法治水平的提高，过去的"野蛮国家"也被主权国家所代替，法制理念和法治水平得到了空前发展，将公平公正待遇条款规则化作为条约中的"兜底条款或规则"以保护本国外侨之国际法最低标准待遇的时代已经过去。外国投资或投资者在东道国已经得到或希望得到的待遇恐怕早已超越了国际习惯法最低待遇标准的内涵或外延。换言之，公平公正待遇条款规则化的传统方法已变得不合时宜，既难以提高本国海外投资保护的国际法水平，也限制了双边投资条约应对复杂多变的国际投资环境和措施的灵活性。在公平公正待遇条款向法律原则回归的同时，倡导缔约方将习惯国际法最低待遇标准中所涵盖的重要权利通过具体条款加以规定，或许是一种两全其美值得尝试的法方法。双边投资条约本质是契约，我们有足够的理由相信：契约双方基于各自利益和现实状况考量，可以在最佳把握自身利益的基础上，区分传统的公平公正待遇条款下所涵盖的各种权利与义务的主次、重要程度以及实现的可能，结合本国的情况在双边投资条约谈判中做一个精准的排序从而决定哪些权利应该明确规定，哪些可以置入原则的保护之中。甚至，缔约双方可以具体考虑各自及缔约他方的法制状况（东道国法律为双边投资条约订立提供了法律背景），确定双边投资条约中的投资保护和投资待遇条款所涉具体规定的重点与顺位。尽管国际法制与国内法体系相比，存在着法律不成体系和更多的法律漏洞等问题，但是缔约双方博弈的理性以及具体投资事宜的特定化，必然弥补国际法制的上述不足。

可见，公平公正待遇是国际经济法公平互利原则的在双边投资条约中的表现，可以成为条约原则，贯穿和指导双边投资条约订立、解释、适用以及投资争议裁决的全过程。"国际法实质上只是提供一种控制东道国滥用国内法变更权的工具。……实体规则——公平与公正待遇、未予补偿不得征收、国民待遇——隐含着赋予国际仲裁管辖权之意。假如它们不存在，仲裁庭将照样发明它们（且过去已经发明它们——如相类似的'拒绝公正审理原则'）；只要简单地依靠约定必须信守和禁止'滥用法律'作为基本法律原则，它们可再次没有多大困难地被重新发现。"[①] 换言之，公平公正待遇作为人类理性

---

① Wälde T. W, "The Present State of Research Carried out by the English-Speaking Section of the Center for Studies and Research, in Centre for Studies and Research in International Law and International Relations", *New Aspects of International Investment Law*, Den Haag: Martinus Nijhoff Publishers, 2006, p. 78.

和法律价值的反映，不论它以何种形式出现以及是否出现，出现在何处，都改变不了它作为法律原则的性质和地位，双边投资条约的所有法律活动都离不开它的指引和约束。试图将这样一个抽象的体现法律伦理精神的条约原则，作为一个具体的条约规则来订立与适用，必然导致或出现无法避免的规则不能具体化的难题、条款适用泛化的困境，以及国际仲裁裁决前后矛盾的弊端。不仅如此，还会造成条约内部"原则+规则"的法理结构坍塌，混淆条约原则与规则在法律特点和适用方法上的差异，限制条约适用的灵活性和涵盖面。缔约和仲裁实践都证明，公平公正待遇条款规则化和具体化的方法最终不可能解决当前国际仲裁所面临的问题。

只有公平公正待遇向原则回归，才能彻底解决公平公正待遇条款被规则化所带来的理论上的分歧和实践中的困境。公平公正待遇条款作为双边投资条约的待遇原则，不仅是公平互利——双边投资条约的核心原则的要求，而且也体现了双边投资条约的主旨和精神品格，反映了国际社会和主权国家在投资领域的根本价值和宗旨。

第五章

中国双边投资条约法方法的优化
——"原则+规则"的改良

一些国家在双边投资条约发展的早期阶段,特别是广大发展中国家迫于经济发展的压力和某些政治因素的考量,签署了大量的双边投资条约。所以,双边投资条约一开始便浓重地打上了国际政治属性的烙印,表现为条约约文形式简单、内容抽象、用语模糊,条约的法律性质及约束力无意间被淡忘或被淡化。然而,国际投资仲裁机制的建立以及东道国反复被诉的事实与国际仲裁实践的迅速发展[①],为这些国家敲响警钟:过于简单化和政治化的双边投资条约可能为缔约东道国带来预想不到的法律风险与经济负担!质言之,双边投资条约是国家间的契约,不仅当然作为缔约国之间的法律,而且也是私人投资者(包括本国海外投资者和外国私人投资者)的权利证书,最终成为国际仲裁庭裁决缔约国是否承担国际责任的直接依据或准据法。双边投资条约作为国际法的重要渊源,根据特别法优于普通法的原则,其法律效力较之其他多边条约更加具有直接性或强制性,法律属性或特征更加凸显或引人注目。这些特性,自始至终要求双边投资条约的整个缔约过程必须树立法律意识,应用法律的方法或技术审视或指导条约的制定,最大限度地减少政治因

[①] 以 ICSID 近年来受案率为例,自 1990 年对首宗投资条约仲裁案件作出裁决后,1997 年开始,这种投资条约仲裁案件成为了 ICSID 受理案件的主流。2000 年 ICSID 受理投资条约仲裁案件 7 件,至 2003 年上升到 36 件,在 2004 年仍有 22 件之多,截至 2006 年 11 月,ICSID 共受理了案件 156 起。材料来源石慧:《投资条约仲裁机制的批判与重构》,法律出版社 2008 年版,第 42、63 页。

素对双边投资条约的影响。中国大部分双边投资条约订立于20世纪80—90年代，由于当时缔约经验不足和引进外资的需要，难免存在上述所谓双边投资条约政治化的倾向或因素，所以，运用法律的思维和方法，努力推进双边投资条约的法律化转型既是条约本质属性的要求，也是减少国际投资仲裁的法律实践过程之中国家法律风险的需要，更是中国双边投资条约日益成熟的标志。

第一节 中国双边投资条约的法方法论分析

一、双边投资条约的法方法论意义[①]

双边投资条约作为国际投资法的重要法律渊源以及缔约国的法律，从条约的订立到条约的执行和适用，都应当运用法律的理念、方法或技术以思考或处理所有与条约有关的问题。条约的法方法对于双边投资条约的订立、适用以及当前法律化转型具有重要意义。

法方法论作为法理学的重要内容，日益受到国内法学界的重视。其以法的适用或解释为要旨，但不并局限于法注释学，当然涉及法哲学与法本身。翻开有关法方法论或法思维的著作，我们可以大致了解法方法论的研究领域。台湾地区学者杨仁寿所著的《法学方法论》，是较早出版的法学方法论的著作。该书除引论以外，包括法学认识论、法学发展论、法学实践论以及法学构成论，从篇幅来看，以法学实践论，即法的适用与解释为主，也以专章研究了法的渊源、认识和发展问题。[②] 德国学卡尔·拉伦茨所著的《法学方法论》，被誉为法学方法论的经典之作，具有一定的代表性，该书研究的范围更

[①] 关于法律方法与法学方法的概念及二者关系的认识，学术界并没有统一的认识。一般认为，法律方法是应用法律的方法，表现为创制、执行、适用、解释和修改等，重点在于法律的运用；而法学方法是研究法律和法律应用的方法，表现为分析、批判、综合、诠释、建构等，重点在于法律的研究。二者既具有区别，又相互融通，只是各有侧重不同。相关论述可参见郑永流教授的《法学方法抑或法律方法》、林来梵教授的《法律学方法论的辩说》以及戚渊教授的《法律方法与法学方法》等系列学者文章。本书无意辩说法律方法与法学方法之概念，以法方法统称法律或法学方法，期兼采二者所长运用于中国双边投资条约法律化转型的研究。其实，学界也有观点认为，法律方法与法学方法是属于"法的方法"的两个下位概念，二者既相互联系，又相互区别。具体可参阅赵玉增的《法律方法与法学方法概念辨析》(《学习与探索》2007年第2期)。

[②] 参见杨仁寿：《法学方法论》，中国政法大学出版社1999年版，第1—4页，及该书内容。

加广泛,除对现代法学方法之论辩与批评外,全书主要涉及现代方法上的论辩、法学的一般特征、法条的理论、案件事实的形成及其法律判断、法律的解释、法官从事法的续造之方法以及法学中概念及其体系的形成,作者自己在该书引论中将其归纳为三个方面:法学价值取向与判断、法本身的认识或理解以及法诠释学。① 可见,不论法学方法论多么深奥和庞杂,也不论是西方人著作或东方人的著作,法学方法论的研究从宏观层面上讲,离不开两个方面的内容:一是作为研究客体的法学自身的性质、特征及构成;二是作为研究方法的法诠释学(法理解之学),即法的适用与解释。关于法方法的哲学和流派,应当划入法诠释学部分,也可以作为法方法论的总则。这一认识或推论,符合人类认识论的一般规律。人类认识客观世界的方法必然基于对客观世界的认识,在一定意义上,对客体的认识越深入,认识方法必然越先进或更能获得超越发展。正如伽达默尔所说,"对学术而言,方法上纯净固然是不可或缺的要求,但是所有研究的本质恐怕是发现新方法,而不是单纯适用通常的方法"②。这些关于认识客体与认识方法之间关系的论述同样适用于法学方法论。所以,法学方法论并不仅仅是一种纯粹的法诠释学,以法诠释学或法方法论的视角对法学作自我反省或审视,以期获得法学自身发展的参照或指向成为法学方法论的重要内容。比如前述著作中,杨仁寿《法学方法论》中关于法学的认识论、发展论与构成论的研究;卡尔·拉伦茨《法学方法论》中关于法学一般特征、法条的结构以及法学中概念及体系形成的论述,其实都是关于法学或法律自身构成元素:概念、法条、价值或原则、法体系形成的法方法论视角的研究,对于法律的发展和完善具有重要意义。可见,法学方法论以研究法律的适用和解释为主要内容,但始终离不开法律价值、法律构成和法律发展等内容的探讨。

依此推理,双边投资条约作为缔约国之间的法律,条约的法方法论,除了要研究条约适用和解释问题以外,也要重点关注条约自身的法律化和体系化,包括条约理念、条约原则、条约规则以及条约结构的发展与完善。台湾地区学者黄茂荣在《法学方法与现代民法》序言中说,"法律的现代化及正

---

① 参见〔德〕卡尔·拉伦茨:《法学方法论》,陈爱娥译,商务印书馆 2003 年版,第 19—21 页。
② 转引自同上书,第 122 页。

义的实践莫不系于法学方法的认识、接受与应用,不然,小则免不了各说各话,不能客观严谨的论断是非,大则免不了强词夺理,根据主观利益颠倒是非"①。这一告诫,完全适用于双边投资条约与法方法论的关系。中国双边投资条约正处于由政治化的外交政策向法律化的文件或规则转型的阶段,特别需要吸取法学方法论的理论和研究成果对双边投资条约的缔结或修订予以指导,从法方法论的视角反思和审视现存的双边投资条约,成为推动中国双边投资条约法律化转型的必然选择。否则,中国双边投资条约的法律化转型就是一句空话。

但是,应当承认或认识到,由于中国双边投资条约的国际法律性质及其所依存的国际法律秩序的特点,决定了其方法论较之一般法学方法论表现出一定的特殊性。

首先,中国双边投资条约属于国际法的范畴,生存于国际法律秩序之中。1969年《维也纳条约法公约》第2条第1项(甲)规定:"条约者,谓国家间所缔结而以国际法为准之国际书面协定,不论其载于一项单独文书或两项以上相互有关之文书内,亦不论其特定名称如何。"作为两个主权国家依据国际法而订立的契约,属于国际法范畴,被纳入国际法秩序之内,所以,国际法方法论成为指导或影响中国双边投资条约外在或内在法律体系构建的重要因素。国际法与国内法的关系,国际社会存在"二元论"与"一元论"的分歧,但一般认为,国际法从其产生和发展的社会基础、调整对象、效力根据、法律渊源、实施措施等方面均不同于国内法,分属于两个不同的法律系统。《维也纳条约法公约》成为规范双边投资条约订立、生效、适用和解释的直接法律规范,《联合国宪章》及其相关法律文件也间接调整主权国家之间的投资法律关系。国际社会现存经济秩序与法治状况也必然潜移默化地影响双边投资条约的法律效果,等等。但是,国际与国内这两个法律体系也并非完全彼此孤立,它们之间有着互相渗透和互相补充的密切联系。国家在制定国内法时要考虑到国际法的要求,而在参与制订国际法时要考虑到国内法的立场。②这一特点意味着,中国双边投资条约的法律化,不仅要服从国际法律秩序,

---

① 参见黄茂荣:《法学方法与现代民法》,中国政法大学出版社2001年版,序言部分。
② 参见王铁崖:《国际法》,法律出版社1995年版,第44页。

以国际法的理念、价值、原则或方法指导双边投资条约的缔结或适用，而且也要符合国内法律体系的规范和原则，服务于主权国家的利益要求。特别是，由于双边投资条约的涉及对象——"外国私人投资"总是位于东道国的领域之内，双边投资条约的具体规定必然要与东道国的国内法秩序相统一。从这一意义而言，中国双边投资条约的法律化和体系化的方法论可能更加复杂，它涉及国际和国内两个法律秩序的整合或沟通。

其次，国际法体系的效力等级或结构不同于国内法，为中国双边投资条约体系化带来了一系列诸如"如何化解条约冲突"以及"如何应对最惠国待遇条款的'条约链接'功能之潜在风险"的挑战。国内法体系是一个金字塔型的结构，宪法位于塔顶，下位的法律规范分为不同层级，下级规范的效力来自于上级规范，宪法具有最高效力，是该体系内一切规范效力的最终源头，所有法律部门以宪法为基础事实上形成了一个严整而完备的法律体系。体系内部门法之间的法律冲突解决相对简单。而国际法体系则呈现出一个扁平的结构，不存在宪法性规范，法律规范之间没有层级区分，没有效力优劣，而且现代国际法规范数量不断增加，"国际法碎片化"的现象日益普遍，各个领域的法律规范冲突不可避免。因此，国际法的体系化和冲突解决成为比国内法更加复杂而紧迫的问题。更有甚者，双边投资条约的特殊三方结构和双边特点，决定了双边投资条约冲突不仅包括条约之间的冲突，而且还涵盖条约与国内法之间的冲突，以及双边投资条约与国家特许契约的冲突。选择何种有效方法或模式解决双边投资条约的相关规范（法律）冲突是一个日渐迫切需要解决的问题。令人感到有趣的是，双边投资条约还存在一种刚好与条约冲突现象完全相反的另一种情形，即最惠国待遇条款具有将一缔约国（比如中国）与其他不同缔约国之间签署的所有相关条约进行"链接"并使各种优惠待遇相互"扯平"或同质化的功效，这种效用可以让"碎片化"的条约"网络化"，将差别化的待遇等同化。但是，最惠国待遇条款的这种特点却为双边投资条约的个性化带来了挑战，如何立足双边条约的契约本质，反映各缔约国的具体国情，在双边投资条约的统一化与差别化之间寻求一种合理的平衡，则要求中国双边投资条约在缔约方法和技术上进行更多的创新。

总之，双边投资条约，作为缔约国之间的法律和国际投资法的重要渊源，要实现法律化和现代化的转型，必然离不开法学方法论基本原理和知识的指导。不断完善条约的法律概念、法律规范和法律结构，努力优化条约的外部与内部法律体系，积极研究法方法在双边投资条约中新的应用和发展，对于推进中国双边投资条约的法律化转型具有非常重要的方法论意义，也必将成为中国国际投资法和法理学研究的新内容。

二、双边投资条约规范的法方法评论

任何法律都必须是体系化的，杂乱无章的条款堆砌形成不了法律。一般来讲，法律概念组成法律规范，法律规范构成法律内容，法律规范的体系化才可能形成法律或法律文件。所以，法律本身即是法律规范体系化的结果，归根结底，乃是构成法律规范之法律概念的抽象化与法律原则的具体化所具有的天然位阶关系最终决定的。台湾地区学者黄茂荣在《法学方法与现代民法》中指出，法律规范之体系化在存在论上的基础为："法律概念"之位阶性。法律概念不但自逻辑的观点观之，从其概念抽象化的程度，在概念间或法律规定间可以构成位阶关系；而且自法律概念所负荷之价值的根本性之程度，亦即从其所负荷价值之具体化的程度，在概念间或法律规定间亦可构成位阶关系。这些位阶关系所形成的关系结构，正与体系的构造相同。因此，法律概念或法律规定间在逻辑上因其抽象化的程度，或在价值上因其具体化的程度，形成位阶构造，成为法律体系化的客体基础。并且，自逻辑上之抽象化及价值上之具体化所构成之法律体系，在实际上既可以并而为之，相辅相成。不仅如此，法律体系化乃是法律的自身属性，法学方法不是发明了它，而仅仅是发现它而已。[①] 法律体系有外部体系与内部体系之分。概念抽象化的程度位阶形成了法律的外部体系；价值具体化的程度位阶构成了法律的内部体系。外部体系受形式逻辑的支配，内部体系依据法理念之间的意思关联。法律的外部体系表现为法律概念、法律规范（法律规则和法律原则），通过篇、章、节、条、款、项等外在形式呈现出来；而法律的内部体系则表现为不同位阶的法律理念、价值和原则，上至法治理念或价值，下至指导规则适用的抽象规范，共同形成了法律内在化的法秩序。但是，法律外部体系与内部体系同是法律体系的构成要素，共同存在于法律体系之中。可以说，法律

[①] 参见黄茂荣：《法学方法与现代民法》，中国政法大学出版社2001年版，第407—408页。

外部体系是法律内部体系外化的结果,因为一定的法秩序总是通过一定的法规范表现出来;而一定的法规范与法概念,都必然承载一定的法价值,受法律原则的规范或指导。

  这些法方法论的一般认识,同样适用于双边投资条约。理由很简单:双边投资条约作为缔约国之间的法律和国际投资法的重要渊源,法律概念、规则和原则同样是双边投资条约文本的构成要素;法律理念、价值和原则也一样构成了双边投资条约内在的法秩序。法律外部体系和内部体系相统一的原理亦当然指导双边投资条约的订立、适用或解释。中国双边投资条约从形式上看,大体可以分为三个部分,即条约序言、正文和附件;从条约编排技术来看,和国内法律一样,都通过条、款、项的立法技术组织或安排约文。所以,从表面上看,中国双边投资条约已经具备了法律或法律文件的外观。但是,从法学方法论视角来看,中国双边投资条约规范的体系化至少还存在两个方面的不足:

  第一,条约法律概念缺乏严密性。法律概念是构建法律的基本元素,在法学方法论上,有其特定含义,即概念设定为所欲描述之对象的特征,已经被穷尽地列举。① 双边投资条约也为一些基本概念所支撑,诸如投资、投资者、投资争议等。但是,从笔者的考察来看,这些概念并不具备足够的严整性。例如,1984 年《中华人民共和国政府和法兰西共和国政府关于相互鼓励和保护投资的协定》中规定,"投资"系指"依据在其领土和海域内接受投资的**缔约一方的法律**用于投资的各种财产。尤其是:……(2)股票和在缔约一方领土内的公司的其他形式的直接或间接的参股,包括少数参股;(3)债券,债权以及各种具有经济价值的给付请求权;(4)著作权……商名和商誉……"② 这种以资产为基础的"投资"定义方式,在中国双边投

---

① 转引自黄茂荣:《法学方法与现代民法》,中国政法大学出版社 2001 年版,第 39 页。
② 1984 年《中华人民共和国政府和法兰西共和国政府关于相互鼓励和保护投资的协定》第 1 条规定,"'投资',系指依据在其领土和海域内接受投资的缔约一方的法律用于投资的各种财产。尤其是:(一)动产、不动产及其他各种物权,如抵押权、用益权、担保及类似的权利;(二)股票和在缔约一方领土内的公司的其他形式的直接或间接的参股,包括少数参股;(三)债券,债权以及各种具有经济价值的给付请求权;(四)著作权,工业产权(如发明专利、许可证、注册商标等),专有技术,工艺流程,商名和商誉;(五)依据法律授予的特许权,尤其是种植、勘探、开采和开发自然资源,包括在缔约各方海域内的自然资源的特许权。所投资产形式的变更,在不违背在其领土和海域内接受投资缔约一方的法律规定的条件下,不影响其作为投资的性质"。

条约中使用得相当普遍，主要存在两个方面的问题：一是"投资"所涵盖的范围（外延）过于宽泛，超越了投资的基本内涵和功能，增加了缔约国投资保护的负担；二是与中国《公司法》的有关规定不符，且条款在表述上存在矛盾之处。条约规定，投资"系指依据……接受投资的**缔约一方的法律**用于投资的各种财产"，而中国《公司法》并没有规定诸如间接参股的方式以及商名、商誉等投资形式，可见，条约的概括性规定与其具体列举自相矛盾。中国2006年《公司法》第27条规定："股东可以用货币出资，也可以用实物、知识产权、土地使用权等可以用货币估价并可以依法转让的非货币财产作价出资；但是，法律、行政法规规定不得作为出资的财产除外。"1993年公司法关于投资形式的规定范围更窄。"投资"定义或概念上的逻辑错误，必然影响到诸如投资者和投资争议等概念的理解或界定，因为没有穷尽列举描述对象特征的概念，难以据此完成实践中具体对象的涵摄过程，从而降低双边投资条约适用或解释的水平。不仅如此，如果作为一个法律文件中最基本的概念或范畴是不明确的，即其重要特征没有被穷尽列举，那么，最终必然动摇或损害该法律文件的效力和体系形成。双边投资条约也不能例外。

第二，条约法律规范构成残缺不全。纵观中国双边投资条约的三个范本[①]，正文部分都是13个条文，组成条约的主要是法律规则，但整个约文中没有出现条约的法律原则表述。法理学或法方法论知识告诉我们，条约由法律规范构成，法律规范包括法律规则和法律原则两个部分。法律规则是以一定的逻辑结构形式具体规定人们法律权利、法律义务及其相应的法律后果的法律规定。而法律原则是为法律规则提供某种基础或本源的综合性的、指导性的原理或价值准则的一种法律规范。它是具有高度的一般化层别的规范。[②] 法律规则和原则形式上主要以其构成要素——法律概念的抽象化程度相区分。条约规则一般由较为具体的概念所组成，抽象化程度较低；而条约原则一般由较为抽象的概念所组成，抽象化程度较高。概念越抽象，其适用范围越广

---

① 从笔者所掌握的资料来看，中国双边投资条约到2015年为止，制订过三个双边投资条约范本，第一个范本是20世纪80年代早期制定的，第二个是80年代末期制定的，第三个是90年代晚期制订，目前尚在使用过程之中。进入21世纪之后，根据新的国际经济发展状况，中国也正在制定新的双边投资条约范本。

② 〔德〕阿列克西：《法律论证理论》，舒国滢译，中国法制出版社2002年版，第301页。

泛，所以，条约原则对条约规则无疑具有一定的指导和弥补的作用。如果条约规范中原则缺失，那么，条约的适用范围可能被缩小，条约的解释或许被滥用，最终条约的体系化必然会落空。如前所言，双边投资条约中的公平公正待遇条款，语义高度抽象，不符合条约规则的要求，不能作为条约规则直接适用，应当上升为投资或投资者待遇的基本原则，以填补双边投资条约原则缺位的不足。否则，必然导致关于公平公正待遇案件的裁决前后矛盾或冲突。可见，运用法学方法论审视和研究中国双边投资条约，有利于发现其外部法律体系与内部法秩序形成过程中的一些共性问题，对于中国双边投资条约规范的体系化和条约的法律化具有重要现实意义。

第二节　中国双边投资条约规范的改良：原则+规则

一、双边投资条约原则的确立和构造

法理学知识告诉我们，法的内容是法律规范，法律规范是所有法学中的最基本的概念之一。[①] 所谓法律规范，是指国家制定或认可的关于人们的行为或活动的命令、允许和禁止的一种规范。[②] 法律规范由法律规则和法律原则组成，两者都是针对特定情况下有关法律责任的特定的决定。[③] 法律规范是法律规则（或法律原则）的上位概念，法律规则（或法律原则）只是法律规范的类型之一。[④] 从一定意义上看，法律规则是构成法律规范的主要形式和要素。正如哈特所言："法律的生命在很大程度上，仍然在于凭借意义确定的规则，

[①] Alexy. R, *A Theory of Constitutional Rights*, Trans. Julian Rivers, Oxford University Press, 2002, p. 20.

[②] 中国教科书中经常将法律规范与法律规则相混淆，认为法律规范和法律规则是可以相互通用的概念。如沈宗灵主编的《法理学》（北京大学出版社1999年版）第36页："在现代汉语中，规则与规范基本上是同义的。"在21世纪出版的《法理学》著作中，法律规范与法律规则得到明确区分，如舒国滢主编《法理学导论》，北京大学出版社2006年版。

[③] Dworkin. R., *Taking Rights Seriously*, Cambridge, Massachusetts: Harvard University Press, 1977, p. 24.

[④] Alexy. R, *A Theory of Constitutional Rights*, Trans. Julian Rivers, Oxford: Oxford University Press, 2002, p. 45.

作为官员与私人领域之个人的指引。"① 但是，法律原则是立法者将其所选择的基本价值予以规范化或法律化的结果，它体现了法律的主旨和精神品格，反映了一个社会特定领域的根本价值和社会发展趋势，为法律规则提供某种基础和综合性的指导。法律原则同属于法律规范，不仅可以作为规则和具体判决的理由，而且其作为一种规范还可以间接地作为人们行为的理由。② 通常意义上，它具有以下三种功能：

（1）指导功能，是指法律原则可以作为法律解释和法律推理的依据，为法律规则的正确适用提供指导。对法律进行解释和推理时，法律适用者必须在整个法律框架下进行，解释和推理的结果不能违背整个法律的基本原理和根本价值。法律原则作为法律的基本精神和价值的承担者以及法的内在体系的基本架构者，对法律解释和推理，特别是对法律漏洞填补和法律续造起着重要的导向作用。③

（2）评价功能，是指法律原则既可以作为对法律规则甚至整个实在法效力进行实质评判的标准，也可以作为说明实在法及其规则是否正确、公正、有效的理由，以及论证法律规则的例外情形与揭示法律规则或法律裁判正当性之不足的依据，等等。

（3）裁判功能，是指法律原则直接作为个案裁判的依据或理由。现代社会立法者有限的理性的以及社会关系的纷繁复杂，法律实践中总会产生一些法律规则没有规定的新情况或新案件。法官直接适用法律原则作为个案裁判的依据或不可避免。它变现为法律原则弥补法律漏洞的功能。只不过法律原则自身从来不是个案裁判的明确依据（definitive reason），也就是说法律原则作为个案裁判的依据需要具体化。④

双边投资条约，作为国际投资仲裁适用的主要法律，但效力主要及于国

---

① 〔英〕H. L. A. 哈特：《法律的概念》（第二版），许家馨、李冠宜译，法律出版社2011年版，第178页。
② Alexy. R. *A Theory of Constitutional Rights*, Trans. Julian Rivers, Oxford University Press, 2002, p. 50.
③ 参见舒国滢：《法理学导论》，北京大学出版社2006年版，第115—116页。
④ Alexy. R, *A Theory of Constitutional Rights*, Trans. Julian Rivers, Oxford University Press, 2002, p. 60.

内，旨在对缔约国各级政府的行政权力产生制约，为外国私人投资者提供保护。所以，双边投资条约在国际和国内两个层面上，都具备法律的属性，成为国际法和国内法的渊源。条约规范作为条约内容的表现形式或载体，应当由条约法律原则和条约法律规则所组成。尽管条约规则作为条约或条约规范的主要形式或构成要素，但是，条约或条约规范不能缺少条约原则。否则，不仅条约的理念和价值就缺少了直接的载体，条约规范的构成要素就会残缺不全，而且条约规则就会失去价值导向和原理指导，条约或与条约相关的仲裁在适用条约需要解释的时候，就会难免偏离条约的价值，产生个案的不公平。更有甚者，特别是双边投资条约，由于条约规则数量的有限性（德国模式的双边投资条约一般为 13 个条款）以及国际投资事项的复杂性决定了双边投资条约的约文更是"挂一漏万"或"千疮百孔"，这一不以人的意志为转移的客观事实更加凸显了双边投资条约法律原则填补漏洞的重要作用。可以毫不夸张地说，如果双边投资条约缺少了条约原则，若干条约规则或条文不足以应对复杂多变的国际投资关系，双边投资条约作为法律的外部体系和内部体系难以形成。法学方法论认为，法律体系有外部体系与内部体系之分。概念抽象化的程度位阶形成了法律的外部体系；价值具体化的程度位阶构成了法律的内部体系。外部体系受形式逻辑的支配，内部体系依据法理念之间的意思关联。法律的外部体系表现为法律概念、法律规范（法律规则和法律原则），通过篇、章、节、条、款、项等外在形式呈现出来；而法律的内部体系则表现为不同位阶的法律理念、价值和原则。[①] 可见，法律原则是法律外部体系与内部体系共同的构成要素，双边投资条约一旦缺少了条约原则，条约的体系构造就会失去基础，双边投资条约就会因为条约原则缺乏留下法律上的"千疮百孔"，为政治权力角逐提供了空间，导致双边投资条约最终不可能脱离政治化的外资政策的范畴。一个没有体系化的双边投资条约，一则不能满足复杂国际投资关系调整的需要，难免挂一漏万；二则不能指导和制约国际仲裁庭对条约的任意解释。这一推理结论，得到了国际仲裁庭实践中所表

[①] 参见黄茂荣：《法学方法与现代民法》，中国政法大学出版社 2001 年版，第 616—626 页以及〔德〕卡尔·拉伦兹：《法学方法论》，陈爱娥译，商务印书馆 2003 年版，第 316—368 页，有关法律体系及其形成部分的论述。

现出的裁决严重不一致现象的有力证明。

令人遗憾的是,中国双边投资条约文本或范本正文中并没有明确的条约原则的表述,只是在序言中关于条约目的和宗旨的表述中涉及"平等互利"的字句。20世纪90年代末期制定的目前尚在使用的条约范本序言中写道,"希望在平等互利的基础上加强两国政府间的合作"（Desiring to intensify the cooperation of both States on the basis of equality and mutual benefits）①；中国与其他国家缔结的双边投资条约序言中多有两缔约国之间坚持"平等互利"精神,促进和相互保护投资的语句,更多的是缔约国之间关于缔约目的和宗旨的表述,还没有上升到条约原则的层次。比如《中华人民共和国政府和马里共和国政府关于相互促进和保护投资协定》序言写到,"缔约双方愿为缔约一方的投资者在缔约另一方领土内投资创造有利条件,认识到在**平等互利**基础上相互鼓励、促进和保护投资,将有助于激励投资者经营的积极性和增进两国繁荣,深信对此类投资的促进和保护将促进缔约双方间为了经济发展而进行资金和技术的转移,认同缔约任何一方有权制定与其领土内投资的准入和设立有关的法律,达成协议如下……"其实,在国际条约中直接规定条约原则的方式在国际条约缔结实践中经常被使用,具体可以分为两种：一是直接**以条约的形式专门规定**相关国际法原则。例如,联合国大会1970年10月24日通过的《关于各国依联合国宪章建立友好关系及合作之国际原则之宣言》规定了"各国在其国际关系上应避免为侵害任何国家领土完整或政治独立之目的或以与联合国宗旨不符之任何其他方式使用威胁或武力之原则"等7项国际法原则；欧洲安全理事会1975年8月1日通过的欧洲《关于指导与会国间关系原则的宣言》规定了"主权平等,尊重主权固有的权利"等10项原则,等等。② 二是在国际条约之中以序言、专章或条款的形式规定条约原则。例如,联合国大会1974年通过的《关于建立新的国际经济秩序行动纲领》的引言部分重申了《建立新的国际经济秩序宣言》及维护尊严和主权平等原则（《宣言》中具体规定了20个建立国际经济新秩序的基本原则）；同年,联合

---

① See Gallagher. N & W. Shan, *Chinese Investment Treaties: Policies and Practice*, Oxford University Press, 2009, p. 433.

② 参见王铁崖、田如萱：《国际法资料选编》,法律出版社1986年版,第1—9,33—42页。

国大会通过的《各国经济权利和义务宪章》第一章国际经济关系的基本准则，具体规定了"一切国家主权平等、公平互利"等15项国际经济关系的基本原则，对国际经济新秩序建立和国际经济合作产生了深远的影响。① 非洲国家1963年签署的《非洲统一组织宪章》第3条"原则"，规定："为了实现第2条中所述的宗旨，成员国庄严地确认和申明它们遵循以下原则：（1）各成员国的主权一律平等；（2）不干涉各国内政……（7）重申对一切集团的不结盟政策。"② 直接调整条约关系的《维也纳条约法公约》也在序言中写道，"……鉴及联合国宪章所载之国际法原则，诸如人民平等权利及自决，所有国家主权平等及独立，不干涉各国内政，禁止使用威胁或武力以及普遍尊重与遵守全体人类之人权及基本自由等原则……"，明确提及了条约法的基本原则。③ 国际条约中关于条约原则条款的订立事实及其订立方式为中国双边投资条约缔结条约原则条款提供了先例或借鉴。条约原则有如其他法律原则一样，可以作为条约体系化的构成要素和基础，具有对条约规则的指导、评价、填补等多种功能，提高了条约适用的公平公正水平与处理新情况或新问题的灵活度。

如前面第四章所言，中国双边投资条约应当以公平互利的价值或理念取代当前条约序言中所提及的平等互利精神或宗旨，并将其上升为条约的基本原则明确地写入条约序言或正文之中。尽管法律原则是法律价值的表现，与价值在适用上具有相似之处，即都需要平衡或权衡。但法律原则与价值不能等同，法律原则具有道义的性质，它所关涉的是"应该是什么的问题"；而价值具有价值论的性质，它所关涉的是"最好的是什么的问题"。④ 条约法律原则与条约宗旨也存在差异，《联合国宪章》第一章就将宗旨和原则分别规定在第1条和第2条之中。中国双边投资条约应当直接表述公平互利的条约原则，不能习惯于用条约价值或宗旨代替条约原则的规定。联合国《各国经济权利和义务宪章》规定了15项国际经济关系的基本原则，"公平互利原则"被列

---

① 参见陈安、刘智中：《国际经济法资料选编》，法律出版社1991年版，第5—9，10—30页。
② 参见王铁崖、田如萱：《国际法资料选编》，法律出版社1986年版，第903页。
③ 参见同上书，第743页。
④ Alexy. R, *A Theory of Constitutional Rights*, Trans. Julian Rivers, Oxford University Press, 2002, p. 92.

为第三位。以公平互利取代平等互利作为中国双边投资条约原则，不是简单的同义词或近义词替换游戏。"公平"一词与"法"同源，《说文解字》在解释"法"字时说，"平之若水，从水"；从词的构成来看，"公平"即为"公正"与"平等"之意，平等是公平的前提。不仅如此，公平互利是一种实质意义上的正义；而平等互利则是一种形式意义上的正义。从形式正义转向实质正义或形式正义与实质正义相统一，是国际社会新经济秩序的要求，也符合中国国际经济合作与发展阶段的价值要求。徐崇利教授撰文认为，随着中国综合国力的增长和国际竞争力的提升，中国应当从过去单一追求实质正义或形式正义向追求形式正义与实质正义相结合转变。① 这一观点，鲜明地表达了中国双边投资条约确立公平互利原则的价值诉求或内生动力。从平等互利与公平互利作为条约原则的适用范围来看，二者适用范围具有明显的差异性。双边投资条约是主权国家之间的契约，契约主体之间为了促进和相互保护投资，促进各自国家经济发展应当适用平等互利原则；但是，外国私人投资者不是条约主体，在条约法上只是双边投资条约"准第三方"，在投资管理关系中，则是条约主体（东道国）的行政相对人，不属于平等互利原则的适用范围。如何平衡外国私人投资者与缔约国之间关系以及私人利益与国家公共利益之间的关系，是双边投资条约必须面临且加以解决的问题。以公平互利原则代替平等互利原则，或许是解决这一难题的最好办法。现有中国双边投资条约序言中有关平等互利的表述有适用范围偏狭之嫌。质言之，平等互利只是公平互利原则的一个方面；公平公正则是公平互利原则的另一方面。只有以公平互利作为条约原则，才既可以涵盖条约主体之间的关系协调，也可以管辖私人投资者与东道国家之间的利益平衡。公平互利原则 = 公平公正原则 + 平等互利原则，在条约中可以将其分解为两个方面加以表述：缔约方之间的关系遵守平等互利原则；而私人投资者与缔约国之间的关系则坚持公平与公正待遇原则。这样，也就实现了上文第四章之构想，形成一个在条约序言中规定公平互利原则，而在条约实体规则中分别规定平等互利原则与公平公

---

① 参见徐崇利：《中国崛起与构建国际经济新秩序进路之演进》，中国国际经济法学会、厦门大学法学院，《2011 年中国国际经济法学会年会暨学术研讨会论文集》（第 1 卷），2011 年。

正待遇原则的格局，为中国双边投资条约的体系化提供了外部体系的构成要素与内部体系的逻辑起点，最终为中国双边投资条约的法律化转型提供理论基石。

二、双边投资条约规范类型的改造——以公平公正待遇条款的"原则化 + 规则化"为例

如前所言，"法律是个双层模式，第一个层面是原则与目标组成的，它们表达了一个法律体系的根本理念；第二个层面是由法律规则组成的，法律规则是原则与目标相互作用的结果的总结。"[①] 双边投资条约也是一个具有双重模式或结构的规范体系。它的订立和适用，不可能离开法理念和法方法的指导，否则，双边投资条约就始终脱离不了政治化的外资政策的范畴。中国经济外向型或国际化的特点不断为双边投资条约转型提出具体要求：一是条约理念上，从单向的"外资引进型"朝双向的"外资引进与海外投资并重型"转变[②]；二是条约内容和方法上，从政治意义上的国家外资政策向法律意义上的国际投资规则转型。

公平公正待遇条款，作为中外双边投资条约的核心条款，它在条约中的地位和性质如何直接涉及中国双边投资条约采用的结构和方法，也反映了中国双边投资条约订立的理念和水平。据不完全统计，中国所缔结的 130 多个双边投资条约中，关于公平公正待遇条款的订立模式主要有以下几种情形：一是不规定公平公正待遇条款；二是在条约序言中规定公平公正待遇（有的在序言中规定后，还在正文中重复提及）；三是在正文中具体规定公平公正待遇条款，或以待遇条款，或以投资促进条款，或以最低待遇标准条款的形式加以规定。具体内容可见下表：

[①] Hage, *A Theory of Legal Reasoning and a Logic to Match*, in *Logical Models of Legal Argumentation*, Edited by Henry Prakken, Kluwer Academic Publishers, 1997, pp. 201-202.

[②] 2003 年，外商在中国直接投资总额为 5350467 万美元，中国对外直接投资总额为 285465 万美元，中国海外投资和引进外资比例约为 1∶20；2010 年，外商在中国直接投资总额约为 10573235 万美元，中国对外直接投资总额为 6881131 万美元，中国海外投资和引进外资比例约为 7∶10（数据来源：国家统计局网站 http://www.stats.gov.cn, 2015/10/5 访问）。据有关方面预测，到 2015 年，中国海外投资和引进外资比例或将达到 1∶1 水平。

形式 \ 举例	条约名称	条约内容	备注
没有规定	1988年《中华人民共和国和日本国关于鼓励和相互保护投资协定》		条约中相当详细规定了各方面的最惠国待遇和国民待遇，
序言规定	1990年《中华人民共和国和土耳其共和国关于相互促进和保护投资协定》	同意为了维持稳定的投资环境及最有效地利用经济资源，投资将受到公正与公平的待遇	中国与荷兰双边投资协定在序言中规定，同时也在正文中规定
以促进和保护投资条款规定	2006年《中华人民共和国政府和印度共和国政府关于促进和保护投资的协定》	缔约一方投资者的投资和收益在缔约另一方境内应始终享受公平和公正的待遇。	与专门待遇条款不在同一条款之中；采用这一形式订立的条约较多
与其他待遇条款一并规定	1986年《中华人民共和国政府和瑞士联邦政府关于相互促进和保护投资协定》	缔约一方在其领土内应保证对缔约另一方投资者的投资给予公正和公平的待遇。	与国民待遇、最惠国待遇同条规定；并且在《议定书》第2条关于《条约》第4条第2款解释时，提及中国政府给予瑞士投资者投资的待遇在整体上是公平的。
以最低待遇标准条款规定	2008年《中华人民共和国政府和墨西哥合众国政府关于促进和相互保护投资的协定》	应根据国际法……包括公正和公平待遇以及完全的保护和安全的待遇……国际法最低待遇标准……并不要求……给予之外或额外的待遇。违反其他条款……，不构成对本条的违反。	规定内容基本与《北美自由贸易协定》第1105条解释相同

分析中外双边投资条约以及外国缔约方与其他国家所订条约文本，不难得出两点结论：一是公平公正待遇条款在中国双边投资条约中的性质和地位归属不清。有作为条约原则在序言中规定的，有作为条约规则在正文中规定的，当然也有在文本中不予规定的。这种差异，表现出不同国家之间关于公平公正待遇条款的不同要求和认识，当属正当之事。但是，面对各缔约国的

不同要求和认识，中国应当有自己事前的统一认识和谈判的内心尺度：公平公正待遇究竟是原则还是规则以及应该规定于何处，应当有自己明确的心理定位。只有基于这个认识或尺度，面对不同国家之间的诉求作差异化选择时，才能最终实现"和而不同"的目标。否则，就会丧失原则，随波逐流。二是公平公正待遇标准在条约文本中的具体表述各不一致，相去甚远。有独立的公平公正待遇条款，也有与习惯国际法最低待遇标准相联系的公平公正待遇条款，还有没有规定公平公正待遇条款的。其标准模糊，随意性较大，一旦发生争议，扩张性解释与适用的风险难以排除。并且，关于如何选择或表述公平公正待遇标准，在中国签订双边投资条约实践中，似乎更多地考虑到了缔约他方的表述习惯和利益诉求。考察日本与其他国家所缔结的双边投资条约，一般都没有规定公平公正待遇条款，其与中国于1988年所签订的双边投资条约也没有规定公平公正待遇条款；墨西哥属于《北美自由贸易协定》的缔约国，关于公平公正待遇的考量集中反映在上述《协定》第1105条及其解释中，中国与墨西哥缔结的双边投资条约几乎照搬了该协定关于公平公正待遇条款的表述。进一步考察，这样的例子还有很多。[①] 可见，中国双边投资条约对于公平公正待遇条款的性质、地位以及订立形式并没有引起足够的重视，这与最近国际仲裁实践中几乎每案必涉公平公正待遇的"火爆场面"形成了鲜明的对比和反差，应当促成中国双边投资条约的缔约部门和国际投资法学者的反思。尽管中国目前尚没有发生涉及公平公正待遇的国际仲裁案件，但是，绝不能成为中国放松对公平公正待遇条款研究或放弃在双边投资条约中关于公平公正待遇条款性质、地位及订立方式之主张的托词。一方面，中国是缔结双边投资条约数量最多的国家之一，缔约国地域分布广泛，不同缔约国之间政治、经济、文化以及法制水平参差不齐，且海外投资项目主要集中在机械制造、资源开采与高新技术等涉及环境、劳工与技术保护的高风险领域[②]，同时也考虑到中国双边投资条约逐步放开投资争议国际仲裁管辖权的趋

[①] 例如考察土耳其与其他国家签订的BIT，一般是将公平公正待遇在序言加以规定，其与中国在1990签订的双边投资条约中也将公平公正待遇规定在序言中。

[②] 例如，中国2010年对外直接投资总额为6881131万美元，其中采矿业投资额为571486万美元，制造业投资额为466317万美元，科学研究、技术服务和地质勘查业投资额为101886万美元，租赁和商务服务业投资额为3028070万美元，金融业投资额为862739万美元，在这五项在总投资额数中的比例约为73.1%（数据来源：国家统计局网站http://www.stats.gov.cn，2015/10/5）。

势，未来发生涉及公平公正待遇的投资争议是完全可以想象的；另一方面，中国国际投资实践，已经处在一个从单一引进外资向海外投资与引进外资并重转型的崭新历史阶段。据有关方面分析，至2015年中国海外投资与引进外资数量的比例或将达到1:1水平。这样一个投资发展规模和水平，为中国全面、客观地评估双边投资条约的"双刃效果"，推动双边投资条约的法律化转型，合理确定公平公正待遇条款的性质、地位及订立方式提供了良好的经济环境。

但是，中国双边投资条约公平公正待遇条款订立的状况，并没有完全反映中国海外投资与引进外资双向发展所要求的法律保护的新诉求，也难以满足国际政治、经济秩序法制化的新要求，实现中国双边投资条约的法律化转型。随着中国海外投资和引进外资不断向新领域、新区域的纵深拓展，以及国际、国内环境与人权保护呼声的日渐高涨，各国管理国际投资的措施或五花八门或推陈出新。这种日益复杂化的国际投资环境，为中国双边投资条约订立提出了新要求，即在保证条约规则具体化的同时，又要为条约应对复杂投资措施留有足够的空间，实现条约规范在法理论与法方法指导下的确定性与灵活性的统一，这样既能保证投资者稳定的法律预期，又能赋予仲裁庭适度的自由裁量权。应该说，借助前文的分析结论，将"原则+规则"的法理结构运用于中国双边投资条约之中，尝试将公平公正待遇条款原则化，并置于条约的序言之中适用于所有投资待遇和投资措施，不仅具有理论上的必要性，而且具有实践上的可行性，不失为一种克服中国双边投资条约文本在结构、立法技术以及适用方法上之潜在不足的最优选择。公平公正待遇条款作为原则，有如其他法律文本中的原则一样，可以弥补条约漏洞，指导条约解释，赋予法官一定自由裁量权以提高条约适用的灵活性和覆盖面。但是，却不会发生有学者所担忧的：过多的依赖于原则可能对依法裁判造成危害[1]，或使其俨然成为国际投资法的超级"帝王条款"[2]，或"无所不包的安全港条

---

[1] 葛洪义：《法律原则在法律推理中的地位和作用：一个比较的研究》，载《法学研究》2002年第6期。

[2] Rudolf Dolzer, "Fair and Equitable Treatment: A Key Standard in Investment Treaties", *International Lawyer*, 2005, (39).

款"（catch-all safety cause）。① 如前所述，关于如何限制法律原则的适用，已经通过"规则穷尽原则"等方法加以解决。尽管国际法存在不成体系或世界政府缺位等不足，但是，双边投资条约毕竟始终存在于国际和国内法制的背景之下，国际国内法治要素不可排斥地为双边投资条约的解释或适用提供辅助或工具。事实上，中国双边投资条约中已有在序言中规定公平公正待遇原则的先例，并没有发生学者们想象的情景。除此之外，我们强调：公平公正待遇条款原则化的前提是条约规则具体化。双边投资条约作为缔约国之间关于相互促进和保护投资具体事宜的约定，缔约方当然是自身利益和需要的最佳判断者，完全可以在双边投资条约中权衡得失作利益最大化的主张。双边投资条约中的征收、国民待遇和最惠国待遇等传统条款，实质上就是缔约方重要利益的具体表述。随着投资环境和利益关注点的变化，缔约方可以在面对面的讨价还价程序中，自由表达自己的新诉求，协商新的权利和利益条款。比如，美国2004年BIT示范文本中新订入的环境保护、劳工保护以及影响甚广的公平公正待遇程序化条款，就是结合国际投资所关注的热点问题和自身利益要求新订或修订的条款。② 中国在双边投资条约缔约过程中，要充分研究自身和缔约他方的政治、经济、文化、习俗以及法制状况，在条约中订立具体的表达切身利益诉求的条约规则。

其一，公平公正待遇原则不可诉的表述。法律原则不可诉是法理学的一般原理，只有在特定条件下，法律原则才可以例外适用。这一诉讼原理在涉外投资争议国际仲裁或内国司法中当然适用，不用赘述。正是基于这一法理前提，才有公平公正待遇条款原则化的可能和实现。中国国际投资法学者余劲松教授也曾主张，"公平与公正待遇不宜作为私人投资者基于条约索赔的依据。一般来说，可作为私人求偿依据的法律规则应是具体的，即具有确定性

---

① S. Vasciannie, "The Fair and Equitable Treatment Standard in International Investment Law and Practice", *The British Yearbook of International Law*, 2000, (70).
② 美国1984年BIT示范文本第2条规定："各种投资在任何时候均应获得公平合理的待遇，享有充分的保护和安全；所获得的待遇，在任何情况下均不得低于国际法的要求。对于各种投资的管理、经营、维护、使用、享用、取得、扩充或出让，缔约国任何一方均不得以任何方式采取专横无理和有意歧视的措施，加以侵害，各方均应遵守针对各种投资共同商定的一切义务。"2004年BIT示范文本关于公平公正待遇之习惯国际法与具体程序权利的表述，显然是对1984年BIT示范文本第2条"不低于国际法"表述的发展。

和可操作性……相对而言，公平与公正待遇内容抽象，缺乏确定性和可操作性……将公平与公正待遇排除在投资者的可诉事项之外，使其在条约的解释和适用中发挥应有的作用。"①这种观点，提出了立法技术与司法方法相结合以解决公平公正待遇标准之适用困境的思路与方法。司法过程中的问题不可能完全通过立法层面的技术和努力加以解决，这一常识在公平公正待遇条款的研究和适用中却没有得到应有的重视。国际投资仲裁庭的实践也证明，仅仅强调从规则层面对公平公正待遇标准进行补充或具体化是难以达到理想效果的，反对或担忧公平公正待遇条款原则化的学者，在一定意义上正是忽视了公平公正待遇条款适用过程中司法方法之限制作用的结果。所以，中国在双边投资条约中明确规定这一司法规则，可以起到警醒和提示的作用：公平公正待遇原则不仅要其他规则的细化加以明确，而且要司法方法的运用加以保证，反映了立法和司法技术相配合化解公平公正待遇的解释与适用困境的思路。其实，双边投资条约中公平公正待遇标准更多的只是一个约束缔约方（国家）和仲裁庭（或法官）的条约适用规范，主要在条约的解释和适用中起或填补规则漏洞或限制规则滥用等作用。对于投资者的保护作用而言，只能起到间接和例外保护。换言之，通常意义上，即便该缔约方的具体行为或措施给投资者的权益造成了直接损害，投资者只能依据条约中的具体规则来索赔，或者缔约一方的规则或措施有违公平公正待遇的精神，总是以修正相关规则或措施的方法予以补救，直接适用公平公正待遇条款，必须满足以下三个条件：（1）违反公平公正待遇条款，达到所谓习惯国际法所确认的"令人震惊的，或至少是使人吃惊的"②或"极端恶劣的程度"③，以至于违反人类理性、有动摇条约法理基础之虞的严重程度；（2）无"具体条约规则"可直接适用；（3）经过严格法理论证程序。否则，公平公正待遇原则不能作为原告起诉赔偿的直接依据。

其二，公平公正待遇原则所含具体要素规则化的尝试。如果说"条约原

---

① 余劲松:《外资的公平与公正待遇问题研究——由 NAFTA 的实践产生的几点思考》，载《法商研究》2005 年第 6 期。

② See Elettronica Sicula S. p. A. (USA v. Italy), http://www.haguejusticeportal.net/eCache/DEF/6/235.html, 2009/12/8 访问.

③ See *L. F. H. Neer & Pauline Neer (U. S. A.) v. United Mexican States*, 4 UNRIAA 60 (1926).

则不可诉"是公平公正待遇原则化的法理基础和前提，那么"原则化 + 规则化"相结合的模式，则是公平公正待遇标准原则化内涵的具体表述。如前所言，根据对已有国际投资仲裁裁决的梳理和总结，西方学者归纳出违反公平公正待遇的可能情形或包含的要素达 11 种之多①，可以肯定，随着新的国际仲裁裁决的不断出现，公正公平待遇的新要素或新情形可能还会不断增加。换言之，公平公正待遇是一个内涵不断膨胀或更新的投资或投资者的待遇标准，我们无法完全列举，甚至有些要素极为抽象，列举了也无法界定其准确含义，这是不可改变的客观事实。原则化或许是一种必然的选择。但是，对于其中一部分在投资实践中反复发生，经仲裁庭裁决含义基本确定的公平公正待遇所涵括的情形，以及缔约双方根据各自经济、法制发展状况和水平预测在今后可能发生的情形，通过条约规则的方式予以具体规定，则是在双边投资条约的框架内完全可以实现的。所以，公平公正待遇条款的原则化必须与其规则化相配合，反之，其规则化也必须接受原则的指导。美国 2004 年 BIT 示范文本第 5 条第 2 款规定："（a）'公平与公正待遇'包括按照体现在世界主要法律体系中的正当程序原则在刑事，民事与行政裁判程序方面不得拒绝司法的义务；（b）'完全保护与安全'要求缔约方提供国际习惯法要求的治安保护程度。"这种将公平公正待遇等同于程序性权利的缔约实践，或许在法理上存在逻辑上的不严密或表述上的矛盾，但是，它却引发了我们将公平公正待遇所涵盖的，诸如违反正当程序、实行专断和歧视性措施等要素首先进行规则化的思考。中国双边投资条约完全可以在将公平公正待遇原则规定于条约序言之中后，考虑在约文正文中增加正当程序权利条款："缔约方在缔约另一方领土内的投资或投资者，享有按照在世界主要法律体系中所体现的正当程序原则给予保护的权利。缔约方在其领土内对于缔约另一方投资或投资者应当提供国际习惯法要求的治安保护程度，履行在刑事、民事与行政裁判程序方面不得拒绝司法的义务。"2003 年《中德促进和保护投资协定》第 2 条第 3 款规定了对外国投资不得采取专断或随意措施的保证，"缔约一方不得对缔约另一方投资者在其境内投资的管理、维持、使用、享有和处分采

---

① 具体包括违反正当程序、实行专断的和歧视性措施、损害外国投资者合法期待、缺乏透明度、未提供稳定的和可预见的法律和商务框架、采取强制和侵扰行为、以不适当之目的行使权力、东道国政府部门越权行事、未尽适当审慎之义务、不当得利、非善意等。

取任何随意的或歧视性的措施"。我们可以理解为，这一规定反映了公平公正待遇所包含的不得采取专断和歧视性措施等要素的要求。国内有学者认为，在双边投资条约公平公正待遇条款中可以具体订入正当程序、不得采取专断措施或拒绝司法等规定。① 可见，在条约中将公平公正待遇的传统要素规则化的方法已在实践中有所尝试，只是没有形成在双边投资条约理论和行动上的自觉。其实，随着经济全球化向纵深发展，国际投资的新领域和新方式不断涌现，国际投资法制水平和要求也会日益提高，如何准确把握中国投资领域，诸如透明度、知识产权、环境和劳工保护等新情况和新问题以及如何考量这些新领域中的公平公正待遇问题，应当是中国双边投资条约缔约部门今后必须予以关注和思考的重大课题。运用法律手段和方法，将投资领域中的公平公正待遇要素规则化，形成与公平公正待遇原则分工制衡的条约内部结构，或将成为必然的选择。

总之，从一般法理意义而言，原则总是与理念或价值相关，它是价值或理念的法律化或规范化；规则则是原则的具体化，为人们提供直接的行为规范或准则。任何法律文件都是原则与规则的统一，二者缺一不可，否则，难以成为法律或实现法律的功能和意义。公平公正待遇作为条约原则，体现的是双边投资条约的主旨和精神品格，反映国际社会和主权国家在投资领域的根本价值和目标；而作为条约规则，形式上是条约原则或理念的具体化，本质上则是主权国家结合政治、经济和法制等要素对自身利益进行权衡后所产生之结果的法律表达。公平公正待遇条款具有语义抽象并直接关涉法律价值的特点，将其分解为"原则和规则（传统要素规则化）"两个部分，可以彻底化解法律适用的困境。公平公正待遇条款选择"原则+规则"的订立模式，既是法律理论的一般要求，也是推动中国双边投资条约法律化转型和升级的重要理论工具与方法。一方面，公平公正待遇原则化，赋予了法官或仲裁庭一定的自由裁量权，提高了中国应对或处理海外投资新情况和新问题的灵活度；另一方面，公平公正待遇相关要素的规则化，提高了投资者稳定的法律和商业环境的预期，限制了条约解释和适用泛化的现象或可能。原则化与相

---

① 参见余劲松、梁丹妮：《公平、公正待遇的最新发展动向及中国的对策》，载《法学家》2007年第6期。

关要素规则化相结合的方法,最大限度地实现了公平公正待遇条款的功能,能够扬长避短,合理运用法方法和法技术为中国海外投资和外资引进事业保驾护航。当然,将公平公正待遇的哪些要素规则化以及规则具体化的程度如何,应当是中国双边投资条约的缔约部门结合缔约各方的具体国情、投资状况和不同利益考量,反复博弈或协商的结果。我国双边投资条约序言或总则中应该有"投资和投资者公平公正待遇原则"的表述,诸如"在缔约一方境内本协议所涵盖的另一方投资或投资者享有公平和公正待遇"。在此基础之上,将我国所关注的公平公正待遇具体要素通过约文规则化,并在相关附则中界定公平公正待遇适用的条件。

第三节　中国双边投资条约最惠国待遇条款的法方法优化

一、最惠国待遇条款的一般认识

最惠国待遇条款是双边投资条约中的核心条款之一,简要地表述为:"缔约一方投资者在缔约另一方境内与投资有关的活动所享受的待遇,不应低于与缔约另一方订有'同类协定'的第三国投资者与投资有关的活动所享受的待遇。"它保证了缔约一方的投资或投资者在缔约另一方领域内享有不低于第三国投资或投资者的待遇,也为平等互利和公平公正的国际投资环境形成提供了规则保障。其实,最惠国条款首先出现在贸易领域,广泛使用于投资、服务、知识产权等多个领域,受到国际组织的高度关注。1978年联合国国际法委员会《关于最惠国条款的规定》(草案)以专门文件的形式最早规定了最惠国待遇条款的定义、性质、法律依据、范围、条件等基本问题,成为订立、理解和适用最惠国待遇及其条款的重要参考。随后,2006年和2007年联合国国际法委员会两次讨论了是否应再次审议最惠国条款并将此专题列入长期工作方案的问题,并于2011年在第六十三届会议发布的研究报告(大会正式记录补编第10号 A.163/10)附件B中专门研究了最惠国待遇条款。[①] 该报告注

---

① See International Law Commission Sixty-third Session Documents, http://untreaty.un.org/ilc/summaries/1_3.htm, 2013/8/15访问。

意到 1978 年以来关于最惠国条款的国际实践所发生的变化，谈到最惠国待遇条款所面临的，诸如条款范围、例外规定以及与其他条款关系等问题带来的不确定性挑战。2004 年 9 月经济与合作组织专门以《国际投资法中的最惠国待遇》为题发表了工作组研究报告。该研究报告最后总结认为：尽管投资条约最惠国条款被广泛使用，但是其含义并没有获得一致认识，在当前国际投资条约实践中关于该条款的表述模式和适用范围都存在很大的差异。①

联合国国际法委员会《关于最惠国条款的规定（草案）》第 4 条定义了最惠国条款："最惠国条款，是一项条约规定，据此规定一国向另一国承担一种义务，在约定的关系范围内给予最惠国待遇。" 第 5 条规定了最惠国待遇："最惠国待遇是授予国给予受惠国或与之有确定关系的人或事的待遇不低于授予国给予第三国或与之有同于上述关系的人或事的待遇。" 但是，这些规定只是最基本的原则性表述，并不能完全满足贸易、投资、服务、知识产权等不同领域的最惠国待遇条款的具体要求。即便是双边投资条约，不同国家之间以及同一个国家与不同国家之间所订入的最惠国待遇条款也不完全一致。德国 1998 年 BIT 示范文本规定："（1）任何缔约方给予在其境内的来自另一缔约方投资者所拥有或控制的投资的待遇不低于其本国投资者或者任何第三国投资者的投资的待遇。（2）任何缔约方给予另一缔约方投资者在其境内与投资有关的活动的待遇，不低于其给予本国投资者或任何第三国投资者的待遇。" 这一规定具有两个鲜明特点：一是将最惠国待遇和国民待遇统一规定在一个条款之中，以更优惠的待遇作为最惠国待遇；二是最惠国待遇只适用于投资营运阶段，不涉及投资的设立或开业。美国 2004 年 BIT 示范文本规定："缔约一方在有关其领域内的开业、收购、扩张、管理、运作、经营及出售和其他处置方面，给予缔约另一方投资者的待遇，在类似情形下，不得低于其给予任何第三方投资者的待遇；缔约一方在有关开业、收购、扩张、管理、运作、经营及出售和其他处置方面，给予相关投资的待遇，在类似情形下，不低于其给予任何第三方投资者在其境内投资的待遇。"《美国—新加坡自由贸易协定》第 15 条第 4 款规定："……每一方在类似情况下给予另一方投资

---

① "Most-Favored-Nation Treatment In International Law", Working Papers on International Investment by DECD, No 200412., p. 5.

者的待遇不低于任何非缔约方投资者在设立、取得、扩大、管理、经营、运行和出售或者其他投资的处置方面的待遇。每一方给予协议涵盖下的投资的待遇不低于任何非缔约方在类似情况下在投资的设立、设立、取得、扩大、管理、经营、运行和出售或者其他投资的处置方面的待遇……"[1] 美国 BIT 示范文本和文本在最惠国待遇条款的规定方式和内容上都表现出不同于德国 BIT 示范文本的特点:(1) 最惠国待遇条款作为独立条款规定,并凸显了"同类规则"(ejusdem generis) 的约束;(2) 最惠国待遇适用于投资设立和营运两个阶段。

中国双边投资条约关于最惠国待遇条款的具体规定或表述方式更是五花八门。以是否集中或统一规定为标准,大体上可以将最惠国待遇条款的表述方式归结为三类:一类是集中式,即将最惠国待遇条款与其他待遇条款集中规定在投资待遇或投资促进和保护条款中。例如,2001 年《中国与尼日利投资协定》第 3 条 在"投资待遇"条目之下集中规定了公平公正待遇、国民待遇、最惠国待遇及例外条款。"一、……公平与平等的待遇。二、……给予缔约另一方投资者在其境内的投资及与投资有关活动不低于其给予**本国投资者的投资及与投资有关活动的待遇**。三、……不应低于其给予任何**第三国投资者的投资及与投资有关活动的待遇**。四、本条第一款到第三款所述的待遇,不应解释为缔约一方有义务将由下列原因产生的待遇……" 较之 1997 年的《中尼双边投资协定》有关最惠国待遇的规定有了较大的变化。[2] 二类是分散

---

[1] Report for Congress the U. S—Singapore Free Trade Agreement, March, 14, 2003.
[2] 2001 年《中华人民共和国政府和尼日利亚联邦共和国政府相互促进和保护投资协定》第 3 条 "投资待遇":"一、缔约一方的投资者在缔约另一方的领土内的投资应始终享受公平与平等的待遇。二、在不损害其法律法规的前提下,缔约一方应给予缔约另一方投资者在其境内的投资及与投资有关活动不低于其给予本国投资者的投资及与投资有关活动的待遇。三、缔约一方给予缔约另一方投资者在其境内的投资及与投资有关活动的待遇,不应低于其给予任何第三国投资者的投资及与投资有关活动的待遇。四、本条第一款到第三款所述的待遇,不应解释为缔约一方有义务将由下列原因产生的待遇、优惠或特权给予缔约另一方投资者:(一) 关税同盟,自由贸易区,经济联盟以及形成关税同盟,自由贸易区,经济联盟的任何国际协议;(二) 任何全部或主要与税收有关的国际协议或安排。"1997 年《中华人民共和国政府和尼日利亚联邦共和国政府相互促进和保护投资协定》第 2 条 "投资促进和保护":"一、缔约任何一方应在其法律法规的框架内通过保护缔约另一方国民和公司在其领土内的投资来促进经济合作。在不影响基于行使法律法规所赋予的权力的条件下,缔约方应接受此种投资。二、缔约方应努力为缔约另一方国民在前一缔约方领土内从事与投资有关的活动在获得签证和工作许可方面提供帮助。三、缔约一方应保证给予缔约另一方国民和公司的投资以公正和公平的待遇,并且不应以不合理或歧视性措施影响该国民和公司经营、管理、维持、使用、受益或处置其投资。四、特别是,缔约一方应按照其法律法规给予该投资以不低于其给予本国国民投资的待遇和保护,并且在任何情况下不应低于其给予任何第三国国民和公司投资的待遇和保护。五、本条第三款和第四款所述的待遇和保护,不应包括基于关税同盟、自由贸易区、经济联盟、有关避免双重征税或便利边境贸易协定而给予第三国的优惠待遇。六、如果缔约一方根据其法律法规给予缔约另一方投资者的投资或与投资有关的活动的待遇比本协定的规定更为优惠,应从优适用。"

式，即将最惠国待遇条款结合不同条款的主题，分散规定在不同条款之中。采用这类方式比较典型的属《中国与日本投资协定》，该协定结合条约条款的不同主题，将最惠国待遇分别规定在第 2 条投资许可、第 3 条投资经营、第 4 条行政申诉程序、第 5 条征收补偿以及第 6 条应当紧急状况的措施等各个条款之中。[①] 三类是独立式，即将最惠国待遇条款独立予以规定。采用这种方式的中外双边投资条约比较典型的有《中国与墨西哥投资协定》，该协定第 4 条直接以"最惠国待遇"规定了最惠国待遇条款："一、任一缔约方应给予缔约另一方投资者在投资经营、管理、维持、使用、享有以及处分方面不低于其在相同情况下给予任何第三国投资者的待遇。二、任一缔约方应给予缔约另一方投资者的投资在投资经营、管理、维持、使用、享有以及处分方面不低于其在相同情况下给予任何第三国投资者投资的待遇。"

总之，中国双边投资条约关于最惠国待遇及其条款的规定各不相同，也表现一些共同特点和趋势：

一是最惠国待遇主要限定于投资准入后阶段，包括投资经营、管理、维持、使用、受益及投资处置等，投资准入前的设立或开业阶段都没有相互给予最惠国待遇。即便是中外双边投资条约修订或重新制定的过程，也只是在条款的表述方式上作了更加精细化处理，没有出现将最惠国向投资准入阶段

---

① 1988 年《中华人民共和国和日本国关于鼓励和相互保护投资协定》有关最惠国待遇分别规定于：第 2 条："一、缔约各方应尽可能促进缔约另一方国民和公司在其境内投资，并根据本国的有关法律和法规给予许可。二、缔约任何一方国民和公司，在缔约另一方境内，关于投资许可和与投资许可有关的事项，享受不低于第三国国民和公司的待遇。"第 3 条："一、缔约任何一方在其境内给予缔约另一方国民和公司就投资财产、收益及与投资有关的业务活动的待遇，不应低于给予第三国国民和公司的待遇。二、缔约任何一方在其境内给予缔约另一方国民和公司就投资财产、收益及与投资有关的业务活动的待遇，不应低于给予该缔约一方国民和公司的待遇。三、本条所述的'与投资有关的业务活动'包括：(1) 维持分公司、代理店、办事处、工厂和其他用于业务活动的适当的设施；(2) 控制和经营自己设立或取得的公司；(3) 雇用和解雇专家，包括技术人员、高级职员和律师，及其他职工；(4) 缔结和履行合同。"第 4 条："缔约任何一方国民和公司在缔约另一方境内，为行使和维护自身的权利，在请求或接受法院审理和向行政机构提出申诉的权利方面的待遇，不应低于该缔约另一方给予其国民和公司或第三国国民和公司的待遇。"第 5 条："四、缔约任何一方国民和公司，当其投资财产和收益被采取征收、国有化或其他类似效果的措施时，有权就这些措施和补偿的价款，根据采取这些措施的缔约另一方的有关法律和法规，请求或接受该缔约另一方有管辖权的法院的审理，或向有权限的行政机关提出申诉。五、缔约任何一方在其境内，关于本条第一款至第四款规定的事项，给予缔约另一方国民和公司的待遇，不应低于给予第三国国民和公司的待遇。"第 6 条："缔约任何一方国民和公司，在缔约另一方境内，由于发生敌对行为或国家紧急状态而使其投资财产、收益或与投资有关的业务活动受到损害，如该缔约另一方就发生敌对行为或国家紧急状态而采取任何措施时，享受不低于第三国国民和公司的待遇。"

延伸的情形。例如，2001 年中国与尼日利亚投资协定的修订以及 2003 年中国与德国投资协定的重新签订，最惠国待遇也仍然是"缔约一方给予缔约另一方投资者在其境内的投资及与投资有关活动的待遇"。但值得注意的是，个别条约以及在中国所签订的 FTA 中，其投资章节中所规定的最惠国条款都将最惠国待遇扩展到"各方在准入、扩大、管理、经营、运营、维护、使用、收益或处置方面，给予另一方投资者、投资者的投资及与该投资相关的活动的待遇"。① 这一现象或许表明了中国双边投资最惠国待遇的发展趋势，也为条款更加精细化提出了要求。

二是最惠国待遇条款的表述方式或方法逐渐成熟化，由 20 世纪 80 年代的简单化、综合型开始向目前的精细化、分散或独立型方向发展的趋势比较明显。中日、中法与中德双边投资条约开始尝试分散或单独立法，即结合不同条款的主题规定不同主题之下的最惠国待遇条款；中外双边投资条约的最惠国待遇条款的例外规定或单独的例外条款得到了更加具体化的发展。仅以中国先后于 1992 年和 2011 年与乌兹别克斯坦所签订《中乌双边促进和相互保护投资的协定》（以下简称《中乌协定》）为例作简单比较与分析。1992 年《中乌协定》最惠国条款，与公平公正待遇统一规定在第 3 条，其中第 1 款为公平公正待遇，第 2 款为最惠国待遇，仅表述为"本条第一款所述的待遇，应不低于给予任何第三国投资者的投资和与投资有关的活动的待遇"。第 3 款为公平公正待遇与最惠国待遇的例外规定。从表述方式上，该条款采用了中外双边投资条约中早期比较流行的"统一订立待遇条款"的方式，也没有分别表述"投资"与"投资者"的最惠国待遇，甚至没有单独规定最惠国待遇的例外，仅与公平公正待遇的例外相捆绑，涉及关税同盟、自由贸易区、边境贸易以及不溯及既往的双边条约待遇等问题。这种表述方式与中瑞、中法

---

① 参见 2008 年签订的《中国与新西兰自由贸易协定》第 139 条规定："一、各方在准入、扩大、管理、经营、运营、维护、使用、收益或处置方面，应当给予另一方投资者、投资者的投资及与该投资相关的活动，不低于其在同等条件下给予任何第三国投资者的投资及相关活动的待遇。二、为进一步明确，本条规定的义务不包含要求给予另一方投资者除本章规定内容以外的争端解决程序。三、尽管有第一款规定，对于在本协定生效之日前签署或生效的自由贸易协定或多边国际协定，双方有权保留采取或维持任何措施，给予相关协定成员第三国差别待遇的权利。四、为进一步明确，就有关货物贸易、服务贸易或投资的自由化协定而启一，第三款所述还包括相关协定缔约方之间为实现更广泛经济一体化或进一步贸易自由化而采取的任何措施。五、双方保留根据本协定生效之日后签署或生效的国际协定，对涉及下列领域所采取或维持的措施，给予第三国差别待遇的权利：（一）渔业；以及（二）海事……"

等早期双边投资条约的表述手法有相同之处。① 而 2011 年重新签署的《中乌协定》，彻底改变了原先最惠国待遇条款的订立方式：与公平公正待遇相分离，该协定第 4 条独立规定了最惠国待遇及其例外；最引人注目的是，改变了"准入后最惠国待遇"的传统模式，开始将最惠国待遇模式延伸至投资设立阶段。并且，对于最惠国待遇例外的表述更加精细化。②《中乌协定》最惠国待遇条款的创新或发展应当引起中国双边投资条约理论和实践的高度关注。

二、最惠国待遇条款的法方法认识

从上文的分析可以知道：最惠国待遇条款成为中国双边投资条约的必备条款，从最早的中（国）瑞（典）双边投资条约到最近的中（国）乌（兹别克斯坦）双边投资条约，尽管各条约的具体规定各不相同，但都订入了最惠国待遇条款，而且条款表述方法越来越精细，待遇模式已经从"投资准入后"模式演变为包括"投资准入前"模式。这一现象，反映了中外各国对最惠国待遇条款之保证"外国投资或投资者待遇在平等基础上得以不断提高"这一

---

① 《中国和瑞典相互保护投资的协定》第 2 条是关于"投资待遇"的综合性规定，最惠国待遇条款只规定了一款："（1）……公平与公正待遇（2）缔约任何一方的投资者在缔约另一方境内的投资所享受的待遇，不应低于第三国投资者的投资所享受的待遇。(3) 尽管有本条第 2 款的规定，缔约一方如已同其他国家缔结关于组织关税同盟或自由贸易区的协议，则应有给予该协议参加国投资者的投资以更优惠待遇的自由。缔约一方也有按在本协定签字前同其他国家缔结的双边协议规定，给予其他国家投资者的投资以更优惠待遇的自由。"《中法相互鼓励和保护投资的协定》第 3 条规定："1. 缔约各方承诺在其领土和海域内给予缔约另一方的投资者的投资以公正和公平的待遇。2. 缔约各方对于在其领土和海域内的缔约另一方投资者的投资，应给予不低于第三国投资者的待遇。3. 上述待遇不涉及缔约一方因加入自由贸易区、关税同盟、共同市场或其他任何形式的地区经济组织而给予第三国投资者的优惠待遇。"

② 2011 年《中华人民共和国政府和乌兹别克斯坦共和国政府关于鼓励和相互保护投资协定》第 4 条 "最惠国待遇"："一、缔约一方就投资的设立、并购、扩大、管理、维持、使用、享有、出售或投资的其他处置所赋予缔约另一方投资者及在其境内的投资的待遇不得低于在相同情势下给予第三国投资者及其投资的待遇。二、第一款所指待遇不应解释为缔约一方有义务将由下列原因产生的待遇、优惠或特权获得的利益给予缔约另一方投资者：（一）任何关税同盟、自由贸易区、经济联盟，和因以上联盟或类似机制而缔结的协定；（二）部分或全部与税收（含关税）有关的国际协定或者国际安排；（三）在边境地区的便利边境贸易的安排。三、尽管有第一款的规定，其他协定中规定的争端解决程序不得被援引用来处理本协议框架下的争端。" 1992 年《中华人民共和国政府和乌兹别克斯坦共和国政府关于鼓励和相互保护投资协定》第 3 条："一、缔约一方应在其领土内保障缔约另一方投资者的投资和与该投资有关的活动受到公平的待遇和保护。二、本条第一款所述的待遇，应不低于给予任何第三国投资者的投资和与投资有关的活动的待遇。三、本条第一、二款的规定不适用于缔约一方根据下述情况对任何第三国投资者或其投资提供的或将提供的优惠和特权：（一）参加自由贸易区，关税或经济同盟，经济互助组织或者缔约一方在本协定签署前生效的向上述组织参加者提供类似优惠和特权的国际协定；（二）关于税收问题的国际协定和其他税收协议；（三）关于边境贸易问题的协议。"

独特功能的肯定,以及鉴于国际投资事项的复杂性与各国经济发展水平的特殊性,对不同国家之间的投资或投资者给予一定程度上的差异化待遇的要求。它既体现了人类非歧视精神,也反映了国际经济发展的差异化水平。所以,最惠国待遇对于不同国家之间的投资或投资者来讲,最终获得的不是,也不可能是完全一致的待遇。这一点,符合国际社会不同国家之间或不同地区之间发展需求不平衡的现实,反之,若一味追求国际统一标准的最惠国待遇,许多国家或许会担心最惠国待遇风险负担而望而却步,最终损害最惠国待遇基本功能的实现。

不仅如此,一定程度上差异化的最惠国待遇条款保证了双边投资条约契约本质所要求的条约"个性化"与最惠国条款功能所实现的条约"统一化"之间的合理平衡。从双边投资条约的契约本质来看,两个主权国家之间的条约,不过是国家之间通过意思互动所实现的意思表示一致。这种基于地位平等与意思自由所实现的意思表示一致,必然是个性化和特定化的,即每两个不同国家之间的契约或条约的内容不可能完全相同(即甲乙之间的契约与甲丁之间的契约是不同的)。这是双边条约的契约本质所决定和要求的。然而,从双边投资条约最惠国待遇条款的功能来看,它主要作为防止某一缔约国对来自另一缔约国的投资或投资者给予不同待遇的工具,追求所有缔约国之间投资或投资者待遇的一致和平等。某一缔约国只要与第三国签订了更为优惠待遇的双边投资条约,另一缔约国的投资或投资者就可以根据条约中最惠国待遇条款来要求同等更优的待遇。双边投资条约中的最惠国待遇条款,就像一个特殊的软件或装置,提升和等同化资本输入国所签双边投资条约中的所有投资或投资者的待遇水平。正如西方学者所认识到的,双边投资条约形成了一个多边化的条约机制,这个机制的中枢就是最惠国待遇条款的存在及其作用的发挥。[①] 事实上,双边投资条约的最惠国待遇条款,使得双边投资条约突破了"约束缔约国"的契约相对性原理,一定程度上获得了影响或约束第三国的效力,同时,也促进了双边投资条约的网络化或多边化。据考证,国际法委员会对最惠国条款的关注也始于1964年该委员会对条约与第三国关系

---

① Stephan W. Schill, "Multilateralizing Investment Treaties Through Most-Favored-Nation Clauses", *Berkeley Journal of International Law*, 2009, (27).

的审查。可见，最惠国待遇条款的涉他效力或性质成为其存在的基础，得到了国际社会的认可。但是，这种涉他效力必须保持在一定的限度内，否则，可能破坏双边条约，特别是双边投资条约的基础。所以，由双边投资条约契约性质之要求与最惠国条款功能之间的冲突所决定的双边投资条约的个性化与统一化的矛盾，其存在具有一定的合理性。关键的问题是，如何利用双边投资条约的法方法合理平衡二者的关系，"差异化的最惠国待遇"或许是一种无奈的选择。

所谓"最惠国待遇差异化"或"差异化的最惠国待遇"，本质上要求在坚持双边投资条约个性化的基础上实现一致性或统一化的最惠国待遇，即坚持最惠国待遇的特殊性与普遍性的统一。这一要求，也完全符合"普遍性存在于特殊性之中，并通过特殊性表现出来"的哲学原理。坚持最惠国待遇的特殊性就是坚持了双边投资条约的契约本质；坚持最惠国待遇的普遍性就是坚持了作为条约最惠国待遇的一般属性和功能。从一般意义而言，最惠国待遇非常简单明了，指在相类似情况下，东道国必须将给予任何第三国投资和投资者的待遇同时给予与其订有最惠国条款的缔约国的投资和投资者。① 在 18 世纪早期，最惠国待遇条款的措辞十分宽泛，适用于现在或将来给予外国人的任何特权、自由、豁免和特许。但是，这种无条件的或措辞十分宽泛的最惠国待遇在异常复杂的国际投资领域，特别是在双边投资条约之中恐怕难以实现。② 美国和法国于 1778 年缔结的友好通商条约首次引入了有条件的最惠国待遇，它成为嗣后国际条约缔约实践的主流。③ 有条件的最惠国待遇要求受惠国获得最惠国待遇必须给予授予国同样的优惠。从最早的专门规范最惠

---

① UNCTAD, *Most-Favored-Nation Treatment*, New York and Geneva: United Nations Publications, 1999, p. 5.

② 从最惠国待遇的理想状态而言，当然是无条件的，可是国际社会的现实难以为其提供广泛而持久实现的条件。1860 年《英法通商条约》，订入了无条件的最惠国待遇。后来，几经波折，也出现过有条件最惠国原则的情况。19 世纪和 20 世纪早期的自由贸易运动使得经济平等和公平竞争的观念渗透到了国际投资领域。不过，随着 1929 年世界经济危机的爆发，双边贸易和歧视性贸易又开始兴起。第二次世界大战结束以后，最惠国待遇条款重新出现，被《哈瓦那宪章》所采纳，作为商业政策的核心义务之一，各成员有义务"充分考虑到各国避免造成外国投资者之间的歧视待遇的愿望"。虽然 1950 年《哈瓦那宪章》没能生效，但自此之后，最惠国待遇条款开始真正运用在各种双边的、区域的和多边的与投资有关的协定中。

③ Stephan W. Schill, "Multilateralizing Investment Treaties Through Most-Favored-Nation Clauses", *Berkeley Journal of International Law*, 2009, (27).

国待遇条款的国际文件——1978年联合国国际法委员会《关于最惠国条款的规定（草案）》的有关内容来看，也反映了其有条件性的最惠国待遇主张。该《规定》第12条、第13条、第14条直接规定了有补偿条件、互惠规定和议定条件的最惠国待遇，足见其承认有条件最惠国待遇的意旨。质言之，有条件的最惠国待遇就是允许最惠国待遇的差异化。而差异化的最惠国待遇为平衡双边投资条约的个性化与最惠国待遇条款所要求的待遇平等化之间的关系提供了谈判空间和法方法运用的平台。

当然，最惠国待遇的差异化，不能离开最惠国待遇统一化的基本内涵，否则，失去了最惠国条款的根本意义和价值。如何实现最惠国待遇差异化与统一化或特殊性与普遍性的结合，是一个运用法律方法或技术如何将最惠国待遇的条件予以一般化和个性化的过程，应当成为双边投资条约法方法研究的重要内容。考察中国缔结的双边投资条约文本，最惠国待遇的规定通常由两个条款组成：一是最惠国（待遇）条款；二是最惠国待遇的例外条款。前者规定，一缔约国给予另一缔约国投资或投资者的待遇不低于其给予第三国投资或投者的待遇；后者规定，哪些给予第三国的优惠、自由或特权不适用于最惠国待遇条款。也就是说，缔约国不能根据最惠国条款获得这些因为特殊原因或关系而给予第三国的优惠待遇。例外条款是最惠国待遇条款的重要组成部分，是差别化最惠国待遇得以实现的有效方式，反映了各国经济发展不平衡的诉求。在一定意义上，最惠国待遇的例外规定不但没有影响到最惠国待遇条款促进最惠国待遇多边化或统一化的价值，反而，例外条款的存在扩大了最惠国条款适用的空间和机会。因为如果不允许这些例外规定的存在，可能难以达成最惠国条款，甚至相关的国际投资协定也会因此流产。[①] 可见，一方面，最惠国条款使得双边条约成为一个有着多边化效果的条约链，实现了最惠国待遇的普及化或多边化；另一方面，例外规定又使得具体条约中的某些优惠"冻结"在原有的范围或特定的关系层面，保证了最惠国待遇的差异化，也实现了基础条约中投资或投资者待遇的稳定。但是，一个不可否认的事实是，例外条款及其所涵盖的事项越多，越会在一定程度上阻碍国际投

[①] 参见张宏乐：《国际投资协定中的最惠国条款研究》，复旦大学2011年博士学位论文，第115—116页。

资的自由化进程，减损最惠国条款的实际效果，增加双边投资条约向多边投资条约演化的难度。所以，从长期观点来看，最惠国待遇的例外条款应当是一个递减的过程。中国双边投资条约最惠国待遇条款离这一要求恐怕还存在一定差距，应当从两个方面进行努力：一是在保留传统的例外适用领域的基础上，尽量扩张最惠国待遇的适用范围或空间。比如，2011年的《中乌协定》与《中新自由贸易协定》中最惠国待遇向投资准入阶段的延伸规定，有利于中国海外投资的待遇优化。二是提高最惠国待遇条款的缔约水平与方法，在有条件的最惠国待遇的法理基础上寻求多样化的待遇区分方法，以最大限度地实现最惠国待遇的具体化和个性化。

三、最惠国待遇条款构成的优化

双边投资条约最惠国条款是关于授予国、受惠国与最惠国三者之间待遇关系的条款。授予国是条约最惠国待遇义务的承担者，受惠国是条约最惠国待遇权利的享有者，最惠国是某一具体条约的第三人。投资或投资者待遇是双边投资条约最惠国条款的调整对象，围绕投资或投资者待遇所产生的权利义务关系是最惠国条款的调整客体，而最惠国（条约第三国）及其投资或投资者所享有的待遇则是最惠国待遇的参照系。还有诸如此类的最惠国待遇的依据、来源、条件、例外和范围规定，一起构成了最惠国待遇条款的体系。上述最惠国例外条款，只是实现最惠国待遇均等化（统一化）与差异化相统一的方法之一，而促进最惠国待遇及其条款构成要素的优化也有利于提高最惠国待遇的灵活性或针对性，最终实现最惠国待遇均等化（统一化）和差异化相统一。只有这样，才有助于中国针对不同国家，具体考虑海外投资和引进外资的结构或规模及其相关需要，作出适当的待遇或政策选择。

（一）最惠国条款相关概念的明晰化或具体化

如上文所言，"投资""投资者"以及"投资或投资者待遇"等概念直接涉及最惠国待遇的对象、客体及其参照系，是界定最惠国待遇的基本概念。如果这些概念不能界定清楚，那么最惠国待遇的内涵就会模棱两可，大大增加条约或投资争议的风险。反之，明确具体的基础概念能帮助准确界定最惠国待遇。① "（投资或投资者）待遇"的概念既是最惠国待遇的参照系，也是最惠国待遇条款调整的对象。它可能是一种权利或利益，表现为机遇、利润或荣誉，从权利的基本分类来看，它可能是实体性权利，也可能是一种程序性权利，等等。但是，在实践中，人们更多地习惯于将最惠国待遇等同于实体性权利，而对于最惠国待遇是否涵盖程序性权利或利益尚没有形成统一的认识，国际仲裁裁决也存在相互矛盾的问题。中国从1998年与巴巴多斯签署双边投资条约开始，接受了将所有与投资有关的争议经过国内行政复议程序后提交国际仲裁的条款。显然，较之以前"有关投资赔偿数额争议"的限制，该条款给予投资者在程序上的待遇更加优惠。这一具有程序性质的优惠待遇是否可以适用于最惠国待遇条款，实质上，是一个关于"（投资或投资者）待遇"概念的定义或解释问题。中国双边投资条约可以直接通过定义的方式，将最惠国待遇定义为实体性权利或包含程序性权利的一种综合性权利，缔约国可以根据国家战略作出具体选择。② 从中国双边投资条约的订立情况来看，对于最惠国待遇条款是否可以适用于争端解决程序上的权利，目前条约没有给予明确规定。

（二）最惠国待遇条款规定的分散化与体系化

随着双边投资条约法典化与综合化进程的推进，双边投资条约所调整的投资或与投资相关领域的具体事项越来越多，条约约文从先前的13个条文到发展到现在的30多个条文，约文的表述也越来越精细化。中国双边投资条约

---

① 投资或投资者概念的界定及其重要性讨论的文献较多，本书在前面也做过一些论述，在此不再赘述。主要探讨"（投资或投资者）待遇"这一概念的具体化问题。

② 围绕最惠国待遇条款在程序事项上的适用问题，投资条约中的最惠国待遇条款可分为如下四种：（1）明确规定最惠国待遇条款可以适用于争端解决事项，如英国BIT示范法第3（3）条就规定为了避免疑义，本条第1款和第2款规定的待遇适用于本协定第1条至第11条，包括了协定中的争端解决条款（第8条和第9条）。(2)最惠国待遇条款中使用了较为宽泛的语言，例如"所有事项""所有权利""待遇"，而并未明确指出条款的适用范围是否包括争端解决事项，例如阿根廷—西班牙BIT第4（2）条就规定"对本协定规定的所有事项，其享受的待遇不得低于缔约方给予第三方投资者在其境内进行投资的待遇"。(3)最惠国待遇条款用语通过列举限制了其适用范围，但却未能指出条款的适用范围是否包括争端解决事项，例如NAFTA第1103条规定"在相同的情况下，缔约方应给与缔约另一方的投资者及其投资不低于其给予其他缔约方或非缔约方的投资者及其投资在设立、并购、扩张、管理、经营、运作以及销售或以其他方式处理投资方面的待遇"。(4)最惠国待遇条款明确规定其适用范围不包括争端解决，如2003年《美国自由贸易协定范本》第5条虽然规定了最惠国待遇，但该范本的注释特加说明了缔约各方的共同理解和意图是"这样的条款不包括国际争端解决机制"。（参见王楠：《最惠国待遇条款在国际投资争端解决事项上的适用问题》，载《河北法学》2010年第1期。）

以一个条文原则化规定最惠国待遇的方式已经越来越不适应双边投资条约作为具体法律规则调整投资者与东道国之间权利义务关系的要求。比如，20世纪80年代早期缔结的中法、中瑞双边投资协定的最惠国条款就十分简单、抽象，难以避免条款具体适用中的分歧。中外双边投资条约对最惠国条款还采用了分散订立的方式，即结合投资领域中调整不同事项或主题的条款，分别订立最惠国待遇条款。中国双边投资条约一般在国有化或征收补偿条款之下，另外规定了最惠国待遇。[①] 中日双边投资协定采用了分散订立最惠国条款的方式，可以资借鉴。该协定在其他不同主题的条款之下，将最惠国待遇分别规定在第2条投资许可、第3条投资经营、第4条行政申诉程序、第5条征收补偿、第6条应对紧急状况的措施以及第7条转移支付等各个条款之中。[②] 较之概括或综合的订立方式不同，它重点突出且简洁明了。

但是，分散化的订立方式容易造成最惠国条款的体系化缺乏，而且限制了缔约国在其他方面对于最惠国待遇的主张。如前所述，与最惠国待遇条款相关联，甚至作为其重要组成部分的例外条款、国民待遇条款、投资或投资者及其待遇的定义条款、同类规则或主题条款等与最惠国条款一起，共同组成了最惠国待遇及其条款的规则体系，为实现最惠国待遇的差异化、具体化和统一性提供了支撑，保证了最惠国条款最大效应的发挥。可见，实现最惠国待遇及其条款的分散化和体系化的订立方式在一定程度上的结合，相互借鉴、取长避短，当属一种理想的状况。但是，条约订立实践中究竟采用何种方式，总是比理论上的分析要复杂得多。只有结合缔约国的各种具体情况，包括政治、经济、文化和法制状况等多种因素，在形成了缔约方条约意愿的基础之上，才能最终选择最惠国条款的订立方式。

（三）最惠国待遇"同类规则"的条款化或法定化

"同类规则"（ejusdem generis）是国际仲裁机构和国内法院在条约适用、冲突解决和最惠国待遇实践中经常用到的规则。它也是普通法系中对案例进行解释的通例。英国一位著名大法官曾诙谐地说，不能引用贸易条约的最惠

[①] 参见《中印双边投资协定》第6条以及《中国和乌兹别克斯坦共和国投资协定》第7条等条款。

[②] 参见1988年《中华人民共和国和日本国关于鼓励和相互保护投资协定》第2条、第3条、第4条、第5条、第6条以及第7条。条文内容在本节前文中已具体注释。

国条款作为引渡罪犯的理由或根据，因为贸易行为与刑法是两个不同领域，风马牛不相及。① 国际法委员会也认为："根据最惠国条款，受益国为其本身和国民或事项获得在一个特定的关系领域与之属于该条款相同事项的权利。"② 联合国国际法委员会1978年《关于最惠国条款的规定（草案）》第9条、第10条具体规定了受惠国从授予国获取最惠国待遇的"同类规则"。③ 但是，关于"同类规则"并没有形成一个统一的认识，而双边投资条约最惠国待遇的同类规则是否涵盖所有与投资有关的事项或待遇，也没有明确的界定。由于以资产为基础的"投资"定义包罗相当广泛，知识产权、服务贸易以及自由贸易条约中可能涉及或包括与投资有关的问题，那么，这些非双边投资条约中所给予第三国的优惠待遇是否属于"同类规则或主题"之下的权利或优惠，是否可以依据双边投资条约中的最惠国待遇条款而主张这种更加优惠的权利？为了避免法院或冲裁庭解释冲突可能带来的法律风险，中国双边投资条约应当明确规定最惠国条款的"同类（事项）规则"，强调最惠国待遇的范围只能限定在同类主题之下，并对上述提及的双边投资条约以外与投资有关的条约是否满足"同类规则"作出具体回应或规定。

---

① 参见赵维田：《最惠国与多边贸易体制》，中国社会科学出版社1996年版，第26页。

② "Report of the International Law Commission on the Work of its thirtieth session", Yearbook of the International Law Commission, A/CN. 4/SER. A/1978/Add. 1 (Part 2) ("ILC Report") UN document A/33/10, 27.

③ 联合国国际法委员会1978年《关于最惠国条款的规定（草案）》第9条根据最惠国条款的权利的范围，"1. 根据最惠国条款，受惠国为了自身或为了与之有确定关系的人或事的利益，仅获得该条款的主题范围之内的权利。2. 受惠国根据第1款取得权利，只同该条款规定的或条款主题默示的人或事有关"。第10条 根据最惠国条款取得的权利，"1. 根据最惠国条款，受惠国只有在授与国给第三国以该条款主题范围以内的待遇的情况下，取得最惠国待遇的权利。2. 受惠国根据第1款在与其有确定关系的人或事方面取得权利，只有在人或事属于下列情况者方可：（A）其类型同于从授与国给予的待遇受益的与第三国有确定关系的人或事的类型者；（B）其与受惠国的关系同于（A）节所指的人或事与该第三国的关系者"。

第六章

中国双边投资条约冲突条款模式和知识产权保护规则的转型

从一定意义而言,中国双边投资条约转型或法律化是国际法治程度进一步加深以及中国国际经济合作方式发生变化的结果。所以,中国双边投资条约转型也相应地表现在两个方面:一是条约目的和内容由"引进外资型"向"引进外资与海外投资并重型"转变;二是约文文本和条款由国家政策宣言向法律文本和法律规范转变。第一个方面是由经济发展理念、方式和阶段所决定的;第二个方面则是一个运用法方法论建构条约文本的系统工程,应当成为法学工作者的学术自觉和使命。前文关于条约本质类型化的研究,以及双边投资条约契约本质的分析为中国双边投资条约的法律化转型提供了法理基础,关于条约原则确立和条约结构优化的研究为中国双边投资条约法律化转型提供了法方法论工具,而关于条约条款模式和规则的转型研究则是中国双边投资条约法律化转型的具体化要求。由于国际法不成体系,以及国际投资综合性特点,双边投资条约的调整范围必然与国际法体系、国内法甚至国家契约形成复杂的交叉或重叠关系,产生复杂的法律冲突,需要双边投资条约运用冲突条款的方式来应对和解决。同时,随着人类迈入知识经济时代,国际投资的内容和形式也开始由传统的实物、货币投资向知识或技术投资转型,知识产权保护成为未来投资法及双边投资条约日益重要的内容。所以,研究双边投资条约冲突条款的模式变化与知识产权保护规则转型,为中国双边投资条约法律化和相关规则精细化提供理论参考,成为不可回避的课题。

第一节　中国双边投资条约冲突条款模式的转换

双边投资条约特殊的"国家—投资者—国家"的主体关系和结构，决定了双边投资条约冲突不同于多边国际条约和其他双边国际条约冲突的特点，冲突类型与解决方法具有特殊性。《维也纳条约法公约》第 30 条及其相关习惯法并不能解决双边投资条约冲突。运用冲突条款方法解决双边投资条约冲突成为必然选择。美国 2004 年 BIT 最新示范文本中出现的大量冲突条款，反映了双边投资条约冲突的复杂性和依靠冲突条款解决条约冲突的发展趋势。但是，现代条约法理论更多地关注多边条约及其冲突解决，并没有为双边条约，特别是双边投资条约冲突解决提供多少理论和方法。① 中国双边投资条约应当借鉴美国等国家的先进做法，灵活理解或界定条约冲突的内涵和外延，转换现有冲突条款的模式，以适应国际法律体系碎片化和中国涉外法律规则精细化的要求。

一、双边投资条约冲突规则的内涵：对一般冲突条款意义的超越

何谓"条约冲突条款"？对此并没有统一的定义。一般认为，其为条约中为了确定本条约与本条约当事国订立的其他条约之间关系的条款。② 国际法委员会认为，冲突条款是"本条约中为了处理与其他条约规定或者其他同一事项条约之间关系的条款"。③ 现行国际成文法《维也纳条约法公约》第 30 条第 2 项——"遇条约订明须不违反先订或后订条约或不得视为与先订或后订条约不合时，该先订或后订条约之规定应居优先"，以条约立法的方式例释了冲突条款的含义。涉及条约冲突条款研究的最新成果——国际法委员会《国际法不成体系报告》对条约冲突条款分类进行了列举：禁止缔结不相容后立条约的条款；明确允许后立"相容"条约的条款；后立条约中规定它"不应

---

① 国际法委员会《国际法不成体系报告》明确指出《维也纳条约法公约》采用同样规则来处理双边和多边条约是不恰当的，并且承认《维也纳条约法公约》对于特殊类型条约和特别规则解释没用给予足够关注。可参见《国际法不成体系问题报告》第 493 段内容。
② 廖诗评：《国际条约中的冲突条款评析》，载《政治与法律》2007 年第 3 期。
③ See Yearbook of the International Law Commission 1966, Vol. II, p. 214, para 2.

影响"先订条约的条款；后立条约中规定在缔约方中本条约推翻先订条约的条款；后立条约中明确废除先立条约的条款；后立条约中明确维持先立相容条约的条款以及承诺未来协定将废除先订条约的条款。① 从上述文献可以得出条约冲突条款的一般认识：条约冲突条款适用于协调或解决关于同一事项的条约之冲突，即可以表述为，当规定同一事项的两个或两个以上的条约规定发生冲突时，规定何种条约优先适用的条款。②

可见，关于条约冲突条款的认识，人们习惯于从条约关系的视角加以探讨，忽视了条约与国内法律秩序的冲突问题。事实上，条约与国内法的冲突也可以选择通过条约或在条约中订立冲突条款的方式加以解决。即使如有些学者所坚持的国际法（国际条约）与国内法的关系是一个国家的宪法问题，当两个或两个以上的国家就相互之间的特定事项或领域，围绕国际法与国内法相关规定之关系或效力发生认识上的分歧时，通过缔结双边或多边条约以及订立条约冲突条款解决国际法与国内法在适用上的冲突，既符合国际利益和国际法，也符合公平、自愿、平等协商解决法律冲突的原则。③ 同时，正是因为国际上存在对条约与国内法之间的关系持"一元论"或"二元论"主张的事实，以及一个国家在不同时期或不同事项上采用不同主张或做法的状况，进一步证明了通过条约冲突条款解决条约与国内法冲突的可能性和必要性。④ 特别是在新近快速发展的投资、知识产权、动植物保护等方面的双边条约，为了获得条约与国内法有关具体规定的现存关系的稳定预期，国家通过订立冲突条款进行调整的方法日益受到重视。《维也纳条约法公约》第 27 条规定："一当事国不得以援引其国内法规定为理由而不履行条约。"这一规定本质上

---

① See Report of the Study Group of the International Law Commission: Fragmentation of International Law: Difficulties Arising From the Diversification and Expansion of International Law, Finalized by Martti koskenniemi, UN Doc. A/CN. 4/L. 682, para. 268.

② 关于条约冲突的论述，可参加 Report of the Study Group of the International Law Commission: Fragmentation of International Law: Difficulties Arising From the Diversification and Expansion of International Law, Finalized by Martti koskenniemi, UN Doc. A/CN. 4/L. 682, para. 21-26.

③ 国际法与国内法的关系问题本质上是一个国家的宪法问题，通过条约及条约冲突条款解决二者关系问题的方式并没超越国家宪法问题的范畴。因为条约以及条约冲突条款的缔结或订立本身是国家意志的表示，条约缔结的主体和程序规定是宪法的重要内容。

④ 关于各国"一元论"和"二元论"不同主张和实践的论述，可参阅〔英〕安托尼·奥斯特：《现代条约法与实践》，江国青译，人民大学出版社 2005 年版，第 156—175 页。

就是一个解决国际法（国际条约）与国内法冲突的冲突条款，即规定当对一国发生效力的条约与该国国内法发生冲突时，该国际条约优先适用。它表明，条约冲突条款可以而且应该用于解决国际条约与国内法效力的冲突问题。欧共体条例、指令、决定和建议文本中不乏规定欧盟条约与成员国法律之间效力的条款。长期的欧盟司法实践发展出的关于欧盟法律的直接效力原则、优先效力原则、先占原则以及辅助性原则，本质上也是条约冲突条款高度抽象化的结果，有效地平衡或化解了欧盟条约和成员国内国法之间的冲突。可以说，任何一项多边条约或双边条约都必然涉及条约在内国的法律效力和适用问题，这一事实或特点为双边或多边条约订立冲突条款协调国际法（国际条约）与国内法关系提出了内在和现实的要求。《维也纳条约法公约》第30条的有关规定与国际法委员会《国际法不成体系报告》对条约冲突条款的列举或分类只是特定条件和背景下所作出具体分类，不能完全反映研究者对条约冲突条款基本含义的认识。理论上，出于不同目的对概念作出不同的分类是逻辑学的基本常识，也是理论研究的常用方法。鉴于国际法不成体系以及世界各国并没有完全形成关于处理国际法与国内法关系和冲突的统一原则、方式、方法的客观事实及国际法制状况，在各种专门化的条约之中订立冲突条款解决国际条约与国内法冲突，符合国际和国内法治现实的需要，且是行之有效的方法。所以，从这种意义上讲，条约冲突条款并不能完全局限于解决条约之间的冲突，将国际条约与国内法的冲突纳入条约冲突条款的适用范围当属法理之中的事情。

应该承认，以上认识对于双边投资条约具有更加特殊的意义。两个主权国家为了促进相互投资和保护投资者利益依据国际法所签订的双边投资条约，一方面，它存在于各种专门体制和秩序林立的国际法体系之中，必然要与国际贸易、知识产权、环境保护或其他国际投资条约等国际或区域的法律规则相联系；另一方面，双边投资条约的调整对象——国际投资关系的"本座"位于东道国，或者说国际投资法律关系的密切联系地位于东道国。① 投资项目的审批、设立、营运、维护、扩展等一系列法律行为都在国内法律秩序之下

---

① 这里借用德国学者萨维尼论述法律适用方法所提出的重要概念——法律关系本座，意欲表达国际投资行为及其形成的法律关系集中于东道国的含义。

完成，必然与国内法发生千丝万缕的联系。发生法律冲突乃是双边投资条约与国际法机制和国内法秩序发生联系的一种方式。所以，双边投资条约冲突条款不仅要协调双边投资条约与其他国际条约之间的关系，而且应该协调双边投资条约与国内法之间的关系。这种国内法不仅包括实体法，而且涵括程序法。也就是说，关于国际投资争议解决机制与国内法救济方式之间的冲突，也当然纳入双边投资条约冲突条款的调整范围。

不仅如此，双边投资条约冲突条款还应该解决双边投资条约与国家特许协议或国家契约之间的冲突。从形式上看，双边投资条约是两个主权国家就相互促进和保护投资之权利义务关系意思表示一致的结果，条约的主体是主权国家；但从条约的内容来看，几乎所有条约都直接规定了"投资和投资者"权利，包括国民待遇、最惠国待遇、公平公正待遇以及投资争议解决诉权等，可以说，双边投资条约在某种意义上就是通过保护"投资和投资者权利"来实现主权国家——促进投资自由化和经济发展之缔约宗旨的。双边投资条约是一种涉及第三者权利和义务的特殊国际条约。投资者是条约的"第三方"，只不过这个"第三方"不是《维也纳条约法公约》第四节所指的具有国际法主体资格的第三国。但是，双边投资条约和国际投资仲裁机制所赋予投资者的申诉权，使得它与被诉方主权国家以及解决国家和投资者之间投资争议的国际仲裁机制发生联系，它具有了"准第三方"的性质。投资者尽管不是条约主体，但是，它可以通过国际仲裁机制对一个主权国家行使申诉权，并且它的权利义务落实状况直接关乎双边投资条约的目的和宗旨。可见，投资者与双边投资条约主体形成了事实上的第三方关系。这种第三方关系决定了投资者与东道国之间的国家契约必然与双边投资条约发生联系，或重叠或交叉或冲突，这是客观的事实。比如，双边投资条约中的"保护伞条款"的订立就反映了双边投资条约与国家特许协议之间重叠或交叉关系。

所以，双边投资条约冲突条款的内涵既不同于传统的国际私法上所言的冲突条款，也与一般国际条约冲突条款的含义存在差异。它不仅要调整关于同一事项的不同条约之间的关系，而且还要适用于条约与国内法、条约与国家特许契约之间冲突解决问题。并且，条约冲突（广义上而言）在国际双边投资条约领域将表现得更加突出和充分。① 发达国家新近发布的双边投资条约示范文本中不断增加的冲突条款就是最好的例证。所以，从更加广义的法律冲突和冲突条款含义上讲，双边投资条约冲突条款就是在条约中具体规定双边投资条约与其他法律秩序或规则发生冲突（包括条约之间、条约与国内法之间以及条约与特许协议之间）何种法律优先或如何适用法律的条款。与传统条约冲突条款相比，双边投资条约冲突条款调整法律冲突的范围更加广泛，层次更加多样、复杂，突破了冲突条款一般只调整平等法律体系之间法律冲突的传统理念，而将"触觉"探入国际法律体系与国内法律体系的冲突领域，成为调整双边投资条约冲突的主要方式，日益受到各国条约实践的重视。

二、双边投资条约冲突规则的地位：与"习惯法"的比较

1969年《维也纳条约法公约》第30条作为条约冲突习惯法编纂的结果，重述了条约冲突之一般冲突规范（第2款）和条约冲突解决的后法原则（第3款和第4款）。② 实际上，重申了条约冲突解决的两种方法：冲突条款和习惯法，并且以序位方法表明两种方法之间有明确的主从之分，冲突条款在解决条约冲突过程中起着主要作用，习惯法只是作为冲突条款的补充而存在。也就是说，条约规则发生冲突，只有在没有冲突规范可以援用的条件下，才考虑适用后法或特别法原则。这种规定是符合当事国意思优先和司法效率原

---

① 由于南北矛盾重重，至今没有产生专门调整国际投资的多边条约，主要通过双边投资条约处理国际投资关系，根据《recent developments in international investment agreements (2007-June 2008)》提供数据显示，截至2007年底，双边投资条约已达2608个，涉及国家179个。

② 第30条 关于同一事项先后所订条约之适用

一、以不违反《联合国宪章》第一百零三条为限，就同一事项先后所订条约当事国之权利与义务应依下列各项确定之。

二、遇条约订明须不违反先订或后订条约或不得视为与先订或后订条约不合时，该先订或后订条约之规定应居优先。

三、遇先订条约全体当事国亦为后订条约当事国但不依第五十九条终止或停止施行先订条约时，先订条约仅于其规定与后订条约规定相合之范围内适用之。

四、遇后订条约之当事国不包括先订条约之全体当事国时：

（甲）在同为两条约之当事国间，适用第三项同一规则；

（乙）在为两条约之当事国与仅为其中一条约之当事国间彼此之权利与义务依两国均为当事国之条约定之。

五、第四项不妨碍第四十一条或依第六十条终止或停止施行条约之任何问题，或一国因缔结或适用一条约而其规定与该国依另一条约对另一国之义务不合所生之任何责任问题。

则的。条约冲突规则和实体规则一样,都是条约当事方意思表示一致的结果,表达了条约主体对双边投资条约冲突法律适用的预期,相对于后法原则、特别法原则以及条约解释规则等其他解决条约冲突的方法,冲突条款方法直接、明确,更加符合国际社会法治要求。一旦发生条约冲突,条约自身机制或国际组织中设立的准司法或仲裁机构就可以直接援用冲突条款,或者通过对冲突条款进行解释,求得国际组织内或条约体制内自己解决冲突,而无需把相关争议诉诸于第三方机制①,从而使得冲突的解决更加便利化和高效化。

条约冲突条款与习惯法规则在处理双边投资条约冲突实践中,这种序位和主从关系不仅表现得更加突出,而且大多数时候出现"一边倒"情形。换言之,双边投资条约冲突适用习惯法解决的可能性和几率很小。根据上述双边投资条约冲突条款的特殊含义,可以将广义的双边投资条约冲突分为条约型冲突和非条约型冲突。② 其中,非条约型冲突涵盖了大量的条约与国内法、条约与国家特许协议以及国际投资争议解决机制与国内司法、行政程序之间的冲突,这一类型的冲突实质上是国际和国内两种具有法律效力位阶差异的不同法律秩序或机制之间的冲突,不可能适用在国际体制或秩序内形成和发展起来的后法或特别法原则。③《维也纳条约法公约》第 30 条第 1 款、第 3 款和第 4 款所蕴含的三个条件——(1)属于"同一事项"之条约;(2)先约和后约都为有效;(3)先约和后约可以同时适用于某一争议——显然是针对国际条约,特别是多边国际条约冲突而言的,完全不适用于双边投资条约非条约型冲突的解决。也就是说,非条约型冲突只能依据双边投资条约冲突条款加以解决,相关习惯法适用的可能性为零。

另一方面,双边投资条约的条约型冲突,由于条约主体的双边性、条约

---

① 如欧洲联盟法院就可以通过援用欧盟制定的条约中的冲突条款来解决条约冲突,而无需像以前那样,按照一定程序或要求把争端提交给国际法院解决。

② 为了表述的方便,在此将条约规则之间的冲突称为条约型条约冲突;将条约与国内法、国家契约等非条约之间的冲突称为非条约型条约冲突。但是,二者都同属于广义的条约冲突的范畴。

③ 后法原则与特别法原则适用于解决双边投资条约冲突的前提是相同的。See Report of the Study Group of the International Law Commission: Fragmentation of International Law: Difficulties Arising From the Diversification and Expansion of International Law, Finalized by Martti koskenniemi, UN Doc. A/CN.4/L.682, para. 89.

内容的广泛性以及相关多边投资条约缺位的特殊性①，在一定程度上制约或影响了后法或特别法原则的适用空间和范围，增加了适用上的技术难题，适用习惯法解决条约型冲突的可能性大为降低。以下结合双边投资条约冲突类型和《维也纳条约法公约》第30条规定之精神，具体分析双边投资条约之条约型冲突解决过程中适用冲突条款和习惯法的情况：

1. AB-AB型条约冲突

这是指两个主权国家先后缔结投资或与投资有关的条约的情形。一般而言，双边投资条约是有期限的，先约到期后，再签订新约是比较普遍的情况。在这种情形下，后约生效，先约终止。对于先约和后约效力的具体适用情况都由专款（广义上的冲突条款）具体规定。例如2003年新《中德新订双边投资条约》第16条规定："1. 1983年10月7日签订的《中华人民共和国和德意志联邦共和国关于促进和相互保护投资的协定》将在本协定生效后终止。2. 本协定应适用于缔约一方的投资者在缔约另一方的境内的所有投资，不管其是在本协定生效之前还是之后发生的。但是，本协定不得适用于在本协议生效前已进入司法或仲裁程序的与投资有关的任何争议或请求权。此等争议和请求应继续按本条第1款规定的1983年10月7日的协定的规定解决。"可见，尽管时间上存在先约和后约，且符合条约冲突"同一事项"规定，但不满足两者皆为生效且可同时适用的要件，后法原则不得适用。另一种值得关注的情形是，与投资有关的其他双边条约可能与双边投资条约发生冲突，例如，双边知识产权条约与双边投资条约的冲突，理论上存在适用特别法原则的可能，特别是某些发达国家意图在多边知识产权条约基础上通过双边"TRIPs-plus"条约，增加了条约冲突的可能性。但是，这些双边条约之间的冲突难以满足或判断"同一事项"之要求，降低了特别原则和后法原则适用的可能性。

2. AB-AC型条约冲突

这是指某一主权国家分别与其他国家缔结投资条约的情形。这种情况是普遍存在的，截至2007年，世界各国签订双边投资条约累计已达到2608个。

---

① 目前，投资领域尚没有真正意义上的多边投资条约，主要依据双边投资条约调整国际投资关系。

中国签订的双边投资条约已多达 120 个。① 依据缔约自由和条约相对性原理，主权国家可以根据本国经济发展状况与其他国家签订内容各异、相互独立的投资条约，所有这些条约分别只对缔约方有效。所以，实践中，AB-AC 型双边投资条约发生冲突的可能性较小，反而各条约之间通过最惠国待遇条款相互联系获得待遇一致的结果。这与《维也纳条约法公约》缔约过程中所讨论的"先约当事国与后约当事国数量相同但不完全一致时的条约冲突（即 AB-AC 型条约冲突）"② 和国际法院审理的"加布奇科沃—大毛罗斯项目案"③ 涉及的匈牙利和捷克斯洛伐克双边条约冲突是完全不同的。《维也纳条约法公约》主要针对多边条约，国际法院案例所涉双边条约都是关于一些特定其他事项的，类似冲突不可能发生在双边投资条约领域。因为国际投资市场是竞争和开放的市场，各国享有自由的投资缔约权，不受与其他国家所签订的投资条约的影响和约束。所以，AB-AC 型投资条约发生冲突的可能性不大，解决冲突的习惯法自然没有适用的空间。即使围绕特定或具体事项发生了条约冲突，也应适用投资条约中的最惠国待遇条款或专门的冲突条款加以解决。

3. ABC-AB 型或 AB-ABC 型条约冲突

这是指签订双边投资条约的国家，在此之前或之后缔结区域或全球多边投资条约或与投资有关的多边条约的情形。从理论上讲，AB-ABC 型投资条约冲突，即双边投资条约之后签订多边投资条约，《维也纳条约法公约》第 30 条第 3 款已经作出了具体规定："遇先订条约全体当事国亦为后订条约当事国……先订条约仅于其规定与后订条约规定相合之范围内适用之。"即后约效力优先；ABC-AB 型投资条约冲突，即多边投资条约或与投资有关的多边条约之后签订双边投资条约，这种情况相对复杂，《维也纳条约法公约》第

---

① UNCTAD, Recent Developments in International Investment Agreements: 2007-June 2008, http://www.unctad.org/en/docs/webdiaeia2008, 2012/6/30 访问.

② 关于该问题的讨论，可参见 Jan B. Mus, "Conflicts between Treaties in International Law", *Netherlands International Law Review*, Vol. XLV, 1998, p. 230. 以及 Yearbook of International Law Commission 1964, Vol. I, p. 131. 争论的结果形成了《维也纳条约法公约》第 30 条第 5 款有关条约冲突与国家责任关系的条款，该条并没有直接规定 AB-AC 型条约冲突。

③ See http://www.icj-cij.org/icjwww/idocket/ihs/hsjudgement/ins_ijudgment_970925_frame.htm, 2011/12/5 访问.

30条第4款分两类情形作了具体规定:"遇后订条约之当事国不包括先订条约之全体当事国时:(甲)在同为两条约之当事国间,适用第三项之同一规则;(乙)在为两条约之当事国与仅为其中一条约之当事国间彼此之权利与义务依两国均为当事国之条约决定之。"即根据具体情形或适用后约,或适用先约。总之,从理论上讲,ABC-AB 型或 AB-ABC 型投资条约冲突可以适用后法原则。《维也纳条约法公约》虽没有提及特别法原则,事实上,由于后法和特别法原则在一定意义上都是对当事国最后意志的尊重,具有目的的相同性,所以,对于双边投资条约与多边投资条约之间的冲突,理论上也是可以适用特别法原则的。

但是,综合性的多边投资条约的空缺,决定了在双边投资条约实践中存在 ABC-AB 型或 AB-ABC 型条约冲突的可能性很小。两个专门性国际投资条约:《多边投资担保机构公约》和《解决国家和他国国民投资争议公约》,仅仅涉及投资保险和争议解决仲裁程序问题,即使涉及条约冲突,也是通过双边投资条约中的代位权条款和关于争端解决机制的冲突条款解决。实践中,ABC-AB 型或 AB-ABC 型投资条约冲突大量发生在双边投资条约或与投资相关的贸易、知识产权、环境、劳工等多边国际条约之中。然而,由于条约主题和主旨不同,适用后法和特别法原则《维也纳条约法公约》所要求的"同一事项"要件难以满足,习惯法适用遇到障碍。[①] 即便如国际法委员会《国际法不成体系报告》和学者所反映的,在国际条约冲突解决实践中,对于"同一事项"作较为宽泛的理解:如果针对同一个问题援引两条或两套不同的规则,或者作为解释的结果,相关条约在被某一当事方适用时似乎指向不同的方向,"同一事项"标准就已经得到满足。[②] 双边投资条约规则和与投资相关的贸易、知识产权、环境等多边条约规则可以判属"同一事项"之规则,也存在特殊法规则和一般法规则标准模糊以及后法原则与特别法原则之间的冲突问

---

① 对于如何解释《维也纳条约法公约》第30条所要求的"同一事项"学术界有不同解释,可参阅国际法委员会《国际法不成体系问题报告》第21—26段。

② E. W. Vierdag, "The Time of the 'Conclusion' of a Multilateral Treaty: Article 30 of the Vienna Convention on the Law of Treaties and Related Provision", *British Yearbook of International Law*, 1988, (59): 100.

题，大大降低了习惯法适用的几率。① 实践中，双边投资条约与涉及投资的知识产权、贸易、环境和劳工保护等条约和国内法的冲突依靠冲突条款解决成为发展趋势。

总之，解决双边投资条约冲突主要依靠条约冲突条款，适用习惯法面临尴尬境遇：对于非条约型冲突，因属不同体制之间的冲突，不能适用习惯法；对于条约型冲突，AB-AB 型和 AB-AC 型，理论和实践上适用习惯法的可能也是微乎其微；只有 ABC-AB 型或 AB-ABC 型条约冲突，理论上存在一定可能性，但由于双边投资条约实践的特殊性，或因界定特别法与普通法标准模糊，或因后法与特别法原则之间存在冲突，增加了适用习惯法的技术难度以及司法和仲裁成本，大大降低了适用习惯法的可能性。所以，一言以蔽之，不同种类的双边投资条约冲突（条约之间的冲突、条约与国内法之间的冲突以及条约与国家特许协议之间的冲突）更多地依靠冲突条款方法加以解决。双边投资条约冲突条款对于双边投资条约及其冲突解决具有重要地位和意义，反映了一个国家把握和处理投资条约冲突的预测力和熟练度，应该成为衡量双边投资条约立法水平和规则精细化程度的重要标准。中国应该高度重视和借鉴世界各国双边投资条约缔约的先进理念和方法，不断提升解决中外双边投资条约冲突水平和方法。

三、双边投资条约冲突规则的功能：以美 BIT 示范文本为例的分析

双边投资条约冲突条款理论上成为双边投资条约冲突解决的主要方式，但是，在条约订立实践中发展如何？以及它主要用来解决哪些具体冲突类型？现以美国 2004 年 BIT 示范文本为例作简要分析。美国 2004 年 BIT 示范文本是美国双边投资条约的最新的示范文本，结构宏大，分 A、B、C 三节，共计 37 个条文，附录三个附件，原则规定之外，设定了大量例外条款，特别针对各类条约冲突预设了冲突条款，反映了美国对于国际投资自由化和东道国外资管辖权问题的基本主张，成为推行其国际投资政策的主要工具和与其他国家谈判的重要底本，受到世界各国关注，并且直接影响了加拿大和其他

---

① 关于后法原则与特别法原则冲突的论述，可参见国际法委员会《国际法不成体系报告》相关部分和廖诗评的《条约冲突基本理论问题研究》第 130—148 页的论述。

一些国家的 BIT 缔约。所以，美国 2004 年 BIT 示范文本具有一定代表意义，分析其中的冲突条款，既可以检验或实证笔者上述理论观点，分析双边投资条约冲突条款的具体功能，又可以为中国和其他国家双边投资条约的缔结提供借鉴。

正如前文分析，双边投资条约是具有涉他性的条约，条约内容大量涉及投资和投资者的权利，这一特点决定了双边投资条约冲突具有不同于一般多边投资条约冲突的特点，涵盖了条约型冲突和和非条约型冲突。所以，双边投资条约冲突条款必然突破传统条约冲突条款的种类：凡是具有协调或处理双边投资条约与其他法律秩序或规则冲突作用的条款，都是双边投资条约的冲突条款。我们以这一含义和标准，作为分析美国 2004 年 BIT 示范文本冲突条款的基准。据初步统计，美国 2004 年 BIT 示范文本，总计 37 个条文之中有 11 个条文设定了冲突条款，占条文总数的近 30%，除去文本中一些技术性条款，几乎所有实体权利义务条款都考虑或关注了可能发生的条约冲突，嵌入了冲突条款，为将来可能发生的冲突提供了预测性方案，没有为条约冲突解决的习惯法留下多少适用的空间。从考察该文本冲突条款功能的视角，可以作如下具体分析：

(一) 解决条约之间的冲突

国际投资是生产要素或资源一揽子的跨国移动，与贸易、知识产权、环境保护等多种经济活动相互交织在一起。所以，双边投资条约必然与多个领域的多边或双边条约发生重叠、交叉和冲突。美国 2004 年 BIT 示范文本对此予以了足够重视，较为全面地规定了与多边条约冲突的冲突条款：

(1) 规定税收条约优先的冲突条款——该文本第 21 条第 3 款规定："本条约中的任何规定都不影响每缔约一方在任何税收协定下的权利和义务。如果本条约与此种协定存在不一致之处，那么得优先适用此类税收协定。如果在缔约双方之间存在税收协定，那么仅该协定下的主管税务机关才有权决定本条约和税收协定之间是否存在不一致。"

(2) 规定知识产权条约优先或例外的冲突条款——该文本第 6 条"有关征收和补偿条款"第 5 款规定："本条不适用根据 TRIPS 协定在知识产权方面颁发的强制许可。"第 8 条"履行要求"第 3 款 (b) (i) 项规定："第 1 款

(f) 项不适用于：当一方根据 TRIPs 协议第 31 条授权使用一项知识产权①，或将其用于属于且符合 TRIPs 协定第 39 条的要求披露私人信息的措施"②；第 14 条非一致性措施第 4 款规定："第 3 条国民待遇和第 4 条最惠国待遇不适用于 TRIPs 协定第 3 条或第 4 条中关于义务例外或减损的规定，如同在这些条款和 TRIPs 协定第 5 条中所特别规定的一样。"

（3）规定劳工保护条约优先的冲突条款——该文本第 13 条"投资与劳工规定"："……每一缔约方须努力确保不以取消或减损或试图取消或减损第 2 款所指的国际承认的劳工权利作为对投资者在其领土内设立、收购、扩大或维持投资的鼓励。如果缔约一方认为缔约另一方已经提供了此种鼓励，可要求与其协商，缔约双方应商定一种办法以避免此种鼓励……"

（4）规定其他条约更优条款优先的冲突条款——该文本第 16 条"非减损"规定："本条约不得减损以下任何规定所涉投资的，比本条约赋予的待遇更高的待遇：……2. 国际法律义务；或者……"

（二）解决与国内法之间的冲突

双边投资条约与国内法之间的关系或冲突，是缔约主体予以高度关注的问题，实质上，平衡双边条约与国内法之间的效力关系是双边投资条约缔约

---

① TRIPs 协议第 31 条：

"未经权利持有人授权的其他使用，如一成员的法律允许未经权利持有人授权即可对一专利的客体作其他使用，包括政府或经政府授权的第三方的使用，则应遵守下列规定：

(a) 授权此种使用应一事一议；

(b) 只有在拟使用者在此种使用之前已经按合理商业条款和条件努力从权利持有人处获得授权，但此类努力在合理时间内未获得成功，方可允许此类使用。在全国处于紧急状态或其他极端紧急的情况下，或在公共非商业性使用的情况下，一成员可豁免此要求。尽管如此，在全国处于紧急状态或在其他极端紧急的情况下，应尽快通知权利持有人。在公共非商业性使用的情况下，如政府或合同方未作专利检索即知道或有显而易见的理由知道一有效专利正在或将要被政府使用或为政府而使用，则应迅速告知权利持有人……"

② TRIPs 协议第 39 条：

"1. 在保证针对《巴黎公约》(1967 年) 第 10 条规定的不公平竞争而采取有效保护的过程中，各成员应依照第 2 款对未披露信息和依照第 3 款提交政府或政府机构的数据进行保护；

2. 自然人和法人应有可能防止其合法控制的信息在未经其同意的情况下以违反诚实商业行为的方式向他人披露，或被他人取得或使用，只要此类信息……；

3. 各成员如要求，作为批准销售使用新型化学个体制造的药品或农业化学物质产品的条件，需提交通过巨大努力取得的、未披露的试验数据或其他数据，则应保护该数据，以防止不正当的商业使用。此外，各成员应保护这些数据不被披露，除非属为保护公众所必需，或除非采取措施以保证该数据不被用在不正当的商业使用中。"

的主要目标之一。所以，美国 BIT 示范文本的冲突条款不可能回避或忽略双边投资条约与国内法的冲突处理。在更优待遇、环境和劳工保护等方面做了具体规定。该文本第 16 条规定："本条约不得减损以下任何规定所涉投资的，比本条约赋予的待遇更高的待遇：1. 法律法规、行政惯例或程序，或一方的行政决定或司法裁定……。"第 12 条"投资与环境"规定："缔约方认识到通过削减或减少国内环境法授予的保护来鼓励投资是不适当的。因此，缔约各方须尽力保证不削弱或减少国内环境法授予的保护来取消或减损，或试图取消或减损此类措施作为对投资者在其领土内进行的设立、收购、扩大或维持投资的鼓励。如果缔约一方认为缔约另一方已经提供了此种鼓励，可要求与其协商，缔约双方应商定一种办法以避免此种鼓励。"此外，第 13 条"关于投资与劳工保护"也有类似的规定。从一般意义而言，国际条约优先原则，当然适用于双边投资条约与一般国内法的关系。但作为例外，上述条款具体规定了劳工、环保和更优国内法待遇规则之国内法优先于条约的情况，使得条约规定更加明确、具体。

（三）解决与国家特许协议之间的冲突

如前所述，双边投资条约与国家特许协议和私人投资契约之间存在重叠或冲突。"保护伞"条款和冲突条款正是这种关系的直接反映。"保护伞"条款实质是将契约权利纳入到条约体系进行一体保护，反映了二者之间的统一关系[①]；冲突条款实质是规定在二者发生冲突时，何者优先适用的问题，反映了二者之间的冲突关系。该文本第 8 条"履行要求"第 5 款规定："本条并不排除私人间达成的而一方并不强加或要求的任何义务，承诺或要求的执行。"第 16 条"非减损"规定："本条约不得减损以下任何规定所涉投资的，比本条约赋予的待遇更高的待遇：…… 3. 一方承担的义务，包括那些包含在投资授权或投资协议里面的义务。""保护伞"条款不属于本书研究内容，在此不作具体研究。

（四）解决传统的法律适用问题

双边投资条约冲突不仅不可避免，而且是多层次、复杂化的。相对于国

[①] "保护伞"条款是双边投资条约中规定缔约一方应当遵守其与缔约另一方国民达成的所有承诺的条款，目的是将契约义务纳入条约保护范畴。

际私法意义上的法律冲突，其含义更加丰富，种类更加广泛。所以，根据双边投资条约的冲突情形，具体规定法律适用问题是明智之举。该文本第30条就是条约法律适用条款，具体规定："1. 依照第3款，当一项请求时根据地24（1）（a）（i）（A）条或24（1）（b）（i）（A）提起的，则仲裁庭得根据本条约和可适用的国际法规制来解决有争议的问题。2. 依照第3款和本节中的其他条款的规定，当一项请求根据24（1）（a）（i）（B）或（C）提起或者是根据24（1）（b）（i）（B）或（C）条提起，则仲裁庭得适用：（a）相关投资协议或投资授权中详细列明的法律规则或者争端方另有约定的规则；（b）如果不存在上述详细列明的法律规则或者争端方没有达成另外的约定：（i）包括冲突规则在内的被诉方法律，以及（ii）可以被适用的国际法规则。"这样就十分明确，如果争议是关于条约权利或义务的，适用条约和国际法解决；如果争议是关于投资授权或投资协议的，适用投资协议、东道国法律或国际法规则解决。

如果从更为广泛的意义上理解双边投资条约冲突条款，美国2004年BIT示范文本对投资争议解决的不同体制之间关系所作的规定，也可以视为关于争端解决机制之间关系的冲突条款。该文本第26条关于缔约各方同意提交国际仲裁的条件和限制的规定，较好地处理了国内诉讼机制和国际仲裁体制的关系。纵观美国2004年BIT示范文本，发现其十分凸显依靠条约冲突条款为条约冲突之解决提供预测方案的思路和理念，注重通过条约冲突条款为本国海外投资者提供解决投资争议的法律适用的稳定预期，达到了间接限制东道国政府或司法机构利用后法或特别法等习惯法原则所带来的自由裁量权的目的，客观上最大限度地优化了本国海外投资和投资者的法制环境。从条约订立技术和目的来看，该文本冲突条款的订立表现出以下两个鲜明特点：

（1）冲突条款的涉及领域反映了国家战略思维的考量。知识产权战略和金融服务是美国立国之本，文本在冲突条款设计时，特别关注了双边投资条约与TRIPs协议的关系问题，具体条文有3款之多，同时，也专条规定了金融服务问题。对于环保和劳工保护方面等双边投资条约涉及的新领域所可能发生的条约冲突也进行了前瞻性的思考和规定，充分发挥了条约冲突条款较之其他方法更具有预见性和稳定性功能的特点。

（2）冲突条款的类型设定为合理解决条约冲突提供了空间。该文本设定的冲突条款种类繁多、形式多样，技术较为娴熟。从条款立法技术来看，既运用传统冲突条款方法规定解决条约冲突的法律适用或选择，也采用了直接将多边条约内容纳入双边投资条约的方法，以及设定了大量例外条款。比如，该文本第8条履行要求实际上大量的纳入了 TRIMs 协议的内容，从而从根本上避免条约冲突。从冲突条款种类来看，该文本针对不同领域和类型的条约冲突，规定了不同形式的冲突条款，将条约与其他各种法律秩序之间的关系和可能发生的冲突都作了预先设定，反映了文本订立者化解条约冲突的系统思维和较为娴熟技能。这种技术和形式的结合为美国投资者提供了化解条约冲突的合理选择。

四、中国双边投资条约冲突规则的模式：由最优待遇条款向冲突条款的转换

中国是世界上订立双边投资条约最多的国家之一，数量仅次于德国，达到120多个。[①] 这些众多的投资条约之间、条约与东道国法律和特许协议之间无疑也会产生条约冲突，这是不以人的意志为转移的。随着中国海外投资迅速发展以及世界经济一体化水平的不断提高，中国将更多地加入或缔结各种专门性的国际多边条约，不断融入多样化和碎片化的国际法体系之中，这将增加双边投资条约冲突发生的风险。如何化解多样化和复杂化的双边投资条约冲突，直接关系到中国海外投资安全和海外投资者利益保护，关系到中国海外投资所面临的法制环境等等，对于改善中国自身投资环境引进外资也具有积极意义。条约冲突条款作为发达国家主动采用的化解双边投资条约冲突主要方式，应当引起中国双边投资条约订立者的高度关注。可以说，双边投资条约冲突条款设定的数量和种类的多少，直接反映了中国双边投资条约订立的水平，表现了中国驾驭或协调国际法律秩序的能力。一个能够通过设定不同冲突条款对各种条约冲突提供法律适用预测的双边投资条约必定是一个高度规则化、细致化的双边投资条约。反之，双边投资条约的法律预期和可适用性将大大降低。中国海外投资领域、区位结构以及发展规模的特殊性为双边投资条约的具体化、可预期性提出了更高的要求。然而，令人遗憾的是，

---

① UNCTAD, Recent Developments in International Investment Agreements: 2007-June 2008, http://www.unctad.org/en/docs/webdiaeia2008，2012/6/30 访问。

作为提高和反映双边投资条约水平和可预期性的重要因素的冲突条款并没有引起中国缔约部门或代表的高度重视,双边投资条约新订、续订或修订文本中尚没有出现完整意义上的冲突条款。可以说,随着中国外向型经济由单向"外资引进型"向"海外投资与外资引进"双向并重型发展,双边投资条约及其冲突条款对国家经济利益,特别是海外投资保护具有更加不可替代的意义。这是由双边投资条约从诞生之日起就是为了保护本国海外投资的原始和直接目的所决定的。

1982年中国订立的第一个双边投资条约——《中华人民共和国政府和瑞典王国政府关于相互保护投资的协定》第7条规定,"本协定的任何规定均不应损害根据国内法或国际法而对缔约一方公民或公司在缔约另一方境内的权益所产生的权利或利益",是该协定中唯一涉及与其他条约和国内法关系的条款,且表述极其抽象,并不能发挥协调与其他法律秩序关系的效果,反而限制了双边投资条约效力的发挥。该条款作为中国双边投资条约的早期实践或尝试,也是可以理解的。在此后的投资条约实践中,该条款的类似表述被1983年《中华人民共和国和德意志联邦共和国关于促进和相互保护投资的协定》第8条——"更优待遇条款"所取代。该条规定:"1. 在本协定之外,如果根据现在或今后缔约一方的法律或缔约双方间所承担的国际法义务有一般或专门的规定,对缔约另一方投资者投资的待遇较本协定更为优惠,应从优适用。2. 缔约任何一方应恪守其对缔约另一方投资者在其境内投资已承担的所有其他义务,但缔约各方修改其法律的权利不受妨碍。" 1986年《中华人民共和国政府和瑞士联邦政府关于相互促进和保护投资协定》第9条也有相同的表述:"缔约一方法律中或者由缔约一方签订的国际协定中现行或将来的规定,对缔约另一方投资者的投资规定有比本协定更优惠的待遇,应从优适用。"可见,以"更优待遇"条款代替冲突条款是当时通行的做法。应该说,从1982年《中瑞投资协定》第7条的模糊表述过渡到1983年及以后条约中的"更优待遇"条款,在立法技术和理念上是一个较大的进步。但是,以"更优条款"代替冲突条款的情形一直持续到中国海外投资发展和国际法多样化程度不断提高的今天,也应该承认,反映了中国双边投资缔约理念和技术的严重滞后。例如,2003年新订的《中华人民共和国和德意志联邦共和国关于促进和相互保护投资的协定》,有些条款在1983年《中德投资条约》

基础上作了重大修订，遗憾的是，冲突条款仍然没有摆脱"更优待遇"条款模式，该协定第 10 条规定："1. 如果缔约任何一方的立法或缔约双方之间现存或在本协定后根据国际法设立的义务，含有使缔约另一方投资者的投资享受比本协定的规定更优惠待遇的规定，该规定在其更优惠的范围内应比本协定优先适用。2. 缔约任何一方应恪守其就缔约另一方投资者在其境内的投资所承担的任何其他义务。"以"更优待遇条款"代替冲突条款这种情况是普遍的事实，2009 年中国和瑞士联邦、马里其共和国等国家之间所签订的双边投资协定，其中冲突条款也没有什么变化。

从某种意义上而言，双边投资条约冲突条款反映一个国家对国际条约之间、条约与国内法之间关系的基本态度和价值取向。这种态度和取向，本质上是不同国家之间利益博弈的结果。所以，中国签订什么样的双边投资条约及其冲突条款是由本国经济发展，包括海外投资和引进外资的实践及其相互关系所决定的。[①] 也就是说，如何通过冲突条款处理国际法、国内法和国家契约三者之间的相互关系不仅是一个技术问题，而且是一个政治经济问题。中国海外投资从项目上看，中央企业主要集中于资源型和获取技术型投资；从区域分布来看，过去主要集中于亚洲的格局被突破，向欧美和非洲挺进的趋势明显。据有关媒体报道，中国海外投资流量在 2013 年可望达千亿美元，存量可望达 5000 亿美元的规模。目前中国海外投资和外商直接投资 1∶2 的比重，可望在 2015 年前后升至 1∶1。[②] 这样一个投资结构、规模和发展速度必然使得中国双边投资条约面对更加复杂化和多样化的国际、区域或国内法律环境或秩序，从而增加条约冲突风险发生的可能性。订立大量而细致的双边投资条约冲突条款成为化解条约法律冲突风险的无可回避的选择。

同时，中国海外投资主要集中于资源型和获取技术型项目的特殊性，也在一定程度上更多地增加了条约冲突和投资争议发生的风险。因为资源和技术触及了东道国经济发展的敏感元素，各国都不遗余力地通过相关立法、行

[①] 从双边投资条约发展历史来看，双边投资条约向来都是为本国海外投资发展服务的。保护本国海外投资和投资自由化是发达国家追求的目标，东道国为吸引外资订立双边投资条约的目的在实践中往往落空。所以，中国海外投资发展为双边投资条约发展提供了契机，也为条约冲突条款的订立提出了要求。

[②]《5000 亿美元"十二五"规划中国海外投资畅想》，http: //finance. sina. com. cn/roll/20100831/09208577002. shtml，2012/7/5 访问。

政措施、司法手段予以全方位保护,并且积极参与、倡导和促进国际环境和知识产权保护多边条约谈判或缔结,形成了国际、国内法律规则或措施的保护圈,也是东道国缔结双边投资协议重点博弈的场所。可见,与其他投资项目相比,海外资源型和获取技术型投资项目历来就是一个争议多发地带,条约冲突不可避免。从这一意义上讲,中国双边投资条约较之其他国家必须更加注意订立冲突条款、最大限度地协调各种法律秩序或体制之间的矛盾或关系。

具体而言,资源型和技术型海外投资由于各自区域分布和法律特征存在差异,二者对双边投资条约冲突条款的类型和要求也是不同的。资源型投资主要分布在发展中国家,一般要通过国家特许协议或授权投资才能获得投资机会和项目审批,且投资周期长,主要面临两个方面的法律风险:一是发展中国家国内法律秩序或规范稳定性和透明度不高所造成的法律预期缺失风险;二是国际条约、国内法和国家特许协议等多重法律关系相互交织所带来的更多的条约冲突风险。所以,对于与资源型投资项目东道国签订双边投资条约,冲突条款主要关注国内法、国家特许契约与双边投资条约的关系,将关系到投资者利益的规定直接订入条约,通过条约优先适用规则来避免东道国国内法律规则的变化。同时,可以订立条约"保护伞条款"将国家特许协议的内容纳入条约保护机制,化解可能发生的投资条约与契约之间冲突。这类方法,在美国2004年BIT示范文本中有较多的运用,主要表现在更优待遇条款和法律适用条款之中。中国应该借鉴外国双边投资条约冲突条款的先进缔约技术,结合中国资源型投资特点,具体问题具体分析,形成具有自己特色的冲突条款立法。

中国有关获取技术型的海外投资多集中于发达国家,尽管东道国国内法治水平较高,法律稳定性和透明度风险较少,但是获取国外高端技术的投资目的容易与发达国家技术垄断战略发生抵牾,因而或受到发达国家"国家安全"审查,或与发达国家主导的多边国际条约体制产生冲突,这是经常发生的。譬如,近年来中海油、华为、鞍钢等国内著名的大企业在赴美投资过程中都遭遇了以"国家安全"为名的投资审查。[①] 美国惯用"国家安全"大棒打压外国投资者获取高端技术的投资并购项目,同时,在不同体制内积极推动反映自己主张和利益要求的国际知识产权条约的缔结或修订,包括其推行的"TRIPs-plus"条约。所以,中国与类似美国的发达国家缔结或修订双边投资条约,第一要务是通过定性和要素列举结合,程序规定和实体规定并用等立法技术,订立具体化的双边投资条约国家安全条款,配合条约优先适用的冲突条款,制约东道国适用"国家安全"审查措施的随意性,达到保护海外投资目的。其次,合理利用冲突条款将中国相关知识产权保护义务限定在中国加入或缔结国际知识产权多边条约所承认的限度范围内,预防被强加发达国家东道国所倡导的高标准知识产权条约或国内法义务。在缔约技术和方法上,可以研究和借鉴美国 2004 年 BIT 示范文本第 6 条、第 8 条和第 14 条等关于知识产权条约相关规则优先适用的条款规定,从中获得启示,不断创新,为我所用。

第二节 中国双边投资条约知识产权保护规则的转型[②]

知识产权保护素来是国际投资条约的议题之一。从最早的《友好通商航海条约》(FCN)粗略算起,投资条约保护知识产权的历史已逾百年。然而,直到 20 世纪中期以后,尤其是 20 世纪的最后十年以来,投资条约在知识产权国际保护规则架构中才特色鲜明,呈现出"现代转型"的重要趋势。1948 年,"关贸总协定"(GATT)的临时适用部分地削弱甚或取代了 FCNs 的贸易保护功能,使投资保护成为 FCNs 的主要议题。投资条约知识产权保护规则的现代转型就发端于这一时期。根据这一时期及其后投资条约知识产权保护规

---

① 《中国企业海外投资须更重视"安全"与"收益"》,http://news.xinhuanet.com/2010-08/24/c_12480153.htm,2012/8/30 访问。

② 本节内容根据课题组成员张建邦博士的研究成果修订而成。

则的关键特征（而不是以历史变迁的年代顺序为据）①，这一规则的嬗变呈现三次较大的转型。20 世纪 90 年代以来的转型发展构成后 TRIPs 时代知识产权国际保护秩序的一部分。WTO 成立之后，双边投资条约和自由贸易协定 FTA 成为发达国家绕开 WTO 多边体制推行其知识产权战略和强化知识产权保护的重要机制。特别是近年来，知识产权投资争端赫然耸现，事关公共健康、研发要求、标签要求、专利无效等东道国管制措施，而此类争端的解决与投资条约知识产权保护规则相应相生。中国双边投资条约基本上是在国际投资条约进入变革期之后签订的。而几乎在同一时期，中国进入经济转型期，实行改革开放政策，并逐步融入全球经济体系和国际经济法律秩序。在理论上梳理投资条约知识产权保护规则演变的全貌和最新动向，有助于在实践上分析和评估此等演变趋势对东道国（主要是发展中国家）管制权力和经济社会发展的实际的或潜在的影响，从而为中国现在或未来商签双边投资条约时订制合理的知识产权保护规则提供借鉴。本节将以国际投资条约知识产权保护规则的三次转型为基本线索顺次展开，论及此等转型对中国缔约实践的影响和启示。②

一、国际投资条约知识产权保护规则的三次转型

（一）第一次转型：从财产保护到投资保护的转变

这一转型是通过三类条约的缔约实践体现的。

第一类条约是国际投资条约的较早形式 FCNs。20 世纪中期以前，FCNs 知识产权保护的内容聚焦于知识产权待遇标准（国民待遇和/或最惠国待遇）、知识产权获得和维持、知识产权侵权及救济等。当时的 FCNs 投资保护条款很少明文规定知识产权保护内容，但在防止征收方面可以通过"财产"概念的

---

① 国际投资条约所保护的知识产权实为知识产权资产，此等资产涵盖了技术、技能、工艺、商誉等。从知识产权法定主义的角度而言，有些被涵盖的资产在国内法上甚至不作为独立的知识产权对待，当然，这并不意味着此等资产不受国内法的任何保护。本节所指称的资产意义上的知识产权之保护的内涵和外延与国内法上的知识产权保护、专门知识产权公约和贸易协定知识产权保护章节所提供的国际保护的内涵和外延不尽一致。

② 鉴于国际投资条约的类型多样且其涵盖的知识产权保护内容广泛，为了突出主题，本节研究的条约样本和规范内容限定为国际投资保护条约及其实体规范，特别侧重于 FTAs 投资保护规范和 BITs 中的实体规范；研究论题以知识产权的政府干预（与私人干预相对而言）和东道国措施为中心。

解释间接实现，从而间接涉及东道国政府措施对外国人知识产权的非法干预及其救济问题。实际上，对外国人经济利益造成损害的国家责任的传统国际法部分地替代了 FCNs 的知识产权投资保护功能。

第二次世界大战之后的 FCNs 逐渐转向以投资保护为中心，其投资保护条款亦直接包含了有关知识产权保护的内容。这是知识产权投资保护的最早转型。这一发展较早出现于 1949 年美国—乌拉圭 FCN（第 4 条）。这是一个以前的条约中很少规定的新条款。① 这一规定效法于 1948 年《波哥大经济协定》第 22 条并有所发展。其后 FCNs 大多以此为蓝本，并有一些小的变种和发展。概言之，其主要内容有二：（1）缔约国不得采取武断性的、歧视性的措施来损害外国投资者对其技术和知识产权的合法既得权利或利益；（2）缔约国不得不合理地或者歧视性地阻碍外国投资者以公平合理的条件获取其经济发展所需的技艺、技术、制造工艺等。② 这两项内容的意义在于不仅直接规定了知识产权本身的投资问题，而且直接规定了投资活动中知识产权的保护。申言之，其两方面的理论意义尤为突出：一是在知识产权保护方面引入了免受武断性、歧视性措施之损害这一绝对待遇标准，并为 BITs 所继承。二是承认了知识产权的既得权。国际常设法院在"奥斯卡·钦案"中认为商誉是"暂时的情况，会受不可避免的变化的影响"③，不具有既得权的性质。国际法委员会"国家责任"专题报告员 F. V. García-Amador 亦将商誉和知识产权列入"不涉及既得权的特殊情形"。④ 而现代 FCNs 前述规定对知识产权既得权的承认为知识产权投资的国际求偿提供了理论依据。

第二类条约是从西欧兴起的 BITs。从 1959 年德国和巴基斯坦签订第一个 BIT 伊始，BITs 保护知识产权的基本规则安排是在"投资（资产）"定义之中将知识产权列入受保护的资产清单。其直接的法律后果是，BITs 一般投资保护规则一体地适用于各类投资资产（包括知识产权）之保护。BITs 主要保

---

① Robert R. Wilson, "Property-Protection Provisions in United States Commercial Treaties", 45 *Am. J. Int'l L.* 83 (1951), p. 102.
② 参见美国—意大利 FCN（1948 年）1951 年《补充协定》第 1 条，美国—日本 FCN（1953 年）第 5 条，美国—德国 FCN（1954 年）第 5.3 条，美国—尼加拉瓜 FCN（1956 年）第 6.3 条。
③ *The Oscar Chinn Case*, (1934) PCIJ Rep., Ser. A/B, No. 63, p. 88.
④ F. V. García Amador, Fourth Report on State Responsibility (Document A/CN. 4/119), [1959] 2 Y. B. Int'l L. Comm'n 1, p. 10.

护知识产权投资不受东道国政府措施的非法干预和不公平待遇，它遵循投资保护的逻辑。

第三类条约是区域经济一体化投资协定。较早将知识产权纳入区域一体化组织共同投资政策框架的国际条约是1965年《中部非洲关税和经济联盟（UDEAC）各国投资共同公约》。该公约明确规定外国投资者在工业产权保护方面享有国民待遇、经获准的特定企业被给予豁免5年商业专利许可的附加利益。[①] 其后，安第斯条约组织《卡塔赫纳协定》将建立共同投资政策作为其优先事项，并确立了涉及技术和知识产权的统一外资规则。这些条约在特定的区域范围内确立了统一的技术和知识产权投资政策框架。后来（尤其是20世纪90年代以来）缔结的区域一体化投资协定大致揉合了BITs和早期区域性投资条约的知识产权保护内容。

第一次转型的关键特征是保护理念从"权利"观念或"财产"观念向"投资"观念的嬗变，突显了知识产权的经济资产属性和知识产权投资本身的保护。在传统投资条约中，作为权利的知识产权通常被涵盖于"财产"概念之下。虽然财产和投资（资产）内含的财产权本质并无差异，但是二者仍然存在法律含义和保护路径的区别。现代投资条约所定义的"投资（资产）"是法律特征和经济特征的统一，前者体现为与东道国存在地域联系或者法律联系的一束财产权，后者体现为对东道国经济的资源投入和取得预期商业收益的风险承担。[②] 显然，"财产"概念不涉及后一方面。另外，传统条约中"财产"概念涵盖知识产权本身存在条约适用时的解释问题，这体现了以传统国家责任法为基础的基于解释的个案保护路径，而将知识产权纳入"投资"定义则说明知识产权要获得投资条约保护必须具有投资特征，这体现了以"条约"为基础的一体保护路径。这一转变反映了保护的侧重点"从以私人财产保护作为目的本身向促进经济发展所必需的私人外国投资赖以发生的条件的政策之转变"[③]，特别是提供了以投资条约为基础的一套完整清晰的规则

[①] 《UDEAC各国投资共同公约》第5条第（2）项、第33条第（4）项。
[②] Zachary Douglas, *The International Law of Investment Claims*, Cambridge University Press, 2009, pp. 161-164.
[③] See Andrew Newcombe & Lluís Paradell, *Law and Practice of Investment Treaties: Standards of Treatment*, Kluwer Law International, 2009, p. 21.

结构，并在原有的专门知识产权公约之外为知识产权保护开拓了新的国际机制。相应的，这些条约确立了两套保护知识产权的规则，亦即在以防止私人干预及相应的私人责任为中心的规则之外，又构建了以防止政府干预及相应的国家责任为中心的规则。

(二) 第二次转型：特殊保护规则对一般保护规则的递补

这一递衍过程是在 BITs 发展演变中完成的，并延伸于其后 FTAs 投资保护规则。

起初，除了某些 BITs 借鉴现代 FCNs 为缔约国设定了交换与使用科技知识以及技术援助和技术培训的义务之外，"投资"定义条款是唯一涉及知识产权的条款，并藉该条款对知识产权提供一般投资保护规则之保护。然而，知识产权相较于其他投资资产具有更多特殊性，举其要者：知识产权具有地域性；以贸易协定和知识产权协定为枢纽的不同国际机制对知识产权提供保护，投资条约与这些保护机制的勾联日益增多；第二次世界大战之后，技术转移和技术援助一直是国际经济立法的重要主题；被纳入投资条约调整范围的与知识产权保护有关的某些议题（如技术援助、技术转移、研发、垄断等）之间存在密切的规则关联，需要加以规则协调；等等。这些特殊问题和规则联系使原来单一的"投资"定义条款无法涵盖，这必然要求增补一些新的条款对这些新的规则需求作出反应。

20 世纪 70、80 年代，彰显知识产权特殊性的内容已零星地显现。20 世纪 90 年代以来，出于知识产权特殊性之考虑、推行特定投资政策之需要或者规则协调之要求，越来越多的投资条约（主要是 BITs 和 FTAs）在实体保护规则中涉及知识产权问题，并对知识产权作出特殊的限制规定或例外规定，从而展现了投资条约以往所不曾具有的知识产权保护特殊内容。这些特殊保护内容涉及非歧视待遇、履行要求、征收等投资保护规则。以下简要分述之。

1. 非歧视原则的例外

(1) 不同条约之间涉及知识产权的非歧视待遇的处理

BITs 和 FTAs 之间知识产权投资待遇关系的处理方式是互为例外；BITs、FTAs 规定的投资待遇与多边知识产权国际协定规定的知识产权待遇之间的关系同样按照后者例外或者后者优先来处理。总的原则是国际投资条约有关投资的非歧视待遇适用于知识产权，但是不超出现有多边知识产权条约（例如

《巴黎公约》和 TRIPs 协定）国民待遇和/或最惠国待遇的范围。这意味着，投资条约的缔约方能够以与现有多边知识产权条约（特别是 TRIPs 协定）相符的方式来减损投资待遇。

还有一种特殊情况，当知识产权同时被 FTAs 知识产权保护章节和投资章节所涵盖时，对于同一条约所提供的两种性质的待遇如何处理？对此，FTAs 通常规定知识产权保护章节规定的知识产权待遇应予优先或者作为例外。

（2）世界知识产权组织（World Intellectual Property Organization，以下简称"WIPO"）主持缔结的多边协定规定的有关知识产权获得或维持的程序之例外

美国缔结的某些投资条约规定，涵盖投资的非歧视待遇不适用于由 WIPO 主持缔结的有关知识产权获得或维持的多边协定规定的程序。这一例外只限于 WIPO 公约的程序法所提供的程序优惠。

2. 履行要求及其例外

晚近一些投资条约（尤其是美国主导缔结的 BITs 和 FTAs）出现了限制或禁止履行要求的趋向。与知识产权有关的履行要求有两类：

一是禁止技术转移要求。其含义是指缔约方不得强制要求外国投资者向境内的实体或个人转移技术、生产工艺或其他专有性知识或者强制执行与此相关的承诺和保证作为外资准入或经营的条件。[①] 有些条约规定这一要求存在竞争执法豁免、与 TRIPs 相符的例外和一般例外。

二是禁止技术的研究与开发要求。其含义是指缔约方不得在境内授权和执行特定的研发要求（包括与取得政府许可或授权相关的任何研发承诺或保证）作为投资准入和/或经营之条件。[②] 这一规定意味着投资条约的缔约国可以自由地确定研发投资之准入和经营所附属的条件，同样也可以使此等条件附属于政府激励措施。[③]

[①] 包含禁止技术转移履行要求的主要投资条约有：NAFTA（1992）、MAI 草案，美国、加拿大、瑞士、日本等发达国家在 20 世纪 90 年代中期之后签订的大多数 BITs 和 FTAs，但是欧盟的联系协定中通常不包含这一履行要求。一些发展中国家之间缔结的 BITs 和 FTAs 也包含有这一履行要求，例如秘鲁—萨尔瓦多 BIT（1996 年，第 5.1.f 条）、墨西哥在 20 世纪 90 年代中期以后缔结的一些 FTAs 等。美国 1994 年 BIT 范本以前的范本都没有涉及技术转移要求，1994 年范本增加了这一要求。

[②] 美国、日本等发达国家缔结的少数 BITs 和 FTAs 中规定了禁止研究与开发要求。MAI 草案亦有明文规定。

[③] UNCTAD, World Investment Report 2005, United Nations, 2005, p. 229.

一些条约明确规定，上述两种履行要求之禁止只限于强制性的，而且允许此等要求作为获得或持续获得与投资活动有关的利益之条件，甚至一些未规定禁止研发履行要求的投资条约也明确如是规定。①

3. 透明度义务下秘密信息的保护

一些投资条约明确规定缔约方履行透明度义务或者投资仲裁庭向公众提供各种文件（包括裁决书）时不影响合法秘密信息、机密商业信息以及根据任一缔约国的国内法经特许或受到其他保护而不得披露的信息之保护。② 此等信息在国内法上通常以商业秘密等知识产权形式而存在并受到保护。在东道国和投资者之间特定的权利义务中，东道国履行透明度义务不得侵害投资者的商业秘密等知识产权，这同样适用于投资争端解决机制下有关秘密信息的保护。

4. 垄断的例外

在国际投资条约中，"垄断"的定义通常排除了知识产权产生的垄断（例如知识产权集体管理实体）。

5. 征收与补偿的例外和限定

自1994年《北美自由贸易协定》（NAFTA）之后，投资条约开始出现将投资征收规则与知识产权保护规则挂钩的实践，从而在知识产权间接征收问题上创设了国家正常管制权力的例外。此等例外实际上把国家对知识产权的某些干预措施排除于征收的范围之外，而被排除的国家干预措施则完全依据TRIPs协定和/或自由贸易协定知识产权保护章节中的规定加以识别和剔除。

第二次转型的关键特征是凸显知识产权资产在投资资产中的特殊性和知识产权保护在国际投资保护规则中的特殊性，同时也彰显投资条约作为强化知识产权保护的一个有力工具。传统上，商务条约和早期BITs很少对知识产权作出特殊的限制规定或例外规定。20世纪90年代之后，BITs和FTAs中此类规定明显增多。这些规定将知识产权的特殊性与投资政策联系起来，或尊重知识产权的专门保护规则、维持既有的保护秩序，或赋予知识产权持有人

---

① 参见NAFTA第1106条第1款（f）项、第3款和第4款，《日本—印度尼西亚经济伙伴关系协定》（2007年）第63条。

② See Japan-Korea BIT (2002), Art. 7.3; Notes of Interpretation of Certain Chapter 11 Provisions (NAFTA Free Trade Commission, July 31, 2001), 1. b. ii; Japan-Mexico EPA, Art. 94.4.

更加强大的市场权力,或限制东道国的管制自由,或补充投资自由化政策。这表明,知识产权已不仅仅是外国投资者进行投资以谋取利润的经济资产,而且其作为投资资产的准入和经营会涉及东道国政府管制更加广泛的政策议题,对东道国的国内管制政策措施会施加影响。这一发展是与始于20世纪70年代的在贸易体制中加强知识产权保护之努力相呼应。

(三) 第三次转型:投资保护规则和知识产权保护规则的挂钩

这一转型主要是通过BITs与多边知识产权协定的挂钩、FTAs投资保护规范与其知识产权章节包含的保护规范和多边知识产权协定的挂钩得以体现。实际上,这一转型与第二次转型存在重叠,但是鉴于这种挂钩机制对政府管制措施和政策导向的极大影响,有必要单独列出予以讨论。

与知识产权协定(规范)挂钩的基本方式是不减损既存义务和通过援引而并入(incorporation by reference)。这一转变较早出现于日本的BITs实践。某些日本BITs规定本条约不减损《保护工业产权巴黎公约》项下的义务。20世纪90年代之后,投资条约对WIPO所辖实体性公约的挂钩有所扩展。更实质性的挂钩始于缔结NAFTA之后,表征为投资条约对FTAs知识产权保护章节和多边知识产权协定(主要是TRIPs协定)实体保护规范的援引并入。援引并入可以实现以下功能:(1) 对知识产权征收加以限定。一些投资条约规定,在与TRIPs协定和/或FTAs知识产权章节相符的条件下,投资条约"征收与补偿"条款不适用于有关知识产权强制许可的颁发或者知识产权的撤销、限制或创设。其实质意义在于它在知识产权征收的判定上以与TRIPs协定和/或FTAs知识产权保护章节相符为标准。(2) 对与知识产权有关的某些投资措施加以补充或限制。例如,一些投资条约规定,与TRIPs协定相符的知识产权转让、根据TRIPs协定第31条授权的知识产权的使用以及与TRIPs协定第39条相符的专有性信息的披露均不属于被禁止的技术转移履行要求之列。[①] (3) 对条约作出一致性解释。例如,某些投资条约对东道国的某些投资措施作出了与多边知识产权协定和WTO协定相符的解释。[②] (4) 引入与WTO协

---

① 参见日本—韩国BIT(2002年)第9.1条第(f)项(ii),美国—智利FTA(2003年)第10.5条第3款第(b)项(i)。
② 例如,日本—韩国BIT(2002年)第6条作出与TRIPs协定和WIPO所辖知识产权国际协定相符的解释;第9.3条作出与TRIMs协定相符的解释。

定相符的投资保护规则。①

这一转型的关键特征是在国家管制措施和投资政策的规制和协调方面增加了知识产权保护承诺对投资保护规范的影响，从而投资保护规则的适用要受知识产权保护承诺的补充或限定；同时 TRIPs 协定或者贸易协定的知识产权章节都确立了具体的知识产权保护标准，具有更广泛的政策协调功能，从而挂钩规则使投资条约的政策导向功能更加明显。特别是，投资条约与 TRIPs 协定挂钩表明，一般投资保护标准不得违反 TRIPs 协定的相关规定和侵蚀 TRIPs 协定的灵活性。

前述三次转型表明，现代投资条约对知识产权的保护已不局限于通过"财产"概念的解释而防止政府征收的消极保护。反映知识产权特殊性、通过条约挂钩强化政策导向、用以补充投资自由化政策的保护规范展现了新的演变方向，从而使投资条约强化知识产权保护的工具性价值越来越突出。这也是 WTO 之后发达国家青睐将投资条约作为推行其知识产权战略的重要机制的原因之一。值得指出，第二次和第三次转型中出现的新规则的根本导向是强化知识产权国际保护，但是不容忽视的是，某些新规则也具有对一般投资保护规则予以限制以防止投资条约仲裁庭作出过度的扩张解释之效果。

二、国际投资条约知识产权保护规则转型的背景

客观地说，第一次转型的部分理由源于对发展中国家征收权主张的回应，亦即，在20世纪50年代末期至70年代发展中国家的国有化浪潮中，许多发展中国家颁布了国有化法令，对外资（包括专利等知识产权）实施国有化。以往和当时的和平条约对战时征收（包括知识产权征收）作了规定，而商务条约和 BITs 则对知识产权的平时征收作出规定。从根本上说，三次转型的深层原因则主要是知识经济的内在要求、经济一体化和国际经济立法整合的影响以及发达国家的利益驱动与战略推动。

---

① 例如，日本—印度尼西亚《经济伙伴关系协定》（2007年）第11条（一般和安全例外）将 GATT1994、GATs 和 TRIPs 协定的一般例外和安全例外并入本协定并作为本协定的一部分参照适用。

（一）知识经济背景下知识产权资产的市场权力引致投资规则和政策措施的变化

我们认识和分析投资体制中的知识产权问题，必须以知识产权资产及与之关联的技术创新机制为基本视角，而这又必然涉及知识产权资产在不同经济形态和技术结构下的投资特点及其变化。

1. 知识产权资产在国际投资活动资产结构中地位的变化

在知识经济之前，技术和知识产权在资产结构中的地位远远逊于有形资产。国际投资活动中的知识产权问题基本上围绕母国的技术限制政策和东道国知识产权立法如何影响母国投资者的对外直接投资（FDI）而展开。20世纪70年代后叶知识经济初露端倪时起，财富之源逐渐从物质资源转向通过革新和创造获得的知识资产。这对市场行为体的投资模式产生了重大影响：投资模式从资源依赖型向知识依赖型转变，以知识产权为核心的无形资产投资成为 FDI 的重要内容。知识产权投资是寻求战略资产型投资，亦即所获战略性资产（包括知识产权资产）能够给投资者在东道国带来公司特定的所有权优势（与母国特定的所有权优势相对而言）。[①] 跨国公司以合同形式（例如交钥匙合同、技术许可合同等）作出的许多投资安排背后都隐藏着其强大的技术力量和知识特权。

知识产权资产在投资资产结构中地位的变化提出了对其予以强化保护的迫切需要。国际法中有多种机制可供选择，例如国家责任法、知识产权条约、贸易协定、BITs 等。顺应这一保护需求是投资条约规则转型的诱导因素之一。

2. 技术创新机制（包括研发活动）对知识产权资产投资模式和政策措施的影响

20 世纪以前的技术创新机制主要是个体的经验积累，而且鉴于当时各国奉行技术封锁政策，技术转移既缺乏有效机制，也不是一项国际义务。20 世纪以来创新结构发生重大变化。传统的基础研究—应用研究二分模式已被打破，企业内部研发机构的设立使企业本身成为创新源泉，从而使技术创新成为一个"工程师、科学家以及商人都参与其事的过程"，技术供应、市场结构

[①] See UNCTAD, World Investment Report 2007, United Nations, 2007, p. 123.

和商业利润相互交织。① 这在经济上有两个重要后果：一是企业通过研发和内部技术转移，能够获取保持竞争优势的专有性资产；二是企业对技术创新利润的追逐为知识产权投资活动创造了条件。特别是 20 世纪 80 年代之后，跨国公司研发活动加速向海外拓展，在东道国建立离岸研发中心的趋势方兴未艾。技术转移和研发成为日益重要的投资活动。

法律上必须面对的问题是：东道国是否可以采取管制措施要求外国投资者提供技术转移和开展研发活动以发展东道国的革新能力？在传统上，投资条约很少涉及东道国的此等措施，而交由东道国国内法处理。晚近一些投资条约开始在履行要求中予以限制或禁止。禁止技术转移和研发要求完全为保持跨国公司的竞争优势而设。

(二) 经济一体化和国际经济立法整合引致知识产权国际保护的规则挂钩

第二次世界大战之后，国际经济一体化的拓展和加深使国际经济活动相互融合。例如，知识产权保护在不同语境下既是技术控制问题，也是贸易问题和投资问题。根据国际机制理论，经济一体化是不同行为体通过不同国际机制协同作用的结果。20 世纪 70、80 年代之后，不同关键政策体制和机制中的知识产权保护规则相互重叠并且产生互动性影响，这构成了国际法体系机制重叠图景的一部分。有学者把叠加地作用于同一受保护对象的不同机制冠之为"机制复合体"②，这些指向相同或类似的行为或行为体的不同国际法规范被称为"多渊源等效规范"。③ 不同国际机制中的法律规范存在两重基本关系：一是鉴于国际社会的平权特征，此等规范之间在立法上并存，在效力上等效；二是此等规范之间存在规范性互动。

在全球经济治理中，贸易领域和知识产权领域都建立了权威性国际组织来协调各成员贸易政策和知识产权保护政策，而投资领域尚未建立类似的权威性国际组织。迄今，知识产权国际治理形成了以 WIPO 和 WTO 为重心的治

---

① 〔英〕特雷弗·I. 威廉斯主编：《技术史（第 VI 卷）：20 世纪（上部）》，美振寰、赵毓琴主译，上海科技教育出版社 2004 年版，第 17、19 页。

② Kal Raustiala, "Density and Conflict in International Intellectual Property Law", 40 *U. C. Davis L. Rev.* 1021 (2007), pp. 1025-1026.

③ See Tomer Broude and Yuval Shany, "The International Law and Policy of Multi-Sourced Equivalent Norms", in Tomer Broude and Yuval Shany (eds.), *Multi-Sourced Equivalent Norms in International Law*, Hart Publishing, 2011, p. 5.

理结构。同时，在后 WTO 时代的国际权威分配中，国际经济立法呈现出 WTO 对其他国际机制的支配性影响和其他机制对 WTO 规则上通约的新特点。① 国际法的上述特点和趋势客观上需要对相互影响乃至冲突的国际法规范和相互叠加的国际组织职能行使进行法律协调。此即"规范整合"和"权威整合"问题。②

经济一体化和国际法的"规范整合"和"权威整合"引致知识产权国际保护中不同机制、规则和议题间的挂钩（linkages）。鉴于国际投资条约通常不涉及知识产权保护标准之确立，因而其知识产权保护议题的挂钩方式是"消极挂钩"，亦即选择遵从多边知识产权协定和 FTAs 知识产权保护章节的规定。国际机制产生的基础是利益互补，一个机制下将"那些如此紧密地联系在一起的问题"放在其议题领域内"一同处理"，会促进成串议题之间"形成补偿性支付手段"，因而，以机制为媒介的议题挂钩具有利益交换的功能。③ 这可以合理地解释知识产权协定、贸易协定和投资协定中知识产权保护议题相互勾联的理由。国际投资条约通过国际机制的相互套叠将不同国际机制下的知识产权保护规范联系起来，表征了其知识产权保护模式已经超越了其传统的消极保护（即不损害和不征收知识产权资产），而展现出积极保护（即与知识产权保护标准和成员国的知识产权保护政策密切联系）的新趋向。

（三）发达国家的战略推动

如前所述，从 20 世纪 70 年代开始，发达国家就努力寻求在贸易体制和投资体制中加强知识产权保护。这一努力的重大成就集中体现在 TRIPs 协定上。然而，TRIPs 协定并没有完全满足发达国家及其跨国公司日益增长的知识产权保护要求。20 世纪 90 年代之后，尤其是 TRIPs 协定之后，发达国家通过"论坛转移"和"体制转移"策略，力图摆脱多边体制中繁重的讨价还价之羁绊，选择更易实现其利益目标的 FTAs 和 BITs 作为推行其知识产权国家战

---

① See Claire R. Kelly, "Power, Linkage and Accommodation: The WTO as an International Actor and Its Influence on Other Actors and Regimes", 24 *Berkeley J. Int'l L* 79 (2006).

② See Tomer Broude, "Principles of Normative Integration and the Allocation of International Authority: The WTO, the Vienna Convention on the Law of Treaties, and the Rio Declaration", 6 *Loy. U. Chi. Int'l L. Rev.* 173 (2008).

③ 〔美〕罗伯特·基欧汉：《霸权之后：世界政治经济中的合作与纷争》，苏长和等译，上海人民出版社 2001 年版，第 73、111 页。

略、维护跨国公司知识产权利益的重要工具。运用这些工具，发达国家助推基于市场机制的知识产权规则。这是国际投资条约中知识产权保护规则的总体演变方向。

上述发展趋向也与投资政策的整体转变和知识产权保护规则演变息息相关。其一，渐进自由化投资政策使投资保护规则向有利于投资者的方向发展，而知识产权保护能在更大程度上保证市场准入。国际技术转移政策也从20世纪60—70年代的控制和管制方法向其后的市场友好方法转变，后一政策取向下的技术是市场交易结构中的私人资产。[1] 其二，知识产权保护规则在不断演变。例如，在知识产权保护传统理论中，研究者享有基于非商业目的的研究与实验豁免，而随着非商业研究与商业研究之间界限的淡化和模糊，此等豁免被大量废除。[2] 其三，发达国家的资本输入国角色转换开始影响其缔约实践。例如，NAFTA之后，美国开始从资本输入国的角度来思考BITs，其主导的BITs自然会发生某些规则变化。[3] 特别是全球经济危机的冲击和美国等发达国家在投资条约仲裁中被诉，这引起了某些资本输出国开始矫正原来建立于新自由主义基础上的投资条约规则，试图在投资者利益与东道国利益之间寻求某种平衡。

三、国际投资条约知识产权保护规则转型的趋向

20世纪90年代以后，知识产权管制向国际层面转移的趋向特别明显，投资条约知识产权保护规则亦因利乘便而加速转型，既呈现出某些新趋向，某些已有趋向也更加明显，且对政府管制权力和政策措施的影响非同小可。可以说，在第二次和第三次转型中，一体化、市场导向、规则挂钩和TRIPs-plus的趋向十分突出。这一转型无疑是资本输出国（主要是发达国家）驱动的结果，是以强化作为投资者的知识产权持有人的市场权力为中心而展开，利益的天平明显向跨国公司倾斜，但是晚近出现了与东道国利益寻求平衡的迹象

---

[1] UNCTAD, World Investment Report 2003, United Nations, 2003, pp. 131-132.
[2] 〔美〕苏珊娜·斯科奇姆：《创新与激励》，刘勇译，格致出版社、上海人民出版社2010年版，第67页。
[3] See Kenneth J. Vandevelde, U. S. International Investment Agreements, Oxford University Press, 2009, p. 249.

(例如例外条款的复兴、与 TRIPs 协定的相符性例外和一致性解释)。

(一) 一体化取向

晚近,国际投资条约对条约涵盖议题的处理趋于一体化取向,亦即在国际投资条约中通过议题挂钩将不同的相互关联的议题(例如投资、知识产权等)涵盖于同一条约之中作出一体处理,或者通过条约挂钩将不同条约中的同一议题(例如知识产权保护)作出一致性处理。

一体化取向是全球经济一体化趋势在法律上的反映。特别是乌拉圭回合之后,这一趋向更加明显。在一个投资条约中,通过不同议题的交叉和一体化处理既可以"同时涵盖投资活动的不同方面",又可以"避免以牺牲另一政策为代价而追求一种政策"。[1] 投资条约所涵盖的与知识产权保护一并处理的不同议题不仅存在利益上的关联,而且缔约国所采取的与这些议题相关的国内管制措施也会影响到外国投资者的市场准入或者准入之后的保护程度。不同议题或者不同条约中同一议题的捆绑式处理既便于沟通议题间的规则联系,又能够抵消与不同议题相关的国内管制措施所可能造成的准入壁垒。

(二) 市场化导向

与国际投资政策的整体演变相适应,投资条约中知识产权保护呈现市场化导向,即从限制向保护、利用的转型。

与 20 世纪 60、70 年代发展中国家关于技术和知识产权属于"人类共同遗产"的主张不同,20 世纪 80 年代末期以来,特别是 90 年代以来,新自由主义思想在国际经济条约中深深扎根,这集中体现于以市场化、自由化和私有财产保护为核心价值的《华盛顿共识》上。其时及其后缔结的投资条约都铸刻着《华盛顿共识》的印痕。其一,此等条约的根本指导思想是自由主义和市场经济原理,在知识产权保护方面的重要体现是与 TRIPs 协定挂钩。其二,具体规则安排遵循市场机制,这在知识产权保护方面亦有相应体现。

(三) 相符性例外和一致性解释

投资条约中知识产权保护的相符性例外主要表现在三个方面:

一是投资条约与 WIPO 所辖公约相符的例外。投资条约规定的投资保护待遇标准不得超出 WIPO 所辖相关公约的知识产权待遇标准,也不延伸于 WI-

---

[1] UNCTAD, World Investment Report 2006, United Nations, 2006, p. 28.

PO 程序法。

二是投资条约与 WTO 协定相符的例外或一致性解释。投资条约与 WTO 协定均涉及知识产权保护议题时，后者作为例外处理、优先于前者适用或者投资条约作出与 WTO 协定一致性的解释。

三是同一 FTA 中投资章节与知识产权保护章节相符的例外。这一类例外与第二类例外相似。

相符性例外和一致性解释表明晚近投资条约知识产权保护的两个重要特点：其一，投资条约尊重现有多边知识产权国际协定的规则，特别是对 TRIPs 协定及其灵活性的维持。其二，同一 FTA 中投资章节与知识产权保护章节相符的例外是 FTA 包含的 TRIPs-plus 保护标准在某些具体投资保护规则上优先于 TRIPs 协定及其灵活性的反映，这又是某些发达国家通过投资条约体制加强知识产权保护而施展的一大狠招。

（四）TRIPs-plus 性质

后 TRIPs 时代知识产权国际保护的一个重要特征是在贸易协定中扩展 TRIPs 协定的保护义务，而在投资条约中直接维持 TRIPs 协定的义务并通过投资保护规则间接扩展 TRIPs 协定的义务。这一特征可概括为"TRIPs-plus"，亦即维持（而不得降低）TRIPs 协议现有水平基础上的强化保护。当然，由于投资条约不设定知识产权的保护标准，因而其 TRIPs-plus 不是指创设了超出 TRIPs 最低标准的更高保护标准，而是指通过投资规则间接产生了限制了 WTO 成员管制自由和政策空间的 TRIPs-plus 法律效果。例如，TRIPs 协定不禁止技术转移和研发活动，从限制 TRIPs 协定灵活性的角度而言，投资条约的技术转移和研发履行要求具有 TRIPs-plus 性质。①

这一趋向是 TRIPs 协定之后发达国家推行知识产权强保护战略使然。WTO 成立后，发达国家并不满足于 TRIPs 协定所提供的现有保护水平，因而寻求在 WTO 多边体制之外构建容易实现其知识产权保护目标的更小体制。缘此，WTO 成立之后缔结的国际投资条约大都是 TRIPs-plus 性质的条约。

---

① TRIPs 协定明确允许技术转移作为母国措施存在。就东道国措施而言，《与贸易有关的投资措施协定》（TRIMs 协定）所禁止的履行要求也不包括技术转移要求和技术研发要求。即使投资条约的技术转移和技术研发履行要求存在与 TRIPs 协定某些条款相符的例外，此等例外也只限于非常有限的几种情形。故此，可以认为，这两项履行要求产生了 TRIPs-plus 效果，确切地说，产生了 WTO-plus 效果。

(五) 公共利益保护和安全例外条款的复生

早期 BITs 包含了诸如公共秩序和安全的例外，此等例外后来一度被忽视甚至被取消。① 晚近越来越多的投资条约明确表达了对诸如健康、环境等公共利益和安全的关切，此等条约实践是"通往更好地平衡外国投资者权利和尊重合法公共关切的一步"。②

四、中国双边投资条约知识产权保护规则转型的路径

中国投资条约伴随国际投资条约发展变迁的整体格局而演变，无疑符合其嬗变的理路和趋势。但是，投资条约的规则结构带有明显的"资本输出国烙印"。③ 中国长期以来处于资本输入国角色和居于发展中国家地位，这决定了中国投资条约不可能复制由资本输出国（主要是发达国家）主导的投资条约的全部内容。这在知识产权保护规则上尤为明显。

中国签订的商务条约集中于知识产权待遇问题，很少在投资条款中直接规定知识产权保护内容。1982 年，中国与瑞典签署的第一个 BIT 通过"投资"定义对知识产权提供一般投资规则之保护，这引起了中国投资条约知识产权保护规则的第一次转型。从 21 世纪的第一个 10 年开始，某些国内和国际因素的变化才真正引致中国投资条约知识产权保护规则的第二次和第三次转型。就国内因素来看，中国对外开放政策在互利共赢开放战略指引下将实施国家知识产权战略、增强东道国自主发展能力和技术援助纳入这一战略之中④；在投资政策调整方面，中国引资重点逐渐向利用外国先进技术转移，在向境外投资中开始鼓励海外技术研发投资；中国提出了建设创新型国家战略，"引资"和"引智"相结合，更加重视利用技术和知识产权发展国内产业和开拓国际市场已成为明确的政策导向。就国际因素来看，中国经过 30 多年的改革开放，已从最初的资本输入国转向兼具资本输入国和资本输出国双重角色；中国缔结或加入知识产权国际协定并对其义务之履行、发达国家投资条

---

① See Kenneth J. Vandevelde, *U. S. International Investment Agreements*, Oxford University Press, 2009, p. 5.
② UNCTAD, World Investment Report 2006, United Nations, 2006, p. 26.
③ 曾华群:《论双边投资条约实践的"失衡"与革新》，载《江西社会科学》2010 年第 6 期。
④ 参见国务院新闻办公室:《中国的和平发展》白皮书（2011 年 9 月 6 日），第二部分；国务院新闻办公室:《中国的对外援助》白皮书（2011 年 4 月 21 日）。

约缔约实践和中国融入的国际经济法律秩序（特别是 WTO）等都会影响到中国的缔约实践。这些因素决定了中国投资条约的规则设计既要使东道国建立和维持适度的知识产权保护水平，又要为中国实施国内创新政策和知识产权管制措施预留空间。这在第二次和第三次转型中得到不同程度的体现。① 缘此，投资条约已经成为中国实施知识产权战略的重要机制。

尽管中国晚近与发达国家签订的投资条约明显地向国际投资条约转型趋势靠拢，但是，中国投资条约寻求平衡的取向也很明显。例如，例外条款之设置、对投资者遵守东道国法律之重申以及对 WTO 多边义务的遵从都是明证。中国与某些发展中国家签订的投资条约还规定了技术培训与传授的投资促进义务以及投资者遵守东道国法律的义务②，这也是中国对外援助政策和互利共赢开放战略的应有之义。

中国的已有缔约实践表明，中国并未照搬发达国家投资条约知识产权保护转型发展的全部内容。因而，对这一转型发展趋势进行跟踪研究仍有其必要。我们要特别注意研究 20 世纪 90 年代以来投资条约的新发展，以便为中国将来谈判和商签投资条约时制订合理的对中国有利的知识产权保护规则提供借鉴和经验。我们应当在遵循一体化取向和市场化导向的大前提下，考虑改进和完善中国投资条约知识产权保护规则，同时兼顾外国投资者的利益和中国投资者的海外投资利益。

一是合理设置知识产权特殊保护规则。一个问题是应否设置投资非歧视待遇的知识产权例外？一方面，多边知识产权国际协定规定的知识产权国民待遇和/或最惠国待遇及其例外与投资条约规定的投资待遇及其例外在内容和范围上存在很大不同。在知识产权同时被知识产权协定与投资条约所涵盖时，两种待遇之间不会完全重合。另一方面，作为投资的关联活动的一部分，知识产权存在获得和维持问题，这既可以通过东道国的国内法程序来完成，也可以通过 WIPO 所辖公约提供的统一国际程序（例如 PCT 程序）来完成。然而，并非所有国家都参加了 WIPO 所辖相关公约。未参加 WIPO 相关公约的国家的投资者可能会利用投资条约的最惠国待遇来主张 WIPO 公约提供的程序

---

① 关于中国签订的投资条约知识产权保护规则第二次和第三次转型的具体内容，可参见中国 2004 年以来签订的 BITs 和 FTAs。

② 例如中国—圭亚那 BIT（2003 年）第 2.4 条、第 10.3 条。

优惠。中国已经参加了 WIPO 所辖大部分重要公约,既要忠实履行条约义务,也不应当允许搭便车行为。因此,中国投资条约应以设置投资非歧视待遇的知识产权例外(包括程序例外)为宜,这可以避免卷入未来相关投资争端。另一个问题是关于征收的知识产权例外或限制的范围。这需要结合双方均为其缔约方的知识产权国际协定的规定和投资条约本身是否及如何设置例外条款来考虑。中国投资条约原则上应以与 TRIPs 协定相符的知识产权措施为限,其理由参阅下述条约挂钩规则问题。但是,就知识产权创设而言,我们应当明确规定,为保护中国传统革新(如文化多样性、生物多样性和传统知识)而创设知识产权或者惠益分享权不构成征收。

二是合理运用条约挂钩规则。中国已有少量缔约实践,但有必要继续研究与完善。笔者以为,中国投资条约知识产权保护挂钩规则应当优先与多边知识产权协定挂钩,对于与超出 TRIPs 协定保护水平的双边和区域知识产权协定挂钩时应当慎之又慎。与前者挂钩的意图是维持现有多边保护水平及其灵活性,而与 FTAs 知识产权保护章节(规范)TRIPs-plus 标准挂钩的意图则是其保护规范优先于多边知识产权条约得以适用,从而削弱 TRIPs 协定的灵活性。

三是知识产权保护规则应与中国投资政策转变相称。在这方面,比较突出的问题是履行要求。目前,美国正在和中国谈判 BIT,美方可能提出禁止技术转移和研发履行要求问题。对于这两项履行要求,我们最好在投资条约中不予规定,交由国内法处理。这符合 TRIMs 协定的规定。作为退让,我们应当允许与政府激励相结合的此类履行要求;即便如此,中国也可以通过消极清单方法对其作出保留,或者作出与 TRIMs 协定相符的解释。[①]

四是区分两类国家(发展中国家和发达国家),在知识产权保护问题上区别对待。发展中国家是中国境外投资主要目标国和投资利益聚集地,而且此类国家亦不奢求脱离其发展实际的知识产权强保护。中国在与此类国家缔约时,应当以维持现有多边知识产权协定的义务和灵活性为中心来构建适度的较高知识产权保护。中国在发达国家虽然有小规模的境外投资,但总体上中

---

① 中国最新签订的中日韩三边投资协定和中国—加拿大 BIT 对于履行要求之禁止均以维持 TRIMs 协定及其修正项下的义务为限。参见中—日—韩三边投资协定(2012 年)第 7 条、中国—加拿大 BIT(2012 年)第 9 条。

国仍处于资本输入国地位，而且此类国家为了保持国际竞争优势，往往主张知识产权强保护。中国在与此类国家签订投资条约时，应当以双边或区域知识产权协定不得优先于多边知识产权国际协定而适用、设置必要的例外和保留规则以及尊重东道国管制灵活性为中心来构建对知识产权强保护的适度限制。

五是设置必要的例外规则。这有利于平衡东道国利益和外国投资者利益。中国已有少量缔约实践①，不过尚需推广，逐步定型化、规则化。增设诸如文化产业、保护文化多样性和生物多样性措施的例外也是可取的。

---

① 中国投资条约规定的例外不仅包括投资非歧视待遇的特定例外（例如公共秩序、公众健康或道德、文化产业和经济社会权利处于弱势的少数群体和民族群体等），而且包括一般例外和安全例外。参见中国—葡萄牙BIT（2005年）议定书第3条、中国—秘鲁FTA（2009年）第131.3条、中国—印度BIT（2006年）第14条、中国—东盟《全面经济合作框架协议投资协议》(2009年）第16条和第17条、中—日—韩三边投资协定（2012年）第18条、中国—加拿大BIT（2012年）第33条。

第七章

中国双边投资条约缔约实践的策略
——以中美 BIT 谈判为例

双边投资条约缔结内容及其模式的选择是一个国家经济发展水平和国际合作方式所决定的。不同国家的双边投资条约示范文本以及不同国家之间分别缔结的双边投资条约,甚至相同国家在不同经济发展阶段所缔结的双边投资条约都必然表现出一定的差异性。这一特征,完全符合双边投资条约的契约本质。中国双边投资条约的内容、特征及其模式选择受到中国现阶段国际经济合作方式、结构及其规模等因素的制约。中国国际经济合作从"外资引进型"向"外资引进与海外投资并重型"的经济发展阶段转型,这决定了中国双边投资条约实现条约理念、条约结构以及条约方法等要素之法律化转型的基本进程、参照或前提。中国与美国作为世界重要经济体,正处于双边投资条约的谈判阶段,对中美之间双边投资投资条约缔结过程的关注以及美国示范文本的研究重要意义:既可以为中国应对中美双边投资条约谈判提供前期研究成果以及缔约方法上的指导,也可以为今后中国双边投资条约的法律化转型提供先例或理论上的借鉴。本章将结合前文研究结论以及美国 BIT 范本之修订,具体研究中国 BIT 的模式和范本选择、缔约理念转换以及中美 BIT 谈判过程之中的中国策略问题。

第一节 中国 BIT 模式和范本的具体选择

中国引进外资与海外投资的比例以及中国在世界经济格局变化之中的身份定位,影响或改变着中国缔结 BIT 的诉求或目标,决定了中国 BIT 条约文本或示范文本的格局、结构和关注点的变化,同时,也在一定程度上影响了中国对世界各国 BIT 条约文本或示范文本的评价或选择。事实上,中国正经历或处于两大转型或变化过程之中:一是经济上从"资本净输入国"向"资本输入与资本输出的双向平衡国"转型;二是国家身份上开始从发展中国家的大国向发展中国家的强国转变,在国际经济新秩序的构建过程中发挥着越来越强的建设性作用。并且,随着亚行的成立以及国家"一带一路"战略的推进,中国在构建国际经济新秩序和促进国际经济合作发展等方面的重要性将不可替代。这些事实,为中国坚持双边投资条约的公平互利原则与契约性质,积极实现中国双边投资条约的法律化转型提供了坚实的政治经济基础。中国双边投资条约缔结的总体原则应该是:把握双边投资条约的契约本质,合理评价或借鉴各国 BIT 文本的先进经验,利用中国良好的国际经济发展条件,坚持公平互利原则,平衡多种利益,实现中国双边投资条约法律化转型。

一、对美国模式与德国模式的评价

美国 BIT 模式与德国 BIT 模式是世界上双边投资条约的典型代表。德国 BIT 模式的特点是:条文数量偏少,形式结构简单;约文概括抽象,新兴条款缺乏(环保条款、劳工条款等);国民待遇限于投资准入后,争议解决机制国内或国际可选等。美国 BIT 模式起初也来源于德国,从 1984 年美国 BIT 示范文本内容来看,与德国 BIT 示范文本并没有太多的区别。[①] 但是,随着北美自由贸易区经济一体化水平的提高,投资自由化受到重视,NAFTA1105 条关于投资保护的内容被成功吸收到美国 BIT 示范文本之中,美国 2004 年 BIT 示范文本较之 1984 年 BIT 示范文本在条约理念、数量和内容方面有了明显的变化,形成了不同于德国 BIT 模式的鲜明特色。[②] 2012 年 BIT 示范文本的修订稿,更加注入了美国关于 21 世纪国际投资领域的理念或关注点。国际国内学

[①] 德国 2005 年 BIT 范本共有 14 条,美国 1984 年范本共有 12 条,两个范本在投资定义、投资待遇、争端解决等方面都作了类似规定,主要条款也都是大同小异。

[②] 美国 2004 年 BIT 范本较之于 1984 年 BIT 范本,条款数从 1984 年的 12 条增加到了 37 条,对定义条款、待遇条款、争端解决条款等主要条款都进行了补充和修改,例如在投资待遇中增加了最低待遇标准条款,并将公平公正待遇也归入到该条款中,将 1984 年范本中的简单规定进行了丰富。此外,2004 年范本还增加了诸如金融服务条款、劳工条款、信息公开以及税收条款等,使得整个 BIT 范本内容更加充实,几乎覆盖到了对外投资的方方面面,整体面貌与较为简单的 1984 年范本大相径庭。

者比较关注上述两个模式的区别,并将之概括为北美模式和欧洲模式①,却忽略了上述两个模式的共同点或相互联系:一是所谓的美国 BIT 模式最早也起源于德国 BIT 模式,只不过是美国根据自身经济合作情况的需求,对德国 BIT 模式不断变化或创新的结果,且两个 BIT 模式都首先表达了发达国家促进和保护本国海外投资的意愿②;二是尽管两个 BIT 模式在形式上出现了很大的不同,但它们随着国际贸易投资自由化观念的影响,在条约理念和原则的发展上却最终殊途同归,即诸如国民待遇的领域扩张、投资争端解决的国际化、投资者私人利益与国家公共利益之间平衡等反映国际投资自由化趋势与利益平衡理念或方法的条款或措施都出现在上述两个 BIT 模式中。③ 这些相互联系或共同点正好表明,BIT 模式只不过是不同国家各自的经济或政治诉求的法律表达。尽管德国与美国同属于发达国家,但其市场经济结构、市场发育水平以及国际经济合作的规模存在明显差异,决定了德国与美国在新兴条款、投资自由化及投资争议解决国际化等方面存在不同程度的诉求。所以,所谓两个 BIT 模式只是一个关于 BIT 示范文本形式差异上的表述,归根结底是经济发展程度或实力在条约上的反映,随着二者经济发展形势的变化(包括海外投资与吸引外资比例的改变)两个 BIT 模式或走向统一或产生其他方面差异的变化。不同国家应当具有符合自身国情和个性的 BIT 示范文本。只有适合自己国情和满足国际经济合作实践要求的 BIT 才是最好的。正如曾华群教授所提倡的,中国不应该落入美国或德国 BIT 模式的旧窠之中,而应该立足中国在国际政治经济关系中的"双重身份",创造出具有中国特色的新一代双边投资条约文本或范本。④ 中国正处于国内经济结构调整和国际合作方式转变的特定时期,海外投资与吸引外资比例接近 1∶1 水平,这为中国双边投资条

---

① 参见曾华群:《BIT 范本:缘起、发展与中国的创新》,载中国国际经济法学会、厦门大学法学院:《2011 年中国国际经济法学会年会暨学术研讨会论文集》(第 1 卷),2011 年。

② See Kenneth J. Vandevelde, "U.S. Bilateral Investment Treaties: The Second Wave", *Michigan Journal of International Law*, 1993, (14).

③ 例如,美国 2004 年 BIT 范本第 3 条规定缔约国给予的国民待遇包括投资者在设立投资中以及设立后的待遇,而且这种待遇完全等同缔约国给予本国公民与企业的待遇;美国 2004 年范本还规定极度自由化的争端解决机制,投资者在几乎可以不受到限制地将争端提交到 ICSID 仲裁。德国 2005 年 BIT 范本在国民待遇、争端解决机制上也采取了类似的规定,包括完全的国民待遇以及自由化的争端解决机制。

④ 参见曾华群:《BIT 范本:缘起、发展与中国的创新》,载中国国际经济法学会、厦门大学法学院:《2011 年中国国际经济法学会年会暨学术研讨会论文集》(第 1 卷),2011 年。

约创新和转型,反映双边投资条约特点,真正实现缔约双方合作共赢提供了难得的政治经济环境。

二、一个范本与多个范本的选择

早些时期,中国"倾向于将自己定位为引资国,注重东道国权益的保护,强调维护东道国的利益,协定内容相对简单,力求减少东道国的义务"①。随着中国海外投资的迅猛发展,以及海外投资遭受损失的案例频频发生,中国海外投资保护的诉求高涨,双边投资条约缔结的目的和宗旨都逐渐发生了变化。如何平衡中国吸引外资与保护本国海外投资的双向需求?有国内学者从避免重蹈阿根廷因国内金融改革被外国投资者纷纷诉至 ICSID 之旧辙的风险②,以及满足保护中国海外投资迅速发展的需要出发,提出了分两类不同国家分别签订不同类型的双边投资条约的建议。③ 这一建议引发了这样一个问题:中国是否应当制定多个 BIT 示范文本以适应与不同国家签订双边投资条约的需要? Norah Gallagher 与单文华教授在其合著的《中国投资条约:政策与实践》一书中,直接表明了反对为潜在的缔约国分类准备多个 BIT 示范文本的做法。主要理由为:(1) 国际上没有准备多个示范文本的先例;(2) 该方法与非歧视和最惠国待遇相违背,并接下来,论述了新一代 BIT 示范文本应当采用"平衡"法,协调东道国与私人之间的利益关系。④ 其实,要真正回答或解决好上述问题,需要从双边投资条约的本质与 BIT 示范文本的作用两个方面加以探究。双边投资条约本质表现为缔约方之间的契约。⑤ 双边投资条约只不过是两个国家之间关于投资促进和保护所达成的意思表示一致的结

---

① 李玲:《中国双边投资保护协定缔约实践和面临的挑战》,载《国际经济法学刊》2010 年第 4 期。

② 见本书前文内容。

③ 一部分学者认为,中国应当至少准备两份 BIT 示范文本,即为传统资本输出国提供一份保守型的范本,以维护中国管理外资的主权;为中国重要的海外投资国家提供一份更加积极型的范本,以保护中国海外投资。参见 Gallagher. N & W. Shan, *Chinese Investment Treaties*: *Policies and Practice*, Oxford University Press, 2009, p. 384; 以及陈安:《中外双边投资协定中的四大"安全阀"不宜贸然拆除——美、加型 BITs 谈判范本关键性"争端解决"条款剖析》,载《国际经济法学刊》2006 年第 1 期。

④ Gallagher. N & W. Shan, *Chinese Investment Treaties*: *Policies and Practice*, Oxford University Press, 2009, pp. 385-386.

⑤ 参见李浩培:《条约法概论》,法律出版社 2003 年版,第 13 页。

果。缔约一方呈交给缔约另一方的 BIT 示范文本，在法律上称为"要约"，为缔约一方的"意思表示"；缔约另一方也可能向对方提交自己的 BIT 示范文本或系列提议，在法律上构成"反要约"。经过多次反复，才可能最终形成"合意"，即条约文本。可见，BIT 示范文本在于较为系统的表达了一方的观点，为缔约方提出具体"要约"提供示范或参照，提高了条约签订的效率。[①] 实践中缔约国针对不同国家，所提出的"要约"内容不可能完全相同，提供多个范本并没有实质性意义。尽管不同类型国家签署的双边投资条约的内容具有一定程度上的一致性或相似性，但丝毫不能否认缔约方"要约"的差异性。关键的问题是，应该参照中国 BIT 示范文本的提示，针对不同缔约相对方的"个性"特征，提出不同的条约谈判文本，而不是迷恋所谓的 BIT 示范文本，忽略谈判文本的重要性。

综上所述，中国双边投资条约的缔结必须立足于中国国际经济合作的方式、结构以及发展规模，坚持双边投资条约的契约本质，明确与不同国家缔结双边投资条约的目的和谈判焦点，通过双方多因素和层面的博弈，以及要约与承诺的多次反复，最终实现缔约双方的合意。既不迷信 BIT 的既有模式，也不迷恋多个范本，而是要注意条约范本的示范性与条约谈判文本的针对性有效结合。正如陈安教授所言，"'普世价值'所宣扬的理念……具体到投资领域的双边投资条约谈判，要求 BITs 缔约双方以追求'公平、正义、自由、平等'为目标，显然有些过于理想化。衡之于历史事实与当代现实，与其说 BITs 缔约双方以追求'公平、正义、自由、平等'的'普世价值'为目标，倒不如说 BITs 的缔结不过是一个彼此博弈、利益妥协的过程；究竟在哪个'利益交汇点'（convergence）上达成一致，主要取决于谈判双方各自的经济实力和综合国力，而并不取决于谈判双方各自的'温良恭俭让'，也不取决于谈判双方各自持有何种'普世价值'观或具有何等水平的'普世价值'。尤其应清醒认识和反复衡量其中每一具体条款对己方的利弊得失，在涉及自身重大利益和根本利益的条款时，坚决不可轻易退让乃至全盘放弃；与此同时，

[①] 当然，这里只是借用私法中"要约"的概念，严格地讲，私法中的要约不完全等同于双边投资条约的谈判文本或 BIT 范本，私法中的要约在一定时间范围内具有约束要约方的效力，而国家双边谈判过程中提交的谈判文本并没有约束提交方的效力或者国际条约法中尚没有讨论这些问题。

对其他一般性条款，则可在对等的基础上适当地合理让步。"① 最终在条约谈判的博弈过程中实现三个方面的平衡：一是吸引外资与保护海外投资目标的双向平衡；二是投资者私人利益与东道国公共利益的具体平衡；三是条约形式正义与实质正义的合理平衡，推进条约去政治化，走向条约的法律化。只有如此，才能从根本上有利于中国，有利于发展中国家，有利于和谐世界的共同繁荣与发展。

第二节　美国 BIT 示范文本 2012 年之修订

中美两国 2013 年 7 月第五轮战略与经济对话成果显示，双方同意以"准入前国民待遇加负面清单"为基础开展双边投资协定实质性谈判，这一成果充分反映了中美双方在投资领域更加开放、务实与合作的态度。但是，双方围绕焦点问题展开博弈的激烈程度并不会因此而降低。② 反而，针对"负面清单"的谈判会更加具体而激烈。所以，谈判方及相关人员应该更加熟悉和了解不同国家投资领域的具体情况，更加深入和仔细地研究双方谈判文本和资料，准确把握双方谈判的焦点和利益关切点。与中方相比，美方特别注意谈判文本的研究和起草工作。2012 年 4 月，美国出台了新修订的 BIT 示范文本，并重启与中国的双边投资条约谈判。修订后的 BIT 示范文本在持续推动投资自由化的同时，进一步强调政策透明度和投资相关方参与问题，强化了关于劳工与环境的保护，并更加严格规范国家授权与国有企业的权利等。作为美国未来谈判文本的 2012 年 BIT 示范文本必将直接或间接影响中美之间双边投资条约的谈判。研究和评估美国 BIT 新范本及其对中美 BIT 谈判的影响，成为中国积极应对中美新一轮 BIT 谈判所必须完成的功课之一，也为今后中

---

① 陈安、谷婀娜：《"南北矛盾视角"应当"摒弃"吗？——聚焦"中—加 2012 BIT"》，载《现代法学》2013 年第 2 期。

② 中美谈判虽然取得了阶段性的重大成果，但在同期的 2013 年 7 月，中国双汇集团收购美国最大猪肉生产和销售商史密斯菲尔德一案，美国众议院提出了"健康安全"等"国家安全"问题的审查，再次质疑双汇收购案。参见：《双汇海外收购遭美众议院健康安全质疑再延期》，载 http://finance.sina.com.cn/chanjing/gsnews/20130730/073016281786.shtml，2013/8/25 访问。尽管双汇国际收购史密斯菲尔德仅仅是市场行为，但自交易披露以来不断遭遇各方挑战，进展并不顺利。双汇收购案只是美国对中国海外投资项目众多"国家安全"审查的一个缩影。以美国"安全审查"为代表的中美双边投资矛盾与问题的存在，预示着中美双边投资条约谈判仍将展开激烈的交锋。

国应对双边投资条约谈判提供范例。

一、美国 BIT 示范文本 2012 年修订的背景

中美两国在 2008 年 6 月举行的中美第四次战略经济对话中正式启动双边投资条约谈判。[①] 此后，中美两国战略合作论坛都将双边投资条约作为重要议题进行讨论，但意见分歧明显，并且布什政府中的部分官员考虑到谈判现状及美国的政治体制，认为签订中美双边投资条约的问题应留给下一任政府解决。因此，谈判被暂时搁置。奥巴马政府执政后，接受了布什政府的建议，首先着手修订 2004 年 BIT 示范文本，以充分反映美国政府在世界经济一体化背景下在国际投资领域的新思路和新关切，同时，进一步提高新 BIT 示范文本作为与中方谈判底本的针对性和有效性。2012 年 4 月 22 日，美国政府公布了 2012 版"双边投资条约"（BIT）的示范文本（以下简称"新范本"），替代了 2004 年版本（以下简称"旧范本"）。[②] 同年 5 月 3 日，中美双方在新一轮中美战略与经济对话中，明确宣布重启中美双边投资保护协定的谈判工作。[③] 在一定意义上，人们或许认为美国 BIT 示范文本 2012 年的修订直接为中美新一轮谈判提供了谈判文本和相关思想准备。

可见，中美 BIT 谈判历程，事实上成为美国 BIT 示范文本 2012 年修订的历史背景和现实动因。回顾历次中美 BIT 谈判，双方围绕缔结一个何种程度的投资自由化协定这一核心问题，结合自己所处的不同经济发展阶段、法治水平、文化传统以及承担的多边条约义务，充分表达己方诉求，主要表现出以下四个方面的分歧[④]：

一是准入前投资待遇问题。美国在 BIT 示范文本中，一直坚持要求国民

[①] 中美双边投资谈最早由美方于 1986 年提出，此后因为一些原因搁置。直到 2008 年 6 月 17 至 18 日，第四次中美战略经济对话在美国马里兰州安纳波利斯举行，中美双方通过磋商，正式宣布启动中美双边投资保护协定的谈判。在此之前，中美两国就双边投资条约谈判的可能性进行了长达 17 个月的试探性会谈。在这些磋商中，虽然在不少问题上仍然存在分歧，但是双方都一致认为确实存在进行双边投资条约谈判的必要性。

[②] 参见：《美国政府公布新的"双边投资协定"示范文本》，http://news.china.com.cn/rollnews/2012-04/25/content_13909196.htm，2013/8/25 访问。

[③] 参见：《中美重启双边投资保护协定谈判》，http://news.ifeng.com/gundong/detail_2012_05/05/14331534_0.shtml，2013/8/25 访问。

[④] 当然，除了这些主要分歧以外，在诸如知识产权保护、政府经济监管等方面也存在一些分歧。

待遇必须适用于投资准入前，也就是说，在外国投资设立前和设立时就应当给予外国投资或投资者以国民待遇。实际上，世界上多数国家签订的双边投资条约中所包含的国民待遇条款都只是适用于"营运阶段"。① 中国已签订的130多个双边投资条约仍然一直坚持将国民待遇只适用于市场准入后阶段。② 这一争议或分歧一直僵持到2013年7月中美举行的第五轮战略与经济对话之前。为了满足全球经济自由化和中国海外投资发展的双重要求，中美在上述第五轮战略与经济对话期间同意以"准入前国民待遇和负面清单"为基础展开双边投资协定的实质性谈判。但学术界不无担忧，认为中国一旦接受国民待遇的扩大适用，可能会导致中国外资规则的彻底重整，对国家外资管辖权形成巨大的挑战。③ 可以预见，原来投资准入前的待遇分歧可能更加激烈地聚焦于双方关于"负面清单"的谈判过程之中。

二是"国家安全"审查的问题。其实质仍然是一个国家关于外国投资准入的审查问题。美方非常明确地指出，与中国签订的任何投资协定都将必然包含允许政府基于国家安全因素对外资准入进行审查的规定。④ 实践中，美国政府或国会也常以所谓"妨碍国家安全"为由否决涉及美国高新技术和能源领域的中国海外投资项目，以期达到保护美国在上述领域的垄断目的。⑤ 同时，中国主权财富基金也涉及到美国国家安全审查问题。美国政府担忧主权

---

① See Kong QingJiang, "U. S. -China Bilateral Investment Treaty Negotiations: Context, Focus, and Implications", *Asian Journal of WTO & International Health Law & Policy*, Vol. 7, 2012.
② 以2008年《中华人民共和国政府和墨西哥合众国政府关于促进和相互保护投资的协定》为例，这是被普遍认为中国签订的自由化程度最高的双边投资条约，但这一条约也未规定国民待遇适用于市场准入阶段。
③ See Kong QingJiang, "U. S. -China Bilateral Investment Treaty Negotiations: Context, Focus, and Implications", *Asian Journal of WTO & International Health Law & Policy*, Vol. 7, 2012.
④ Ibid.
⑤ 2005年，中海油希望以185亿美元现金方式并购美国第九大石油公司优尼科。中海油当时强调，这项交易不会对美国石油和天然气市场带来任何不利影响，因为优尼科在美国境内所生产的石油和天然气将继续在美国市场销售。然而，2005年6月30日，美国众议院以333：92的票数要求政府中止这一收购计划，同时，还以398：15的绝对压倒票数要求政府对收购本身进行调查。面对美国国会汹涌的反对声浪，2005年8月，中海油撤回收购计划，"探宝船"黯然返航。中海油不仅没能走进美国，反而触动了美国人敏感的神经。随后的2007年，美国国会通过《外商投资与国家安全法案》，在CFIUS的审查权限中增添了"能源资产"一项。近期，中国华为等公司在美投资时也频繁受困于"国家安全"的审查，受挫于"CFIUS怪圈"。材料来源：http://money.163.com/12/0522/00/822N572800252G50.html，2013/8/25访问。

财富基金的投资决策可能存在政治因素的影响。① 鉴于美方总是存在将国际投资事项政治化的倾向,中方要求美方在投资准入阶段放宽对"国家安全"的审查。这一分歧可能一直贯穿于中美双边投资条约谈判的始终,如何将这一问题所涉及的领域或事项具体化,增加中方投资或投资者接受审查的可预见性应当是双方谈判的方向和焦点。

三是金融服务与资本转移问题。美方在关于征收与补偿、资金汇兑以及金融服务等条款的谈判过程中,一直坚持所谓"赫尔三原则",要求"充分、及时和有效"地将所涉的本国投资或投资者利益进行计价、汇兑和转移,并且保证所有过程的透明。这一要求不完全符合中国作为发展中国家所承担的国际金融服务的多边条约义务。GATs所规定的金融服务自由化义务只是针对具体承诺项而言的,成员方金融主管机关为稳定金融业所采取的审慎措施可以不受GATs其他条款的约束。"无论本协定其他条款如何规定,不应阻止成员方为审慎原因而采取的措施,包括为保护投资者、存款人、投保人或金融服务的提供者对其负有诚信义务的人而采取的措施,或者为确保金融体系的统一和稳定而采取的措施。"② 可见,金融服务和资本转移自由化是一个有条件的渐进过程,现阶段实现"赫尔三原则"超越了中国金融服务水平,不利于有效管理和利用外资。

四是投资争端解决方式问题。美国2004年与2012年BIT示范文本明确要求适用"投资者—东道国"投资争端解决的国际仲裁机制,反对用尽当地司法救济的程序性限制。早期的中外双边投资协定只允许将因征收或国有化而产生的关于赔偿数额的争议提交ICSID仲裁。以1998年为界,中国与外国缔结的第三代双边投资条约开始接受ICISD管辖条款,可以提交国际仲裁的事项突破了因征收或国有化的赔偿数额争议的局限。但是,它并不意味着中方完全放弃了将投资争议提交国际仲裁在范围和程序方面的限制。中美两国在投资领域和投资事项上的特殊性,决定了中美双方在投资争议解决方式上不可能完全照搬或照套其他双边投资条约的相关规定。目前,关于在投资争议

---

① 参见潘锐、娄亚萍:《中美双边投资保护协定谈判的演进与发展》,载《国际观察》2010年第1期。
② 参见《服务贸易总协定》金融服务附件,文件来源:世界贸易组织网站,http://www.wto.org,2015/10/30访问。

界定、仲裁事项范围选择以及程序性限制等方面，中美双方还存有明显分歧。

当然，以上四个方面只是中美 BIT 谈判的主要分歧的概括，并且在不同谈判阶段可能表现出的不同的侧重和程度。它们既有双边投资条约谈判领域的普遍性问题，也是中美之间政治、经济和文化特殊性的反映，必将贯穿或影响美国 2012 年 BIT 范本的修订过程，成为中美新一轮 BIT 谈判的基础和底色，同时，也为我们准确理解美国 BIT 示范文本的修订提供了重要线索。可以说，在这些问题上如何求同存异，直接决定了中美双边投资协定的具体谈判进程。

二、美国 BIT 示范文本 2012 年修订的主要内容

美国 2012 年 BIT 示范文本的修订，总体上沿袭了 2004 年范本的风格和内容。正如美国政府简报中对于新范本的评价："新范本继承了 2004 年范本的主要内容，继续维持了在保护投资者利益与维护政府出于公共利益采取管理措施权力之间的平衡。"[①] 首先，新范本的结构不变，都由标题、序言、正文、附件四个部分组成。范本正文分 A、B、C 三节，其中 A 节是实体性条款，B 节是投资者和东道国的争端解决条款，C 节是缔约双方的争端解决条款。其次，正文条文数量和主体内容也没有发生变动，维持在 37 个条文。在定义条款方面，对"投资"的定义包括直接的与间接的所有类型的投资，对投资的形式或要素进行了详细的列举；在待遇条款方面，照搬了旧范本有关待遇条款的规定，坚持将国民待遇和最惠国待遇的适用范围扩大至市场准入阶段，公平公正待遇也在最低待遇标准条款下进行规定；在争端解决机制方面，继续采用了旧范本高度自由化的争端解决方式，当投资者与东道国发生投资争端时，投资者可以将争议直接提交国际仲裁；在征收条款方面，贯彻"赫尔三原则"，对金融服务和资本转移坚持了自由化的要求。

但是，美国 BIT 示范文本 2012 修订的细节及其深刻意蕴也应当引起我们的高度注意。如前所言，美国 BIT 示范文本 2012 年修订工作实质上是由布什政府和奥巴马政府相继共同完成的：布什政府考虑到中美双边投资条约谈判

---

① See "United States Concludes Review of Model Bilateral Investment Treaty", http：//www.ustr.gov/about-us/press-office/press-releases/2012/april/united-states-concludes-review-model-bilateral-inves，2012/7/10 访问．

的分歧，认为需要对 2004 年 BIT 示范文本进行充分修订，并接受了部分官员的建议将双边投资条约谈判问题留待下一届政府解决。奥巴马政府执政后，立即着手修订 2004 年 BIT 示范文本，并于 2012 年 4 月 22 日公布。同年 5 月 3 日，中美双方在第四轮中美战略与经济对话中，宣布重启双边投资条约谈判。可见，美国 BIT 示范文本 2012 年的修订具有明确的针对性和指向性，一定程度上反映了美国解决中美 BIT 谈判分歧的态度及其在新一轮中美 BIT 谈判过程中的关切点。这些针对个别条款进行的修改和补充，或增加的"款""项"，或细化的注释将成为中美 BIT 谈判的焦点。

1. 透明度与利益相关方参与规则的变化

（1）新增透明度磋商机制。新范本第 11 条第 1 款要求缔约方应该定期为如何提高双方透明度进行磋商。磋商的内容包括缔约双方制定的足以对投资产生影响的法律、法规以及采取的其他措施，同时也包括投资者与东道国之间的争端解决机制。这一新增规定在实质上加大了缔约方有关透明度的要求。

（2）新增通知和发表合理意见程序。新范本第 11 条第 3、4 款要求缔约方承担公布或公开拟出台的新法规的义务，并且要求缔约方解释该法规的目的和基本原理，允许由利益相关方对该法规发表具有实质性意义的意见，并在缔约方最终采纳该新法规时对这些意见予以说明。这项新增规定，简单来说，就是约束缔约方"暗箱"制定影响投资者利益的法规，尊重投资者的立法知情权。

2. 环境与劳工保护条款的变化

（1）新增不得"搁置或减损"国内法的义务。新范本在环境条款、劳工条款中规定了一项义务，即缔约方不得"搁置或减损"本国的环境保护法或劳工法的立法宗旨或目的，以此来达到吸引外资的目的。

（2）新增"有效执行"国内法的义务。新范本要求缔约方不得为了吸引外资消极执行国内环境保护法或劳工法。

（3）新增要求缔约方重申国际承诺的规定。新范本要求缔约方承诺本国国内环境保护法与多边环境条约的施行，重申他们在国际劳工组织宣言中所作出的承诺。

（4）强化磋商程序。新范本规定了相较旧范本更为详细和广泛的环境和劳工条款的磋商规则。例如，缔约方可就劳工和环境条款之下的任何新事由向另一方提交磋商的书面申请；另一方在收到申请 30 日内应对申请进行回应；双方应尽力磋商，以达到满意的结果。①

3. 知识产权保护相关条款的变化

（1）新增国内技术履行要求的禁止条款。新范本第 8 条第 1 款规定，要求缔约方不得出于保护本国投资者或技术的目的，禁止或者强行要求外国投资者购买、使用或者优先使用东道国或东道国个人技术。这一新增规定维护了美国在知识产权领域的优势地位，反映了其对国家知识产权战略的高度关注。

（2）新增产品和技术标准制定的参与程序。新范本第 11 条第 8 款规定，要求东道国应该允许另一方缔约国的投资者在非歧视条款标准下参与东道国产品标准和技术规范的制定，但是不适用卫生与植物卫生检疫措施等情形。同时建议，非政府组织的相关标准制定也可参照上述要求执行。

应该说，这些新增知识产权保护条款在一定意义上也表达了美国对政府主导型经济体（state-led economy）宏观调控经济职能或行为的关注。② 不仅如此，新范本第 2 条第 2 款通过新增注释的方式特别明确了政府行政授权定义，界定了政府向国有企业或者其他个人或组织授权的判断标准，以确保上述国有企业或其他组织行使政府职权的行为受到双边投资条约的全面约束。

附：美国 BIT 示范文本 2012 年修订情况表

变化情况 条款名称	内容的修订	注释的修订
定义条款（第 1 条）	明确领土范围，包括领海以及根据反映于联合国海洋法公约的国际习惯法的、领海外的、缔约方可以实施主权和司法管辖权的区域（领土定义）。	无

---

① 参见《美国双边投资条约 2012 年示范文本》第 12 条第 6 款、第 13 条第 4 款规定。

② 奥巴马政府在公布 2012 年 BIT 范本时对范本修改内容作了简单介绍，将新增的国内技术履行要求的禁止条款、产品和技术标准制定的参与程序归入到政府主导型经济体规则的变化中予以说明，由此可反映出美国政府的态度。参见商务部网站，http://cwto.mofcom.gov.cn/aarticle/d/201204/20120408087170.html，2013/10/11 访问。

（续表）

条款名称 \ 变化情况	内容的修订	注释的修订
领域与适用范围条款（第2条）	无	增加了对政府职权委托授权的解释，界定了政府授权给国有企业或其他个人、组织的判断标准（第2款脚注8）。
履行要求条款（第8条）	增加了缔约方不得出于保护本国投资者或技术的目的，禁止或者强行要求外国投资者购买、使用或者优先使用东道国或东道国个人技术（第1款第h段）。	增加了对"东道国或东道国个人的技术"范围的界定（第1款脚注12）。
透明度条款（第11条）	将旧范本中缔约方设立一个或多个联络点规则改为建立缔约方定期磋商规则以提高透明度（第1款）； 增加了缔约方应提前公开拟出台新法规的义务，包括公开方式、内容以及利益相关者的评论意见（第3、4款）； 新增允许另一方缔约国投资者参与东道国产品标准与技术标准的制定，并建议非政府组织在制定标准时也允许外国投资者参与（第8款）。	增加了对外国投资者如何具体参与标准制定的进一步解释说明（第8款脚注14）。
投资与环境条款（第12条）	新增缔约方承诺国内环境法、多边环境条约的施行（第1款）； 将缔约方"尽最大努力不"改为"确保不得"为了吸引外资搁置、减损或者消极执行环境法（第2款）； 承认缔约方对环境事务享有自由裁量权（第3款）； 新增环境法的保护目的与保护方式的说明条款（第4款）； 新增环境问题缔约方磋商规则（第6款）； 新增缔约方应酌情给予公众参与本条内事务的机会的规定（第7款）。	增加了"缔约方对环境事务享有自由裁量权"不包括缔约方搁置或减损环境法但按照有关法律不得搁置或减损的情形（第2款脚注15）； 将旧范本有关"法律"的解释修改为对"法律规章"的解释（第3款脚注16）。

(续表)

条款名称＼变化情况	内容的修订	注释的修订
投资与劳工条款（第13条）	新增缔约方重申作为国际劳工组织成员的义务及其在《国际劳工组织宣言》中所作的承诺（第1款）；将缔约方"尽最大努力不"改为"确保不得"为了吸引外资搁置、减损或者消极执行劳工法（第2款）；新增劳工法应包括消除雇用与职业中的歧视情形的规定（第3款第e段）；新增劳工问题缔约方磋商规则（第4款）；新增缔约方应酌情给予公众参与本条内事务的机会的规定（第5款）。	无
金融服务条款（第20条）	新增仲裁庭不应推定适用本条第1款以及第2款的情形（第2款第c段第ⅲ项）；新增在原规定投资者在申请金融纠纷仲裁满120天后，未组建仲裁庭以及组建仲裁庭后如何解决缔约方金融机构未在规定期限内解决纠纷的规定（第3款第e段）；对"提前公布其准备施行的涉及金融服务的规范性措施以及为利益相关方和缔约另一方就该规范性措施发表意见提供合理的机会"作了强调，并规定在最终采纳新规范时应该回应这些评论（第6款）；新增缔约方在特殊情况下可以对缔约一方的投资者、投资或金融机构采取、执行与本条约相一致的法律法规所规定的措施，包括预防商业欺诈或者处理金融服务合同违约行为等（第8款）。	无
仲裁管理条款（第28条）	将旧范本中"由其他多边协议组成上诉机构，由上诉机构审查按本条约第34条做出的仲裁裁定"修改为缔约方应当考虑34条的适用，并保证此类上诉机构会采用29条中有关设立透明度的规定（第10款）。	无

第三节 中国应对美国 BIT 示范文本 2012 年修订的策略

基于上述的分析，我们知道：美国 BIT 示范文本 2012 年的修订既是对美国与其他国家双边投资条约谈判的经验总结，反映了美国长期所坚持的投资自由化主张以及在国际经济一体化和国际秩序法治化的背景下美国在国际投资领域的新关切和新理念，又是对美国与中国双边投资条约谈判中所产生分歧的总体回应，反映了美国在新一轮中美双边投资条约谈判中所采取的态度和立场及其在具体谈判过程中所关注的重点领域和焦点问题，表现出鲜明的针对性。前者是美国 BIT 谈判过程中的共性问题，后者是中美 BIT 谈判过程中的个性问题，二者统一于美国 BIT 示范文本 2012 年修订的过程之中，且以不同的方式对中美新一轮 BIT 谈判产生或积极或消极的影响。

一、美国 BIT 示范文本 2012 年修订对中美谈判的影响

从共性的方面来看，美国 2012 年范本的修订始终坚持或贯彻了三个方面的原则或理念：一是投资自由化，包括投资准入前国民待遇、争端解决机制选择以及资本转移等方面的自由化；二是投资者私人利益与东道国公共利益平衡，设置了一般例外、重大安全与公共利益例外、不得减损以及利益否定等多个条款；三是双边投资条约的法典化和条款的精细化，表现在条文结构的系统化和相关注释与附件的具体化等法律技术方面。贯彻这些内容，对于中国总体经济和社会发展阶段而言，尚存在一定超前或潜在的风险，但是它与国际经济一体化、国际政治多元化与国际秩序法治化的国际法理念相契合，同时在一定程度上满足了中国海外投资发展和外资管理模式改革的需要，所以，这些内容可能将对中美新一轮 BIT 谈判，包括中方 BIT 谈判文本的准备产生积极影响。

2015 年 6 月，中美举行第七轮战略与经济对话，双方以"准入前国民待遇和负面清单"为基础开展双边投资条约的实质性谈判，承诺同年 9 月进行"负面清单"的互换。这是中国在外商投资管理模式上作出的重大突破，意味着"外商投资产业指导目录"的外资准入模式，将为"准入前国民待遇加负面清单"的一定自由化的外资准入模式所取代，也清楚表明了中国对待高度

自由化的美国 2012 年 BIT 示范文本的态度，即以"负面清单"谈判的方式接受美国投资自由化的要求。其实，中国政府一直在国际、国内两个层面致力于投资贸易自由化的改革和探索，上海自由贸易实验区对于外商投资采用了"负面清单"的准入管理模式，就外商投资出台了一系列贸易、金融自由化的政策，与国际惯例接轨，减轻中国在未来国际谈判中压力。[①] 应该说，中国政府的这些承诺和实践反映了美国新范本对于中美 BIT 谈判和投资自由化改革的积极影响开始显现。

从个性方面来看，美国 BIT 示范文本 2012 年修订具有明确的针对性和指向性，换言之，就是为中美新一轮双边投资条约谈判提供谈判文本，意欲向中国全面、系统和明确地表达美方在中美双边谈判中的立场和观点。中国是一个发展中国家，现阶段在经济发展过程中出现了一些发达国家在其相应发展阶段也曾经发生过的所谓"新"问题，比如国际、国内投资所引发的环境问题、劳工保护标准问题、知识产权保护问题、政策透明度和公众参与度问题以及经济宏观调控规制问题等等，相对于发达国家特别是美国，具有一定的特殊性。但是，另一方面，这些问题对于发展中国家则是发展过程中的共性问题，具有一定的普遍性。发展权与人权、环境权的矛盾，既在发展过程中产生，也必须通过发展的方式解决。发达国家应该支持发展中国家优先发展，承担与发展中国家有所区别的与其经济发展阶段相适应的国际责任。美国作为谈判一方，如果忽视中美双方不同的发展阶段，不顾中国作为发展中国家的事实，要求中方在海外投资和引进外资方面承担与美方完全对等的管理和保护责任，这种形式上的平等只能是强加给弱势一方实质上的不平等，甚而牺牲中国经济和社会快速发展的利益，为中美 BIT 谈判前景抹上灰暗的色彩。

如果我们看待范本约文只是停留在抽象意义层面，不把它置于特定历史阶段并结合缔约方各自现实利益交织的图景，总是容易被表象的字面意义所标榜的抽象价值所迷惑。仅从文本意义而言，美国 BIT 新范本所要求的高标准劳工与环境保护条款、政策透明度和公众参与条款以及知识产权条款都无

---

① 参见《中国（上海）自由贸易试验区总体方案》，文件来源：中央政府网站，http://www.gov.cn/zwgk/2013-09/27/content_ 2496147.htm，2013/10/2 访问。

疑不对保护人类生存环境，推进绿色发展，维护劳工权利，鼓励知识创新，倡导法治文明具有积极意义。但是，一旦深入到范本约文背后所隐含的主体之间的现实利益，展现在我们眼前的可能是另一番图景：

高标准劳工与环境保护条款，对于中国及广大发展中国家而言，可能只是一种奢望。即便中国几十年来经济快速发展，也仍没有完全走出依靠廉价劳动力和较低生产成本竞争的阶段，施行高标准的劳工与环境条款，不仅会提升国内生产成本，影响外国投资，而且会阻碍中国向海外投资，包括向美国等发达国家的投资。这样，就会瓦解发展中国家的引资和投资优势。据联合国贸易与发展组织的调查，随着工资和生产成本的上升，中国各地的离岸低成本制造业已经减速，沿海地区撤资正在发生。① 事实上，中国劳动力工资和福利水平在逐年上升，绿色发展也是中国经济发展的必然要求。但是，现阶段中国还需要在中美双边谈判过程中对美国 BIT 新范本中的劳工与环境保护条款所带来的负面影响保持高度警惕。

知识产权相关条款常常为发展中国家设置"发展陷阱"。美国习惯在双边经贸条约中订入"TRIPs-plus"条款推销其更高的知识产权保护标准，为发展中国家所排斥。形式上，美国 BIT 新范本没有设置专门知识产权条款，但是，对于知识产权保护的关注并没有因此而减弱。新范本在履行要求条款和透明度条款新增了相关款、项和解释，针对中国知识产权与法治发展现状，提出了缔约方不得出于保护本国投资者或技术的目的，禁止或者强行要求外国投资者购买、使用或者优先使用东道国或东道国个人技术，以及更为苛刻的中央政府或非政府组织的产品和技术标准制定的参与程序等要求。② 这一规定，不仅为美国投资者以知识产权投资划定了广阔空间，确保了美国知识产权竞争的优势，而且限定或制约了中国知识产权特别是产品和技术标准确定的自主权。也许美方比中方更清楚，今后谁掌握了产品和技术标准的制定权谁就拥有了世界市场。所以，中国对于涉及知识产权保护的美方条款一定要做好充分的评估，接受或不接受必须考虑两个方面的问题：一是绝不能超越中国知识产权保护与法治发展的阶段和现状；二是绝不能牺牲中国知识产权保护

---

① 参见 UNCTAD：《世界投资报告 2011》，经济管理出版社，第 61 页。
② 参见美国 2012 年 BIT 示范文本第 8 条和第 11 条。

的长远利益和国家之间竞争的制高点。所以，美国 BIT 新范本事实上为中方设置了实质意义上的"TRIPs-plus"条款，附加义务超越了中国在多边知识产权条约中所承担的条约义务。

透明度和"投资利益相关方参与规则"直接制约了发展中国家政府调控经济活动的灵活性。[①] 正如有学者认为的，美国加大对透明度保护的力度，是为营造一个更加可预见的法律环境。[②] 但是，新范本在透明度条款中增加了外国投资者参与东道国"标准制定"过程的表述，在金融服务条款中涉及了允许投资者和利益相关者对拟出台法规发表合理意见的规定以及在相关注释中进一步明确了政府授权的界定，这些条款的内容既超越所谓透明度规则的字面含义，也突破了投资利益相关方参与规则所调整的通常范围，可能直接影响中国等广大发展中国家管理经济活动主权的行使。中国处于经济和社会的急剧转型和发展时期，法治水平还不高，外资管理和海外投资的法律、法规尚处于探索和调整阶段，附加超越中国特定阶段的透明度和利益相关方参与的条约义务，明显不利于中国政府对经济活动进行宏观调控职能的有效发挥。

更有甚者，美国 BIT 新范本一方面对上述不利于中方的条款，文字表述和安排细致、周全，不厌其"繁"，而另一方面却只字不提中方一直高度关注并深受其害的所谓"国家安全"审查问题。换言之，如果按照美国 2012 年 BIT 示范文本，即便中国按"准入前国民待遇加负面清单"的准入模式给予美国资本准入前的国民待遇，美国也丝毫不愿意改变对中国海外投资进行"国家安全"审查的粗暴做法。所以，从其 2012 年示范文本来看，美国所标榜或坚持的投资自由化、东道国公共利益和投资者私人利益平衡的理念只不过是"主观利他客观利己"的把戏，更不用说专门针对中国等广大发展中国家的个性化条款，彰显的只有美国国家利益本位。可见，中美 BIT 谈判仍然是一个艰难曲折的过程。截至 2015 年 9 月，双方已经展开了 20 余轮谈判，首次互换了负面清单，进入了负面清单的审查阶段。

---

① 投资利益相关者参与规则，是美国 2012 年 BIT 范本各条款之中所有赋予投资利益相关人参与争端解决机制、产品和技术标准制定过程以及就相关法律法规发表意见和评价权利的所有规则总和，并不特指某一具体条款。

② 参见张辉：《美国国际投资法理论和实践的晚近发展——浅析美国双边投资条约 2004 年范本》，载《法学评论》2009 年第 2 期。

二、中美 BIT 谈判和缔约的中国策略

那么，中国面对这样一个缔约理念先进、法律技术娴熟，形式上标榜投资自由化和各方利益平衡，而实质上极尽维护本国利益之能事的美方 BIT 示范文本，应当结合自身经济发展阶段的特点和需求，修订谈判文本，制订负面清单。总体上讲，中国应当正确认识和评估双边投资条约的契约属性与"双面"功能，深入研究美国 BIT 示范文本与谈判文本草案的内容，保证在同意以"准入前国民待遇和负面清单"为前提的条件下与美国展开平等对话的同时，不断完善国内外资政策和法律，实现投资自由与外资管理权之间的合理平衡。正如上文分析所言，中美发展程度和阶段不同，双边 BIT 谈判分歧较多，不可能在短时间完成双边投资条约的签署工作。鉴于此，宏观把握，从长计议，立足以下三个方面，争取获得最大化的条约利益当属上乘之策。

1. 把握 BIT 的契约本质，谨守"负面清单"的谈判底线

双边投资条约，质言之，是两个主权国家之间有关投资事项的意思表示一致，即国家间的投资契约。① 主权国家地位平等和国家意思自由是条约的核心要素。缔约一方不得将自己的意思强加给缔约另一方。从国家条约实践的历史来看，双边条约的达成无疑都是双方相互妥协或谅解的结果。因此，中国在谈判中，必须立足条约的契约本质，根据中国经济和法治的发展现状，遵守双方以"准入前国民待遇加负面清单"为基础开展双边投资条约实质性谈判的承诺，尽快做好从《外商投资产业指导目录》向"准入前国民待遇加负面清单"的外资管理模式转型的探索工作。特别是"负面清单"的审慎评估和出台或再修订，成为中国外资管理模式转型的重要环节和方式，也将成为中美新一轮 BIT 谈判的焦点。

双方必须正视和理解的是，在中国经济发展的现阶段，自由化的投资准入规则，导致中国失去对涉及国家安全、国计民生领域外资准入的限制和调控；自由化的资本转移可能带来投机性短期资金借此大举流入，危及国家的金融稳定，并在资本外逃时国家缺乏足够的手段加以应对②；自由化的争端解

---

① 关于现代条约本质的论述，参见《对现代条约的再认识》，载《法学》2012 年第 5 期。
② 参见田丰：《中美双边投资协定对中国经济的影响——基于美国双边投资协定范本（2004）的分析》，载《当代亚太》2010 年第 3 期。

决机制条款，使得国内救济等"安全阀"被拆除，从而增加了被诉至 ICSID 的风险。更有甚者，中国还面临着中美 BIT 所规定的投资自由化措施或待遇，可能通过中国签订的其他双边投资条约中的最惠国待遇条款向外传递的难题。① 基于此，以确定"负面清单"为基础和手段，为中国外资管理模式转型与涉及国计民生、国家战略的相关产业的发展提供合理的缓冲和时间，成为中美负面清单谈判中方必须坚守的生命线。否则，上述风险和困难可能置中国于不利的境地。

2. 辩证看待 BIT 功能，做好长期应对谈判的准备

双边投资条约对于促进国际直接投资发展的意义究竟如何？事实上，学术界尚未取得一致的意见。持肯定意见的学者认为，双边投资条约具有促进国际直接投资流动的作用，并实以数据实证了 BIT 与外资增长之间存在着正关联。对于中美 BIT 的签订持积极态度，表示中美 BIT 的签订必然会扩大两国间的经济合作，促进两国之间相互投资，最终推动两国经济发展。② 但是，持反对意见的国内外学者研究表明，BIT 与国际直接投资流动之间并无直接联系。在影响国际直接投资流动的多种因素中（劳动力工作和技术水平、市

---

① 学者们认为双边投资条约在未来仍然会继续快速增长，而这些数量庞大的双边投资条约中几乎都包含了最惠国待遇条款，实际上这一规定就使得数量庞大的双边投资条约形成了一个复杂的关系网，使得各个国家之间因为各自的双边投资条约中的最惠国待遇条款而取得了联系，众多的双边投资条约已经逐渐发挥了多边投资条约的功能和作用。中美双边投资条约是中国针对特殊的双边经济合作情况和政治因素签订的条约。这一条约的自由化程度不是中国对所有国家都能接受和认可的，而是针对具体情况所作出的变通。这样的事情是有先例可循的。2008 年中国与墨西哥签订的 BIT 的自由化程度就远大于 2008 年之后中国与乌兹别克斯坦等国签订的 BIT，这或许就是考虑到墨西哥本身加入《北美自由贸易协定》而作出的变通。参见：Efraim Chalamish, "The Future of Bilateral Investment Treaties A De Facto Multi-lateral Agreement", *Brooklyn Journal of International Law*, Vol. 34, 2009; Stephan W. Schill, "Multilateralizing Investment Treaties Through Most-Favored-Nation Clauses", *Berkeley Journal of International Law*, Vol. 27, 2009; Calvin A. Hamilton, Paula I. Rochwerger, "Trade And Investment: Foreign Direct Investment Through Bilateral and Multilateral Treaties", 18 *N. Y. Int'l L. Rev.* 1, 2005;《中华人民共和国政府和墨西哥合众国政府关于促进和相互保护投资的协定》，2008 年；《中华人民共和国政府和乌兹别克斯坦共和国政府关于促进和保护投资的协定》，2011 年。条约来源：中国商务部网站：http://www.mofcom.gov.cn/, 2013/8/25 访问。

② See John Pappas, "The Future US-China Bit: Its Likely Look and Effects", *Hong Kong Law Journal*, Vol. 41, 2011; Kong QingJiang, "U. S. -China Bilateral Investment Treaty Negotiations: Context, Focus, and Implications", *Asian Journal of WTO & International Health Law & Policy*, Vol. 7, 2012; Cai Congyan, "CHINA-US BIT Negotiations and the Future of Investment Treaty Regime: A grand Bilateral Bargain with Multilateral Implications", *Journal of International Economic Law*, Vol. 12, 2009; Sarah Anderson, "U. S. -China Bilateral Investment Treaty Negotiations", *Institute for Policy Studies*, Vol. 7, 2009.

场前景，政治文化因素等），是否签订 BIT 不是主导因素。但是，从缔结 BIT 数量迅速发展的事实来看，不可否认，签订 BIT 已经成为保护和促进国际直接投资流动的重要手段和主要因素之一。或许，随着国际经济自由化和国际秩序法治化的不断发展，中美缔结 BIT 的积极意义会逐步彰显出来。但是，希望通过缔结中美 BIT，迅速或直接改变中美之间国际直接投资占比偏低的状况，恐怕也难以如愿。既然如此，如果中国操之过急，贸然接受美国这样一个投资自由化要求高，且不愿对中国特别关注的所谓"国家安全"审查事项作出任何承诺的谈判文本或在负面清单的谈判和审查过程中失之于宽，那么，中国不仅要承担因经济发展水平所决定的投资自由化风险，而且还要承担因外资管理模式急剧转型所造成的额外的投资自由化风险。所以，中国没有理由不放缓心态，做好长期应对谈判的准备，争取稳中求进。只有这样，才能为中国社会和经济发展转型以及外资管理模式变革争取到宝贵的时间，以便在更好的经济和法治环境下逐步实现投资自由化目的。

3. 推进国际国内法制的系统化建设，降低 BIT 的法律风险

市场经济是法制经济。国际、国内两个市场及其相互关系要求配套推进国际和国内两个层面的法制建设。BIT 作为缔约方之间的法律，是重要的国际经济法的渊源，中美通过谈判进而缔结 BIT，本质上是将双边投资关系直接纳入法治化轨道，属于双边投资的国际法制建设层面；而转换国内外商投资管理模式，简化相关行政审批手续，优化外商投资的法治环境则属于双边投资的国内法制建设层面。两个层面的法制建设是相互联系和制约的关系：双边投资条约（BIT）虽受国际法调整，但不能脱离国内法制环境得以运行。否则，自由化的 BIT，充其量只是一种政治宣言，不仅不能以"法"的力量保护和促进双边投资，反而给本国外资管理和海外投资带来法律风险。所以，强调双边投资条约与国内外商投资法制的匹配和同步，推进二者的系统化建设，才能从根本上化解 BIT 高度自由化的法律风险。

结合美国 2012 年 BIT 示范文本的主要内容及其修订，中国应该从 BIT 谈判文本草拟和国内外商投资法制完善的两个方面着手展开工作。首先，在草拟 BIT 谈判文本方面，要在努力提高其法典化水平和技术的基础上，重点关注以下条款的内容及其谈判工作：一是关于资本自由转移条款，建议设定例外条款，允许政府在紧急情况下限制资金转移；二是关于争端解决条款，可

以参照中国与墨西哥的 BIT 条款，保留国内一定的行政和司法救济程序；三是关于透明度条款以及环境与劳工条款，中国可以承担维持现有状态、不增加新的歧视性措施并逐步改良的义务；四是关于最惠国待遇条款，要研究和设计更为精细和具体的最惠国待遇例外条款，防范中美自由化 BIT 的优惠待遇被最惠国待遇条款无条件扩散，等等。其次，在完善中国外商投资法制方面，应该充分利用国家在上海设立自由贸易试验区的有利条件，大胆尝试推进外商投资管理体制改革、试行"负面清单"管理模式①，尝试金融服务自由化，在人民币资本项目可兑换、金融市场利率市场化、人民币跨境使用等方面先行先试，甚至在美国 BIT 新范本中所重点关注的外商政策透明度、参与度和知识产权保护等方面进行积极试验，及时总结经验，纠正错误，做好外商投资管理体制全面改革的筹备工作。当然，必须指出，外商投资管理体制改革并不是一味的所谓自由化，吸取美国等发达国家有关外资并购的反垄断和国家安全审查规则也是改革的题中之义。只有两个方面的有机结合，才能从根本上消除高度自由化的 BIT 法律风险。

---

① 2013 版上海自由贸易区"负面清单"明确开列出了不予外商投资准入或有限制要求的领域，涉及国民经济行业 1069 个小类中的 17.8%。

第八章

结　语

中国双边投资条约随着国际投资法治化发展与中国国际经济合作特点的变化，正在经历一个法律化转型或发展的过程。[①] 从宏观上讲，双边投资条约法律化转型或发展，指的是双边投资条约与国际国内社会政治、经济和文化等全面发展相适应和协调，包括条约规则变迁、条约精神转换及条约体系重构等内容的法律上的进步过程与趋势。其中，条约法律上的进步是条约法律化发展的核心和实质，揭示了其法律发展及其研究的价值。[②] 中国早期双边投资条约主要借鉴德国模式，"条文数量偏少，用语简单抽象；内容大同小异、个性诉求模糊；形式结构单一，法律方法缺失；引进外资的政策或政治色彩浓厚"成为中国双边投资条约法理论和法方法上存在的主要问题。究其实质，乃是双边投资条约的契约本质和法律属性尚未得以充分认识或彰显所致。人类进入 21 世纪，国际社会治理模式开始由权力控制型向规则治理型转化。依据双边投资条约向国际仲裁庭或内国法院提起投资者利益之诉，已成为大多数国家所接受的常态，中国双边投资条约的法律化转型日益迫切。

"双边条约契约说"与"多边条约决议说"不同，但又统一于"国家意思互动学说"，这种区分较好地解释了不同类型条约的本质。"双边投资条约

[①] 应当指出的是，法律化的程度在不同的议题领域或在同一个议题领域的不同时期有着很大的差别。根据法律化的三个主要标准——强制性、确定性和授权性，中国双边投资条约的法律化程度可以被描述为一个从"软法"走向"硬法"的连续或统一进程。所谓授权性，是指关于条约的争议授权第三方裁决，这一特点提升了条约的强制性和确定性，有力地推动了双边投资条约的法律化转型。

[②] 这里借用了法律发展的概念。参见张文显：《法理学》，高等教育出版社 2003 年版，第 192 页。

契约说",解释了双边条约的缔结过程和效力来源,适应了条约实践对理论的需要。中国双边投资条约是中国与另一缔约国就海外投资或外国投资保护所达成的"国家意思表示一致",产生两个方面的效果:一方面,作为契约,它赋予了缔约方根据自身国际投资实际、经济发展目标以及法治建设水平等多种要素确定条约谈判重点和要点,予以讨价还价的法律权利。中国海外投资和引进外资发展的规模和水平,为中国双边投资条约平等谈判提供了优越的条件和环境,我们完全有能力从国家整体发展的战略高度把握谈判的重点难点,提出或接受双边投资条约文本的具体内容,实现条约文本的个性化和条约规则的具体化;另一方面,双边投资条约的"涉他性"与特殊的"三方"结构,赋予了私人投资者在国际投资法律关系中的主体身份,享有国际仲裁的起诉权,为双边投资条约的法律化提供了坚实的支撑和动力。"条约决议说",揭示了多边条约的特殊性,化解了现代国际社会多边化和组织化背景下"条约契约说"的理论难题,为法律行为理论适用于国际法提供了依据。同时,条约也不同于国家契约,与之既有联系,有严格区别。

国际经济法的基本原则——公平互利,既是中国双边投资条约缔结的逻辑起点,也是中国双边投资条约适用的逻辑终点。在双边投资条约订立和适用中,公平互利原则具体表现为主权国家之间的平等互利原则与外国投资者待遇的公平公正原则的结合。公平互利、平等互利与公平公正原则的确立不仅是中国双边投资条约规范结构完善的需要,也是条约法方法论的要求。公平公正待遇条款地位和性质的原则回归不仅可以化解公平公正待遇条款在投资仲裁适用中"语义抽象和裁决矛盾"的困境,而且有利于构建中国双边投资"原则+规则"的法理结构,促进双边投资条约的法律化转型,提高中国双边投资适用的准确性和灵活度。中国国际经济合作发展正处于一个从单纯引进外资到海外投资与引进外资并重发展的历史时期,这样一个发展阶段为中国构造一个以公平互利原则为统领,以平等互利和公平公正待遇原则为支撑的原则体系提供了良好平台。公平互利,既是条约的缔约原则,也是条约的法律原则(执法和司法原则),既要注意形式平等,也要追求实质的公平,真正实现缔约双方的互利共赢。

任何法律文件,从构成要件而言,都是一个"原则+规则"的构造;而从法律适用来看,则离不开"原则(规则)+例外"的法方法运用。前者满足了法律要素的标准；后者适应了法律适用技术的要求。中国双边投资条约不仅作为缔约国之间的法律，而且也是私人投资者（包括本国海外投资者和外国私人投资者）的权利证书，成为国际投资争议仲裁的直接依据或准据法，应当在条约规范的构造上满足法律要素和法律适用技术的要求，不断完善条约的法律概念、法律规范和法律结构，努力优化条约的外部与内部法律体系，提高条约的法律化水平。最惠国条款作为双边投资条约核心条款之一，从法方法意义上而言，具有双边投资条约之间潜在的"链接"功能以及将最惠国待遇"扯平"的作用。所以，中国双边投资条约应当充分研究最惠国待遇条款，在积极推进最惠国待遇的普及化的同时，主动利用最惠国条款的例外条款或构成要素具体化的法方法，保证双边投资条约待遇的统一性与个性化的协调。

不仅如此，中国双边投资条约冲突条款和知识产权条款等新兴条款的创新和模式转换也是当务之急。由于国际法的不成体系，双边投资条约与多边条约、国家契约以及国内法之间的关系十分复杂，条约法律冲突不可避免。传统上双边投资条约所采用的"更优待遇条款"已经不能完全满足日益凸显的因投资条约调整领域或调整对象重叠或交叉所造成的条约法律冲突，应当借鉴美国 2012 年 BIT 示范文本所采用的条约冲突解决方法，超越一般意义上的冲突条款内涵，转换传统的更优待遇条款模式，实现条约冲突条款创新。并且，随着知识经济时代的到来，知识产权投资成为常态，如何保护知识产权以及在何等水平、程度或范围上保护知识产权，这些问题不仅涉及最惠国待遇条款、条约冲突条款的设计，更重要的是需要知识产权条款自身的创新以及与其他条款的协调，诸如知识产权条款的履行要求、例外条款以及与其他多边知识产权条约的挂钩问题等等，都应当成为中国双边投资条约缔约或修订所关注的重点。

美国在修订 2012 年 BIT 示范文本的基础上，重启双边投资条约谈判，这一事实或行为给我们很多启示：如何进一步提高中国双边投资条约范本或谈判底本的针对性，实现共性与个性的统一？它不仅仅是一个应对中美双边投资条约谈判的问题，更有意义的是要求我们实现 BIT 示范文本的个性化和本土化。为此，我们应当完成两大任务：一是类型化的中国 BIT 示范文本研究。中国已与 130 多个国家签署了双边投资条约，今后新订或修订双边投资条约必然涉及不同类型或区域的国家，从整体上划分一定类别，结合具体化双边经济合作状实践，制定出不同的示范文本或文本要点，供缔约部门提出谈判文本时参考；二是国别化的中国 BIT 谈判文本研究，即配合国家缔约部门的条约修订或新订工作，具体研究中国与某一国家的条约谈判文本或焦点问题的研究。比如，中国与美国、欧盟、加拿大等国家正处于双边投资条约谈判阶段，应当成为学术界和实务界通力合作研究的热点问题。

令人不无遗憾的是，笔者在收集外文资料的过程中，发现西方学者具体研究本国投资条约的文章明显多于中国学者对中国双边投资条约直接关注和研究的文章，这应当引起中国学界的深思。最后，也是必须说明的，中国双边投资条约不仅是国际投资仲裁的依据，而且成为国内法院审判或行政复议裁决与外国投资者利益有关的案件具体适用的法律。它既是国际法的渊源，也是涉外民商事法与行政法的重要渊源。所以，中国双边投资条约作为国内行政法渊源的地位及其效力问题也应当成为中国双边投资条约发展研究的内容。

参 考 文 献

一、学术著作类

（一）中文著作

[1] 陈安、蔡从燕：《国际投资法的新发展与中国双边投资条约的新实践》，复旦大学出版社 2007 年版。

[2] 陈安：《国际经济法》，北京大学出版社 2001 年版。

[3] 陈安：《国际投资争端仲裁》，复旦大学出版社 2001 年版。

[4] 陈安、刘智中：《国际经济法资料选编》，法律出版社 1991 年版。

[5] 葛洪义：《法理学》，中国人民大学出版社 2011 年版。

[6] 何志鹏：《国际经济法的基本理论》，社会科学文献出版社 2010 年版。

[7] 黄茂荣：《法学方法与现代民法》，中国政法大学出版社 2001 年版。

[8] 柯华庆：《合同法基本原则的博弈分析》，中国法制出版社 2006 年版。

[9] 孔庆江：《入世背景下的中国与国际经济法》，北京大学出版社 2008 年版。

[10] 李浩培：《条约法概论》，法律出版社 2003 年版。

[11] 李双元：《国际私法（冲突法篇）》，武汉大学出版社 2001 年版。

[12] 梁慧星：《民法总论》，法律出版社 2007 年版。

[13] 梁开银：《中国海外投资立法论纲》，法律出版社 2009 年版。

[14] 梁西：《国际法》，武汉大学出版社 2001 年版。

[15] 梁西：《国际组织法》，武汉大学出版社 2001 年版。

[16] 林立：《法学方法论与德沃金》，中国政法大学出版社 2002 年版年版。

[17] 刘笋：《WTO 法律规则体系对国际投资法的影响》，中国法制出版社 2001 年版。

[18] 刘笋：《国际投资保护的国际法制——若干重要法律问题研究》，法律出版社 2002

年版。

[19] 卢进勇：《入世与中国利用外资和海外投资》，对外经济贸易大学出版社 2001 年版。

[20] 卢进勇、余劲松：《国际投资条约与协定新论》，人民出版社 2007 年版。

[21] 任映国：《国际投资学》，中国金融出版社 1996 年版。

[22] 邵沙平、余敏友：《国际法问题专论》，武汉大学出版社 2002 年版。

[23] 石慧：《投资条约仲裁机制的批判与重构》，法律出版社 2008 年版。

[24] 史尚宽：《债法总论》，中国政法大学出版社 2000 年版。

[25] 舒国滢：《法理学导论》，北京大学出版社 2006 年版。

[26] 万鄂湘：《国际条约法》，武汉大学出版社 1998 年版。

[27] 王铁崖：《国际法》，法律出版社 1995 年版。

[28] 王铁崖、田如萱：《国际法资料选编》，法律出版社 1986 年版。

[29] 王泽鉴：《法律思维与民法实例：请求权基础理论体系》，中国政法大学出版社 2001 年版。

[30] 王泽鉴：《民法总则》，中国政法大学出版社 2001 年版。

[31] 王泽鉴：《债法原理——基本理论、债之发生（第一册）》，中国政法大学出版社 2001 年版。

[32] 杨仁寿：《法学方法论》，中国政法大学出版社 1979 年版。

[33] 杨与龄：《民法概要》，中国政法大学出版社 2002 年版。

[34] 姚梅镇：《国际投资法》，武汉大学出版社 1989 年版。

[35] 余劲松：《国际经济法》，中国法制出版社 2009 年版。

[36] 余劲松：《国际投资法》，法律出版社 1994 年版。

[37] 余劲松、吴志攀：《国际经济法》，北京大学出版社、高等教育出版社 2000 年版。

[38] 余敏友：《WTO 争端解决机制概论》，上海人民出版社 2001 年版。

[39] 曾华群：《WTO 与中国外资法的发展》，厦门大学出版社 2006 年版。

[40] 张乃根：《国际法原理》，中国政法大学出版社 2002 年版。

[41] 张乃根：《21 世纪的中国与国际法——当代国际法研究》，上海人民出版社 2002 年版。

[42] 张文彬：《论私法对国际法的影响》，法律出版社 2001 年版。

[43] 张文显：《二十世纪西方法哲学思潮研究》，法律出版社 1996 年版。

[44] 郑玉波：《民法债编总论》（修订二版），中国政法大学出版社 2004 年版。

[45] 周鲠生：《国际法》，武汉大学出版社 2007 年版。

(二) 外文译著

[1]〔德〕E.-U. 彼得斯曼：《国际经济法的宪法功能与宪法问题》，何志鹏等译，高等教育出版社 2004 年版。

[2]〔英〕H. L. A. 哈特：《法律的概念》（第二版），许家馨、李冠宜译，法律出版社 2011 年版。

[3]〔德〕阿列克西：《法律论证理论》，舒国滢译，中国法制出版社 2002 年版。

[4]〔英〕艾伦·雷德芬，马丁·奈特等：《国际商事仲裁法律与实践》，林一飞、宋连斌译，北京大学出版社 2005 年版。

[5]〔美〕安德雷·马默：《法律与解释》，张卓明、徐宗立等译，法律出版社 2006 年版。

[6]〔英〕安托尼·奥斯特：《现代条约法与实践》，江国青译，中国人民大学出版社 2005 年版。

[7]〔美〕本杰明·卡多佐：《司法过程的性质》，苏力译，商务印书馆 1998 年版。

[8]〔美〕博登海默：《法理学：法律哲学与法律方法》，邓正来译，中国政法大学出版社 1999 年版。

[9]〔德〕迪特尔·梅迪库斯：《德国民法总论》，邵建东译，法律出版社 2000 年版。

[10]〔德〕迪特尔·施瓦布：《民法导论》，郑冲译，法律出版社 2003 年版。

[11]〔德〕汉斯·J. 沃尔夫等：《行政法（第一卷）》，高家伟译，商务印书馆 2002 年版。

[12]〔美〕汉斯·凯尔森：《国际法原理》，王铁崖译，华夏出版社 1989 年版。

[13]〔德〕卡尔·恩吉施：《法律思维导论》，郑永流译，法律出版社 2004 年版。

[14]〔德〕卡尔·拉伦茨：《德国民法通论》，王晓晔等译，法律出版社 2003 年版。

[15]〔德〕卡尔·拉伦茨：《法学方法论》，陈爱娥译，商务印书馆 2003 年版。

[16]〔德〕拉德布鲁赫：《法学导论》，米健、朱林译，中国大百科全书出版社 1997 年版。

[17]〔英〕劳特派特：《奥本海国际法（上卷）》，石蒂、陈健译，法律出版社 1981 年版。

[18]〔美〕理查德·A. 波斯纳：《超越法律》，苏力译，中国政法大学出版社 2001 年版。

[19]〔美〕理查德·塔克：《战争与和平的权利》，罗炯译，凤凰出版传媒集团、译林出版社 2009 年版。

[20]〔美〕罗伯特·吉尔平：《全球政治经济学：解读国际经济秩序》，杨宇光等译，上海人民出版社 2006 年版。

[21]〔美〕罗纳德·德沃金:《认真对待权利》,信春鹰、吴玉章译,上海三联书店 2008 年版。

[22]《马克思恩格斯选集》(第一、四卷),人民出版社 1995 年版。

[23]〔美〕玛莎·费丽莫:《国际社会中的国家利益》,袁正清译,浙江人民出版社 2001 年版。

[24]〔英〕尼尔·麦考密克:《法律推理与法律理论》,姜峰译,法律出版社 2005 年版。

[25]〔日〕松井芳郎等:《国际法》,辛崇阳译,中国政法大学出版社 2004 年版。

[26]〔德〕魏德士:《法理学》,吴越、丁晓春译,法律出版社 2005 年版。

[27]〔日〕筱田英朗:《重新审视主权——从古典理论到全球时代》,戚渊译,商务印书馆 2004 年版。

[28]〔英〕伊恩·布朗利:《国际公法原理》,曾令良、余敏友译,法律出版社 2007 年版。

[29]〔美〕约翰·罗尔斯:《正义论》,何怀宏等译,中国社会科学出版社 1988 年版。

[30]〔英〕约瑟夫·拉兹:《法律的权威》,朱峰译,法律出版社 2005 年版。

[31]〔比〕约斯特·鲍威林:《国际公法规则之冲突:WTO 法与其他国际法规则如何联系》,周忠海等译,法律出版社 2005 年版。

(三) 外文著作

[1] Alexandra Diehl, *The Core Standard of International Investment Protection: Fair and Equitable Treatment* [M], The Netherlands: Kluwer Law International, 2012.

[2] Alexy. R, *A Theory of Constitutional Rights*, Trans. Julian Rivers [M], Oxford: Oxford University Press, 2002.

[3] Binder. G, *Treaty Conflicts and Political Contradiction: the Dialectic of Duplicity* [M], Westport: Praeger Publishers, 1988.

[4] Bronckers. M & R. Quick, *New Direction in International Economic Law* [M], Leiden: Kluwer Law International, 2000.

[5] Dworkin. R, *Taking Rights Seriously* [M], Cambridge, Massachusetts: Harvard University Press, 1977.

[6] Fatouros. A. A, *Government Guarantees to Foreign Investment* [M], Columbia: Columbia University Press, 1962.

[7] Gallagher. N & W. Shan, *Chinese Investment Treaties: Policies and Practice* [M], Oxford: Oxford University Press, 2009.

[8] Harten. G. V, *Investment Treaty Arbitration and Public Law* [M], Oxford: Oxford Univer-

sity Press, 2007.

[9] Muchlincki. P & F. Ortino & C. Schreuer, *International Investment Law* [C], Oxford: Oxford University Press, 2008

[10] Ortino. F & A. Sheppard & H. Warner, *Investment Treaty Law* [C], London: The British Institute of International and Comparative Law, 2006.

[11] Pauwelyn. J, *Conflicts of Norms in Public International Law: How WTO Law Relates to Other Rules of International Law* [M], Cambridge: Cambridge University Press, 2003.

[12] Prichard. R, *Economic Development, Foreign Investment and the Law, Issues of Private Involvement, Foreign Investment and the Rule of Law in a New Era* [C], Leiden: Kluwer Law International, 1986.

[13] Ramashray, *Politics of International Economic Relations* [M], Columbia: Columbia University Press, 1965.

[14] Rudolf. D. & C. Schreuer, *Principles of International Investment Law* [M], Oxford: Oxford University Press, 2008.

[15] Rudolf. D. & M. Stevens, *Bilateral Investment Treaties* [M], The Hague, Boston, London: Martinus Nijhoff Publishers, 1995.

[16] Salacuse. J. W, *The Law of Investment Treaties* [M], Oxford: The Oxford International Law Library, 2009.

[17] Sauvant. K. P & L. E. Sachs, *The Effect of Treaties on Foreign Direct Investment: Bilateral Investment Treaties, Double, Taxation Treaties, and Investment Flows* [M], Oxford: Oxford University Press, 2009.

[18] Schill. S. W, *The Multilateralization of International Investment Law* [M], Cambridge: Cambridge University Press, 2009.

[19] Shihata. F. I, *Legal Treatment of Foreign Investment: The World Bank Guidelines* [M], Den Haag: Martinus Nijhoff Publishers, 1993.

[20] Sornarajah. M, *The International Law on Foreign Investment* [M], Cambridge: Cambridge University Press, 1994.

[21] Sornarajah. M, *The Settlement of Foreign Investment Disputes* [M], Leiden: Kluwer Law International, 2000.

[22] Wälde T. W, *The Present State of Research Carried out by the English-Speaking Section of the Center for Studies and Research*, in Centre for Studies and Research in International Law and International Relations, *New Aspects of International Investment Law* [M], Den Haag: Martinus Nijhoff Publishers, 2006.

[23] Wolfke. K, *Custom in Present International Law* [M], Den Haag: Martinus Nijhoff Publishers, 1993.

二、学术论文类

(一) 中文类

[1] 〔德〕阿克塞尔·伯杰:《中国双边投资协定新纲领:实体内容、合理性及其对国际投资法创制的影响》,杨小强译,载《国际经济法学刊》2009 年第 4 期。

[2] 〔美〕本尼迪克特·金斯伯里、斯蒂芬·希尔:《作为治理形式的国际投资仲裁:公平与公正待遇、比例原则与新兴的全球行政法》,李书键、袁屹峰译,载《国际经济法学刊》2011 年第 2 期。

[3] 蔡从燕:《国际投资结构变迁与发展中国家双边投资条约实践的发展——双边投资条约实践的新思维》,载《国际经济法学刊》2007 年第 3 期。

[4] 陈安:《中外双边投资协定中的四大"安全阀"不宜贸然拆除——美、加型 BITs 谈判范本关键性"争端解决"条款剖析》,载《国际经济法学刊》2006 年第 1 期。

[5] 陈醇:《意思形成与意思表示的区别:决议独立性初探》,载《比较法研究》2008 年第 6 期。

[6] 单文华、〔英〕诺拉·伽拉赫:《和谐世界理念和中国 BIT 示范文本建设——一个"和谐 BIT 示范文本"建议案》,陈虹睿、王朝恩译,载《国际经济法学刊》2010 年第 1 期。

[7] 都亳:《双边投资条约发展的一个新动向》,载《法制与社会发展》2002 年第 2 期。

[8] 葛洪义:《法律原则在法律推理中的地位和作用:一个比较的研究》,载《法学研究》2002 年第 6 期。

[9] 古祖雪:《国际造法:基本原则及其对国际法的意义》,载《中国社会科学》2012 年第 2 期。

[10] 韩亮:《20 世纪九十年代双边投资保护协定的发展及评价》,载《法学评论》2001 年第 2 期。

[11] 吉小雨:《美国对外直接投资的利益保护——从双边协定到海外私人投资公司》,载《世界经济与政治论坛》2011 年第 2 期。

[12] 李本:《对国际多边投资立法从回应到参与——中国外商投资立法的嬗变分析》,载《法学杂志》2009 年第 8 期。

[13] 李玲:《中国双边投资保护协定缔约实践和面临的挑战》,载《国际经济法学刊》2010 年第 4 期。

[14] 梁开银:《海外投资保险代位权及其实现——兼论中国海外投资保险模式选择》,

载《法商研究》2006 年第 03 期。

[15] 廖诗评:《国际条约中的冲突条款评析》,载《政治与法律》2007 年第 3 期。

[16] 刘笋:《从多边投资协议草案看国际投资多边法制的走向》,载《比较法研究》2003 年第 2 期。

[17] 刘笋:《国际法的人本化趋势与国际投资法的革新》,载《法学研究》2011 年第 4 期。

[18] 刘笋:《国际投资仲裁裁决的不一致性问题及其解决》,载《法商研究》2009 年第 6 期。

[19] 刘笋:《国际投资仲裁引发的若干危机及应对之策述评》,载《法学研究》2008 年第 6 期。

[20] 刘笋:《浅析 BIT 作用的有限性及对 BIT 促成习惯国际法规则论的反对论》,载《法制与社会发展》2001 年第 5 期。

[21] 刘笋:《投资自由化规则在晚近投资条约中的反映及其地位评析》,载《华东政法学院学报》2002 年第 2 期。

[22] 刘叶深:《法律规则与法律原则:质的差别?》,载《法学家》2009 年第 5 期。

[23] 戚渊:《法律方法与法学方法》,载《政法论坛》2009 年第 2 期。

[24] 〔德〕提尔曼·鲁道夫·布朗、帕斯卡尔·松纳德:《德国与中国的新双边投资条约——以国际公法中投资保护规则的发展为背景的述评》,纪焱译,载《国际经济法学刊》2009 年第 4 期。

[25] 王衡、惠坤:《国际投资法之公平公正待遇》,载《法学》2013 年第 6 期。

[26] 王军敏:《条约规则成为一般习惯法》,载《法学研究》2001 年第 3 期。

[27] 王楠:《双边投资协定中的伞形条款解释——兼论 ICSID 近期相关案例》,载《法学家》2008 年第 6 期。

[28] 王秀梅:《试论国际法之不成体系问题》,载《西南政法大学学报》2006 年第 1 期。

[29] 王彦志:《投资条约保护伞条款的实践及其基本内涵》,载《当代法学》2008 年第 5 期。

[30] 徐崇利:《"保护伞条款"的适用范围之争与中国的对策》,载《华东政法大学学报》2008 年第 4 期。

[31] 徐崇利:《从实体到程序:最惠国待遇适用范围之争》,载《法商研究》2007 年第 2 期。

[32] 徐崇利:《公平与公正待遇标准:国际投资法中的"帝王条款"?》,载《现代法学》2008 年第 5 期。

[33] 徐崇利:《公平与公正待遇:真义之解读》,载《法商研究》2010年第3期。

[34] 杨慧芳:《外资公平与公正待遇标准的要素评析》,载《法学评论》2009年第3期。

[35] 杨永红:《分散的权力:从MOX Plant案看国际法庭管辖权之冲突》,载《法学家》2009年第3期。

[36] 余劲松:《国际投资条约仲裁中投资者与东道国权益保护平衡问题研究》,载《中国法学》2011年第2期。

[37] 余劲松、梁丹妮:《公平、公正待遇的最新发展动向及中国的对策》,载《法学家》2007年第6期。

[38] 余劲松:《外资的公平与公正待遇问题研究——由NAFTA的实践产生的几点思考》,载《法商研究》2005年第6期。

[39] 余劲松、詹晓宁:《国际投资协定的近期发展及对中国的影响》,载《法学家》2006年第3期。

[40] 曾华群:《BIT示范文本:缘起、发展与中国的创新》,中国国际经济法学会、厦门大学法学院:《2011年中国国际经济法学会年会暨学术研讨会论文集》第1卷,2011年。

[41] 曾华群:《变革期双边投资条约实践述评》,载《国际经济法学刊》2007年第3期。

[42] 张宏乐:《国际投资协定中的最惠国条款研究》,复旦大学博士学位论文,2010年。

[43] 张辉:《美国国际投资法理论和实践的晚近发展——浅析美国双边投资条约2004年范本》,载《法学评论》2009年第2期。

[44] 张庆麟、张晓静:《国际投资习惯规则发展状况分析——以双边投资条约为考察对象》,载《法学评论》2009年第5期。

[45] 张庆麟、张晓静:《论公平与公正待遇的习惯国际法特征》,载《国际经济法学刊》2009年第4期。

[46] 张晓斌:《双边投资条约引资效果的经验分析》,载《国际经济法学刊》2006年第1期。

[47] 赵玉增:《法律方法与法学方法辨析》,载《学习与探索》2007年第2期。

[48] 朱庆育:《法律行为概念疏证》,载《中外法学》2008年第3期。

(二) 外文类

[1] Abbott, K. O. W. et al, "The Concept of Legalization [J]", *International Organization*, 2000, (54).

[2] Ahmad Ali Ghouri, "The Evolution of Bilateral Investment Treaties, Investment Treaty Ar-

bitration and International Investment Law [J]", *International Arbitration Law Review*, 2011, (14).

[3] Alan Scott Rau, "The Arbitrator and "Mandatory Rules of Law" [J]", *American Review of International Arbitration*, 2007, (18).

[4] Amnon Lehavi & Amir N. Licht, "BITs and Pieces of Property [J]", *The Yale Journal of International Law*, 2011, (36).

[5] Anderer, Carrie E., "Bilateral Investment Treaties and the EU Legal Order: Implications of the Lisbon Treaty [J]", *Brooklyn Journal of International Law*, 2010, (35).

[6] Andrew T. Guzman, "Why LDCs Sign Treaties That Hurt Them: Explaining the Popularity of Bilateral Investment Treaties [J]", *Virginia Journal of International Law*, 1998, (38).

[7] Anne van Aaken, "International Investment Law between Commitment and Flexibility: a Contract Theory Analysis [J]", *Journal of International Economic Law*, 2009, (12).

[8] Anthea Roberts, "Power and Persuasion in Investment Treaty Interpretation: the Dual Role of States [J]", *American Journal of International Law*, 2010, (9).

[9] Anthony C. Sinclair, "The Origins of the Umbrella Clause in the International Law of Investment Protection [J]", *Arbitration International*, 2004, (20)..

[10] Antonio R. Parra, "ICSID and Bilateral Investment Treaties [N]", *ICSID News*, 2000, (17).

[11] Bergman Mark S, "Bilateral Investment Protection Treaties: An Examination of the Evolution and Significance of the U. S. Prototype Treaty [J]", *New York University Journal of International Law and Politics*, 1983, (16).

[12] Bernard Kishoiyian, "The Utility of Bilateral Investment Treaties in the Formulation of Customary International Law [J]", *Northwestern Journal of International Law & Business*, 1994, (14).

[13] Cai, C., "Change of the Structure of International Investment and the Development of Developing Countries, BIT Practice [J]", *Journal of World Investment And Trade*, 2007, (8).

[14] Cai, C., "Outward Foreign Direct Investment Proteetion and the Effectiveness of Chinese BIT Practice [J]", *Journal of World Investment and Trade*, 2006, (7).

[15] Calvin A. Hamilton & Paula I. Rochwerger, "Trade and Investment: Foreign Direct Investment Through Bilateral and Multilateral Treaties [J]", *New York International Law Review*, 2005, (18).

[16] Chandler. Aaron M, "BITs, MFN Treatment and the PRC: The Impact of China's Ever-Evolving Bilateral Investment Treaty Practice [J]", *International Lawyer*, 2009, (43).

[17] Charles N. Brower & Stephan W. Schill, "Symposium: International Judges: Is Arbitration a Threat or a Boon to the Legitimacy of International Investment Law? [J]", *Chicago Journal of International Law*, 2009, (9).

[18] Christopher Gibson, "A Look at the Compulsory License in Investment Arbitration: The Case of Indirect Expropriation [J]", *American University International Law Review*, 2010, (59).

[19] Chun Hung Lin, "Selected International Rules of Foreign Direct Investment in the Telecommunications Sector and its Influences on Taiwan's Telecommunications Legislation [J]", *Golden Gate University School of Law*, 2010, (16).

[20] Congyan, Cai, "China-US BIT Negotiations and the Future of Investment Treaty Regime: A Grand Bilateral Bargain with Multilateral Implications [J]", *Journal of International Economic Law*, 2009, (12).

[21] C. Schreuer, "Decisions Ex Aequo et Bono under the ICSID Convention [J]", *ICSID Review—Foreign Investment Law Journal*, 1996, (11).

[22] C. Schreuer, "Fair and Equitable Treatment in Arbitral Practice [J]", *The Journal of World Investment &Trade*, 2005, (6).

[23] David R. Adair, "Investors' Rights: The Evolutionary Process of Investment Treaties [J]", *Tulsa Journal of Comparative & International Law*, 1999, (6).

[24] Deborah L. Swenson, "Why Do Developing Countries Sign BITs? [J]", *Journal of International Law and Policy*, 2005, (12).

[25] Don Wallace, Jr. & David B. Bailey, "Exceptions and Conditions: The Inevitability of National Treatment of Foreign Direct Investment with Increasingly Few and Narrow Exceptions [J]", *Cornell International Law Journal*, 1998, (31).

[26] Efraim Chalamish, "The Future of Bilateral Investment Treaties: A De Facto Multilateral Agreement [J]", *Brooklyn Journal of International Law*, 2009, (34).

[27] F. A. Mann, "British Treaties for the Promotion and Protection of Investments [J]", *British Yearbook of International Law*, 1981, (52).

[28] Grigoriadis, Theocharis N, "State Responsibility and Antitrust in the Energy Charter Treaty Socialization vs. Liberalization in Bilateral Investment Relations [J]", *Texas International Law Journal*, 2008, (44).

[29] G. Wilfred Janks, "The Conflict of Law-making Treaties [J]", *British Yearbook of International Law*, 1953, (30).

[30] H. Brower II, "Investor-State Disputes under NAFTA: The Empire Strikes Back [J]", *Columbia Journal of Transnational Law*, 2003, (40).

[31] Hindelang, S, "Bilateral Investment Treaties, Custom and a Healthy Investment Climate—The Question of Whether BITs Influence Customary International Law Revisited [J]", *Journal of World Investment*, 2005, (5).

[32] Howard Mann, "International Investment Agreements: Building the New Colonialism? [J]", *American Society of International Law Proceedings*, 2003, (97).

[33] Jason Webb Yackee, "Bilateral Investment Treaties, Credible Commitment, and the Rule of (International) Law: Do BITs Promote Foreign Direct Investment? [J]", *Law and Society Review*, 2008, (42).

[34] Jeswald W. Salacuse, "BIT by BIT: The Growth of Bilateral Investment Treaties and Their Impact on Foreign Investment in Developing Countries [J]", *International Lawyer*, 1990, (24).

[35] Jeswald W. Salacuse & Nicholas P. Sullivan, "Do BITs Really Work: an Evaluation of Bilateral Investment Treaties and Their Grand Bargain [J]", *Harvard International Law Journal*, 2005, (46).

[36] Jeswald W. Salacuse, "The Emerging Global Regime for Investment [J]", *Harvard International Law Journal*, 2010, (51).

[37] Jeswald W. Salacuse, "The Treatification of International Investment Law [J]", *Law and Business Review of the Americas*, 2007, (13).

[38] J. Kalicki & S. Medeiros, "Fair, Equitable and Ambiguous: What Is Fair and Equitable Treatment in International Investment Law? [J]", *ICSID Review—Foreign Investment Law Journal*, 2007, (22).

[39] Jose E. Alvarez, "Contemporary International Law: An 'Empire of Law' or the 'Law of Empire'? [J]", *American University International Law Review*, 2009, (24).

[40] Joseph M. Boddicker, "Whose Dictionary Controls?: Recent Challenges to the Term 'Investment' in ICSID Arbitration [J]", *American University International Law Review*, 2010, (25).

[41] Joseph R. Brubaker, "The Judge Who Knew Too Much: Issue Conflicts in International Adjudication [J]", *Berkeley Journal of International Law*, 2008, (26).

[42] Joshua Robbins, "The Emergence Of Positive Obligations In Bilateral Investment Treaties [J]", *University of Miami International and Comparative Law Review*, 2006, (13).

[43] J. R. Picherack, "The Expanding Scope of the Fair and Equitable Treatment Standard: Have Recent Tribunal Gone Too Far [J]", *The Journal of World Investment & Trade*, 2008, (19).

[44] J. Steven Jarreau, "Anatomy of A Bit The United States - Honduras Bilateral Investment

Treaty [J]", *University of Miami Inter-American Law Review*, 2004, (35).

[45] Julian D. M. Lew, "Does National Court Involvement Undermine the International Arbitration Process? [J]", *American University International Law Review*, 2009, (24).

[46] Kate Miles, "International Investment Law: Origins, Imperialism and Conceptualizing the Environment [J]", *Colorado Journal of International Environmental Law and Policy*, 2010, (116).

[47] Kate M. Supnik, "Making Amends: Amending the ICSID Convention to Reconcile Competing Interests in International Investment Law [J]", *Duke Law Journal*, 2009, (59).

[48] Kathigamar V. S. K. Nathan, "The Role of ICSID in Development of Rules of International Economic Law [J]", *International Arbitration Law Review*, 1999, (2).

[49] Katia Yannaca. Small, "Interpretation of the Umbrella Clause in Investment Agreements [J]", *Working Papers on International Investment*, 2006, (3).

[50] Kelley Connolly, "Improved Drafting Resources as a Means for Increasing the Consistency of Interpretation of Bilateral Investment Treaties [J]", *Vanderbilt Journal of Transnational Law*, 2007, (40).

[51] Kelley Connolly, "Say What You Mean: Improved Drafting Resources as a Means for Increasing the Consistency of Interpretation of Bilateral Investment Treaties [J]", *Vand. J. Transnat'l L. Vanderbilt Journal of Transnational Law*, 2007, (40).

[52] Kenneth J. Vandevelde, "A Brief History of International Investment Agreements [J]", *U. C. Davis Journal of International Law and Policy*, 2005, (12).

[53] Kenneth J. Vandevelde, "Investment Liberalization And Economic Development: The Role of Bilateral Investment Treaties [J]", *Columbia Journal of Transnational Law*, 1998, (36).

[54] Kenneth J. Vandevelde, "The Bilateral Investment Treaty Program of the United States [J]", *Cornell International Law Journal*, 1988, (21).

[55] Kenneth J. Vandevelde, "The Political Economy of a Bilateral Investment Treaty [J]", *American Journal of International Law*, 1998, (92).

[56] Kenneth J. Vandevelde, "U. S. Bilateral Investment Treaties: The Second Wave [J]", *Michigan Journal of International Law*, 1993, (14).

[57] Kim M Rooney, "Overview of the 2009 ASEAN Comprehensive Investment Agreement [J]", *Dispute Resolution International*, 2010, (4).

[58] Knalil, MI, "Treatment of Foreign Investment In Bilateral Investment Treaties [J]", *ICSID Review—FILJ*, 1992, (7).

[59] Kong, Q., "Bilateral Investment Treaties: The Chinese Approach and Practice [J]",

Asian Yearbook of International Law, 2003, (8).

[60] Lauge Skovgaard Poulsen, "The Significance Of South-South Bits For The International Investment Regime A Quantitative Analysis [J]", *Northwestern Journal of International Law and Business*, 2010, (30).

[61] Leeks, Annie, "Relationship between Bilateral Investment Treaty Arbitration and the Wider Corpus of International Law The ICSID Approach [J]", *University of Toronto Faculty of Law Review*, 2007, (65).

[62] M. C. Porterfield, "Is International Common Law of Investor Rights? [J]", *University of Pennsylvania Journal of International Economic Law*, 2006, (27).

[63] M. Hallward Driemei, "Do Bilateral Investment Treaties Attract FDI [J]", *Policy Research Paper*, World Bank, 2003, (43).

[64] Michael Feit, "Responsibility of the State Under International Law for the Breach of Contract Committed by a State-Owned Entity [J]", *Berkeley Journal of International Law*, 2010, (28).

[65] Nicholas DiMascio & Joost Pauwelyn, "Nondiscrimination in Trade and Investment Treaties: Worlds Apart or Two Sides of the Same Coin? [J]", *American Society of International Law*, 2008, (102).

[66] Norah Gallagherm& Laurence Shore, "Bilateral investment treaties options and drawbacks [J]", *International Arbitration Law Review*, 2004, (7).

[67] OECD, "Fair and Equitable Treatment Standard in International Investment Law [R]", *OECD Working Paper on International Investment*, 2004, (3).

[68] Patrick Dumberry, "Are BITs Representing the 'New' Customary International Law in International Investment Law? [J]", *Penn State International Law Review*, 2010, (28).

[69] Paul Michael Blyschak, "State Consent, Investor Interests and the Future of Investment Arbitration: Reanalyzing the Jurisdiction of Investor-State Tribunals in Hard Cases [J]", *Asper Review of International Business and Trade Law*, 2009, (9).

[70] Paul Peters, "Recent Developments in Expropriation Clauses of Asian Investment Treaties [J]", *Asian Yearbook of International Law*, 1995, (5).

[71] Paul Peters, "Recent Developments in Expropriation Clauses of Asian Investment Treaties [J]", *Asian Yearbook of International Law*, 1995, (5).

[72] P. Egger, M. Pfaffermayr, "The Impact of Bilateral Investment Treaties on Foreign, Direct Investment [J]", *Journal of Comparative Economics*, 2004, (32).

[73] R. H. Kreindler, "Fair and Equitable Treatment—A Comparative International Law Ap-

proach [J]", *Transnational Dispute Management*, 2006, (3).

[74] Robert Bird& Daniel R. Cahoy, "The Impact of Compulsory Licensing on Foreign Direct Investment: A Collective Bargaining Approach [J]", *American Business Law Journal*, 2008, (45).

[75] Robert S. Summers, "Evaluating and Improving Legal Processes—A Plea for "Process Values" [J]", *Cornell Law Review*, 1974, (60).

[76] Rudolf Dolzer, "Fair and Equitable Treatment: A Key Standard in Investment Treaties [J]", *The International Lawyer*, Vol. 39, No. 1 (SPRING 2005).

[77] Rudolf Dolzer, "The Impact of International Investment Treaties on Domestic Administrative Law [J]", *New York University Journal of International Law and Politics*, 2005, (37).

[78] Scott Vesel, "Clearing A Path Through A Tangled Jurisprudence Most-Favored-Nation Clauses And Dispute Settlement Provisions In Bilateral Investment Treaties [J]", *The Yale Journal of International Law*, 2007, (32).

[79] Stephan Schill, "Fair and Equitable Treatment under Investment Treaties as an Embodiment of the Rule of Law [J]", *IILJ Working Paper*, 2006, (6).

[80] Stephan W. Schill, "Enabling Private Ordering: Function, Scope and Effect of Umbrella Clausesin International Investment Treaties [J]", *Minnesota Journal of International Law*, 2009, (18).

[81] Stephan W. Schill, "Multilateralizing Investment Treaties Through Most-Favored-Nation Clauses [J]", *Berkeley Journal of International Law*, 2009, (27).

[82] Stephan W. Schill, "Tearing Down The Great Wall: The New Generation Investment Treaties of The People's Republic of China [J]", *Cardozo Journal of International and Comparative Law*, 2007, (15).

[83] Stephen Fietta, "Most Favoured Nation Treatment and Dispute Resolution Under Bilateral Investment Treaties a Turning Point [J]", *International Arbitration Law Review*, 2005, (8).

[84] Susan D. Franck, "The Legitimacy Crisis in Investment Treaty Arbitration: Privatizing Public International Law Through Inconsistent Decisions [J]", *Fordham L. Rev.*, 2005, (73).

[85] Susan D. Franck, "The Nature and Enforcement of Investor Rights under Investment Treaties: Do Investment Treaties Have a Bright Future [J]", *U. C. Davis Journal of International Law and Policy*, 2006, (46).

[86] Tai-Heng Cheng, "Chinese Law In The Global Context: Article: Precedent and Control In Investment Treaty Arbitration [J]", *Fordham University School of Law*, 2007, (30).

[87] Thomas W. Walde, "The 'Umbrella' Clause in Investment Arbitration: A Comment on

Original Intention and Recent Cases [J]", *Journal of World Investment& Trade*, 2005, (6).

[88] UNCTAD, Bilateral Investment Treaties 1995—2006: Trends in Investment Rulemaking [R], Unite Nations, 2007, (43).

[89] UNCTAD, World Investment Report [R], 2011.

[90] Wenhua Shan, "Is Calvo Dead? [J]", *The American Society of Comparative Law*, 2007, (55).

[91] Wenhua Shan, "Towards a New Legal Framework for EU-China Investment Relations [J]", *Journal of World Trade*, 2000, (35).

[92] William W. Burke-White. Andreas von Staden, "Investment Protection In Extraordinary Times The Interpretation and Application Of Non-Precluded Measures Provisions In Bilateral Investment Treaties [J]", *Virginia Journal of International Law*, 2008, (48).

[93] Y. S. Lee, "Bilateralism Under The World Trade Organization [J]", *Northwestern Journal of International Law & Business*, 2006, (26).

[94] Zachary Elkins & Andrew T. Guzman& Beth A. Simmons, "Competing for Capital: The Diffusion of Bilateral Investment Treaties, 1960—2000 [J]", *International Organization*, 2006, (60).

三、相关条约类

（一）双边投资条约（包括示范文本）

[1]《中华人民共和国政府和瑞典王国政府关于相互保护投资的协定》，1982年签订。

[2]《中华人民共和国和德意志联邦共和国关于促进和相互保护投资的协定》，1983年签订。

[3]《中华人民共和国政府和法兰西共和国政府关于相互鼓励和保护投资的协定》，1984年签订。

[4]《中华人民共和国和荷兰王国关于相互鼓励和保护投资协定》，1985年签订。

[5]《中华人民共和国和土耳其共和国关于相互促进和保护投资协定》，1990年签订。

[6]《中华人民共和国和西班牙王国关于相互鼓励和保护投资协定》，1992年签订。

[7]《中华人民共和国政府和巴巴多斯政府关于鼓励和相互保护投资协定》，1998年签订。

[8]《中华人民共和国政府和荷兰王国政府关于鼓励和相互保护投资协定》，2001年签订。

[9]《中华人民共和国和德意志联邦共和国关于促进和相互保护投资的协定》，2003年签订。

[10]《中华人民共和国政府和芬兰共和国政府关于鼓励和相互保护投资协定》,2004 年签订。

[11]《中华人民共和国和西班牙王国关于促进和相互保护投资的协定》,2005 年签订。

[12]《中华人民共和国政府和法兰西共和国政府关于相互促进和保护投资的协定》,2007 年签订。

[13]《中华人民共和国政府和墨西哥合众国政府关于促进和相互保护投资的协定》,2008 年签订。

[14]《中华人民共和国政府和乌兹别克斯坦共和国政府关于促进和保护投资的协定》,2011 年签订。

[15] "Treaty between the Government of the United States of America and the Government of [Country] Concerning the Encouragement and Reciprocal Protection of Investment" (Model BIT), 1984.

[16] "Agreement between the Government of the People's Republic of China and the Government of [Country] Concerning the Encouragement and Reciprocal Protection of Investment" (Model BIT), 1984.

[17] "Agreement between the Government of the People's Republic of China and the Government of [Country] Concerning the Encouragement and Reciprocal Protection of Investment" (Model BIT), 1989.

[18] "Agreement between the Government of the People's Republic of China and the Government of [Country] Concerning the Encouragement and Reciprocal Protection of Investment" (Model BIT), 1997.

[19] "Treaty between the Government of the United States of America and the Government of [Country] Concerning the Encouragement and Reciprocal Protection of Investment" (Model BIT), 2004.

[20] "Treaty between the Federal Repubic of Germany and [⋯] Concerning the Encouragement and Reciprocal Protection of Investments" (Model BIT), 2005.

[21] "Treaty between the Government of the United States of America and the Government of [Country] Concerning the Encouragement and Reciprocal Protection of Investment" (Model BIT), 2012.

(二) 其他相关条约

[1]《联合国宪章》,1945 年。

[2]《海外投资国际公约草案》,1959 年。

[3]《解决国家与他国国民间投资争端公约》,1965 年。

[4]《保护外国财产的公约草案》,1967 年。

[5]《维也纳条约法公约》,1969 年。

[6]《多边投资担保机构公约》,1985 年。

[7]《与贸易有关的投资措施协议》,1986 年。

[8]《各国经济权利和义务宪章》,1974 年。

[9]《建立国际经济新秩序宣言》,1974 年。

[10]《北美自由贸易协定》,1992 年。

[11]《WTO 服务贸易总协议》,1994 年。

四、网络数据类

[1] 中国商务部网站:http://www.mofcom.gov.cn/。

[2] 中国外交部网站:http://www.fmprc.gov.cn/chn/gxh/tyb/。

[3] 联合国贸易与发展会议网站:http://unctad.org/en/Pages/Home.aspx。

[4] 世界银行网站:http://www.worldbank.org/。

[5] 国际争端解决中心网站:http://www.icsid.org/。

[6] 联合国贸易法委员会网站:http://www.uncitral.org/。

索　引

CME v. Czech 案　147
CMS v. Argentina 案　147
ICSID 仲裁　22，46，47，55，56，77，249，255
Maffezini v. Spain 案　147
Metalclad v. Mexican 案　147
Myers v. Canada 案　147
NAFTA 第 1105 条　137，151，157，166
Pope & Talbot v. Canada 案　147
Tecmed v. Mexico 案　147
TRIPs-plus　31，216，228，240，242，245，263，264
保护伞条款　22，23，113，115，116，119，121，213，227
北美自由贸易协定　15，41，49，53，54，56，144，189，190，234，266
程序性权利　28，65，158，162，166，167，194，206
冲突条款　30，31，33，34，36，72—74，209—228，271
待遇条款　3，13，15，16，24，28，30，36，38，39，49，51，54—56，58，64，65，69，70，72，77，120，133，136—138，145，148，150，152，153，163，165，168，169，171，172，188，189，198，200，224—227，248，256，271
德国 BIT 示范文本　42，44，61，64，76，134，155，198，248
德国（欧洲）BIT 模式　76，77，143，248，249 多边保护机制　2
多边条约　6，9，30，31，34，35，79，81—87，89—93，95—97，102—105，117，119，121，130，142，174，210—213，217，218，220，224，227，228，253，255，269—271
法方法　2，4，21，25，28—30，33—37，47，68，71，73，147，148，159，163，169，170，172，174—177，179—181，188，191，193，196，201，203，204，209，269—271
法律发展　176，269
法律化转型　3，4，25，29，30，34，50，68，70—72，147，175，177，179，188，191，195，209，247，248，269，270
法律行为理论　35，78，79，86，93，95，97，100，102—105，270

更优待遇条款模式 226

公平公正 7，13，15—17，21，28，29，43，54，56，71，72，77，110，136—138，144—169，171—173，182，186—188，190—196，198，200，201，213，248，256，270

公平公正待遇条款 15—17，29，33—36，54，62，125，135—139，145—150，152—155，157—160，162—173，182，188—196，270

公平互利 28，29，34—36，49，58，125—130，132—136，138—147，172，173，186，187，248，270

共同行为 79，80，93，95，96，100

规则导向 2

国际法渊源 27，157

国际法治 2，3，25，26，34，209

国际（经济）秩序法治化 2，4

国家法律行为 99，100

国家公共利益 45，49，77，112，114，135，187，249

国家（特许）契约 35，72，112，178，213，227

国家意思表达 100，102

国家意思表决 33，101—104

国家意思表示 28，33，83，87，90，93，100—105，109，117，122，126，129，130，270

国家意思互动 33，35，83—86，102—105，117，269

国家意思形成 101

国家主权 28，97，99，114，125，130，186

国民待遇条款 13，14，42，43，47，58—60，122，207，254

国有化 38，39，59，61，65，107，108，112，129，199，207，236，255

海外投资 2，4，5，10，13，19，20，22，26，28，29，32，37—41，43，49，50，57—59，68，74，75，106—110，114，118，120，122，139，140，144，154，162，166，172，174，188，190，191，195，196，205，209，223—228，244，247，249，250，252，254，261—264，267，270，271

《华盛顿公约》 39，46，107—109，117，147

环境保护条款 43，144，262，263

决议 62，79，80，83，90，93—97，100—105，128，269，270

卡尔沃条款 1，63

劳工保护条款 43，44，257

利益平衡 3，32，33，49，57，58，64，75，77，115，133，140，187，249，261，264，265

例外条款 23，30，31，36，48，52，72，74，148，158，159，198，200，204，205，207，219，224，241，242，244，245，267，268，271

美国BIT示范文本 12，36，42—44，48，49，61，64，76，77，151，156，157，161，162，167，198，222，248，252，253，256—258，261，262，265

美国（北美）BIT模式 76，77，143，248，249

平等互利 28，29，45，71—74，118，126—

132，134，135，142，143，145，146，
185—187，196，270

企业社会责任 49，144

契约性条约 80

契约自由 28

权力导向 2

权利非减损条款 49

实体性权利 40，166，206

示范文本 5，21，25，28，30—32，35—37，
40—47，50—55，58，61，68，75—77，
109，118，122，123，133，142，143，148，
151，155—158，166，167，192，194，197，
210，214，219，220，223，227，228，
247—253，255—258，262—265，267，
271，272

双边投资条约 1—11，15，16，19—38，
40—78，81—83，105，106，108—126，
129，130，132—149，151—153，158，
159，161，163，166，168—210，212—
229，243，247—258，261，262，264—
267，269—272

双边投资条约法典化 206

双边投资条约个性化 203

特别法 31，67，123，174，214—216，
218，219，223

条约本质 34，79，83，86，87，97，101，
102，104，105，119，143，175，265

条约本质类型化 80，209

条约冲突 30，31，33，34，36，72，73，
178，210—220，223，224，226，
227，271

条约范本 41—43，185，251

条约方法 34，44，122，247

条约规则 28，36，44，63，66，72，123，
124，159，168，170，173，176，181，
182，184，186，189，191—195，214，
215，237，240，269，270

条约结构 4，42，51，64，69，176，209，
247

条约理念 2，25，26，38，41，50，57，
64，77，89，176，188，247—249

条约模式 44

条约文本 3，28，33，34，38—40，42，
44，45，49—52，68，71，73，76，85，
122，123，133，155，157，189，190，
209，247，248，251，270

条约文本类型 38

条约形式 25，64，65，89，252

条约原理 34，118

条约原则 4，33，34，64，72，74，133，
146，148，163，165，168—173，176，
181，182，184—187，189，193，195，
209，245

投资保证协定 26，37—40，74，76

投资者私人利益 32，45，49，57，75，
77，122，133，135，160，249，252，
261，264

投资准入 24，32，57—59，142，162，
199，201，205，233，248，254，255，
261，265，268

习惯国际法 9，21，22，33，60—63，65—
67，137，148，151，154，156—158，
160—162，166，167，172，190，192，
193

行政法渊源 272

行政复议程序 48，55，56，58，108，206

引进外资 2,28,29,37,49,50,57,68,74,120,122,139,175,188,191,205,209,224,226,247,262,269,270

英伊石油公司案 111,112

友好通商航海条约 7,26,37,38,40,76,106,228

造法性条约 80,82

征收条款 1,18,24,48,256

知识产权条款 19,22,30,31,33,262,263,271

《中国和墨西哥投资协定》 136

《中国与荷兰投资条约》 145

转移条款 42,43,49,51,267

最惠国待遇条款 2,6,9,14,15,19,27—29,31,34,36,42,43,58,66,73,74,121,159,162,178,196—208,217,266,268,271

附 录

2012年美国BIT示范文本[*]

美利坚合众国政府与＿＿国政府
关于促进和相互保护投资协定

美利坚合众国政府与××国政府（以下称"缔约双方"）；

愿促进缔约一方的国民和企业于缔约另一方领土内在投资方面的更好的经济合作；

认识到就投资待遇达成协议，将激励缔约双方私人资本的流动与经济发展；

一致认为一个稳定的投资框架将最大限度地有效利用经济资源和提高生活水平；

认识到依照国内法以及通过国际仲裁提供的有效方式在投资方面提出权利请求与执行权利的重要性；

愿以与保护健康、安全和环境以及提升国际公认的劳工权利相一致的方式实现这些目标；

双方决定缔结关于鼓励和相互保护投资的协定。

达成协议如下：

---

[*] 该中译本主要参考和借鉴了中国社会科学院经济与政治研究所的译本，载《东方早报》2014年6月3日第4版。

第一章

第 1 条　定义

本协定中：

"中央政府"系指：

(a) 对于美国，系指联邦一级政府；以及

(b) 对于××国，系指_____政府。

"中心"系指依照《解决国家与他国国民间投资争端公约》设立的解决投资争端国际中心（ICSID）。

"申请人"系指缔约一方与缔约另一方有投资争端的投资者。

"合格投资"，对于缔约一方而言，系指缔约另一方投资者在本协定生效之日起存在于该缔约方领土内的投资，或者此后设立、获得或扩大的在该缔约方领土内的投资。

"争端双方"系指申请人和被申请人。

"争端一方"系指申请人或被申请人。

"企业"系指按照所适用的法律组建或组织的任何实体，不论其是否以营利为目的，也不论其是由私人或政府所有或控制，包括公司、信托、合伙、个人独资企业、合资企业、社团或类似组织以及企业的分支机构。

"缔约一方的企业"系指按照缔约一方的法律组建或组织的企业和位于缔约一方领土内从事经济活动的分支机构。

"存在"系指在本协定生效之日时有效。

"可自由使用货币"系指国际货币基金组织根据其协定条款确定的"可自由使用货币"。

"GATs"系指"世界贸易组织协定"附件 1B 中的《服务贸易总协定》。

"政府采购"系指政府出于政府的目的取得商品或服务的使用或获取商品或服务以及二者兼有的过程。政府采购不以商业销售或转售为目的，或者不为商业销售或转售而在生产中使用、提供商品或服务。

"ICSID 附加便利规则"系指解决投资争端国际中心秘书处关于程序管理的附加便利规则。

"ICSID 公约"系指 1965 年 3 月 18 日在华盛顿签署的《解决国家与他国

国民之间投资争端公约》。

"美洲国家公约"系指 1975 年 1 月 30 日在巴拿马签署的《美洲国家国际商事仲裁公约》。

"投资"系指投资者直接或间接拥有或控制的具有投资特征的任何资产，其中投资特征包括资本或其他资源的投入、收益或利润的预期或风险的承担。投资的形式包括：

（a）企业；

（b）企业的股份、股票或其他形式的参股；

（c）债券、信用债券或其他债权文件和贷款（注1）；

（d）期货、期权和其他衍生品；

（e）交钥匙、建设、管理、生产、特许、收益分享以及其他类似的合同；

（f）知识产权；

（g）执照、授权、许可和其他根据国内法所授予的类似权利；（注2、3）以及

（h）其他有形或无形财产、动产或不动产，以及相关的财产权利，如租赁、抵押、留置权和质押。

"投资协议"系指，由缔约一方的国家机构（注4）与缔约另一方的合格投资或投资者之间授予合格投资或投资者权利的书面协议（注5）。合格投资或投资者据此协议设立或获得投资协议本身以外的合格投资。投资协议授予合格投资或者投资者以下权利：

（a）在国家机构控制的自然资源方面，如开发、开采、冶炼、运输、分销或销售；

（b）代表缔约方为公众提供服务，如发电或配电，水的处理或分配，或电信；或

（c）承接基础设施项目，例如不是政府独家或主要使用和受益的公路、桥梁、运河、堤坝或管道的建设。

"投资授权"（注6）系指缔约一方的外国投资管理机构给予缔约另一方合格投资或投资者的投资授权。

"非缔约方投资者"，对于缔约一方，系指试图、正在或已经在缔约一方领土内投资的、非任何缔约一方的投资者。

"缔约一方投资者"系指试图、正在或已经在缔约另一方领土内投资的缔约一方或缔约一方的国有企业、国民或企业。但是,双重国籍自然人应仅被视为其主要和有效国籍国家的国民。

"措施"包括任何法律、法规、程序、要求或惯例。

"国民"系指:

(a) 对于美国,美国移民和国籍法第三章规定的属于美国国民的自然人;和

(b) 对于××国,_____。

"纽约公约"系指 1958 年 6 月 10 日在纽约签署的《联合国关于承认与执行外国仲裁裁决公约》。

"非争端缔约方"系指非投资争端当事人的缔约一方。

"人"系指自然人或企业。

"缔约一方的人"系指缔约一方的国民或企业。

"受保护信息"系指商业机密信息、特权信息或依照缔约一方的法律属于保密或其他受保护而免于披露的信息。

"地方一级政府"系指:

(a) 在美国方面,美国的州、哥伦比亚特区或波多黎各;以及

(b) 在××国方面,_____。

"被申请人"系指作为投资争端一方的缔约方。

"秘书长"系指解决投资争端国际中心秘书长。

"国有企业"系指缔约一方所有或通过所有者权益控制的企业。

"领土"系指:

(a) 在美国方面,
   (i) 美国的关税地区,包括 50 个州,哥伦比亚特区和波多黎各;
   (ii) 位于美国和波多黎各的对外贸易区。

(b) 在××国方面,_____。

(c) 对于每一缔约方,领海以及根据《联合国海洋法公约》所反映的国际习惯法可以行使主权或管辖权的领海以外的任何区域。

"与贸易有关的知识产权协定"系指"世界贸易组织协定"附件 1C 所包含的《与贸易有关的知识产权协定》。(注 7)

"联合国国际贸易法委员会仲裁规则"系指联合国国际贸易法委员会制定的仲裁规则。

"WTO 协定"系指 1994 年 4 月 15 日签署的《建立世界贸易组织的马拉喀什协定》。

第 2 条　范围

1. 本协定适用于缔约一方采取和维持的有关下列事项的措施：

（a）缔约另一方的投资者；

（b）合格投资；以及

（c）对于第 8 条"履行要求"、第 12 条"投资与环境"和第 13 条"投资与劳工"而言，在

该缔约方领土内的所有投资。

2. 缔约一方在第一章项下的义务应适用于：

（a）经缔约一方授权行使管理、行政或其他政府职权的国有企业、企业或自然人；（注 8）

以及（b）该缔约方的政治分支机构。

3. 为进一步明确，本协定不约束在本协定生效之日前发生的任一缔约方的任何行为或事实，或任何终止存在的情况。

第 3 条　国民待遇

1. 缔约一方给予缔约另一方投资者在其领土内设立、取得、扩大、管理、经营、运营、出售或其他投资处置方面的待遇，不得低于在相同情势下给予本国投资者的待遇。

2. 缔约一方给予合格投资在其领土内设立、取得、扩大、管理、经营、运营、出售或其他投资处置方面的待遇，不得低于在相同情势下给予本国投资者的投资的待遇。

3. 对于地方政府而言，缔约一方依照前两款规定所给予的待遇系指，不得低于在相同情势下该地方政府给予居住在该缔约方其他地方政府所在地区的自然人，或依照该缔约方其他地方政府所在地的法律所组建的企业，以及上述自然人及企业的投资的待遇。

第 4 条　最惠国待遇

1. 缔约一方就其领土内的投资的设立、取得、扩大、管理、经营、运营、

出售或其他处置所给予缔约另一方的投资者的待遇，不得低于在相同情势下给予任何非缔约方投资者待遇。

2. 缔约一方就投资的设立、取得、扩大、管理、经营、运营、出售或投资的其他处置所给予合格投资的待遇，不得低于在相同情势下给予任何非缔约方投资者在其领土内的投资的待遇。

第 5 条 最低待遇标准（注 9）

1. 每一缔约方应根据习惯国际法给予合格投资待遇，包括公正与公平待遇与充分的保护与保障。

2. 为进一步明确，第 1 款规定的给予合格投资的最低待遇标准即习惯国际法上关于外国人的最低待遇标准。"公正与公平待遇"与"充分保护与保障"的概念不要求超出最低待遇标准或额外的待遇，也不创设额外的实体权利。第 1 款所规定的义务要求提供的：

（a）"公正与公平待遇"包括按照世界主要法律制度所体现的正当程序原则，在刑事、民事或行政裁决程序中，不得拒绝司法的义务；以及

（b）"充分的保护和保障"要求每一缔约方提供习惯国际法所要求的治安保护水平。

3. 违反本协定其他条款或者其他单项的国际协定的裁定不构成对本条款的违反。

4. 尽管有第 14 条"不符措施"（5）（b）项"补贴和拨款"的规定，在由于武装冲突或内乱引致其境内的投资遭受损失而采取或维持补偿措施方面，每一缔约方应给予缔约另一方投资者及合格投资非歧视待遇。

5. 尽管有第 4 款规定，如果缔约一方的投资者在第 4 款规定的情况下，在缔约另一方领土内遭受损失是由于：

（a）缔约另一方的军队或政府当局征用其合格投资或其中的部分；或

（b）在非必要情况下，缔约另一方的军队或政府当局破坏其合格投资或其中的部分，缔约另一方应对此损失给予投资者恢复原状、赔偿或在适当情况下同时提供恢复原状与赔偿。任何赔偿，依照第 6 条"征收与赔偿"第（2）至（4）款的规定（加以必要的变更）均应及时、充分与有效。

6. 第 4 款的规定不适用于有关补贴与拨款的现行措施，如果没有第 14 条"不符措施"（5）（b）"补贴和拨款"的规定，这些补贴与拨款的规定将

与本协定第 3 条"国民待遇"规定不一致。

第 6 条　征收和补偿（注 10）

1. 缔约方不得直接地或通过等同于征收或国有化的措施间接地对合格投资实施征收或国有化，但以下情况除外：

（a）为了公共目的；

（b）以非歧视的方式；

（c）及时、充分和有效地支付补偿；以及

（d）依照正当法律程序与第 5 条最低待遇标准第（1）至（3）款的规定。

2. 第 1 款（c）项所指补偿应当：

（a）不迟延地支付；

（b）等同于被征收投资在征收发生前即刻（"征收之日"）的公平市场价值；

（c）不反映由于预期发生的征收被提前所知晓而发生的价值变化；以及

（d）完全可兑现和自由转移。

3. 如果公平市场价值以可自由使用货币计算，第 1 款（c）项规定的补偿应当不低于征收之日的公平市场价值加上以该货币计算的从征收之日起至付款之日止的按合理商业利率计算的利息。

4. 如果公平市场价值以不可自由使用货币计算，第 1 款（c）项规定的补偿——按照付款之日通行的市场汇率兑换为支付货币——应当不低于：

（a）按征收之日市场汇率兑换为可自由使用货币计算的公平市场价值，加上

（b）从征收之日至付款之日期间对可自由使用的货币按合理商业利率计算的利息。

5. 本条规定不适用于根据《与贸易有关的知识产权协定》颁发的有关知识产权的强制许可，也不适用于知识产权的撤销、限制和创设，只要这种知识产权的撤销、限制和创设符合《与贸易有关的知识产权协定》。

第 7 条　转移

1. 每一缔约方应允许与合格投资有关的所有转移自由地并不迟延地汇入或汇出其领土。这些转移包括：

及时公布或可以通过其他方式公开获得。

2. 为本条的目的,"普遍适用的行政裁决"系指适用于其范围内的所有自然人和企业和事实情形并能创设行为规范的行政裁决或解释,但不包括:

(a) 在行政或准司法程序中作出的适用于具体案件中缔约另一方特定的合格投资或者投资者的决定或者裁定;或

(b) 对一特定行为或做法的裁决。

第 11 条　透明度

1. 缔约双方同意就完善本条、第 10 条与第 29 条有关透明度的做法进行定期磋商。

2. 公布

在可能范围内,每一缔约方应:

(a) 事先公布第 10 条（1）(a) 项中所提及的拟采取的任何措施;以及

(b) 为利害关系人与另一缔约方提供对此类拟采取的措施进行评论的合理机会。

3. 对于依照本条第 2 (a) 项规定公布的中央政府层面普遍适用的涉及本协定涵盖的任何事项的试行法规,每一缔约方:

(a) 须在单一的全国发行的官方公报中公布试行法规,并应鼓励通过其他的途径发布;

(b) 在大多数情况下,应在公开评论到期日前不少于 60 日公布试行法规;

(c) 公布时,应包括试行法规的制定目的与理由的解释说明;

(d) 在最终通过法规时,应在官方公报上或政府网站的显著位置发布在评论期收到的重要评论意见并说明对试行法规所作的实质性修改。

4. 对于中央政府层面采用的有关本协定涵盖的任何事项的普遍适用的法规,每一缔约方:

(a) 须在单一的全国发行的官方公报中公布法规,并应鼓励通过其他途径发布;

(b) 公布时,应包括法规的制定目的与理由的解释说明。

5. 信息提供

(a) 应缔约另一方的请求,缔约一方应及时提供信息和答复请求方认为

(ii) 法院、行政法庭或者竞争机构苛加的要求或强制执行的承诺或保证，为救济依照该缔约方的竞争法经司法或行政程序认定的反竞争行为；（注13）

(c) 如果这些措施并未以任意或不合理的方式适用，并且如果这些措施不构成对国际贸易或投资的变相限制，第1款（b）(c)(f) 与（h）项以及第2款（a）与（b）项规定不得被解释为阻止缔约一方采取或维持以下措施，包括环境措施：

(i) 为确保遵守与本协定不一致的法律法规所必要；

(ii) 为保护人类、动物或植物的生命或健康所必要；或

(iii) 与保护生物或非生物的可用竭自然资源有关。

(d) 第1款（a）、(b) 和（c）项与第2款（a）和（b）项规定不适用于促进出口和外国援助的项目相关货物或服务的资格要求。

(e) 第1款（b）、(c)、(f)、(g) 和（h）项与第2款（a）和（b）项规定不适用于政府采购。

(f) 第2款（a）和（b）项规定不适用于进口方为有资格获得优惠关税或配额优惠所必需而施加的关于货物成分的要求。

4. 为进一步明确，第1款和第2款规定不适用于上述条款列出的规定以外的承诺、义务或要求。

5. 如果缔约方未强加或要求承诺、保证或要求，本条规定不阻止私人之间达成的承诺、保证或要求的强制执行。

第9条 高层管理人员与董事会

1. 任何缔约方不得要求缔约一方合格投资的企业任命任何特定国籍的自然人为高层管理人员。

2. 缔约一方可以要求该方合格投资的企业的多数董事会或其委员会成员为特定国籍或在其领土内居住，如果此要求不会实质性损害投资者控制其投资的能力。

第10条 有关投资的法律和决定的公布

1. 每一缔约方应保证其关系到本协定涵盖的任何事项的：

(a) 法律、规章、程序与普遍适用的行政裁决；以及

(b) 裁决决议。

（e）限制此投资生产的货物或提供的服务在其领土内的销售，通过将此销售以任何方式与其出口数量或价值或者外汇收入相联系；

（f）向其领土内的企业或自然人转让特殊技术、生产工艺或其他专有知识；

（g）向特定区域市场或世界市场提供仅从该缔约方领土内投资生产的货物或提供的服务；或

（h）（i）在其领土内购买、使用或优先考虑该缔约方或该缔约方的企业或自然人的技术；（注 12）或

（ii）在其领土内阻止购买、使用或优先考虑特定技术，从而基于国籍为本国投资者或者投资或者缔约方的技术或者缔约方企业或自然人的技术提供保护。

2. 缔约方在有关其领土内的缔约一方或非缔约方的投资者的投资的设立、取得、扩大、管理、经营、运营、出售或其他处置方面，不得以遵守下列要求作为获得或持续获得优势的条件：

（a）达到特定水平或比例的国内含量；

（b）购买、使用其领土内生产的货物或优先考虑其领土内生产的货物，或从其境内的企业或自然人处购买货物；

（c）以任何方式将进口的数量或价值与或出口的数量或价值或与此投资有关的外汇流入额相联系；

（d）限制此投资生产的货物或提供的服务在其领土内的销售，通过将此销售以任何方式与其出口数量或价值或者外汇收入相联系。

3.（a）第 2 款不得被解释为阻止缔约一方在其领土内以遵守生产地点、提供服务、培训或雇佣员工、建设或扩大特定设施或进行研究与发展等方面的要求作为缔约一方或非缔约方投资者在其领土内的投资获得或持续获得优惠的条件；

（b）第 1 款（f）和（h）项规定不适用于：

（i）缔约一方根据《与贸易有关的知识产权协定》第 31 条规定授权使用一项知识产权，或者将其用于《与贸易有关的知识产权协定》第 39 条范围内且符合第 39 条规定的要求披露私人信息的措施；或是

(a) 资本投入；

(b) 利润、股息、资本收益以及出售全部或部分合格投资或清算全部或部分合格投资所得收益；

(c) 利息、特许权使用费、管理费、技术援助费以及其他费用；

(d) 根据合同所支付的款项，包括贷款协议；

(e) 根据第 5 条"最低待遇标准"第（4）和（5）项以及第 6 条"征收和补偿"所支付的款项；以及

(f) 由争端产生的款项。

2. 每一缔约方应允许与合格投资有关的转移按照转移时通行的市场汇率以可自由使用的货币进行。

3. 每一缔约方应允许与合格投资有关的实物收益，依照缔约一方与缔约另一方的合格投资或投资者之间的书面协议所授权或规定的方式进行。

4. 尽管有本条第 1 款、第 2 款和第 3 款的规定，缔约一方可以通过公正、非歧视和善意地适用有关下列事项的法律阻止转移：

(a) 破产、无力偿还或保护债权人权利；

(b) 有价证券、期货、期权或衍生品的发行、买卖或交易；

(c) 犯罪或刑事违法行为；

(d) 当有必要协助执法或金融监管当局时，对转移进行财务报告或保存记录，或

(e) 确保遵守司法或行政程序作出的命令或判决。

第 8 条　业绩要求

1. 缔约方对于在其领土内的缔约另一方或非缔约方的投资者的投资的设立、取得、扩大、管理、经营、运营、出售或其他处置方面，不得强加或执行以下任何要求或强制执行以下任何承诺或保证（注 11）：

(a) 出口特定水平或比例的货物或服务；

(b) 达到特定水平或比例的国内含量；

(c) 购买、使用其境内生产的货物或对其境内生产的货物给予优惠，或从其境内的企业或自然人处购买货物；

(d) 以任何方式将进口的数量或价值与出口的数量或价值或与此投资有关的外汇流入额相联系；

可能会严重影响本协定的实施或其他严重影响其在本协定下的利益的任何现行或拟采取的措施的有关问题；

(b) 本款下的任何请求与信息应通过相关的联络点提供给缔约另一方；

(c) 根据本款提供的任何信息不得影响该措施与本协定的一致性。

6. 行政程序

为了以一致、公正和合理的方式实施第 10 条（1）（a）项中提到的各项措施，各缔约方应保证在其行政程序中将对特定案件中缔约另一方的特定合格投资或投资者适用此类措施：

(a) 在可能情况下，当启动一个诉讼程序时，应依照国内程序向受该诉讼程序直接影响的缔约另一方的合格投资或投资者提供合理的通知，包括诉讼程序性质的描述，启动诉讼程序的法律授权声明以及对任何争端事项的一般性描述；

(b) 当时间、诉讼程序的性质和公共利益允许时，在采取任何终审性行政行为前，这些人有合理的机会陈诉事实和理由以支持他们的立场；

(c) 这些程序符合国内法。

7. 复审与上诉

(a) 为了及时复审，并在有正当理由时对有关本协定所涵盖事项的终审性行政行为进行修正，缔约各方应设立或维持司法、准司法或行政法庭或程序，此类法庭应是公正的并独立于授予其行政强制力的任何机关或机构，并且不得与该事项的结果有任何实质性利害关系；

(b) 在任何此类法庭或程序中，缔约各方应保证诉讼程序中的当事人具有以下权利：

(i) 支持或为其立场辩护的合理机会；

(ii) 根据证据和提交的记录，或依照国内法要求，根据行政机关制作的记录作出裁决；

(c) 在符合其国内法律上诉或进一步复审的规定的情况下，缔约各方应保证此类裁决由作出行政行为的机构或机关实施，并且裁决对与此行政行为有关的活动具有约束力。

8. 标准制订

(a) 缔约各方应允许缔约另一方的自然人或企业参与其中央政府机构的

技术法规与标准的制订（注14）。每一缔约方应允许缔约另一方的自然人或企业参与这些措施以及中央政府机构的合格评定程序的制订，有关条款规定应不低于缔约方对本国自然人或企业的规定；

（b）缔约各方应建议在其领土的非政府标准化机构允许另一缔约方的自然人或企业参与这些机构的标准的制订。缔约各方应建议在其领土的非政府标准化机构允许另一缔约方的自然人或企业参与这些标准的制订以及这些机构的合格评定程序的制订，有关条款规定应不低于缔约方对本国自然人或企业的规定；

（c）第8款第（a）和（b）项不适用于：

（i）WTO《关于实施动植物卫生检疫措施的协议》附件A中规定的动植物卫生检疫措施；或

（ii）政府机构为自身生产或消费而准备的采购说明；

（d）第8款第（a）和（b）项中，"中央政府机构"、"标准"、"技术法规"以及"合格评定程序"的含义依照WTO《技术性贸易壁垒协定》附件1中的条款解释。与附件1相一致，后三个术语不包括与服务提供有关的"标准"、"技术法规"以及"合格评定程序"。

第12条 投资与环境

1. 缔约双方认识到其各自的环境法律与政策以及缔约双方均为成员国的多边环境协定对于保护环境具有重要作用。

2. 缔约双方认识到以削弱或降低国内环境法律提供的保护促进投资是不适当的。因此，缔约各方应确保其不以削弱或降低国内环境法律提供的保护的方式放弃或损抑或表示愿意放弃或损抑其环境法律（注15），或者通过持续的或不间断的作为或不作为的过程未有效执行这些法律，作为对在其境内设立、取得、扩大或保留投资的鼓励。

3. 缔约双方认识到缔约各方保留就监管、守法、调查和起诉等方面事项行使自由裁量权的权利，并有权就其他确定的具有优先性的环境事项的执法资源的分配作出决定。因此，缔约双方理解如果缔约一方采取的作为或不作为措施是对这一自由裁量权的合理行使，或是对资源分配的善意的决定，则缔约一方符合第2款规定。

4. 本条中，"环境法"系指缔约各方的法律或法规（注16）或其中的条款规定，其主要目的是为了通过规范在其境内的下列事项以保护环境，或者防止对人类、动物或植物的生命或健康带来危害：

（a）预防、消减或控制污染物或环境污染物的释放、排放或散发；

（b）控制对环境有害或有毒的化学品、物质、材料和废物，以及与之有关的信息的传播；或

（c）保护或保存野生动植物，包括濒危物种、其栖息地以及专门保护自然区；

但不包括任何与劳工的安全或健康直接相关的法律或法规或其中的条款规定。

5. 本协定的任何规定不得被解释为阻止缔约一方采取、维持或执行在其他方面与本协定相符的其认为能确保在其领土内以顾及环境关切的方式进行的任何措施。

6. 缔约一方可以书面要求另一缔约方就本条规定而产生的任何问题进行磋商。另一缔约方应在收到此种磋商请求后30日内作出回复。此后，双方应进行磋商并努力达成双方满意的解决方案。

7. 缔约双方确认，缔约各方可以酌情就本条项下的任何事项为公众参与提供机会。

第 13 条　投资与劳工

1. 缔约双方重申其作为国际劳工组织成员的各自义务，以及其在《国际劳工组织关于工作中基本原则和权利宣言及后续措施》下的承诺。

2. 缔约双方认识到以削弱或降低国内劳工法律提供的保护促进投资是不适当的。因此，当放弃或减损这些劳工法律与本条第三款第（a）至（e）项所规定的劳工权利不一致时，缔约各方应确保其不放弃或减损或表示愿意放弃或减损国内劳工法律，或者通过持续的或不间断的作为或不作为的过程未有效执行这些劳工法律，作为对在其境内设立、取得、扩大或保留投资的鼓励。

3. 本条中，"劳工法"系指各缔约方与下列事项直接相关的法律或法规（注17），或其中的条款规定：

（a）结社自由；

（b）有效切实承认集体谈判的权利；

(c) 消除一切形式的强制劳动;

(d) 有效废除童工和禁止最恶劣的童工形式。

4. 缔约一方可以书面请求另一缔约方就本款规定而产生的任何问题进行磋商。缔约另一方应当在收到此种磋商请求后30日内作出回复。此后,双方应进行磋商并努力达成双方满意的解决方案。

5. 各缔约方确认,缔约各方可以酌情对就本条项下的任何事项为公众参与提供机会。

第14条 不符措施

1. 第3条"国民待遇"、第4条"最惠国待遇"、第8条"业绩要求"和第9条"高级管理和董事会"不适用于:

(a) 缔约一方维持的任何现行不符措施:

(i) 中央政府层级,该缔约方在其附件Ⅰ或附件Ⅲ清单中列明的;

(ii) 地区政府层级,该缔约方在其附件Ⅰ或附件Ⅲ清单中列明的;

(iii) 地方政府。

(b) 上文第(a)项中的任何不符措施的延续或及时更新;

(c) 对上文第(a)项中的任何不符措施的修正,只要与修正前相较,不减损该措施与第3条"国民待遇"、第4条"最惠国待遇"、第8条"业绩要求"和第9条"高级管理和董事会"规定的一致性。

2. 第3条"国民待遇"、第4条"最惠国待遇"、第8条"业绩要求"和第9条"高级管理和董事会"不适用于缔约一方采取或维持的在其附件Ⅱ清单中列明的部门、子部门或活动的任何相关措施。

3. 缔约方不可以根据本协定生效后所采取的被附件Ⅱ清单所涵盖的任何措施,要求缔约另一方的投资者,基于其国籍的原因,出售或以其他方式处置在措施生效时已存在的投资。

4. 第3条"国民待遇"和第4条"最惠国待遇"不适用于《与贸易有关的知识产权协定》第3条或第4条中关于义务例外或减损的任何措施,这些例外或减损规定在《与贸易有关的知识产权协定》中的第3条、第4条和第5条。

5. 第3条"国民待遇"、第4条"最惠国待遇"和第9条"高级管理和董事会"不适用于

(a) 政府采购；或

(b) 缔约一方提供的补贴或补助，包括政府支持的贷款、担保和保险。

第 15 条 特殊手续与信息要求

1. 第 3 条"国民待遇"不得被解释为阻止缔约一方采取或维持关于合格投资的特殊手续规定的措施，例如要求投资者为缔约方的居民或者要求合格投资依照缔约方的法律或法规合法组建，如果此种手续要求对于缔约一方依照本协定向缔约另一方投资者或合格投资提供的保护不构成实质性损害。

2. 尽管有第 3 条"国民待遇"和第 4 条"最惠国待遇"的规定，仅以信息或统计为目的，缔约一方可以要求缔约另一方的投资者或其合格投资提供关于投资的信息。缔约方应保护任何商业秘密信息以防止该信息的披露而损害投资者或合格投资的竞争地位。本款规定不得被解释为阻止缔约一方有关公平和善意适用其法律而获得或披露信息。

第 16 条 不得克减

本协定不得减损下列任何规定赋予缔约一方投资者或合格投资比本协定给予的待遇更优惠的待遇：

1. 缔约一方的法律或法规、行政惯例或程序、行政或司法裁决；

2. 缔约一方的国际法律义务；或

3. 缔约一方承担的义务，包括投资授权或投资协议中的义务。

第 17 条 拒绝授惠

1. 缔约一方可以拒绝将本协定之利益赋予缔约另一方的企业的投资者及该投资者的投资，如果该企业是由非缔约方的自然人或企业拥有或控制，并且拒绝赋予利益缔约方：

(a) 与该非缔约方之间没有建立外交关系；或

(b) 针对该非缔约方或该非缔约方投资者采取了或维持禁止与该企业交易的措施；或者是如果本协定之利益被赋予该企业或其投资，将导致违反或规避针对该非缔约方或该非缔约方投资者所采取的措施。

2. 缔约一方可以拒绝将本协定之利益赋予另一缔约方的企业的投资者及该投资者的投资，如果该企业在缔约另一方领土内未从事实质性经济活动，并且非缔约方或者拒绝赋予利益缔约方的自然人或企业拥有或控制该企业。

第 18 条 根本安全

本协定任何内容不得被解释为：

1. 要求缔约一方提供或者允许使用任何其认为披露将违背其根本安全利益的信息；或

2. 阻止缔约一方为履行其所承担的维持和恢复国际和平与安全的义务，或者为保护本国根本安全利益，采取其认为必需的措施。

第 19 条 信息披露

本协定的任何规定不得解释为要求缔约一方提供或允许获得披露会妨碍法律的执行或违背公共利益或损害特定公共或私人企业的合法商业利益的秘密信息。

第 20 条 金融服务

1. 尽管本协定有其他规定，为保护投资者、存款人、投保人或金融服务提供者对其负有信托义务的自然人或企业，或为确保金融系统完整与稳定，缔约方不应被阻止出于审慎原因而采取或维持与金融服务有关的措施（注18）。如果此类措施与本协定的规定不符，则其不应被该缔约方用来规避本协定下的承诺和义务。

2. （a）本协定的任何规定不适用于任何公共实体为寻求执行货币或相关信贷政策、汇率政策而采取的普遍适用的非歧视性措施。本条款不应影响缔约方在第 7 条"转移"或第 8 条"业绩要求"规定中承担的义务（注 19）。

（b）本条款中，"公共实体"系指缔约方的中央银行或货币政策机关。

3. 当申请人根据第二章"投资者与国家间争端解决"提起仲裁请求且被申请人援引第 1 款或第 2 款进行辩护时，应适用下列规定：

（a）被申请人应依照第二章规定在提交仲裁请求之日起 120 日内向缔约双方的金融主管机关（注 20）提交一份书面请求，请求对第 1 款和第 2 款是否并在多大程度上是对仲裁请求的有效辩护作出共同决定。如仲裁庭已组建，被申请人应及时向仲裁庭提供该请求的副本。有关该仲裁请求的仲裁仅可以依照本款第（d）项中的规定进行。

（b）缔约双方金融主管机关应彼此进行磋商并努力以诚信原则作出第（a）项所规定的决定。任何决定应当立即转交给争议双方和仲裁庭（如果仲裁庭已组建）。该决定应对仲裁庭具有拘束力。

（c）缔约双方金融主管机关在均收到被申请人根据第（a）项要求作出共同决定的书面请求的 120 日内，如果未能根据第（a）项作出决定，仲裁庭应对金融主管机关未能解决的问题作出决定。除了本项所修改的内容外，第二章的规定应当适用。

（i）当任命尚未被任命的所有仲裁员时，争端每一方应采取适当的步骤以保证仲裁庭在金融服务法律或实践方面具备专业知识或经验。在指定首席仲裁员时，应考虑特定候选人在争端产生的特定金融服务领域所具备专业知识情况。

（ii）在被申请人依照第（a）项提交要求作出共同决定的请求之前，如果根据第 27（3）条首席仲裁员已经被指定，应争端一方的要求该仲裁员应当被替换，并且仲裁庭应根据第（c）（i）项重新组建。如果根据第（d）项在仲裁程序重新开始后的 30 日内，争端双方未就指定新的首席仲裁员达成一致，应争端一方的请求，秘书长应根据第（c）（i）项指定首席仲裁员。

（iii）仲裁庭不得根据有关金融主管机关未依照（a）项规定作出决定的事实，对第 1 款或第 2 款的适用作出推论。

（iv）非争端缔约方可以对第 1 款和第 2 款是否以及在多大程度上是对仲裁主张的有效抗辩，向仲裁庭提交口头或书面陈述。除非其提交此陈述，否则就仲裁的目的，非争端缔约方被推定为对于第一款和第二款规定，其与被申请人立场一致。

（d）第（a）规定提交的仲裁可以进行：

（i）当争端双方和已组成的仲裁庭收到金融主管机关作出的共同决定的 10 日后；或

（ii）当根据第（c）项规定给予金融主管机关的 120 日决定期限届满 10 日后。

（e）根据被申请人在第（c）项规定的作出共同决定 120 日期满后 30 日内提出的请求，或者，如果仲裁庭在 120 日期满后仍未组成，被申请人在仲裁庭组成后的 30 日内提出的请求，仲裁庭应在裁决被申请人援引第 1 款或第 2 款作为抗辩的诉请之前，处理或裁决第（c）项规定的金融机关尚未解决的问题。被申请人没有提出此项请求的，不影响被申请人在仲裁程序中的适当阶段援引第 1 款和第 2 款作为抗辩。

4. 如果产生第三章规定的争端，且缔约一方的金融主管机关书面通知缔约另一方金融主管机关争端涉及金融服务，除了本款和第 5 款的修正之外，第三章规定应当适用：

（a）缔约双方的金融主管机关应就有关争端进行磋商，并且在收到通知之日起 180 日内向缔约双方转交其磋商报告。缔约一方须在 180 日的期限届满后根据第三章将争端提交仲裁。

（b）缔约一方可以使报告为根据第三章组成的仲裁庭获得以裁决本款提及的争端或类似争端，或者使报告为根据第二章组成的仲裁庭获得以裁决与第三章争端具有相同事件或情形的诉请。

5. 如果缔约一方依照第 4 款将涉及金融服务的争端根据第三章规定提交仲裁，在争端提交仲裁后 30 日内，应缔约一方的请求，在指定尚未被任命的所有仲裁员时，缔约各方应采取适当步骤以保证仲裁庭在金融服务法律和实践方面具备专业知识和经验。在指定首席仲裁员时，应考虑特定候选人在金融服务方面的专业知识。

6. 尽管有第 11（2）—（4）条"透明度—公布"的规定，每一缔约方在可行的情况下：

（a）应事先公布任何拟试行的普遍适用的有关金融服务的法规及该法规的目的。

（b）应给利害关系人和缔约另一方合理的机会对试行法规进行评论。

（c）应尽可能在最终通过法规时，以书面形式处理来自利害关系人的有关试行法规的重大实质评论。

7. "金融服务"这一术语应与《服务贸易总协定》金融服务附件中第 5（a）条中的金融服务具有相同的含义。

8. 为进一步明确，本协定不得解释为阻止缔约一方在金融机构中适用或者执行与缔约另一方投资者或合格投资有关的，为确保金融机构遵守法律或法规而采取的与本协定不一致的必要的措施，包括防止欺骗或欺诈实践相关的措施或应对违反金融服务合同造成的影响的措施，只要这些措施的实施不在情况相同的国家间造成任意的或不公正的歧视或者构成对金融机构的投资的变相限制。

第 21 条 税收

1. 除本条规定外,第一章的规定不得对税收措施施加义务。

2. 第 6 条"征收"应适用于所有的税收措施,但仅在满足以下条件时,主张一项税收措施涉及征收的申请人可依据第二章提请仲裁:

(a) 申请人已首先书面向缔约双方的税收主管机关(注 21)提交税收措施是否涉及征收的问题;并且

(b) 在提交之后的 180 日内,缔约双方的税收主管机关未能就该税收措施不是征收达成一致。

3. 在符合第 4 款规定的情况下,第 8 条"业绩要求"第(2)项至第(4)项规定应适用于所有税收措施。

4. 本协定不应影响任一缔约方依照税收协定享有的权利和承担的义务。如果本协定和此类协定不一致,则该税收协定在不一致的范围内优先适用。如果该协定是本协定缔约方之间的税收协定,则应由该协定下的主管部门单独承担决定本协定与该协定是否存在不一致的职责。

第 22 条 生效、期限和终止

1. 本协定自缔约双方相互交换批准书之日起 30 日后生效,协定有效期为 10 年,且除非根据第 2 款规定而终止,将继续有效。

2. 缔约一方可以在首个 10 年届满时终止本协定,或在此后的任何时候书面通知缔约另一方 1 年后终止本协定。

3. 自终止之日起的 10 年,除去涉及合格投资的设立或取得的适用条款,所有其他条款将继续适用于在终止之日前设立或取得的合格投资。

第二章

第 23 条 磋商与谈判

当发生投资争端时,申请人与被申请人应首先寻求通过磋商与谈判的方式解决,包括适用不具有约束力的第三方程序。

第 24 条 提交仲裁

1. 如果争端一方当事人认为投资争端不能通过磋商与谈判的方式解决,则:

(a) 申请人可以根据本章规定,以自己的名义,将争端诉求提交仲裁,

(i) 主张被申请人已经违反

(A) 本协定第 3 条至第 10 条规定的义务,

(B) 投资授权; 或

(C) 投资协议; 以及

(ii) 申请人由于上诉违约行为而遭受损失或损害; 并且

(b) 申请人可以依本章规定, 代表其所有、直接或间接控制的具有被申请人方法人资格的企业, 将争端提交仲裁,

(i) 主张被申请人已经违反

(A) 本协定第 3 条至第 10 条规定的义务,

(B) 投资授权; 或

(C) 投资协议; 以及

(ii) 主张该企业由于上诉违约行为而遭受损失或损害,

如果申请人可以依照本条款项下 (a) (i) (C) 或 (b) (i) (C) 提起违反投资协议的争端诉求, 该请求事项及所主张的损失须与根据相关投资协议而设立或取得的合格投资直接相关, 或与试图根据相关投资协议而设立或取得的合格投资直接相关。

2. 申请人依照本章规定将争端诉求提交仲裁应至少提前 90 日向被申请人送达其拟提交仲裁的书面通知 (意向通知)。该通知须明确:

(a) 申请人的姓名和地址, 如果代表企业提交争端诉求的, 则应包括企业的名称、地址和设立地;

(b) 对于每一请求, 应写明所主张的违反本协定、投资授权或投资协议的具体条款规定以及任何其他相关规定;

(c) 每一请求的法律和事实依据; 以及

(d) 寻求的救济和请求赔偿的大概数额。

3. 引起争端诉求的事实发生 6 个月后, 申请人可以提交本条第 1 款提及的仲裁诉求:

(a) 如果被申请人与非投资争端方均为《ICSID 公约》的缔约国, 依照《ICSID 公约》和《ICSID 仲裁程序规则》提交仲裁请求;

(b) 如果被申请人或非投资争端一方不是《ICSID 公约》的缔约国, 依照《ICSID 附加便利规则》提交仲裁请求;

（c）根据《联合国国际贸易法委员会仲裁规则》规定提出仲裁请求；或

（d）如果争端双方同意，提交至任何其他仲裁机构或依照任何其他仲裁规则。

4. 当申请人的仲裁通知或仲裁申请符合下述规定时，该请求应被视为依本章规定提交仲裁：

（a）参照《ICSID 公约》第 36（1）条规定，ICSID 秘书长收到仲裁通知或仲裁申请；

（b）参照《ICSID 附加便利规则》附表 C 第 2 条的规定，ICSID 秘书长收到仲裁通知或仲裁申请；

（c）参照《联合国国际贸易法委员会仲裁规则》第 3 条以及第 20 条的规定，被申请人收到仲裁请求与索赔申请书；

（d）依照本条第 3（d）项规定选择的任一仲裁机构或仲裁规则的规定，被申请人收到仲裁通知或仲裁请求。

申请人第一次所主张的请求在仲裁通知提交后，应被视为依照本章规定于通知收到之日依照可适用的仲裁规则提交了仲裁请求。

5. 本条第 3 款规定的可适用的仲裁规则，以及依照本章规定于提交仲裁请求之日已生效的仲裁规则，具有规范仲裁的效力，除非本协定修订。

6. 申请人应在仲裁通知中写明：

（a）申请人所指定的仲裁员姓名；或

（b）申请人书面同意由秘书长指定仲裁员。

第 25 条 各缔约方对仲裁的同意

1. 缔约各方同意按照本协定与本章的规定将争端诉求提交仲裁。

2. 本条第一款规定的同意以及依照本章的规定把争端诉求提交仲裁，应符合以下要求：

（a）《ICSID 公约》第二章（中心管辖权）的规定以及《ICSID 附加便利规则》关于争端方书面同意的规定，以及

（b）《纽约公约》第 2 条关于"书面协议"的规定；以及

（c）《美洲国家国际商事仲裁公约》第 1 条关于"协议"的规定。

第 26 条 缔约各方同意的条件和限制

1. 如果申请人首次得知或应当得知违反本协定第 24 条第（1）项规定并

且申请人（依照第 24 条（1）（a）项的规定提出请求）或企业（依照第 24 条（1）（b）项的规定提出请求）已经遭受损失或损害之日起超过三年，申请人不能依本章规定将争端诉求提交仲裁。

2. 不可以依照本章规定将争端诉求提交仲裁，除非：

(a) 申请人根据本协定规定的程序以书面方式同意仲裁；以及

(b) 仲裁通知书附有以下文书，

（i）依照第 24 条第（1）（a）项的规定提交仲裁的，附有申请人书面弃权书；并且

（ii）依照第 24 条第（1）（b）项的规定提交仲裁的，附有申请人及其企业的书面弃权书放弃其有关涉嫌构成违反第 24 条所指任何措施依照任一缔约方国内法规定启动或继续在任何行政法庭或法院或其他争端解决程序的权利。

3. 尽管有本条第 2（b）项规定，如果提起诉讼以保护申请人或者企业在仲裁审理期间的权利和利益为唯一目的，申请人（依照第 24 条（1）（a）项的规定提交仲裁）以及申请人或企业（依照第 24 条（1）（b）项的规定提交仲裁）可以启动或继续寻求不涉及支付赔偿金的临时禁令救济向被申请人方的司法性或行政性法庭起诉。

第 27 条 仲裁员的选择

1. 除非争端双方另有约定，仲裁庭应由三名仲裁员组成，争端双方各自指定一名仲裁员，第三名仲裁员由争端双方协议任命，该仲裁员应为首席仲裁员。

2. 秘书长依照本章规定负责指定仲裁员。

3. 在符合第 20 条第（3）项规定的情况下，如果根据本章规定提交仲裁之日起 75 日未组成仲裁庭，秘书长应争端一方的请求应根据其自由裁量权指定仲裁员或指定尚未任命的仲裁员。

4. 为了符合《ICSID 公约》第 39 条和《ICSID 附加便利规则》附表 3 第 7 条的规定，以及在不影响基于国籍外的原因拒绝仲裁员的情况下：

(a) 被申请人同意依照《ICSID 公约》或《ICSID 附加便利规则》的规定组建的仲裁庭中每一位仲裁员的指定；

(b) 第 24（1）（a）条所指的申请人，仅在其书面同意该仲裁庭中的每

一位仲裁员的指定的情况下,才可以依照《ICSID 公约》或《ICSID 附加便利规则》的规定提交符合本章规定的仲裁,或继续仲裁;以及

(c) 第 24 (1) (b) 条所指的申请人,仅在申请人及企业以书面方式同意该仲裁庭中的每一位仲裁员的指定的条件下,才可以依照本章规定提交仲裁,或依照《ICSID 公约》或《ICSID 附加便利规则》的规定继续仲裁。

第 28 条 仲裁的进行

1. 争端双方可以根据第 24 (3) 条规定的适用的仲裁规则约定仲裁法定地点。如果争端双方未能达成一致意见,仲裁庭应根据适用的仲裁规则确定仲裁地点,但该仲裁地点应为《纽约公约》缔约国一方的境内。

2. 非争端方可以就有关本协定的解释向仲裁庭提交口头和书面意见。

3. 仲裁庭有权接受并考虑来自非争端方国家的公民或机构的"法庭之友"陈述书。

4. 在不影响仲裁庭处理作为先决问题的其他异议的权力的情况下,如果作为一个法律问题,依照第 34 条规定不可能作出有利于申请人的裁决,仲裁庭应就被申请人提出的作为先决问题的异议作出处理或裁决。

(a) 此种异议应尽可能在仲裁庭组成后就提交,在任何情况下不迟于仲裁庭确定的被申请人提交答辩状之日(或者,在仲裁通知修正的情况下,不迟于仲裁庭确定的被申请人提交对修正仲裁通知的答辩状之日)。

(b) 仲裁庭收到根据本款提出异议时,应当中止有关案情的任何法律程序,确立一个与已确立的考虑其他预审问题的日程相一致的考虑异议的日程,并签发附有理由说明的有关异议的决定或裁决。

(c) 根据本款对异议作出裁决时,仲裁庭应当假定申请人仲裁通知(或修正的仲裁通知)中支持任何请求的事实声明是真实的,并且如果是依照《联合国国际贸易法委员会仲裁规则》提交仲裁,《联合国国际贸易法委员会仲裁规则》中所指的请求声明也是真实的。仲裁庭还可以考虑任何相关的无争议的事实。

(d) 不能仅仅因为被申请人提出或未提出本款规定的异议,或利用第 5 款规定的简易程序,认为被申请人放弃对管辖权或实体权利的任何争端提出异议的权利。

5. 如果被申请人在仲裁庭组成后 45 日内提出请求,仲裁庭对于依照第 4

款规定提出的异议和任何关于仲裁庭对争端不具有管辖权的异议,应快速作出裁决。仲裁庭应中止有关实体权利的任何法律程序,并在不迟于请求提出的 150 日内签发附有理由说明的关于异议的决定或裁决。但是,如果争端一方要求举行听证会,仲裁庭可以延长 30 日签发决定或裁决。无论是否要求举行听证会,仲裁庭均可以基于特殊原因,短暂延长签发决定或裁决的期限,但该延长期限不得超过 30 日。

6. 当仲裁庭根据第 4 款或第 5 款对于被申请人的异议作出裁定时,如有必要,可以裁决支持胜诉方因提出或反对异议发生的合理的费用和律师费。在确定上述裁决是否有必要时,仲裁庭应考虑申请人的诉求或是被申请人的异议是否是无意义的,并应给予争端双方评论的合理机会。

7. 被申请人不得以申请人已收到或将收到根据保险或担保合同获得全部或部分所主张的损害的赔偿或其他补偿作为抗辩、反诉或抵销权的理由。

8. 为保护争端一方的权利或确保仲裁庭的管辖权充分有效行使,仲裁庭可以发布采取临时保护措施的命令,包括争端一方拥有或控制的证据保全以及确保仲裁庭管辖权的命令。仲裁庭不可以作出扣押令或禁止适用涉嫌构成违反第 24 条所指的措施的命令。本款中,命令包括建议。

9. (a) 在依本章规定进行的任何仲裁中,应争端一方的请求,仲裁庭应在签发有关责任的决定或裁决前将拟议的决定或裁决转达给争端双方和非争端方。在仲裁庭转达其拟议的决定或裁决后 60 日内,争端双方可以就有关拟议的决定或裁决的任何方面向仲裁庭提交书面评论意见。仲裁庭应考虑任何此类意见并不迟于 60 日的评议期届满后的 45 日内作出决定或裁决。

(b) (a) 项不得适用于依据本章规定进行的已根据第 10 款规定提交诉讼的任何仲裁。

10. 如果将来在其他制度安排下,审查投资者与东道国争端解决仲裁庭所作裁决的上诉机制得以建立,则缔约方应考虑根据第 34 条作出的裁决是否适用此上诉机制。缔约双方应尽力确保其考虑采用的任何此类上诉机制规定的程序透明度与第 29 条确立的仲裁程序透明度的规定类似。

第 29 条　仲裁程序的透明度

1. 在符合本条第 2 款和第 4 款规定的情况下,被申请人在收到下列文件后,应及时转交给非争端方并使公众可获得这些文件:

（a）意向通知；

（b）仲裁通知；

（c）争端一方提交给仲裁庭的诉状、摘要和辩论意见书以及按照第 28 条第 2 款（非争端方陈述）、第 3 款（法庭之友陈述书）和第 33 条（合并仲裁）提交的任何书面陈述；

（d）如有，仲裁庭听证会的纪要或者记录；以及

（e）仲裁庭的命令、裁决和决定。

2. 仲裁庭举行的听证会应向公众开放，并在与争端各方协商后，作出合适的后勤安排。但是，任何争端一方在听证会中拟使用被确定为受保护的信息，应通知仲裁庭。仲裁庭应作出适当安排以保护这些信息不被泄露。

3. 本章规定不要求被申请人披露受保护的信息，或提供或允许获取根据第 18 条"安全例外条款"或第 19 条"信息披露条款"的保密信息。

4. 向仲裁庭提交的任何受保护的信息应依照下列程序保护其不被泄露：

（a）根据（d）项规定的限制，争端双方和仲裁庭均不得向非争端方或公众披露争端一方按照（b）项规定提交的明确指定为受保护的信息；

（b）任一争端方声称某一信息为受保护的信息，应在向仲裁庭提交该信息时明确指明；

（c）争端一方应在其提交声称包含受保护的信息的文件时，同时提交不包含受保护信息的节录版本。只有节录版本应根据第 1 款规定提供给非争端方并向公众公开；并且

（d）对受保护的信息的定义所提出的任何异议，仲裁庭应作出决定。如果仲裁庭认为该信息未被正确定义，提交信息的当事方可以：(i) 撤回全部或部分包含此信息的陈述；或 (ii) 同意重新提交根据法庭的决定和（c）项规定纠正后的信息定义的完整修订文件。在任何一种情况下，争端另一方都应在必要时重新提交完整版和节录版本文件，要么删除第一次提交信息的争端一方根据 (i) 撤回的信息；要么重新指定受保护的信息与第一次提交信息的争端一方根据 (ii) 指定一致的信息。

5. 本章的规定不要求被申请人不向公众公开根据其法律规定应披露的信息。

第 30 条　准据法

1. 在符合本条第 3 款规定的情况下，根据第 24 条第（1）(a)（i）(A) 项或第 24 条第（1）(b)（i）(A) 项提交的争端诉求，仲裁庭应当根据本协定以及可适用的国际法裁决争端问题。

2. 在符合本条第 3 款以及本章其他条款的情况下，根据第 24 条第（1）(a)（i）(B) 或 (C) 项，或第 24 条第（1）(b)（i）(B) 或 (C) 项提交的争端诉求，仲裁庭应当适用：

（a）相关投资授权或投资协议中明确规定的法律，或争端双方另行约定的法律；

（b）如果没有明确规定的法律或其他约定的法律：

　　（i）被申请人方国内的法律，包括其法律冲突规则；（注 22）以及

　　（ii）适用的国际法规则。

3. 本条中，缔约各方指定各自的代表作出并且宣布对本协定规定作出解释的共同决定对仲裁庭有约束力，仲裁庭的任何决定或裁决均须符合上述共同决定。

第 31 条　附件的解释

1. 如果被申请人辩称声称的违反措施属于载明在附件 1、2 或 3 的条目中的范围，应被申请人的请求，仲裁庭应要求缔约双方对此问题作出解释。缔约双方应在该要求提出后 90 日内向仲裁庭提交其有关解释的书面共同决定。

2. 本条中，缔约各方指定各自的代表按照第一款规定作出并且宣布的共同决定对仲裁庭有约束力，仲裁庭的任何决定或裁决均须符合此共同决定。如果缔约方未在 90 日内作出共同决定，仲裁庭应对该问题作出裁决。

第 32 条　专家报告

在不影响根据适用的仲裁规则授权的对其他专家的任命的情况下，仲裁庭可以应缔约一方的请求，或者除非争端双方不赞成，主动任命一位或多位专家，根据争端双方同意的条款与条件，就争端一方在仲裁中提出的任何关于环境、健康、安全或其他科学问题的事实情况向仲裁庭提交书面报告。

第 33 条　合并审理

1. 当两个或两个以上争端诉求根据第 24（1）条规定单独提交仲裁，而

争端诉求具有共同的法律或事实问题,并产生于相同的事件或情形,根据拟被命令涉及的所有争端方达成的一致意见或者第 2 款至第 10 款的规定,任何争端方均可申请合并审理的命令。

2. 争端一方依据本条规定寻求合并审理的命令应将书面请求送交秘书长和该命令拟涉及的所有争端方,并且在申请中载明:

(a) 仲裁庭命令中涉及的所有争端方的名称与地址;

(b) 请求仲裁庭命令的性质;以及

(c) 请求仲裁庭命令的依据。

3. 除非秘书长在收到依照第 2 款规定的送交的请求后 30 日内发现该请求明显没有事实根据,仲裁庭应依照本条设立。

4. 除非仲裁庭命令涉及的所有争端方不同意,依照本条设立的仲裁庭应由三名仲裁员组成:

(a) 一名仲裁员由申请人指定;

(b) 一名仲裁员由被申请人指定;

(c) 秘书长任命首席仲裁员,但是首席仲裁员不应为任一争端方国民。

5. 秘书长在收到依照第 2 款规定送交的请求后 60 日后,如果被申请人或申请人未依照第 4 款规定指定仲裁员,应命令所涉任一争端方的请求,秘书长应指定尚未任命的一名或多名仲裁员。

如果被申请人未指定一名仲裁员,秘书长应指定一名争端方的国民,而如果申请人未指定一名仲裁员,秘书长应任命一名非争端方的国民。

6. 当依照本条设立的仲裁庭符合依照第 24(1)规定提交的两项或多项仲裁诉求具有共同的法律或事实问题,并产生于相同的事件或情形,为了公正有效地裁决争端诉求,并经对争端双方的审理后,仲裁庭可以作出下列命令:

(a) 对所有或部分诉求一起行使管辖权、审理和裁决;

(b) 如果仲裁庭的决定被认为有助于解决其他诉求,对一项或多项诉求行使管辖权、审理和裁决;

(c) 指令此前依照第 27 条(仲裁员的选择)设立的仲裁庭对所有或部分诉求一起行使管辖权、审理和裁决,如果:

应任何先前不是争端一方的申请人的请求,该仲裁庭,应重新由其原先的成员组成,除了申请人应依照第 4(a)和第 5 款任命的仲裁员。

该仲裁庭应决定任何先前的听证会是否应重新进行。

寻求合并按照所有争端各方的协议,寻求将覆盖到 10 的顺序或第 2 款的规定。

7. 当仲裁庭依照本条规定设立后,依照第 24(1)规定提交仲裁的申请人若未在依据第 2 款规定提交的申请中,该申请人可以向仲裁庭提交一份将其包括在依照第 6 款作出的任何命令中的书面请求,并应在请求中载明:

(a)申请人的姓名与地址;

(b)申请命令的性质;以及

(c)申请命令的依据。

申请人应将请求的副本送交秘书长。

8. 依照本条规定设立的仲裁庭应依照《联合国国际贸易法委员会仲裁规则》进行仲裁程序,本章作出修改的规定除外。

9. 如果依照本条设立或被指令的仲裁庭已对一项诉求或一项诉求的一部分行使管辖权,依照第 27 条设立的仲裁庭则不再对其具有管辖权。

10. 依照本条规定设立的仲裁庭,应争端一方的申请,依照第 6 款作出裁决之前,可以命令依照第 27 条设立的仲裁庭暂停审理,除非后一仲裁庭已延期审理。

第 34 条 裁决

1. 仲裁庭对被申请人作出最终裁决时,仲裁庭仅可以就以下事项作出单独或合并裁决:

(a)金钱赔偿和任何适当的利息;和

(b)返还财产,在此情况下裁决应规定被申请人可以支付赔偿金和相应利息以代替财产返还。

仲裁庭还可以依照本协定和适用的仲裁规则裁决仲裁费用和律师费。

2. 在符合第 1 款规定的情况下,当依照 24(1)(b)规定提交仲裁诉求时:

(a)返还财产裁决应规定返还给企业;

(b)金钱赔偿和相应利息的裁决应规定支付给企业;以及

(c)裁决应说明其不影响任何人依照可适用的国内法享有的任何救济的

权利。

3. 仲裁庭不可以判处罚金。

4. 仲裁庭所作裁决在争端双方之间的特定案件之外应不具有约束力。

5. 在符合第 6 款规定和适用于临时裁决的审查程序的情况下，争端一方应遵守并不迟延地履行裁决。

6. 争端一方不能寻求强制执行终局裁决直至：

（a）当终局裁决是依《华盛顿公约》作出时，自裁决作出之日起已超过 120 日且争端方未请求修改或撤销该裁决；或修改或撤销该裁决的程序已完成；以及

（b）当终局裁决是依《解决投资争端国际中心附加便利规则》、《联合国国际贸易法委员会仲裁规则》或依照第 24（3）（d）规定争端双方选择的任何其他仲裁规则作出时，

  （i）自裁决作出之日起已超过 90 日且裁决作出已满 90 日且争端方未启动修改、取消或撤销该裁决的程序；或法院已驳回或批准修改、搁置或撤销裁决的申请且争端方未有进一步的诉请；

7. 每一缔约方应对裁决在其境内的执行作出规定。

8. 如果被申请人未遵守或履行最终裁决，应非争端方提交的请求，应根据第 37 条（国家间争端解决）设立仲裁庭。在不影响依照适用的国际法规则提供的其他可能的救济的情况下，提出申请的缔约方可寻求下列程序：

（a）裁决未遵守最终裁决与本协定中的义务不相符；和

（b）建议被申请人遵守最终裁决。

9. 无论第 8 款规定的程序是否启动，争端一方均可以依照《ICSID 公约》或《纽约公约》(或者《美洲国家国际商事仲裁公约》) 要求执行仲裁裁决。

10. 为了《纽约公约》第 1 条（或者《美洲国家国际商事仲裁公约》第 1 条）之目的，依照本章提交仲裁的诉求应被视为产生于商业关系或交易。

第 35 条

附件与注释应是本协定的组成部分。

第 36 条

向缔约一方递交通知以及其他文件应送达到附件 3 中该缔约方指定地点。

第三章

第 37 条　缔约国间争端解决

1. 在符合第五款规定的情况下,缔约双方之间关于本协定解释与适用的任何争端,若未能通过磋商或其他外交途径解决的,须应任一缔约方的请求提交仲裁,由仲裁庭依照适用的国际法规则作出有约束力的决定或裁决。除非缔约双方之间另有不同的协议,应适用《联合国国际贸易法委员会仲裁规则》,缔约双方或本协定所作修改_之处除外。

2. 除非缔约双方另有约定,仲裁庭应由三名仲裁员组成,每一缔约方指定一名仲裁员,第三名也即首席仲裁员,由双方共同指定。如果仲裁庭未能在依照本章规定提交仲裁之日起 75 日内组成,应任一缔约方请求,秘书长应行使裁量权指定一名或多名尚未任命的仲裁员。

3. 仲裁员的费用以及仲裁程序中的其他费用应由缔约双方平均承担。但是,仲裁庭可以行使裁量权指示缔约一方承担更高比例的费用。

4. 第 28 条第 3 款"法庭之友意见",第 29 条"投资者—国家仲裁程序的透明度",第 30 条第 1 款和第 3 款"准据法"以及第 31 条"附件的解释",应比照(mutatis mutandis)适用于根据本条提起的仲裁。

5. 第 1 至第 4 款规定不适用于根据第 12 条或第 13 条提起的争端事项。各方全权代表签署此条约,以昭信守。

本协定于×年×月×日在×签订,用英文和×语写成,每种文本同等作准。

美利坚合众国　代表　　　　　　　　　　　　　　　＿＿＿＿国　代表
　　（签字）　　　　　　　　　　　　　　　　　　　　（签字）

附件 A　习惯国际法

缔约双方确认其对习惯国际法的共识,即一般意义上的习惯国际法和第 5 条"最低待遇标准"和附件 B 征收中的习惯国际法源于各国遵循法律义务的普遍和一致的实践。关于第 5 条"最低待遇标准",习惯国际法对外国人的最低待遇标准系指所有保护外国人的经济权利和利益的习惯国际法原则。

附件 B 征 收

缔约双方确认以下共识：

1. 第 6 条"征收与补偿"第（1）款旨在反映在征收方面有关国家义务的习惯国际法。

2. 除非缔约一方的一项行为或一系列行为侵犯了投资的有形或无形财产权或财产利益，否则不构成征收。

3. 第 6 条"征收与补偿"第（1）款规定了两种情形，第一种是直接征收，即一项投资被国有化或通过正式转移所有权或全部没收的其他方式直接征收。

4. 第 6 条"征收与补偿"第（1）款规定的第二种情形是间接征收，即缔约一方的一项行为或一系列行为未正式转移所有权或全部没收，但具有等同于直接征收的效果。

（a）决定缔约一方的一项行为或一系列行为是否为构成间接征收，除其他因素外，需要在具体事实情况下逐案、以事实为基础进行调查考虑：

（i）政府行为对经济的影响，尽管缔约一方的行为或一系列行为的事实对投资的经济价值产生不利影响，但仅此并构成间接征收；

（ii）政府行为对明确的、合理的投资期待的妨碍程度；

（iii）政府行为的性质。

（b）除极少数情况外，缔约一方为保护合法的公共福利之目标而制定并适用的非歧视性监管行为，如公共健康，安全和环境，不构成间接征收。

附件 C 文 件 送 达

美利坚合众国

送达美国的通知与其他文件须送至下列地址：

执行主任

法律顾问办公室
国务院
华盛顿特区，20520
美利坚合众国
(××国家)
送达 (××国家) 的通知和其他文件须送至下列地址：
(填写送达通知和其他文件的地址)

注释：

注1：一些形式的债，例如债券、公司债券以及长期票据更具有投资的特征，但其他形式的债，如源于货物或服务销售的即期支付请求，则不太具有此种特征。

注2：特定类型的执照、授权、许可或类似的书面文件（包括在一定程度上具有这类文件性质的特许）是否具有投资特征取决于持证人依照该缔约方的法律享有的权利的性质和范围。依照国内法不创设任何受保护权利的执照、授权、许可或类似的书面文件不具有投资特征。为进一步明确，上述规定不影响与执照、授权、许可或类似的书面文件相联系的任何资产是否具有投资特征。

注3："投资"一词不包括通过司法或行政程序作出的命令或裁决。

注4：本定义中，国家机构系指 (a) 在美国方面，中央层级的政府机构；(b) 在××国方面，＿＿＿＿＿。

注5："书面协议"系指由缔约双方执行的书面协议，无论其是单一文件或是包括多个文件。

其能产生权利与义务交换，依照第30条第（2）项"准据法"可适用的法律对缔约双方均具有约束力。为进一步明确，(a) 行政或司法机构单方行为，如缔约一方根据其管理权限独自颁发的许可、执照或授权，或者独立的指令、命令或判决；以及 (b) 一项行政或司法的同意法令或命令，不应视为书面协议。

注6：为进一步明确，本定义不包括缔约一方为执行普遍适用的法律所采取的行为，如竞争法。

注 7：为进一步明确，"与贸易有关的知识产权协定"包括按照 WTO 协定授予世贸组织成员的，在各缔约方之间有效的关于《与贸易有关的知识产权协定》的任何条款的弃权。

注 8：为进一步明确，被授予政府职权包括以立法授予、政府命令、指令或其他措施将政府职权转交给国有企业或其他企业或者个人或者授权国有企业或者其他企业或者个人行使政府职权。

注 9：第 5 条"最低待遇标准"应依照附件 A 解释。

注 10：第 6 条中的"征收"应依照附件 A 与 B 解释。

注 11：为进一步明确，第 2 款中所指的获得或持续获得优惠条件并不构成第 1 款中的"承诺或保证"。

注 12：本条中，"缔约一方或缔约一方的自然人或企业的技术"包括该缔约方所有或该缔约方的自然人或企业所有的技术，以及该缔约方或该缔约方自然人或企业拥有排他许可权的技术。

注 13：缔约双方认识到专利并不必然获得市场势力。

注 14：缔约方可以这样履行这一义务，例如，为有利害关系的自然人或企业提供对拟采取的措施发表评论的合理机会，并在制定措施中考虑这些评论。

注 15：第二款不适用于缔约一方依照法律中规定的放弃或损抑条款而放弃或损抑环境法律的情况。

注 16：在美国方面，本条中，"法律或法规"系指美国国会的法案或依照美国国会法案颁布的由中央政府执行的法规。

注 17：在美国方面，本条中，"法律或法规"系指美国国会的法案或依照美国国会法案颁布的由中央政府执行的法规。

注 18：审慎原因这一术语当然包括维护单个金融机构的安全、稳定、完整和金融责任以及支付和结算系统的财务与经营的安全性和完整性。

注 19：为进一步明确，为寻求执行货币或相关信贷政策、汇率政策而采取的普遍适用的非歧视性措施，不包括明确取消或者修改合同中有关货币单位或者汇率的条款。

注 20：本条中，"金融主管机关"系指，对于美国，负责银行及其他金融服务的财政部，协同负责保险服务的美国贸易代表办公室、商务部以及其他机构；对于××国，_____。

注21：本条中，"税收主管机关"系指：(a) 对于美国，财政部助理部长（税收政策）；并且 (b) 对于××国，_____。

注22：被诉方的法律系指具有适当管辖权的国内法院或仲裁庭拟在同一案件中适用的法律。

后　　记

　　拙作即将付梓，心头涌动的是一股久违了的轻松和喜悦。终日坐立窗头，冥思遐想、弹指击键的情景终于幻化成一道令人追忆和感怀的风景。忘不了岳麓山下阅读、思考、辩论与谈笑的日子，忘不了尖峰山旁论证、修订、忙碌和困惑的时光……文章千古事，不作半日休！

　　本著作系根据2011年国家哲学社科基金重点项目《中国双边投资条约发展研究》（11AFX018）的最终研究成果，经反复修订而成。从选题的立项、项目的结项到国家哲学社科成果文库的入选和著作最终出版，历时五年有余！

　　我的导师肖北庚教授一直关心我的研究工作，从选题确立到著作出版都凝聚了他的心血。选题立项得到了肖永平教授和应松年教授的鼎力支持。李双元教授、王贵国教授、蒋新苗教授、李先波教授、郑远民教授、杨泽伟教授、刘健教授、欧福永教授、黎四奇教授、李健男教授等对著作初稿提出了宝贵的修改建议。邵沙平教授、金彭年教授为著作入选国家哲学社会科学文库撰写了推荐意见。匿名的文库评审专家从著作题目、结构到部分章节都给出了具体修订要求。北大出版社法律部郭薇薇老师承担了繁重的编审工作，多处修订切中要害，认真负责的精神令人敬佩！

　　浙江师范大学法政学院党委在写作关键阶段减轻了由我承担的大量行政工作；温州大学社科处为我调研和写作提供了诸多方便；我的同事郭金喜博士、吴卡副教授和张建邦博士利用学习机会，不辞辛劳分别从美国北卡罗来纳州大学、武汉大学国际法研究所、厦门大学法学院为我查找并复印了宝贵的外文资料；作为课题组成员的张建邦博士贡献或分享了他的科研成果；雷水凤副院长、陈醇教授、万先运博士、方桂荣博士分担了大量行政和教学工作；同窗好友李炳安、宋云博、张国平、吴建功、谭和平、银红武、龚自军、徐莉、李良才、王伟等给予了我热情的鼓励和帮助；还有我的硕士研究生吕力同学帮我整理了大量资料以及承担了许多辅助性工作。

没有他们所给予的无私帮助，就没有今天著作的顺利出版！

将此书献给所有关心和帮助我的人们！

梁开银

2016 年 2 月 28 日

于金华尖峰山下

图书在版编目(CIP)数据

中国双边投资条约研究/梁开银著. —北京:北京大学出版社,2016.3
(国家哲学社会科学成果文库)
ISBN 978-7-301-26968-8

Ⅰ.①中… Ⅱ.①梁… Ⅲ.①对外投资—涉外经济法—研究—中国 Ⅳ.①D922.295.4

中国版本图书馆 CIP 数据核字(2016)第 040206 号

书　　　名	中国双边投资条约研究 ZHONGGUO SHUANGBIAN TOUZI TIAOYUE YANJIU
著作责任者	梁开银　著
责 任 编 辑	郭薇薇
标 准 书 号	ISBN 978-7-301-26968-8
出 版 发 行	北京大学出版社
地　　　址	北京市海淀区成府路 205 号　100871
网　　　址	http://www.pup.cn
电 子 信 箱	law@pup.pku.edu.cn
新 浪 微 博	@北京大学出版社　@北大出版社法律图书
电　　　话	邮购部 62752015　发行部 62750672　编辑部 62752027
印 刷 者	北京中科印刷有限公司
经 销 者	新华书店
	730 毫米×1020 毫米　16 开本　21.5 印张　340 千字 2016 年 3 月第 1 版　2016 年 3 月第 1 次印刷
定　　　价	69.00 元

未经许可,不得以任何方式复制或抄袭本书之部分或全部内容。
版权所有,侵权必究
举报电话:010-62752024　电子信箱:fd@pup.pku.edu.cn
图书如有印装质量问题,请与出版部联系,电话:010-62756370